本书获得聊城大学学术著作出版基金与
聊城大学博士科研启动金项目资助
（编号：211051321）

聊城大学运河学研究院研究丛书

明清京杭运河沿线漕运仓储系统研究

郑民德 著

中国社会科学出版社

图书在版编目（CIP）数据

明清京杭运河沿线漕运仓储系统研究／郑民德著. —北京：中国社会科学
出版社，2015.7
（聊城大学运河学研究院研究丛书）
ISBN 978 - 7 - 5161 - 6084 - 8

Ⅰ.①明… Ⅱ.①郑… Ⅲ.①大运河—漕运—仓储系统—研究—中国—
明清时代 Ⅳ.①F552.9

中国版本图书馆 CIP 数据核字（2015）第 094903 号

出 版 人	赵剑英
责任编辑	郭沂纹 安 芳
特约编辑	丁玉灵
责任校对	郝阳洋
责任印制	李寡寡

出 版	中国社会科学出版社
社 址	北京鼓楼西大街甲 158 号
邮 编	100720
网 址	http://www.csspw.cn
发 行 部	010 - 84083685
门 市 部	010 - 84029450
经 销	新华书店及其他书店

印 刷	北京君升印刷有限公司
装 订	廊坊市广阳区广增装订厂
版 次	2015 年 7 月第 1 版
印 次	2015 年 7 月第 1 次印刷

开 本	710 × 1000 1/16
印 张	19
插 页	2
字 数	321 千字
定 价	68.00 元

目　　录

绪　论

一　选题缘由、目的与意义

中国漕运的发展有着悠久的历史，从远古人类"刳木为舟，剡木为楫，舟楫之利以济不通"[①] 的航运活动开始，便逐渐产生了中国历史上最早的漕运。进入奴隶制国家后，对积蓄的重视又加快了漕运事业的发展，早在3000多年前的商朝，中国的先人们就已经利用黄河及其支流漳水、衡水，将中原的粮食运输到河南曲周县的巨桥仓，这即是中国历史上最早的漕运仓储。其后，历春秋战国、秦汉、魏晋、隋唐、宋元，直到专制社会后期的明清，中国漕运与漕仓的建设始终在挫折中发展，这既体现了中国古代社会对漕运的依赖，同时也是中央政权利用漕运调剂余缺、平衡粮价、集中财富、满足京城供给的一种需求，是控制基层社会、巩固政权、强化统治基础的必备之举。正是因为漕运对几千年来的中国社会影响如此之大，所以强化对漕仓的探讨，不但可以深化漕运史的研究，而且在中国大运河申遗成功的背景下，对于运河沿线城市物质与非物质文化遗产保护与开发也具有重要的指导与借鉴意义。

清代著名思想家、政治家康有为曾说："漕运之制，为中国大政。"[②] 漕运作为维系中国古代国家政治、经济、军事正常运转的物质基础，对京城供需、粮价平衡、灾荒赈济都起到了重要的作用，而在漕运发展与演变的过程中，随着经验的积累与制度的完善，迄至明清，中国漕运与漕仓建设达到了历史的鼎盛时期。明清漕仓共分为京通仓、水次仓、小型兑漕仓三类，其中京通仓是国家漕粮收储的终点，水次仓是漕粮中转的中介，小型兑漕仓是漕粮缴纳的起点，这些漕仓作为明清漕运的重要组成部分，与

---

① （清）李道平：《周易季解纂疏》，中央编译出版社2011年版，第2页。
② （清）康有为：《康有为政论集》（上），中华书局1981年版，第354页。

漕官、漕河、漕制、漕粮、漕军、漕船、漕法共同组成了结构健全、组织严密、制度完善、运作有规的国家漕运系统。尽管目前学术界关于明清漕运史的研究取得了很多成果，而且很多是不刊之论，但其关注点多集中于漕运的宏观研究，对漕运仓储，尤其是水次仓与地方小型漕仓着墨不多，因此有着进一步扩展与深化研究的必要。

明清京通仓、水次仓、小型漕仓的分类与划分有着严格的标准，这其中既与其所处的地域范围、经济发展状况、水道环境有着很大的关系，还与其存储漕粮的数量、行政管理级别高低、功能强弱、国家漕运政策等因素密不可分，是自然环境、经济环境、政治环境综合作用的结果。从某种意义上讲，明清漕运仓储的兴衰就是明清专制社会兴衰的风向标，在国家政局稳定、经济发展、运道畅通的情况下，不但地方漕粮征纳顺利，官民关系相对和谐，而且京通仓与水次仓的建设、管理、作用发挥都呈现出较高的效率，而到了专制社会的末期，随着运河的淤塞与官场吏治的腐败，官民冲突也日益剧烈，闹漕、抗粮、京控等事件层出不穷，同时京通仓、水次仓的管理也逐渐陷入混乱，仓场大案要案频现，存粮数量锐减，对国家的作用不断削弱。特别是清末，在西方轮船、火车等近代交通工具的冲击下，中国传统漕运开始走向没落，漕仓也随之衰亡。

20 世纪 80 年代以来，国内学术界对明清漕运史的研究开始了一段百花齐放、百家争鸣的时期，掀起了一股运河与漕运文化研究的热潮。傅崇兰、李文治、江太新、彭云鹤、鲍彦邦、李治亭、许檀、黄仁宇、陈峰、吴琦、于德源、王云等专家与学者对明清运道变迁、漕运制度管理、运河城镇经济发展、运河区域社会变迁等进行了较为深入的探讨，为明清漕运史的深化与拓展作出了突出贡献。不过总体来说，由于前期研究多注重政治史、制度史、城市史、社会史等方面，对漕仓虽有涉及，但不甚系统与深入，因此可以在前辈学者研究的基础上有所提高与进步。

目前，中国大运河成功列入世界文化遗产，沿运河城市也不断增强运河物质与非物质遗产的保护与开发，积极发展运河旅游业。而漕仓作为明清漕运的重要组成部分，作为影响了运河城市与城镇数百年的物质文化遗产，理应受到现代社会的关注与重视，这不仅是一种对历史负责的态度，同时也是更为全面的了解明清运河与漕运文化、古代交通与积蓄手段、传统社会物资调运的最直接途径。

二　学术史回顾

以往关于明清漕运仓储的研究以京通仓为主，这其中又以制度变迁为主线，对其粮价平衡、灾荒赈济、弊端漏洞、基层夫役等方面的论述不够全面，至于运河沿线的水次仓、地方州县的小型兑漕仓，更是研究较为薄弱的环节，因此深入探讨三种仓储之间的关系，明确其脉络显得尤为必要。

（一）关于明清京通仓的研究

关于京通仓储较早研究的是中国社会科学院的冯佐哲，他于 1982 年发表的《元明清时期的京通粮仓》一文，对元明清三朝的京通仓储制度沿革进行了简单的介绍。① 1983 年王永谦的《清代乾隆中、晚期的潞河漕运——〈潞河督运图卷〉的初步研究》虽主要说明了图卷中的漕运、船只、人物、商业情况，但对通州仓的地理位置、仓储分布及漕粮入仓前的相关规章也作了一定的探讨。② 傅崇兰先生的《中国运河城市发展史》一书，对运河与沿线城市经济、商业、人口、文化之间的关系作了深入的分析，指出通州仓的布局是与其优越的地理交通区位分不开的。③ 曹国庆认为漕运是中国古代封建社会集权制度的产物，在清代经历了由盛而衰的过程，清政府维持漕运的目的在于满足京城仓储的积蓄，其弊端也体现在仓场官员的贪污腐败与徇私枉法上。④ 刘桂林以康熙朝通州仓弊为视角，讲述了雍正帝未登基前奉命查察通州仓案之事，他雷厉风行、办事严谨，仅用数天时间就查明了通州西、中、南三仓存粮数目、支放情况、霉变缘由，对违纪人员进行了严厉惩治。⑤ 江太新、李文治两位先生在《论清代中叶漕政的败坏》一文中指出，清代中叶随着吏治的腐朽，漕运中的各种弊端也逐渐恶化，其主要体现在漕运官员的科索、仓储胥吏的压榨、地方州县的浮收、绅衿与地棍的包揽等诸方面，而这些负担统统被转嫁到普通漕户身上，从而加剧了官与民之间的对立，使清代漕政日渐走向衰败。⑥

---

①　冯佐哲：《元明清时期的京通粮仓》，载《史苑》第 1 辑，文化艺术出版社 1982 年版。

②　王永谦：《清代乾隆中、晚期的潞河漕运——〈潞河督运图卷〉的初步研究》，载《中国历史文物》1983 年第 1 期。

③　傅崇兰：《中国运河城市发展史》，四川人民出版社 1985 年版。

④　曹国庆：《试论清代漕运的兴衰》，载《历史教学》1987 年第 7 期。

⑤　刘桂林：《雍亲王通州查仓》，载《紫禁城》1990 年第 1 期。

⑥　江太新、李文治：《论清代中叶漕政的败坏》，载《中国经济史研究》1992 年第 4 期。

　　20 世纪 90 年代中叶以来，关于明清漕运的研究逐渐兴盛，涌现了大量的学术成果。1995 年中华书局出版的李文治、江太新先生所著《清代漕运》一书影响较大，该书利用丰富的档案资料，详细地论述了清代的漕粮、漕制、漕官、漕仓、漕军、漕河、漕运与商业发展，其中对漕粮入仓程序、京通廒数、存粮数目、仓廒管理考证尤详。① 彭云鹤的《明清漕运史》则认为明清时期是中国漕运制度最为健全的时期，漕运的发展不但满足了国家政治、军事的需要，而且推动了沿河城镇经济与商业的繁荣，但同时也给有漕省份带来了沉重的负担。② 于德源对清代京通二仓的研究颇为深入，他不但详细考察了清代京通仓的规模、管理与收放制度，而且认为北京市场的粮食主要来源于从山东、河南贩运来的商品粮，京通二仓余粮并不占主导。③ 康沛竹从灾荒史的角度出发，认为粮食储备关系国计民生，京通十五仓具有供应皇室官俸、保障军需、灾荒赈济的功能，对国家与社会意义重大，但是随着粮食采购制度的破坏、管理秩序的混乱、监督体制的有名无实，导致仓储各种作用大为削弱，从而加剧了社会矛盾，引发了一系列问题。④ 陈日光介绍了明清时期通州码头的分布与功能，并对通州仓场的管理机构与历史演变进行了说明，对漕运风俗、仓储陋规、劳役人员也多有描述。⑤

　　鲍彦邦的《明代漕运研究》一书，对漕粮、漕船、漕军均有具体的介绍，其中关于漕粮入仓也有所涉及。⑥ 李治亭着眼于中国漕运的发展变迁，将水道整治、漕运管理、运河城市经济发展与漕运兴衰相联系，其中对明清漕运的研究最为深入，他认为仓场总督与漕运总督、河道总督相互配合，共同构成了体制严密的漕运系统。⑦ 尹钧科对北京历史上的自然灾害进行了研究，探讨了明清时期京城灾荒赈济的各种措施，其中京仓在救济灾民、平衡粮价、稳定市场方面发挥了重要的作用。⑧ 吴琦的《漕运与

　　① 李文治、江太新：《清代漕运》，中华书局 1995 年版。
　　② 彭云鹤：《明清漕运史》，首都师范大学出版社 1995 年版。
　　③ 于德源：《清代的京、通二仓》，载《中国农史》1996 年第 1 期。
　　④ 康沛竹：《清代仓储制度的衰败与饥荒》，载《社会科学战线》1996 年第 3 期。
　　⑤ 陈日光：《水陆要埠通州码头》，载《北京工商》1996 年第 12 期；《古代的通州粮仓》，载《中国流通经济》1998 年第 2 期。
　　⑥ 鲍彦邦：《明代漕运研究》，暨南大学出版社 1996 年版。
　　⑦ 李治亭：《中国漕运史》，文津出版社 1997 年版。
　　⑧ 尹钧科：《北京历史自然灾害研究》，中国环境科学出版社 1997 年版。

社会制衡》一文，从漕运稳定封建社会秩序、保持统治平衡的角度出发，认为封建国家漕运是统治者维持社会稳定的重要手段，其主要措施即利用漕粮平籴粮价与赈济灾荒。① 陈峰分析了明清京通仓储之间的异同，并对仓储管理人员之间的博弈与冲突多有描述，正是因为胥吏与监仓官员的相互勾结，才使京通仓管理日益混乱，弊窦百出，从而导致了国家漕运的衰败。② 陈佐立的硕士论文《明代粮仓研究》，对明代仓储的类型、作用、兴衰作了探讨，其中对京通仓廒的名称、数量、收支状况进行了统计，并以图表的形式予以表示。③ 高寿仙充分利用《明实录》里面的相关资料，对明代京通二仓研究颇为深入，无论是仓储的设置背景、管理机制、仓粮收支、粮数变化、功能作用都有所涉及，比较全面地考察了明代京通仓的实际状况。④ 于德源致力于北京地域文化的研究，不但考察了北京古代的河流水系，而且以时间为序，将北京历代漕运的发展脉络作了清晰的介绍，其中元、明、清三代的京通仓场是其论述的重点。⑤

梁科的硕士论文《明代京通仓储制度研究》，将明代的漕仓进行了分类，对仓储管理的各级人员与基层劳役人员也作了详细的介绍，同时对漕粮额数、运粮卫所、仓粮保管、漕粮海运、仓储危机也多有涉及。⑥ 倪玉平在占有丰富资料的基础上，将清代中期漕粮海运与广阔的社会背景相结合，运用经济学、社会学、统计学等多学科交叉研究的方法，深刻地剖析了漕粮海运与当时政治、经济、社会之间的关系，辩证地考察了清代漕运兴衰的缘由。⑦ 刘宗志以图文结合的形式，对清代京仓粮食的来源、用途、发放模式进行了介绍，并以实例说明了漕粮霉变是导致清代仓粮匮乏的一个重要原因。⑧ 朱小平的《清代的漕运与仓场》，对清代漕运作了简单说明，其中关于漕运总督与仓场衙门的建制及职能介绍尤详。⑨ 李群的

① 吴琦：《漕运与社会制衡》，载《华中师范大学学报》（人文社会科学版）1999 年第 1 期。

② 陈峰：《漕运与古代社会》，陕西人民教育出版社 2000 年版。

③ 陈佐立：《明代粮仓研究》，福建师范大学硕士论文，2002 年。

④ 高寿仙：《明代京通二仓述论》，载《中国史研究》2003 年第 1 期。

⑤ 于德源：《北京的漕运与仓场》，同心出版社 2004 年版。

⑥ 梁科：《明代京通仓储制度研究》，北京大学硕士学位论文，2005 年。

⑦ 倪玉平：《清代漕粮海运与社会变迁》，上海书店 2005 年版。

⑧ 刘宗志：《清代北京的仓储》，载《中国减灾》2008 年第 5 期。

⑨ 朱小平：《清代的漕运与仓场》，载《海内与海外》2009 年第 3 期。

《清代漕运法研究》一书，除对中国漕运的演变历史进行了介绍外，重点论述了漕运法的界定、清代漕运法的立法背景、漕运法的法律形式、清代漕运法的基本内容与实施考察等，其中对漕粮仓储机构及相关法规进行了比较全面的探讨。[①] 钟行明从历史地理学与建筑学的角度出发，对明代京通仓的选址、建筑用材、维护修缮、管理运作都作了比较全面的考察，他认为明代京通仓储的营造"有章可循"，其规划与设计都有着严格的制度与程序。[②] 袁飞以清代嘉庆朝通州仓舞弊案为中心，探讨了嘉庆朝漕政腐败的实况，指出了其弊端的新特点，从而揭示了清朝由盛而衰的趋势。[③] 孙逊、李雄、唐鸣镝的论文《城市历史文化街区保护与利用模式研究——以北京南新仓历史文化街区为例》，认为南新仓是北京九个古仓廒中保护最好，规模最大的古仓遗迹，对研究粮仓文化与漕运文化具有重要意义，通过实际调查分析南新仓街区的保护与开发情况，可以提出"南新仓"保护利用模式，从而为相关研究提供参考。[④] 张艳丽以清代北京的自然灾荒救助制度入手，指出京通仓粮是京师平粜粮食的来源之一，是稳定社会秩序、应对灾荒、稳定粮价的重要手段。[⑤]

综合来看，关于明清京通仓研究的专著较少，多是在漕运史、运河史、城市史、社会史的著作中有所涉及，即使数篇关于京通仓的专门性论文，也多以制度变革为主线，旁涉其弊端、运作、功能，对其经济与社会赈济意义较少论及，因此有着进一步深入研究的必要。

（二）关于明清大型水次仓的探讨

明清大型水次仓是转运与存贮国家漕粮的中转站，主要分布于天津、德州、临清、徐州、淮安、江宁、凤阳等沿运城市，这些仓储多时存粮达数百万石，少时也有十数万石，不但起着填补京通仓粮缺额、公共工程用粮、运军与地方驻军供给的作用，而且对于沿运诸省的粮价平衡与灾荒赈济也意义重大，关于明清大型水次仓的研究在城市史、灾荒史、社会史著

---

① 李群：《清代漕运法研究》，中国政法大学出版社 2011 年版。

② 钟行明：《明代京通仓的营造》，载《建筑与文化》2010 年第 11 期；《明代京通仓的管理运作》，载《中国名城》2011 年第 4 期。

③ 袁飞：《论嘉庆时期漕政的腐败——以通仓舞弊案为中心的分析》，载《社会科学战线》2012 年第 9 期。

④ 孙逊、李雄、唐鸣镝：《城市历史文化街区保护与利用模式研究——以北京南新仓历史文化街区为例》，载《云南民族大学学报》（哲学社会科学版）2014 年第 1 期。

⑤ 张艳丽：《清代京师平粜探析》，载《学理论》2014 年第 18 期。

作中多有体现，但专业性的探讨尚需深入。

　　天津社会科学院林纯业考察了明代漕运与天津商业发展之间的关系，他认为正是由于大量漕粮在天津仓的存储与国家漕运政策的刺激，才使天津逐渐由单纯的军事卫城演变为漕运码头、商业基地、物流集散中心。① 许檀在《明清时期的临清商业》一文中指出，明永乐年间会通河畅通以后，运河成为南北商品交流的主要渠道，为当时国计民生之所系，由此运河沿岸的淮安、济宁、临清、德州、天津等城市逐渐兴起，其中临清因仓而建城，因漕运与仓储而促进了经济与商业的发展，进而演变为全国性的商贸城市。② 毛佩琦同样以临清为视角，认为明代临清由偏僻小城发展为重要的商业都会是大运河交通作用的功劳，其漕运咽喉的地位主要体现在临清水次仓不但每年转运、存储国家数百万石漕粮，而且起着调节粮食盈亏，稳定市场的功能。③ 罗澍伟着眼于近代天津的城市化与商业化，但在叙述天津城市的区位环境与早期开发及天津城市地位的奠定、形成、确立中，仍然用较大的篇幅说明了元明清三朝漕运对天津的影响，其中天津漕仓即是促使城市崛起的一个重要因素。④

　　吴忠起对我国古代的漕运中转仓进行了梳理，概括了其发展演变的过程，其中对明清水次仓的名称、规制作了简单介绍。⑤ 嵇建琴的《中国古代漕运思想的演变》一文，主要分析了宋元明清四朝的漕运思想与策略，对漕粮运法、漕运中商业原则的运用、河海之辩、漕赋改折等重要问题进行了探讨，而中国漕运由支运到长运的转变，实质是漕运制度的不断调整与完善。⑥ 陈桦、刘宗志对清代各种灾荒救济措施作了深入分析，其中对德州、淮安、临清等水次仓粮食的来源、本折比例、征解州县、管理机制都有述及。⑦ 王云对明清山东运河文化研究颇深，其所著《明清山东运河区域社会变迁》一书，不但涉及河道治理、漕运制度、仓储権关、城镇发展、交通网络、商业经济、文化民俗等诸多的方面，而且在介绍山东运

　　① 林纯业：《明代漕运与天津商业城市的兴起》，载《天津社会科学》1984 年第 5 期。

　　② 许檀：《明清时期的临清商业》，载《中国经济史研究》1986 年第 2 期。

　　③ 毛佩琦：《明代临清钩沉》，载《北京大学学报》（哲学社会科学版）1988 年第 5 期。

　　④ 罗澍伟：《近代天津城市史》，中国社会科学出版社 1993 年版。

　　⑤ 吴忠起：《我国古代的粮食仓库》，载《中国储运》1996 年第 1 期。

　　⑥ 嵇建琴：《中国古代漕运思想的演变》，载《中国经济史研究》1993 年第 3 期。

　　⑦ 陈桦、刘宗志：《救灾与济贫：中国封建时代的社会救助活动（1750—1911）》，中国人民大学出版社 2005 年版。

河沿岸的德州、临清水次仓时将其与当地的自然、经济、文化环境相结合，真正做到了国家漕运与地域社会的统一。① 韩嘉谷的《天津古史寻绎》，叙述了天津从远古到明清时期的发展历程，明代天津置卫的目的就是守护粮仓，城市的最初定位也为军事重镇与仓储基地②。

　　贾珺的《建筑史》虽然从空间与地理学角度研究城市建筑，但在说明通州、德州、临清、徐州、淮安等运河城市的选址缘由时，仍然重点介绍了漕运仓储与城市建设之间的关系。③ 杨义春的《南粮北运中专库，明清天下大粮仓——从常盈仓到丰济仓》一文探讨了明清时期淮安仓与漕法演变之间的关系，并对其名称、规模、维护、功能予以考证。④ 王春瑜、杜婉言对明代宦官制度研究颇深，其中宦官监督京通仓与沿运水次仓，不但严重扰乱了仓储秩序，破坏了户部官员的仓储管理权，而且勒索军民、扰乱郡县、贪污受贿，对国家仓政的正常运转造成了重大威胁。⑤ 尹钧科认为淮安因优越的交通位置而成为漕粮、食盐、商货的重要转输枢纽，大量漕粮在淮安仓的积聚，不但吸引了漕运、河道、仓储等行政官员的驻扎，而且政治与经济的良性互动也提高了淮安在运河城市中的地位。⑥ 高寿仙从漕盐转运与淮安城镇经济发展之间的关系入手，对淮安仓存贮盐、粮的变化解析尤详。⑦ 李俊丽的博士论文《天津漕运研究（1368—1840）》对明清两代天津漕运的发展演变进行了考察与探讨，在叙及明清时期的天津漕仓时，不但重点介绍了仓储的建设、规模、管理，而且对其维修经费来源、防卫守护、夫役工食均有涉及。⑧ 张春红分析了明清时期临清水次仓的建置、沿革、管理、功能，正是漕运使临清成为华北重要的商贸中心与粮食市场。⑨ 胡梦飞以明代的淮安常盈仓为研究视角，对仓储的设置与沿革、管理与运作、功能与作用作了较为全面的介绍。⑩

① 　王云：《明清山东运河区域社会变迁》，人民出版社 2006 年版。
② 　韩嘉谷：《天津古史寻绎》，天津古籍出版社 2006 年版。
③ 　贾珺：《建筑史》，清华大学出版社 2006 年版。
④ 　淮安市政协文史委、淮海晚报社：《淮安运河文化长廊》，黑龙江人民出版社 2007 年版。
⑤ 　王春瑜、杜婉言：《明朝宦官：王春瑜精选集》，陕西人民出版社 2007 年版。
⑥ 　尹钧科：《从大运河漕运与北京的关系看淮安城的历史地位》，载《学海》2007 年第 2 期。
⑦ 　高寿仙：《漕盐转运与明代淮安城镇经济的发展》，载《学海》2007 年第 2 期。
⑧ 　李俊丽：《天津漕运研究（1368—1840）》，南开大学博士学位论文，2009 年。
⑨ 　张春红：《明清临清运河水次仓探析》，载《现代交际》2010 年第 2 期。
⑩ 　胡梦飞：《明代淮安的常盈仓》，载《江苏地方志》2012 年第 6 期。

总之，关于明清运河大型水次仓的研究虽然取得了一定的成果，对其建置、运作、功能都有所阐述，但主要集中于制度史方面的探讨，而对其经济与社会功能涉及较少。

（三）对明清基层社会漕仓与闹漕运动的探讨

明清时期基层社会的小型漕仓，主要分布于运河与长江沿线的有漕州县，是普通百姓纳粮的场所，与基层社会的联系最为密切。因其分布范围广、管理松散、存粮数量少，所以一直没有引起学界足够的重视。其实地方社会的小型漕仓不但是周边民众从事纳粮、商品交易、文化传播的公共空间，而且明清中后期的闹漕与抗粮运动也多发生于这些区域，是基层社会漕运中各群体博弈与冲突的场所，客观反映了当时错综复杂的社会现实。

关于全面论述沿运各省基层社会小型漕仓的专著与论文尚未出现，只是在某些学术成果中有所涉及。薛理勇的《上海掌故辞典》介绍了上海一些著名的历史文化遗址，其中对明清时期上海漕仓的位置、名称、兴衰都作了考证，深刻地凸显了漕运对上海文化的影响。① 李伯平在搜集山东高唐名人事迹的基础上，编成《高唐名人传略》一书，其中清康熙年间高唐知州谈镕为便于民众就近纳粮，曾修复废弃的魏家湾水次仓，并立义学、救贫困、修德政，受到了广大百姓的拥戴。② 张程娟以明代的山东张秋镇水次仓为案例，认为明宣德年间兑运法的实行与水次仓在运河沿线的建立有着密切的关系，水次仓也对沿运城镇的发展产生了重要影响。③ 袁飞、任博的《清代漕运河道考述》一文，虽主要考察了浙江、江苏、安徽、江西、湖广、河南、山东等省的漕运水道，分析了各省水道与京杭大运河之间的关系，但对杭州、嘉兴、湖州、镇江、江宁、淮安等府所辖州县漕仓也多有涉及。④

关于清代基层社会的闹漕斗争，目前学界相关研究较为深入，取得了大量的成果。张小也关注于清道光年间湖北崇阳的钟九闹漕事件，她认为正是因为在闹漕过程中充斥着漕户、胥吏、绅衿不同利益群体的博弈与冲

---

①　薛理勇：《上海掌故辞典》，上海辞书出版社 1999 年版。

②　李伯平：《高唐名人传略》，齐鲁书社 2002 年版。

③　张程娟：《明代运河沿线的水次仓与城镇的发展——以山东张秋镇为例》，载《中山大学研究生学刊》（社会科学版）2014 年第 1 期。

④　袁飞、任博：《清代漕运河道考述》，载《中国农史》2014 年第 2 期。

突，才使闹漕显得错综复杂与变化多端。① 她同时指出，清代漕讼之所以
频繁发生，是因为当时存在大量健讼之人，他们挺身抗粮、包揽词讼，以
独特的方式承担了地方公共事务，在权力的衡量中寻求自身利益的最大
化。② 吴琦、肖丽红在《漕控与清代社会秩序——以匡光文控漕为中心的
考察》一文中认为，漕控作为民众通过法律途径进行"闹漕"的重要形
式，贯穿清朝一代，围绕着各种控漕、抗漕、哄仓事件，清代的官、绅、
学、民展开了频繁的利益纠葛与角色互动，体现了社会冲突的加剧与矛盾
的尖锐化。③ 肖丽红在另一篇文章《从官诬闹漕案看清代地方官漕政理念
与地方社会治理——以陆名扬闹漕为中心的考察》中指出，清代漕粮征
收来自中央方面的政治需求，但是具体到地方，由于州县官员与胥吏的相
互勾结，导致各种问题层出不穷，因此地方官员的漕政理念对于漕粮能否
顺利征收起着重要的作用。④

邓建新的《钟九闹漕：变化社会中的政治文化叙事》一文，以清道
光年间湖北崇阳钟人杰闹漕案为研究对象，从国家与地域文化的角度进行
了探讨，从而揭示了清末社会各阶层的心理状态与利益冲突。⑤ 其他如张
仲礼认为清末绅士为获取利益，往往向普通漕户收取陋规，包揽词讼，并
且鼓动百姓聚众闹漕与哄仓，从而在群体与官府中的对抗中分享漕利。⑥
包遵彭、李定一编撰的《中国近代史论丛——社会经济》，其中收录的夏
鼐《太平天国前后长江各省之田赋问题》一文，对清代中后期长江流域
的江苏、浙江、湖北、湖南等地漕弊的特征作了比较，并对哄仓与抗粮产
生的原因及官府的应对举措进行了分析。⑦

综上所述，目前关于明清京通仓的研究取得了一定的成果，但仍然以
制度史为主，并没有对京通仓的经济功能、社会功能、弊端演变进行全面

① 张小也：《史料、方法、理论：历史人类学视角下的钟九闹漕》，载《河北学刊》2004
年第 6 期。
② 张小也：《健讼之人与地方公共事务——以清代漕讼为中心》，载《清史研究》2004 年
第 2 期。
③ 吴琦、肖丽红：《漕控与清代社会秩序——以匡光文控漕为中心的考察》，载《华中师
范大学学报》（人文社会科学版）2009 年第 3 期。
④ 肖丽红：《从官诬闹漕案看清代地方官漕政理念与地方社会治理——以陆名扬闹漕为中
心的考察》，载《安徽史学》2010 年第 5 期。
⑤ 邓建新：《钟九闹漕：变化社会中的政治文化叙事》，北京师范大学出版社 2010 年版。
⑥ 张仲礼：《中国绅士的收入》，上海社会科学院出版社 2001 年版。
⑦ 包遵彭、李定一：《中国近代史论丛——社会经济》，正中书局 1958 年版。

与系统的探讨。对于水次仓、基层社会漕仓虽有关注，却不甚深刻，而且没有说明三种类型仓储之间的关系，因此有进一步研究的空间与必要。

三　本书的史料运用

（一）档案类、朱批奏折、漕运史料

中国第一历史档案馆保存了大量明清时期的漕运与仓储资料，这些资料主要集中于朱批奏折、军机处录副档、题本等方面。这些资料对于加强本书的研究具有重要的作用，但是某些内容与《明实录》《清实录》具有较大的相似性，可以与明清实录起到对比与校订的作用，本书的档案运用主要集中于第五章、第六章、第七章。

（二）正史、政书、典志、纪事本末、类书

正史、政书、典志、纪事本末数量庞大，漕运与仓储是其中重点记载的内容，大量的漕运典章制度在这些史料中得以保存，正史无须赘述。其他如《宋会要》《明会要》《明会典》《清会典》详尽的将漕政、漕粮、漕船、漕军、漕法、漕仓作了分门别类的整理，并以时间为序，将其发展演变的过程进行了介绍。而《太平御览》《册府元龟》《永乐大典》《古今图书集成》等丛书与类书，《资治通鉴》《续资治通鉴》《续资治通鉴长编》《历代制度详说》、元明两朝《纪事本末》《九朝编年备要》《御批历代通鉴辑览》《资治通鉴后编》等也为漕运与仓储研究提供了丰富的史料。

（三）实录、经世文编、名臣奏议

《明实录》与《清实录》为明清两朝官方修订的史料，其中大量的大臣奏议、皇帝诏令、会议内容都对河政、漕运、仓储多有涉及，且多数记载都较为真实、客观，是研究明清漕运史的重要资料。陈子龙与魏源编辑的《皇明经世文编》《皇朝经世文编》二书体制宏阔，收录了大量明清两代名臣奏折，其中关于漕运制度与仓储管理的内容相当丰富，这些奏论不但反映了当时漕运的实际状况及遇到的困境，而且提出了诸多的解决措施。除此之外，像《王端毅奏折》《马端肃奏议》《潘司空奏疏》《骆文忠奏稿》《李文忠公奏议》《曾文正公奏稿》《胡文忠公奏议》《御选名臣奏议》《历代名臣奏议》等，都对当时的漕运与河政有所议论，通过这些奏疏，我们对明清两朝不同时代的漕河现实能够有更清晰的了解。

（四）漕政书、河政书

明清两代的漕政书与河政书虽然在数量上无法与地方志、档案相比，但由于其记载的连贯性、系统性、专业性，因此在学术研究方面的利用价值上并不弱于其他史料。明人杨宏、谢纯的《漕运通志》对中国古代漕运历史演变记载非常详细，全书分为漕渠、漕职、漕卒、漕船、漕仓、漕数等部分，并分别作了介绍与说明，书中还收录了大量关于中国古代漕运的奏章、议论、碑刻、散文等，这对于研究明代以前的漕运文化具有重要的史料价值。明代户部郎中周之翰曾监督通州仓，他所著的《通粮厅志》一书，除介绍了通州城历史沿革、城池建设、军事防守等，还记述了通州坐粮厅的衙署建制、行政职能、仓储运作等，对于强化对明代通州仓的研究具有重要的意义。刘斯洁所著《太仓考》，专记明代京通仓，全书分为10卷，涉及职官、仓场、岁入、岁出、边储、水次仓、银库，记载全面丰富，涵盖范围十分广泛。其他如曹溶《明漕运志》、王在晋的《通漕类编》、张凤鸣的《漕书》、福趾的《钦定户部漕运全书》、李钧的《转漕日记》、杨锡绂的《漕运则例纂》、傅泽洪的《行水金鉴》等，均对明清漕运仓储有所介绍与涉及。

（五）地方志与政协文史资料

中国古代具有修志的优良传统，这对于了解国家与地域社会的政治、经济、文化具有重要的意义。大到国家有《大明一统志》《大清一统志》，具体到各省有《江南通志》《江西通志》《山东通志》《河南通志》《浙江通志》，再详细到府、州、县、甚至镇、村也各有志书，如《顺天府志》《徐州府志》《淮安府志》《河间府志》《济南府志》《东昌府志》《临清直隶州志》《济宁州志》《通州志》《天津卫志》《张秋志》《杨柳青小志》《甘棠小志》等，这些地方志记载的内容涉及社会的方方面面，其中沿革、疆域、水利、漕赋、人口、仓储是比较重要的组成部分。至于地方政协文史资料则加入了许多现代文化的元素，将本地区传统历史文化串联起来，从而使区域史研究显得更加系统与全面。

（六）文人笔记与文集

明清文人笔记数量庞大，其中很多涉及漕运、河工、仓储，客观记载了当时的历史现实，阐发了较多的时政议论。如《玉堂荟记》《玉堂丛语》《五杂俎》《王文恪公笔记》《万历野获编》《谈艺录》《菽园杂记》《明夷待访录》《金舌答问录》《慧因室杂缀》《旧京琐记》《梦蕉亭杂记》

《竹叶亭杂记》《庸闲斋笔记》《榆巢杂识》《阅世编》《阅微堂笔记》《香祖笔记》《天咫偶闻》《日知录》《栖霞阁野乘》《临清寇略》《郎潜纪闻》《郎潜纪闻二笔》《广阳杂记》《司徒公历仕录》《春明梦余录》《天府广记》《今言》《图书编》《怀麓堂集》《津门杂记》《容春堂集》《东洲初稿》《闽中理学渊源考》《抑庵文集》《椒丘文集》《古穰集》《震泽集》《苑洛集》《弇州四部稿》《湛园集》《大学衍义补》《潞水客谈》《古微堂集》《魏源集》《安吴四种》《康有为政论集》等，都对明清漕运、河政有所记述与议论。

（七）碑刻资料

明清两朝在实施重大的河道工程与仓储建设时，往往以刻碑的形式记录下当时工程的经过，如杨文郁的《开通会通河功成之碑》，徐文溥的《安平镇治水之碑》，贡师道的《直沽接运官德政碑》，金玒的《重修清江浦漕运厅记》，胡瑾的《常盈仓周垣记》，毛泰的《户部分司题名碑记》，《徐州广运仓记》等，都对当时的漕运、河道、仓储状况有所记载，具有重要的学术研究价值。

四　本书主要内容

本书共分为八章，不同章节之间既独立成篇，又与前后章节相互照应。

第一章回顾了明清之前中国漕运与仓储的发展历程，正是数千年漕运经验的积累，才为明清漕运高峰的到来奠定了基础。

第二章介绍了明清京通仓的历史变革、粮数变化、仓储修造等三个方面，明清京通仓储制度既存在着前后继承之处，同时又各自不同的特点，这些共性与区别既与当时漕运政策、社会现实、水道状况有很大的联系，同时也是仓储制度适应时代要求的结果。

第三章重点说明了明清京通仓的管理与运作，京通仓管理与运作是一个复杂的系统，关于仓储官员的诠选、考核、奖惩，基层劳役人员的招募、仓储守护、仓粮支放都有着详细的规章制度，这既是国家对京通仓场的重视，也体现了仓储管理的严密性。

第四章以运河沿岸的大型水次仓为主，这些官仓完全是为了适应明清漕运的发展而设立的，在明朝中前期时存储与转运漕粮达数百万石，其各项功能发挥的较为充分，兑运法与长运法施行后，水次仓存粮数目锐减，对国家政治、经济、军事的影响力减弱，与地方社会的联系逐渐密切。

第五章详细论述了明清京通仓与水次仓的功能及作用，这突出表现在漕运仓储满足皇室与官俸需求、稳定粮价、灾荒赈济、军事供给等，影响了社会的诸多方面。

第六章着眼于明清京通仓与水次仓之弊，在漕运发展演变的过程中，随着国家吏治的腐朽，在漕运与仓储管理中产生了种种弊端，其中明代的宦官监仓之祸、清代的花户侵盗尤为严重。这些威胁国家仓政的因素虽经治理却日益严峻，逐渐形成了食利漕运仓储的群体，他们不但相互勾结与博弈，而且势力盘根错节，将京通仓变成了腐败堕落的渊薮。

第七章选取了明清京通仓火灾这一事件为视角，对仓储火灾的原因、国家整顿都作了探讨，火灾并不是偶然的，而是掺杂了很多仓储腐败的因素，是当时仓弊的一种间接反映。

第八章论述了明清基层社会的小型漕仓与百姓的闹漕、哄仓之争，分布于运河与长江沿线有漕省份的小型漕仓不但数量多、范围广，而且与普通纳漕百姓的联系最为密切，属地域社会的公共空间，经常会发生因漕利而产生的纠纷与矛盾，这些斗争与冲突既是当时经济压迫所产生的直接后果，也体现了当时国家对基层社会控制力的削弱。

五　创新点与不足之处

1. 创新点

（1）综合性与系统性研究。以往的学术成果多注重个案研究，分别探讨京通仓与水次仓的不同特点，没有将不同类型的漕仓作为一个整体与系统进行分析，更没有论证其内部之间的相互关系，因此在研究范围与内容上存在着一定的局限性，本书除了继承个案方面的研究特点外，还将重视漕运仓储综合性方面的探讨，力求做到全面与系统。

（2）史料的丰富性。本书大量运用档案、正史、名臣奏议、政书、地方志、文人笔记等资料，注重论点的多材料支撑与比较，这与以前较多使用某一类固定资料是有区别的，通过不同资料之间的互证，有助于提高史料运用的真实性与可靠性。

（3）注重与社会现实相联系。中国运河文化博大精深，仓储文化即是其中重要的组成部分。当前大运河已迈入世界文化遗产行列，加强对诸如漕运仓储、城镇商业、河道水利、区域信仰方面的探讨，有助于运河文化遗产的保护与开发。

2. 不足之处

（1）资料运用上不够娴熟。本书虽然资料较为丰富，但因作者学术研究尚处于起步阶段，去粗取精的能力远远不够，在写作中不免存在着史料堆砌的现象。

（2）利用国外文献的能力不足。日本、欧美学者对明清漕运史有着一定的研究，除了部分著作与论文经翻译在国内出版外，仍然有大量的学术成果未引入国内，所以这部分资料没有得到足够的运用，是本书存在的一个缺陷。

第 一 章

明清之前中国的漕运与漕仓

漕运在中国有着悠久的历史，早在商周与春秋战国时期，专制政权就已经利用水道转运漕粮，以满足国家政治与军事方面的需要。虽然这一时期漕运航道主要以黄河及其各支流为主，但其中人工开辟的运河已经占有一定的比例。迄至秦汉，为了统一天下与巩固政权的需要，也为了将关中、中原之粮转运到京城与边疆之地，秦汉政府陆续设立了敖仓、京师仓、甘泉仓、细柳仓等漕运仓储，并且置仓城与军队进行守护。其后，随着中国漕运的发展与人工运河的大规模开凿，漕运仓储的分布逐渐由东西向南北方向移动，这既是专制王朝都城逐渐东移与北移的结果，也体现了中国经济中心逐渐南移的历史进程。从隋唐的含嘉仓、黎阳仓、河阳仓、洛口仓到元代的河西务十四仓、通州十三仓、运河十七仓的分布，我们可以看出，中国漕运已经由严重依赖黄河、淮河、长江等自然河道转变为以人工河道为主，自然河道为辅，而漕运仓储的管理、运作、功能也大为强化，从而为明清漕运高峰的到来奠定了基础。

第一节　先秦到魏晋南北朝时期的漕运与仓储

中国古代社会非常重视粮食的积累与储备，《礼记集解》曰："国无九年之蓄曰不足，无六年之蓄曰急，无三年之蓄，曰国非其国也"[1]，可见其对国家统治的重要性。早在商代，纣王帝辛就在河北曲周置巨桥仓，该仓临衡水与漳水，聚中原之粮，用于满足都城殷的供给及抵御东夷之

---

[1]　（清）孙希旦：《礼记集解》卷13《王制第五之二》，中华书局1989年版，第340页。

用。汉代许慎曾说："巨桥水之大桥也，有漕粟也"①，服虔则云："巨桥，
仓名也"②，可见该仓为漕运仓储的性质非常明显。从目前的史料来看，
我们无法得知巨桥仓的存粮数目，但"纣厚赋以实鹿台之财，而盈巨桥
之粟"③，及武王灭商后"复盘庚之政，发巨桥之粟，赋鹿台之钱，以示
民无私，出拘救罪、分财弃责，以振穷困"④ 和"入殷之日，决巨桥之
粟，散鹿台之钱，殷民大悦"⑤ 的记载，说明仓储存粮非常可观。

巨桥仓位于今河北省曲周县，⑥ 是中国历史上有史记载的最早漕运仓
储，它存储通过黄河及其支流转输而来的山东、关中之粮，用以满足国家
的各项政治需求，《水经注》曰："衡、漳又北，径巨桥邸阁西，旧有大
梁横水，故有巨桥之称。昔武王伐纣，发巨桥之粟以赈殷之饥民……今临
侧水湄，左右方一二里中，状若丘墟，盖遗囷故窖处也"⑦，仓储遗迹绵
延一二里，可见规模非常庞大。商代巨桥仓是中国漕仓建设的最初阶段，
因现存史料的匮乏，我们无法得知仓储的管理与运作方式，但是巨桥仓的
存在，却证明了中国的漕运与漕仓有着悠久的历史。

春秋战国时期，诸侯争霸，遍地烽火，各割据政权或争霸或自保，所
以对粮食积蓄非常重视。公元前 647 年秦国为援助发生灾荒的晋国，"输
粟于晋，自雍及绛相继，命之曰泛舟之役"⑧，满载粮食的船队沿着渭水
行驶数百里后，换车抵达黄河岸边，过黄河再进入汾河，北上直达晋都。
如此大规模、长距离的运粮，必然会动用大量的人力、物力、财力，相关
的仓储设施也必不可少，可谓中国历史上第一次官方的、有组织的大规模
漕运活动。公元前 486 年，地处长江中下游的吴国为北上中原与齐国争夺
霸权，"吴城邗，沟通江淮"⑨，开凿了连接淮河与长江的邗沟，从而使船
队与粮草源源北上，成为春秋霸主之一。三家分晋后，魏国逐渐强盛起

① （汉）许慎：《淮南鸿烈闲诂》卷下，清郎园先生全书本。
② （清）陈乔枞：《今文尚书经说考》卷 32《尚书序》，清刻左海续集本。
③ （宋）王钦若：《册府元龟》卷 180《帝王部·失政》，明刻初印本。
④ （战国）吕不韦：《吕氏春秋》（上）第 15 卷《慎大览第三》，中华书局 2010 年版，第
469 页。
⑤ （春秋）管仲：《管子》卷 21《版法解第六十六》，四部丛刊影宋本。
⑥ （唐）杜佑《通典》卷 12《食货》载"巨桥仓在今广平郡曲周县也"。
⑦ （南北朝）郦道元：《水经注》卷 10《浊漳水·清漳水》，清武英殿聚珍版丛书本。
⑧ （春秋）左丘明：《春秋·左传》，华龄出版社 2002 年版，第 96 页。
⑨ （明）高士奇：《左传纪事本末》卷 51《勾践灭吴》，清文渊阁四库全书本。

来，魏惠王十年（前360）开辟了沟通黄河与淮河之间的漕运线路，这条人工运河被称为鸿沟，加强了魏国与宋、郑、蔡、曹、卫等国的政治、经济、文化交流，对农业灌溉、漕粮运输、军事行动也具有重要的意义，使魏国"粟粮漕庚，不下十万"①，成为战国时期的强国之一。先秦时期的漕运是中国漕运的萌芽阶段，为秦汉大规模漕运的到来奠定了基础。由于这一时期国家尚未统一，各割据政权各自为政，因此开凿的运河带有明显的地域特色，在长度上无法与后世大运河相提并论，同时受财力的限制，运河漕运也不发达，尚没有形成系统的漕运仓储制度。

秦汉是中国历史上两个伟大的王朝，这一时期国家统一、经济繁荣、政局稳定，漕运事业的发展也取得了巨大的进步。秦始皇时为巩固北部边防，"使天下飞刍挽粟，起于东腄、琅邪负海之郡，转输北河，率三十钟而致一石"②，可见此时的漕运活动不但艰辛，而且距离非常遥远。为囤积漕粮，秦政府在渭河流域修建了咸阳、栎阳、霸上三个大型仓储用以供给都城，"入禾仓，万石一积而比黎之为户……栎阳二万石一积，咸阳十万石一积"③，并在河南荥阳敖山上置敖仓，转运山东、淮河中下游之粮。这些大型漕仓具备了坚实的仓城结构，同时驻有大量军队守卫与看护，从而为满足都城供给及频繁的军事行动提供了物质基础。

在秦朝众多的漕运仓储中，敖仓是规模最大、存粮最多、历时最久的一个。敖仓位于荥阳县西北十五里石门之东，北临汴水，南带三皇山，地理位置十分险要，"敖山有城，秦置仓于其中，故亦曰敖仓城"④，三国时学者孟康亦说："敖，地名，在荥阳西北，山下临河有大仓。"⑤ 关于敖仓之名的由来，有三种解释，一为位于敖山之上；二是因处于敖地得名；三为"秦时敖氏筑仓于上"⑥。因位于地势较高的山上，且山下是黄河、济水分流之处，十分便于船只航行与漕粮装卸。敖仓储粮丰富，"会天下粟，转输于此"⑦，是秦王朝维持统治的物质基础。秦朝末年，敖仓所处

① （汉）刘向：《战国策》，齐鲁书社2000年版，第247页。
② （汉）司马迁：《史记》卷112《平津侯主父列传》，线装书局2006年版，第470页。
③ 睡虎地秦墓竹简整理小组：《睡虎地秦墓竹简》，文物出版社1990年版，第38页。
④ （清）沈炳巽注：《水经注集释订讹》卷7《济水一》，清文渊阁四库全书本。
⑤ （宋）魏了翁：《古今考》卷13《筑甬道取敖仓》，清文渊阁四库全书本。
⑥ （明）阎尔梅：《白耷山人诗集编年注》，中国文联出版社2002年版，第595页。
⑦ （清）申奇彩：《康熙河阴县志》卷2《古迹》，清康熙刻本。

的荥阳"居五诸侯之衢，跨街冲之路"①，成为各种势力争夺的焦点。先是秦二世二年（前208）陈胜部将田藏与秦将章邯争夺敖仓，结果兵败被杀，其后楚汉之争时，刘邦与项羽围绕敖仓展开了激烈的争夺战，刘邦不但在广武筑城，而且"筑甬道，属之河，以取敖仓粟"②，做好了长期对峙的准备，而项羽虽多次成功夺取敖仓，但却轻视后勤保障，四处出击，分散兵力，最终导致了垓下兵败的悲剧。

西汉建立后，国家的大一统与稳定的社会环境为漕运的大发展提供了良好的条件。汉初战乱甫定，官员数量有限，"漕运山东粟，以给中都官，岁不过数十万石"③，其后"令齐人水工徐伯表，悉发卒数万人穿漕渠，三岁而通，通以漕，大便利"④，加之白渠、渭渠、龙首渠等水利设施的修建，粮食产量大增，到武帝时"漕从山东西，岁百余万石"⑤，盛时甚至"诸农各致粟，山东漕益岁六百万石，一岁之中太仓、甘泉仓满，边余谷"⑥。漕运的发展刺激了更多仓储的建设，当时不但秦代的敖仓依然受到汉政府的重视，"立敖仓，储天下转输之粟"⑦，并且汉惠帝六年（前189）"起长安西市，修敖仓"⑧，不断对其进行修缮与维护。除敖仓外，甘泉、细柳、京师三仓也是两汉重要的漕仓。甘泉仓位于咸阳渭河附近，汉武帝元封元年（前110）曾命"民能入粟甘泉各有差，以复终身，不告缗，一岁之中甘泉仓满"⑨，河东平阳人张敞"随宣帝徙杜陵，敞以乡有秩，补太守卒史，察孝廉为甘泉仓长"⑩，通过这些记载可知甘泉仓应为中央直辖的仓储，其主要作用是满足京城长安的粮食供给。细柳仓在咸阳西南，《三辅黄图》载："细柳仓、嘉仓在长安西渭水北，古徼西有细柳仓，城东有嘉仓"⑪，细柳仓与嘉仓主要收贮渭河北岸所产以及通过渭河转运而来的粮谷，以作为京城储备粮与附近驻军所用。

---

① （清）顾炎武：《日知录》卷27，甘肃民族出版社1997年版，第1190页。
② （汉）司马迁：《史记》卷7《项羽本纪第七》，线装书局2006年版，第47页。
③ （清）叶澐：《纲鉴会编》卷13《孝景皇帝》，清康熙刘德芳刻本。
④ （汉）司马迁：《史记》卷29《河渠书第七》，线装书局2006年版，第132页。
⑤ 同上。
⑥ （宋）徐天麟：《西汉会要》卷54《食货五·漕运》，中华书局1955年版，第543页。
⑦ （清）周梦熊：《合例判庆云集》之《修理仓库工》，清雍正大盛堂刻本。
⑧ （清）严长明：（乾隆）《西安府志》卷57《古迹志中》，清乾隆刊本。
⑨ （清）顾炎武：《天下郡国利病书》之《陕西上》，清稿本。
⑩ （清）朱轼：《史传三编》卷49《循吏传一》，清文渊阁四库全书本。
⑪ 陈直：《三辅黄图校证》，陕西人民出版社1980年版，第135页。

京师仓又名华仓，建于西汉武帝时，位于华阴灌北渭口。根据考古遗址发现，京师仓东靠凤凰岭，北临渭河，共有仓廒六座，整体呈长方形，东西长 1120 米，南北长 700 米，其中仅一号仓容量就达上万立方米，仓房瓦当上有"京师庾当"、"千秋万岁"、"宜宫"等字样，证明该仓为汉朝皇家官仓，仓内通风、排水、防潮设施齐全，为研究中国古代粮食储藏、调运、仓贮管理、漕渠漕运、黄、渭、洛三河交汇口的变迁以及汉代建筑，提供了珍贵的实物资料。① 两汉时期的漕运仓储存粮丰富，平时起着供给京师、平抑粮价、赈济灾荒的作用，战时则提供军需、保障供给，对国家与社会产生了重要影响。

三国、魏晋、南北朝时期虽然战乱频繁，经济发展缓慢，但漕运仍然有了一定程度的发展。建安七年（202）曹操修睢阳渠灌溉农田兼漕运，建安九年（204）又"遏淇水入白沟以通粮道"②，用以运输军队与粮草。建安十一年（206）曹操又开凿了平虏、泉州二渠运送军粮，击败辽东乌桓，从而统一了北方地区。正是依靠漕运与水利事业的发展，曹氏经济实力不断增强，"于是所在仓廪丰实，征伐无运粮之劳，兼并群雄，强于天下"③。魏齐王正始四年（243）邓艾镇守寿春时，"艾以为田渠水少不足以尽地利，益开河渠及通漕河之道，可以大积军粮，宣王从之。乃开广漕渠，东南有事，兴众泛舟而下达于江淮，资食有储而无水害"④。与魏相比，吴国曾开破冈渎，蜀汉亦曾修浚秦时李冰所筑都江堰，但无论是在开渠规模上，还是在运输漕粮数量上，都无法与曹魏相比，这也是曹魏的继承者西晋能够统一三国的重要原因。

五胡十六国与南北朝时，战乱频仍，各割据政权忙于争夺地盘与自保，对漕运的发展不甚重视，但是为了军事方面的需要，仍然开辟了一些新的运道，建设了一定数量的漕运水次仓储。这些水次仓均位于河流沿岸，接纳短距离通过水道转输而来的漕粮，战时用来军需，灾荒时用来赈济，粮价高昂时用来稳定市场，其调度与控制有专门性的粮储机构进行管理。如后赵（319—351）皇帝石虎为敛取财富，"以租入殷广，

---

① 渭南市水利志编纂委员会：《渭南市水利志》，三秦出版社 2002 年版，第 616 页。
② （宋）司马光：《资治通鉴》卷64《汉纪五十六》，黄山书社 1997 年版，第 194 页。
③ （宋）胡宏：《五峰集》卷3《屯田》，清文渊阁四库全书本。
④ （明）杨宏、谢纯：《漕运通志》卷9《漕议略》，方志出版社 2006 年版，第 219 页。

转输劳烦，令中仓岁入百万斛，余皆储之水次……下令刑赎之家得以钱代财帛，无钱听以谷麦，皆随时价输水次仓。秋八月，冀州八郡雨雹，大伤秋稼，谷价腾贵，银一斤值钱米二斗，下书深自咎责，遣御史所在发水次仓麦以给秋种，尤甚之处，差复一年"①，将粮食存储沿河漕仓，不但便利了运粮船只的装卸与纳粮民众的输送，而且能够迅速及时的通过水路把粮食发运到所需地区，提高了国家处理紧急事务的效率。后魏（386—534）收取徐州、扬州等富庶之区后，令百姓转运漕粮到北方边镇，因路途遥远，百姓疲惫，影响了正常的农业生产，"有司请于水运之次随便置仓，乃于小平、石门、白马津、漳涯、黑水、济州、陈郡、大梁凡八所，各立邸阁，每军国有需，应机漕引，自此费役微省"②。北齐时（550—577）中央设立司农寺，"掌仓市、薪菜、园池、果实，统平准、太仓、钩盾、典农、导官、梁州水次仓、石济水次仓、藉田等"③。南北朝各政权多为少数民族所建，加之诸国存在时间较短，因此不可能形成系统的漕运制度，更不可能开凿全国性的运河，但是这一时期的漕运与漕仓建设，上承秦汉，下启隋唐，依然是中国漕运史的重要组成部分。

先秦至魏晋南北朝时期，是中国漕运的萌芽与发展阶段。从商代的巨桥仓到秦汉时期的敖仓、京师仓，再到南北朝时期的水次仓，漕运的发展促进了漕仓的建设，而漕仓的作用也逐渐由最初的粮食存储演变为供给京师、灾荒赈济、粮价平衡，其功能日益扩大。尽管这一时期漕运与仓储制度尚不完善，利用的水道也多为自然河道，人工运河开凿的比例较小，但作为中国漕运的兴起阶段，却为后世漕运的兴盛与繁荣提供了经验与借鉴。

第二节　隋唐宋元时期的漕运与仓储

隋唐号称盛世，是中国历史上的大一统时期，当时经济发达、国力强盛，运河的开凿与漕运的发展也远超前代。隋初因战乱影响，前朝运河损

---

① （南北朝）崔鸿：《十六国春秋》卷15《后赵录五》，明万历刻本。
② （唐）杜佑：《通典》卷10《食货十·漕运》，岳麓书社1995年版，第113页。
③ （唐）魏征：《隋书》卷27《志二十二·百官中》，中华书局2000年版，第512页。

毁殆尽，"诸州物调，每岁河南自潼关，河北自蒲坂，输长安者相属于路，昼夜不绝者数月"①，给运送物资的百姓造成了巨大负担。开皇三年（583）文帝命宇文恺在大兴城西开挖永安渠、清明渠、龙首渠以通漕运，"以京师仓廪尚虚，议为水旱之备，诏于蒲、陕、虢、熊、伊、洛、郑、怀、邵、卫、汴、许、汝等水次十三州置募运米丁，又于卫州置黎阳仓，洛州置河阳仓，陕州置常平仓，华州置广通仓，转相灌注，漕关东及汾晋之粟以给京师，又遣仓部侍郎韦瓒向蒲陕以东募人能于洛阳运米四十石经砥柱之险达于常平者，免其征戍"②，其后又开广通渠引渭河自大兴城至潼关长三百里，"转运通利，关内赖之"③。文帝时为节省民力，人工开凿运河的长度较短，所置水次仓储也多位于自然河流沿岸，陆路运输漕粮的比例较大，但由于文帝重视农业发展与粮食积蓄，到文帝末年，"天下储积，可供五十年"④，国家仓储存粮达到了非常可观的程度。

隋炀帝大业元年（605）发河南诸郡男女百余万人开通济渠，"自西苑引谷、洛达于河，又引河通于淮海，自是天下利于转输"⑤。大业二年（606）炀帝又"置洛口仓于巩东南原上，城周二十余里，穿三千窖。置回洛仓于洛阳北七里，城周十里，穿三百窖，窖皆容八千石"⑥，洛口、回洛二仓不但有周长数十里的仓城环绕，而且共计仓窖三千三百口，存粮可达二千六百四十万余石。大业四年（608）为便于征伐高丽时的粮食供给，"诏发河北诸郡男女百余万开永济渠，引沁水南达于河，北通涿郡"⑦，随着贯通全国运河网络的形成，隋代漕运在炀帝时达到了顶峰，"西京太仓、东京含嘉仓、洛口仓、华州永丰仓、陕州太原仓、储粟多者千万石，少者不减数百万石，天下义仓又皆充满，京都并州库布帛各数千万，而锡赉勋庸，并出丰厚，亦魏晋以降之未有"⑧。炀帝虽重积蓄，但却不恤民生，仓储存粮丰盈，府库充裕而百姓生活艰难，时刻都会遭受冻饿饥馁之苦，正如宋代学者胡寅所讲："隋炀积米多至二千六百余万石，

---

① （宋）司马光：《资治通鉴》卷176《陈纪十》，岳麓书社1990年版，第288页。
② （唐）魏征：《隋书》卷24《志十九·食货》，中华书局2000年版，第464页。
③ （明）杨宏、谢纯：《漕运通志》卷9《漕议略》，方志出版社2006年版，第219页。
④ （宋）吕祖谦：《历代制度详说》卷8《荒政》，民国续金华丛书本。
⑤ （唐）杜佑：《通典》卷10《食货十·漕运》，岳麓书社1995年版，第115页。
⑥ （清）傅恒：《通鉴辑览》卷47《隋》，清文渊阁四库全书本。
⑦ （唐）李延寿：《北史》卷12《隋本纪下十二》，吉林人民出版社1995年版，第216页。
⑧ （唐）杜佑：《通典》卷7《食货七·丁中》，岳麓书社1995年版，第81页。

何凶旱水溢之足虞？然极奢于内，穷武于外，耕桑失业，民不聊生，所谓江河之水不能实漏瓮也。"① 随着专制政权压迫的日益沉重，隋末群雄并起，战乱纷纭，炀帝的结局是授首江南，而李密起义军占领洛口仓后，"开洛口仓散米，无防守典当者，又无文券，取之者随意多少；或离仓之后，力不能致，委弃衢路，自仓城至郭门，米厚数寸，为车马所蹂践；群盗来就食者并家属近百万口，无瓮盎，织荆筐淘米，洛水两岸十里之间，望之皆如白沙"②，秦王李世民的将领李勣"初得黎阳仓，就食者数十万人"③。炀帝大开漕渠，广积粮，最后却落得个国破身亡的下场，其原因在于不得民心，不恤民苦，不惜民力，其灭亡也是历史的必然。

表 1—1　　　　　　　　　　隋唐漕仓分布区域、存粮数量④

仓储名称	设立时间	仓储区域	存粮数量	用途
黎阳仓⑤	开皇三年	河南浚县	3000 多万斤	供长安、洛阳及军需
洛口仓	大业二年	河南巩县	2400 多万石	供洛阳
含嘉仓	大业元年	河南洛阳	583 万余石	供洛阳
永丰仓	开皇三年	陕西华阴县	8 万余石	供长安
太原仓	开皇二年	河南三门峡	近 3 万石	供洛阳、长安
回洛仓	大业二年	河南洛阳	240 余万石	供洛阳
河阳仓	开皇三年	河南洛阳	不详	供洛阳
广通仓	开皇三年	陕西华阴县	300 余万石	供关中军需
常平仓	开皇三年	河南三门峡	巨万之仓	供长安、洛阳

李唐建立后，继承隋代漕运与仓储制度，并在前朝的基础上进一步发展。唐初"都关中，岁漕东南之粟。高祖太宗之时，用物有节而易赡，水陆漕运不过二十万石"⑥，漕运数量不是很大。太宗后，用度日益庞大，

① （明）丘濬：《大学衍义补》卷 33《制国用》，中州古籍出版社 1995 年版，第 464 页。
② （宋）袁枢：《通鉴纪事本末》卷 27《唐平东都》，改革出版社 1994 年版，第 2524 页。
③ （五代）刘昫：《旧唐书》卷 67《列传十七·李勣》，吉林人民出版社 1995 年版，第 1571 页。
④ （唐）李吉甫：《元和郡县图志》卷 7《河南道二》，清武英殿聚珍版丛书本。
⑤ 关于黎阳仓的规模，北宋右谏议大夫张舜民在其《画墁录》中写道："予尝登大伾，仓窖仍存，各容数十万，遍冒一山之上"。《浚县志》亦载"此非一邑之仓，乃天下之仓也"。
⑥ （明）丘濬：《大学衍义补》卷 33《制国用》，中州古籍出版社 1995 年版，第 464 页。

咸亨元年（670）"置河阳仓，隶司农寺"，咸亨三年（672）"于洛州柏崖置敖仓，容二十万石"①。唐玄宗开元十八年（730）宣州刺史裴耀卿上书曰："河口元置武牢仓，江南船不入黄河，即于仓内便贮。巩县置洛口仓，从黄河不入洛水，即于仓内安置。爰及河阳仓、柏崖仓、太原仓、永丰仓、渭南仓，节级取便，例皆如此。水通则随近运转，不通则且纳在仓，不滞远船，不忧欠耗，比于旷年长运，利便一倍有余"②，该建议实为漕粮转搬法，不但有利于减轻运粮百姓的负担，而且还可以降低沿途的粮食耗损，于国于民都是极为有利的措施，但当时却未被朝廷所同意。直到开元二十一年（733）裴耀卿"请罢陆运而置仓河口。乃于河阴置河阴仓，河西置柏崖仓，三门东置集津仓，西置盐仓，凿山十八里以陆运，自江淮漕者皆输河阴仓，自河阴西至太原仓谓之北运，自太原仓浮渭以实京师，益曹魏濮等郡租输诸仓，转而入渭，凡三岁，漕七百万石"③，三年运粮 700 万石，每年运粮 200 余万石，这较唐初的 20 万石增加了 10 倍以上，而粮食的主体主要来自于江淮，这说明江南经济在唐代有了很大发展。中唐后，由于"安史之乱"的影响，漕路断绝，运船损毁，年漕运量急剧下降，连贵为天子的皇帝也不得不四处谋粮，号称"逐粮天子"。唐代宗时，刘晏主持漕运，"江船不入汴，汴船不入河，河船不入渭；江南之运积扬州，汴河之运积河阴，河船之运积渭口，渭船之运入太仓，岁转粟百一十万石"④，"期间缘水置仓，转相受给，自是每岁运谷或至百余万斛，无斗升沉覆者"⑤。刘晏实行船纲法，将民运改为官运，将粮食散装改为袋装，无疑是中国漕运的进步，也取得了"无斗升沉覆"的成绩，但是每年百余万的漕运量只有开元时期的一半，这也说明此时的政治与经济环境已不如前期。

隋唐时期的漕运与仓储管理较前代有了很大的进步，"隋置太仓署令二人，米廪督二人，谷廪督四人。唐太仓署令三人，东都曰含嘉仓"⑥，除太仓外，隋初还设仓部侍郎一名，"唐武德三年加中字，龙朔二年改司

---

① （宋）王溥：《唐会要》卷 88《仓及常平仓》，商务印书馆 1935 年版，第 1612 页。
② （唐）杜佑：《通典》卷 10《食货十·漕运》，岳麓书社 1995 年版，第 116 页。
③ （明）丘浚：《大学衍义补》卷 33《制国用》，中州古籍出版社 1995 年版，第 465 页。
④ （宋）欧阳修、宋祁：《新唐书》卷 53《食货志四十三》，岳麓书社 1997 年版，第 843 页。
⑤ （元）苏天爵：《治世龟鉴》之《为政》，清文渊阁四库全书本。
⑥ （清）阎镇珩：《六典通考》卷 2《设官考》，清光绪刻本。

庾大夫，咸亨复旧，天宝为司储郎中"①，专业性仓储管理人员的设立，对于提高漕运与仓储的运作效率具有重要的意义。

宋朝定都开封，周边水利资源极为丰富，中央政府利用这一优势开辟了汴河、惠民河、金水河、五丈河四条水道以助漕运，史称"漕运四渠"。四河将京城与各地自然与人工河道连接起来，扩大了物资的来源，提高了漕粮输送的效率。当时北宋漕运路线有四条，分别为"江南、淮南、浙东西、荆河南北六路之粟自淮入汴至京师，陕西之粟自三门白波转黄河入汴至京师，陈蔡之粟自闵河、蔡河入汴至京师，京东之粟历曹济及郓入五丈渠入京师，惟汴最重"②，汴河通四方水路，承载的漕运任务也最为繁重，"岁漕江、淮、湖、浙米数百万，及至东南之产，百物众宝，不可胜计。又下西山之薪炭，以输京师之粟，以振河北之急，内外仰给焉。故于诸水，莫此为重。其浅深有度，置官以司之，督水监总察之"③，甚至达到了"漕引江、湖，利尽南海，半天下之财赋，并山泽之百货，悉由此路而进"④ 的程度。

宋初，"东京之制，受四方之运者谓之船般仓：曰永丰、通济、万盈、广衍、延丰、顺成、济远、富国，凡十仓，皆受江、淮所运，谓之东河，亦谓之里河。曰永济、永富二仓，受怀、孟等州所运，谓之西河。曰广济第一，受颍、寿等州所运，谓之南河，亦谓之外河。曰广积、广储二仓受曹、濮等州所运，谓之北河"⑤，当时"诸米麦等，自州东虹桥元丰仓、顺成仓，东水门里广济、里河折中、外河折中、富国、广盈、万盈、永丰、济远等仓，陈州门里麦仓子，州北夷门山、五丈河诸仓，约共五十余所"⑥，数量非常庞大。诸多船般仓的设立对于减轻路途运输中粮食的损耗与侵盗，及降低纲运船丁的压力具有一定的意义。

宋初，中央政府没有规定每年的漕运数量，至太平兴国六年（981），"汴河岁运江淮米三百万石、菽一百万石，黄河粟五十万石、菽三十万石，惠民河粟四十万石、菽二十万石，广济河粟十二万石，凡五百五十万

① （宋）王益之：《历代职源撮要》，民国适园丛书本。
② （元）马端临：《文献通考》卷 25《国用考三·漕运》，清浙江书局本。
③ （元）脱脱：《宋史》卷 93《河渠志四十六·汴河上》，中华书局 2000 年版，第 1558 页。
④ 同上书，第 1560 页。
⑤ （清）周城：《宋东京考》卷 3《诸司》，中华书局 1988 年版，第 49—50 页。
⑥ 同上书，第 49 页。

石。非水旱大豁民秀，未尝不及数"①，"至道初汴河运米至五百八十万石，自是京城积粟盈溢，大中祥符初至七百万石"②。随着运河源源不断的将各地漕粮输入京城，"天禧末京城所积仓粟一千五百六十万余石，草一千七百万五千余围"③。北宋在开封广泛积粮是与其"强干弱枝"的国策分不开的，大量禁军驻扎京城附近，必然会消费大量粮食，加之开封是一个庞大的政治与商业性城市，城中官员、商人、居民人口众多，对粮食的需求也异常迫切。除在京城置船般仓外，北宋政府还在江南建转般仓，用以囤积漕粮，"故置三转般仓于真（仪真）、楚（淮安）、泗（泗州）三州以发运官董之。江南之船输米至三仓卸纳，即载官盐以归，舟还其郡，卒还其家，汴船诣转般仓漕米输京师，往来折运，无复留滞，而三仓常有数年之储"④。江南转运仓的设立，使漕粮能够顺利通过运河输往京城，同时还能调节盐的市场平衡，对于国计民生发挥了重要的作用。宋室南迁后，定都临安，镇江等地成为漕运的咽喉，南宋政府在镇江设大军仓，将周边漕粮输入该仓，使其存储量达240余万石。镇江漕仓不但可以随时供给都城临安的粮食需求，而且非常方便将粮食通过便利的水道调运到各地，从而巩固了南宋王朝的统治。

蒙元人主中原后，"元都于燕，去江南极远，百司庶府之繁，卫士编民之众，无不仰给于江南"⑤。至元十三年（1276）开济州河，通山东济宁到东平运道，但由于河道浅涩，所以运量不大。至元十九年（1282）在听取了丞相伯颜的建议后实行海运，"初通海道，漕运抵直沽以达京城，立运粮万户府三，以南人朱清、张瑄、罗璧为之，初岁运四万余石，后累增及二百万石"⑥。至元二十六年（1289）与至元二十八年（1291）在水利专家郭守敬的主持下，又先后开凿了会通河与通惠河，从而使京杭大运河全线贯通，与隋运河相比，元运河大大缩短了南北之间的距离，不再经过河南，而是呈直线型，但因运河分水口设置地域的不合理，元运河岸狭水浅，船只往往负重难行，漕运异常艰难，所以在元

① （宋）杨仲良：《皇宋通鉴长编纪事本末》第 1 册，黑龙江人民出版社 2006 年版，第 205 页。

② （元）马端临：《文献通考》卷 25《国用考三·漕运》，清浙江书局本。

③ （清）阮葵生：《茶余客话》卷 3《农》，清光绪十四年（1888）本。

④ （明）丘浚：《大学衍义补》卷 34《制国用》，中州古籍出版社 1995 年版，第 468 页。

⑤ （明）梁梦龙：《海运新考》卷上《胶莱河辩》，明万历刻本。

⑥ （元）赵世炎：《大元海运记》卷上，广文书局 1972 年版，第 33 页。

朝，海运漕粮一直占主体地位。为存储漕粮，元政府在河西务置永备南
（北）仓、广盈南（北）仓、大盈仓、大京仓等十四仓；在通州置有年
仓、富有仓、广储仓、广丰仓、乐岁仓等十三仓；在天津置直沽海运米
仓、广通仓；在沿河一线置馆陶仓、陵县仓、长芦仓、夹马营仓等十七
仓以转运河海之粮，这些漕仓由盐支纳与仓大使管理，存粮在数十万石
左右，除部分用作地方军队与赈灾所用外，绝大部分转运到大都以供各
项需求。

　　宋、元两代漕运管理体制相当严密，真正做到了漕有所属，仓有所
管，"宋京城诸仓总二十五，各置监官二人，元丰后二十五仓属司农，中
兴后又有丰储仓监官二员……元京师二十二仓，秩正七品，使副各二
人"①。除京仓外，宋代的转般仓归朝廷与转运使管理，元则于至元二十
五年（1288），"内外分置漕运司二。其在外者于河西务置司，领接运海
道粮事"②，沿河漕仓也归其管辖，另有正七品的盐支纳，从七品的仓大
使，正八品的仓副使负责具体的仓务。宋元漕运仓储管理制度的日益完
善，为明清漕仓的行政建置与管理运作提供了借鉴，可以说明清漕运的高
度发展受宋元漕运影响最大，是在宋元漕运基础上的延续与发展。

第三节　明清之前漕运的特点

一　漕运量不稳定

　　中国漕运的发展受到各种因素的影响，如运道是否通畅、国家是否统
一、漕运政策、船只修造技术、农业发展状况、税收比例等，这些因素或
直接或间接影响着漕运与仓储的规模。通过探究漕运的历史规律可知，秦
汉、隋唐、元明清大一统时期，不但人工运河得到了大规模的开凿，而且
其维护、修缮、治理也备受国家重视。在政令统一、经济发展、环境稳定
的局面下，中央政府有足够的人力、物力、财力去发展漕运，建设仓储，
增加积蓄。如秦汉敖仓与隋唐沿河仓储之所以存粮数额巨大，是与动用举
国之力分不开的，正是源源不断的运粮船队与夫役从中原、山东、江淮通
过自然河道、运河、陆地转送粮食到咸阳、荥阳、长安、洛阳等政治与边

---

① （清）阎镇珩：《六典通考》卷2《设官考》，清光绪刻本。
② （明）宋濂：《元史》卷93《志四十二·食货一》，中华书局2009年版，第1570页。

防重地，才巩固了国家统治的物质基础。

漕运量除与稳定的政治环境有重要的关系外，还与农业经济的发展密不可分。宋代以前，中国的经济中心是河南、山东与关中地区，淮河以南因人口稀少与农业科技落后而发展迟缓。延续至宋代，随着北方人口的大量南迁及江南生产技术的进步，淮河以南逐渐成为全国的经济中心，这里不但是全国漕粮的主要输送地，而且比较重要的转般仓都位于淮、真、扬、泗等地，直到明清时期除漕运仓储的位置南北均衡外，江南漕粮依然是国家漕运的主体。所以两宋时期虽然北有辽、金、元，西有夏、吐蕃等少数民族政权的威胁，但因经济的中心仍然位于宋的统治区域内，漕运量依然很大。而三国、魏晋、南北朝及五代时期，战乱频兴，很多小国旋起旋灭，即使不少割据政权为满足长期战争的需要而开凿运河、建设仓储、发展农业，但并没有将漕运作为全国性的大业进行规划，所以在中国漕运史中的地位不如大一统时期。

总之，明清之前的中央专制国家，不管是否统一，还是农业经济发达或落后，其漕运量并没有严格的规定，甚至还经常出现较大的起伏与波动，这与明清时期每年基本 400 万石数额的漕粮数目有很大的区别。正是由于漕运与仓储管理体制尚不完善，专业运粮队伍没有建立，加之对运河的开凿、修缮、管理缺乏详细与系统的规定，才导致明清之前中国漕运数额的不稳定。

二　漕运制度不完善

漕运不但是通过水路运输税粮的过程，更是专制国家的国策与大政，与社会政治、经济、军事密不可分。在明清之前，漕运在某些时期虽有反复，但总体呈上升的趋势，在漕粮数额、运道疏浚、仓储建设方面都有所发展与进步，但不可否认的是因漕运与仓储管理体制的不严密，漕运运作过程中产生了种种弊端，而这些弊端又导致了漕运秩序的败坏与国家政局的紊乱。

明清之前，运输漕粮的队伍基本来自于普通百姓，他们除了常年从事辛苦的农业耕作外，更需要承担各种繁重的劳役，因此苦不堪言。唐、宋、元虽对漕运队伍进行了一些改革，逐渐从佥发改为招募，产生了诸如"押纲制"的运粮制度，但百姓仍然需要长途运粮到沿江、沿河水次，严重打乱了正常的农业生产秩序。另外，秦汉至宋元漕仓虽有国家官员管理，但在行政建制、仓储修造、廒座规格等方面都没有形成系统的规章与制度，也没有对仓储内部不同人员的诠选、职能、奖惩做出明确的规范，所以经常会导致各种漕运与仓储弊病的产生。最后，漕运与漕河相辅相成，浑然一体，漕河畅则漕粮足，漕河阻，则漕运衰。明清之前，尤其是隋元两朝开凿了连接南北的京杭大运河，将海河、黄河、淮河、长江、钱塘江等大江大河连接起来，使南北贯通一气，方便了祖国各地的政治、经济、文化交流。但是因河道设计不合理、水源匮乏、疏于修缮、战乱破坏等原因，往往一个朝代衰败，运河也随之衰败，漕运与河道的管理不具备延续性。

三　漕运弊端尚不严重

一项制度的产生与演变，往往是初期充满生机与活力，中期弊端出现，后期国家整顿力度加强，中国漕运也不例外。明清之前的漕运过程中虽有侵盗、漂流、仓弊等损害国家漕运行为的产生，但在相关的史料记载中并不多见。这种现象的出现除了与明清之前的史料保存数量有限外，还与漕运管理体制尚不健全有很大的关系。首先，明清之前的漕粮运输多直接运往京城或边防要地，少了诸多中途转运与存储的过程，因此漕弊发生的范围、空间、人员都受到了很大的限制。其次，在很长的历史时期内，中国漕运并没有建立起严密的监察程序，在漕粮交兑、运输、入仓的过程中不但权责不分，而且舞弊行为多数都发生于运输漕粮的过程之中，具有很大的隐蔽性。

总之，中国漕弊的发展经历了从隐秘到公开，从简单到多样化，从下层向整体蔓延的过程。在明清之前，漕粮的损失多缘于河海漂流与运输过程中夫役的侵盗，迨至明清两朝，京通仓有花户、胥吏之害，水次仓有中官之苦，地方小型漕仓有运军、官吏苛索之累，整个漕运系统变成了专制社会腐败的渊薮，其中的种种乱象与弊病除之不尽，去之又来，成为国家难以治愈的痼疾。

第 二 章

明清京通仓的建置、沿革、粮数与修造

　　明清两朝均定鼎于北，转漕于南，为维持庞大的政治、经济、军事开支，对于漕粮的需求异常迫切。明代地理学家顾祖禹曾言漕运为："天下大命，实系于此"①，可见漕粮储备对于专制国家的重要性。为将漕粮顺利运往京城与边防要地，明清政府不但在运河沿线置转运与存储漕粮的水次仓，而且也非常重视漕粮的最终归宿地京通仓的建设。明清京通仓的发展演变经历了从初具规模到系统完善的过程，期间无论是仓廒数量、储粮额数、修造管理、功能作用都较前代有了明显的进步，仓储管理也逐渐走向科学化与系统化。同时京通仓的兴衰也与国家政治环境、漕运政策、河道迁徙、经济发展等因素密不可分，尤其是清末受战乱破坏及漕粮海运、铁路兴起、粮食商品化的影响，京通仓更是随着时代的潮流发生了翻天覆地的变化。

第一节　明清京仓的建置与沿革

　　明代京仓被称为"天子之内仓"②，清代"为国家之根本"③，用于储备江南与山东、河南之粟、稷、麦、豆等粮，数额最多时往往达上千万石，少时也达数百万石。为有效管理京仓漕粮，增加其数量，防止其霉变与损耗，明清两朝不但屡次增修廒座，而且就仓储的建置、规格、修造制定了严格的规定与章程。

---

① （明）顾祖禹：《读史方舆纪要》卷 129《川渎六·漕船·海运》，清稿本。
② （清）孙承泽：《天府广记》卷 14《漕仓》，北京古籍出版社 1984 年版，第 174 页。
③ （清）《漕运议单》卷 13《京通粮储》，国家图书馆藏清抄本。

一　明代京仓的建置沿革

"国以民为本，民以食为天，民安而国运昌隆，食足则民生乐利"①，早在明初洪武年间，朱元璋就已经非常重视都城南京的粮食储备工作，修有一定数量的军储仓，用以满足军事开支与京城粮食供给。洪武三年（1370）随着周边漕粮源源不断的流入京师，"时在京诸卫多积粮以巨万计，而廪庾少无以受之，乃命户部设军储仓二十所，各置官司其事，自一至第二十依次以数名之"②，初步建立起了以军事储备为主的南京仓储体系。同年中书省上言："在京军储仓二十处，收粮六百余万石，每仓设官三员，请增设京畿漕运司官，专督其事。"③ 洪武初京师存粮达 600 万石之巨，这除了因南京距离江南富庶之区距离较近，水路交通发达等因素有关外，还由于当时国家未完全统一，所以需要积累大量的粮食用于军事开支与战争需要。为防备北方蒙元残余势力的入侵，朱元璋还在北平、蓟州、密云等地设置了大量的军队卫所，洪武三年（1370）十一月诏令："商人输米北平府仓，每一石八斗给淮浙盐一引"④，希望通过开中盐引的方式增加军粮的储备量。洪武四年（1371）为就近接纳入京税粮，减省民力，又在安徽、江苏交界处的临濠置转运仓，作为南京粮食供给的储备基地，其存粮数量在百万石左右。洪武六年（1373）因北方边陲要地驻军众多，需粮孔亟，又设仓于山东卫河沿岸的临清，"以储运军粮，仍以军士三千守之"⑤。洪武二十八年（1395），"置皇城四门仓，储粮给守御军。增京师诸卫仓凡四十一。又设北平、密云诸县仓，储粮以资北征"⑥。

洪武年间南京建立起了较为完善的仓储体系，而且在北平等地也置仓储备军粮，这些粮仓的设立不但保障了明初各项军事行动的开展，而且为永乐帝定鼎北京，建设北京地区的仓储提供了经验与借鉴。同时在明代北京、南京两都并立，国家粮仓在名称、结构、管理等方面都存在着很大的继承性与相似性，这显然与明初仓储建设的经验积累是分不开的。

---

① （清）席裕福：《皇朝政典类纂》，台北文海出版社 1982 年版，第 1697 页。
② 《明太祖实录》卷 54，洪武三年秋七月丁酉条，上海书店 1982 年影印本。
③ 《明太祖实录》卷 55，洪武三年八月乙酉条，上海书店 1982 年影印本。
④ 《明太祖实录》卷 58，洪武三年十一月辛亥条，上海书店 1982 年影印本。
⑤ 《明太祖实录》卷 86，洪武六年十一月己亥条，上海书店 1982 年影印本。
⑥ （清）张廷玉：《明史》卷 79《食货志三》，岳麓书社 1996 年版，第 1130 页。

永乐初，成祖朱棣虽未正式迁都北京，但已开始加强北京城的营建工作。永乐元年（1403）命右军都督陈俊等，"运淮扬仓粟百五十七万六千二百石有奇，赴阳武，转输北京"[①]。永乐二年（1404）户部尚书郁新言北京粮储不足，成祖诏开中盐粮，"淮浙盐于北京仓纳米者，每引二斗五升，于德州仓纳米者，每引三斗五升"[②]，同年又以平江伯陈瑄任漕运总兵官，在天津直沽建百万仓，"至是令江南粮一由海运，一由淮入黄河至阳武，陆运至卫辉，仍由卫河至白河至通州，是为海陆兼运"[③]，这时因元代所凿会通河淤塞严重，运量不足，所以只能河海陆兼运，运粮军民不但要遭受海上的风波之苦，还要经历黄河、陆地上的艰难，所以漕运效率不高，百姓负担沉重，粮食也因多次转运，用时日久而霉变损耗严重。永乐六年（1408）添置北京仓，第二年又加增"北京金吾左右羽林前、长山左右中、燕山左右前、济阳、济州、大兴左、武成中左右前后、义勇中左右前后、神武左右前后、忠义左右前后、武功中、宽河、会州、大宁前中、富峪、蔚州，凡三十七卫仓，及锦衣中、怀来守御二千户所仓"[④]，从而使京仓存粮能力大为提高。永乐九年（1411）会通河疏浚后，通过海运与河运北上的漕粮数量大增，为保障漕船顺利抵达京师，明政府不但在运河沿岸的天津、德州、临清、济宁、徐州、淮安等地建水次仓储粮，而且北京也因漕粮渐多，行在户部建言"发民置仓贮之"[⑤]，进一步强化了都城的仓储建设与粮食储备。

表2—1　　　　　　　　　　永乐年间所建京仓[⑥]

仓名	设置时间	地点	廒数（座）	周长	卫所仓数目
旧太仓	永乐七年	东城	306	325丈5尺	11
南新仓	永乐七年	在旧太仓前	249	537丈	8

①　（明）谈迁：《国榷》卷13，中华书局1958年版，第917页。

②　李国祥、杨昶主编：《明实录类纂·经济史料卷》，武汉出版社1993年版，第344页。

③　（清）谷应泰：《明史纪事本末》卷24《河漕转运》，中华书局1985年版，第24—25页。

④　（明）申时行：《明会典》卷21《户部八·仓储》，商务印书馆1936年版，第545页。

⑤　《明成祖实录》卷160，永乐十三年春正月丙申条，上海书店1982年影印本。

⑥　（明）刘斯洁：《太仓考》卷2之2《仓库》，明万历刻本。（明）申时行：《明会典》卷187《工部七·京仓》，明万历内府刻本。

续表

仓名	设置时间	地点	廒数（座）	周长	卫所仓数目
济阳仓	永乐七年	北城	47	332 丈 6 尺	2
北新仓	永乐年间	东城	140	518 丈	5
大军仓	永乐年间	东城	122	102 丈	4
西新仓	永乐年间	西城	100	449 丈	4
大兴卫仓	永乐七年	北城	29	255 丈	1

宣德二年（1427）明政府利用开中盐粮的方法增加京城积蓄，"不分官员军民，皆许于北京诸卫仓纳米，不拘资次，支给两淮、两浙盐，每引米三斗五升；河间长芦盐，每引五斗；河南、陕西及四川盐，每引二斗。候积粮多，即止"①。宣德三年（1428）为加强京城各卫所仓的防守工作，"凡内外卫所仓，每仓置一门，榜曰某卫仓，三间为一廒，廒置一门，榜曰某卫某字号廒，凡收支，非纳户及关粮之人不许入"②，以严肃仓储的管理与防止仓粮被盗。宣德四年（1429）又定赎罪纳粮则例，凡北京法司、直隶河间八府、河南与山东两省犯罪之人，只要交纳一定数量的粮食入北京仓，就可以免除或减轻刑罚，其中"杂犯死罪五十石；流罪比死罪减十石；徒三年三十五石，以下四等递减五石；杖一百十石，以下四等递减一石；笞五十，五石，四十减一石，三十又减五斗，二十又减一石，一十又减五斗"③。

经过宣德初年多种方式筹措京城积蓄，京仓廒座已难以满足如此大量粮食的存储需要。宣德六年（1431）除命户部尚书李昶督修北京卫所仓外，还让成国公朱勇增建北京仓，又陆续"增造临清仓容三百万石，增置北京及通州仓"④。正统时随着运河的畅通与漕运制度的健全，漕粮入京数额越来越大，京仓多不能容，正统元年（1436）修造羽林等 25 卫仓廒 523 间，正统三年（1438）后"增置京卫仓凡七。自兑运法行，诸仓支运者少，而京、通仓益不能容，乃毁临清、德州、河西务仓三分之一，

---

① 李国祥、杨昶主编：《明实录类纂·四川史料卷》，武汉出版社 1993 年版，第 1106 页。

② （明）张学颜：《万历会计录》卷 36《仓场》，明万历刻本。

③ （清）沈家本：《历代刑法考》之《刑法分考十六》，商务印书馆 2011 年版，第 427 页。

④ （清）张廷玉：《明史》卷 79《食货志三》，岳麓书社 1996 年版，第 1130 页。

改为京通仓"①，此时京城各仓方定正式名称，分别为"旧太仓、百万仓、南新仓、北新仓、海运仓、禄米仓、新太仓、广备库仓"②。

正统后，虽然京仓建设不如永乐、宣德年间，但仍然进行了一系列大规模的修造工程。成化四年（1468）因京仓缺廒，户部尚书马昂奏请盖造仓廒二百间，"工部已于大军仓内盖成六十间，然犹未足，闻工部所余木植尚多，通州亦然，请仍盖成原请之数"③。成化十九年（1483）总督粮储户部尚书殷谦上书称："京通二处仓廒数少。乞展地添造"，朝廷谕"招拨官军一万人，命太监张兴、都督冯升、工部右侍郎张颐董其役"④。弘治元年（1488）朝廷命工部侍郎刘璋"督修京通二处仓廒"⑤，弘治九年（1496）又建京仓廒五十间。正德五年（1515）在永昌寺旧址建仓，"未有名。乃赐名曰太平仓"⑥。迄至嘉靖年间，京仓虽有例行修造，但大规模兴修工程已经停止，基本形成了明代京城十一仓的格局。为清晰的将宣德至嘉靖年间京仓的增修情况予以说明，特列表2—2如下。

表2—2　　　　　　　　　宣德至嘉靖年间京仓增修情况⑦

仓名	设置时间	地点	廒数（座）	周长	卫所仓数
海运仓	宣德年间	旧海子地	178	485丈2尺5寸	6
新太仓	宣德年间	海运仓西	181	474丈4尺	7
太平仓	正德年间⑧	中城	48	420丈	2
禄米仓	嘉靖年间	东城	74	263丈	2

通过明中前期京仓的修造比例可知，京城十一仓有七座是建于永乐年

---

① （清）张廷玉：《明史》卷79《食货志三》，岳麓书社1996年版，第1130—1131页。

② （清）孙承泽：《春明梦余录》卷37《户部三·仓场》，清文渊阁四库全书本。

③ （明）马昂：《会议漕运事宜》，《明经世文编》卷41《马恭襄奏疏》，明崇祯平露堂刻本。

④ 赵其昌主编：《明实录北京史料》第2册，北京古籍出版社1995年版，第527页。

⑤ 同上书，第565页。

⑥ （清）于敏中：《日下旧闻考》卷52《城市》，北京古籍出版社1981年版，第832页。

⑦ （明）刘斯洁：《太仓考》卷2之2《仓库》，明万历刻本。（明）申时行：《明会典》卷187《工部七·京仓》，明万历内府刻本。

⑧ 《明武宗实录》载为正德五年建太平仓，而《太仓考》则载弘治十七年建。

间，其后上百年间只增加了四座，由此可见永乐朝是明代漕运的奠基与发展时期，这一时期内不但疏运河、定漕法、立运军，而且修仓储、置仓管、筹仓粮，从而为后世京仓管理的制度化与运作的规范化打下了基础。

万历初年由于张居正的改革，经济得到了较快发展，京仓存粮甚至达到了上千万石。为管理好如此大量的粮食，万历三年（1575）命工部左侍郎陈一松修盖京通仓廒，万历十八年（1590）又再次对京仓进行了大规模的修造，"大修三十六座，内中新建造二座，因旧为新三十四座，遇闰月加三座"①。万历时期京仓廒座与前代相比有了一定的变化，并且对每一仓的收粮数量都有了详细的规定与统计，从而使仓储的管理逐渐科学化。

表 2—3　　　　　　　　万历时京仓廒数与收粮数目②

仓名	廒数（座）	仓间数（间）	收粮数（石）
旧太仓	236	1215	433619
南新仓	180	890	与济阳仓合计 431428
海运仓	120	600	与新太仓合计 529665
新太仓	149	745	与海运仓合计 529665
北新仓	95	483	与大军仓合计 356186
大军仓	77	390	与北新仓合计 356186
济阳仓	34	160	与南新仓合计 431428
禄米仓	49	245	48432
西新仓	83	415	263111
太平仓	44	220	不详
大兴左卫仓	25	133	不详

万历中前期京仓粮食丰盈，足供支用十数年，其后随着宁夏之役、朝鲜之役、播州之役三大征的进行，国库与仓储耗费大半。万历末期，为防备辽东后金的进犯，明政府在边境布设重兵，京通仓粮大半运往前线，常常入不敷出，一年之粮不能足一年之用。崇祯时，运河淤塞，漕粮改折，

① （明）何士晋：《工部厂库须知》卷3《营缮司》，明万历林如楚刻本。

② （明）张学颜：《万历会计录》卷36《仓场》，明万历刻本。（明）申时行：《明会典》卷187《工部七·京仓》，明万历内府刻本。

外有后金侵袭，内有李自成、张献忠等农民起义的困扰，政治环境更加恶劣，京仓存粮甚至不如盛时的 1/20，至明末，"京师原设十一仓，太平六仓已废为瓦砾之场，旧太等五仓又并无担石之积"①，京仓彻底走向了衰落，只能等待新的王朝进行整顿与重建了。

二　清代京仓的建置沿革

清承明制，"国家建都燕京，廪官饷兵，一切仰给漕粮。是漕粮者，京师之命也"②，《顺天府志》亦言："我朝燕京定鼎，转漕东南，天庚正供，俟积维谨。至于库储出纳，国计所关，豀恤则亿万非糜，用度则几微必饬，节用爱民，复乎上矣"③，可见清政府对漕运与仓储异常重视。清代北京仓储在借鉴明代京仓修造经验的基础上，在选址、仓名、构造、行政建制等方面既有继承，又有完善与发展，从而使清代京仓管理与布局更加合理。

清初，北京仓储因受明末战乱的影响，存粮无几，很多坍塌成为废墟，失去了存储漕粮的功能。顺治朝时虽在明代京仓的基础上进行了重建与维修，使京仓厫数达到了 343 座，但仍与明盛时的 1450 座相差甚远，加之当时国内未靖，军事行动耗费粮食数量庞大，所以京仓储积不多，管理也尚不严密。圣祖皇帝登基后，非常重视对关系国计民生的漕运与河工进行整顿，不断兴修水利工程，强化河道管理，明确漕运官员的职责，从而使入京漕粮数目不断增长。康熙二十二年（1683）增修京城海运等八仓，"命添造京仓厫八十一座"④，康熙二十八年（1689）再建 30 座，三十二年（1693）又建 20 座，从而使京城八仓厫座总数达到了 393 座，比顺治时增加了 50 座，其中"内海运仓六十九座，旧太仓七十座，南新仓五十三座，禄米仓二十三座，兴平仓五十五座，北新仓六十六座，太平仓一十五座，富新仓四十二座"⑤，每座储粮额数为 12000 石，京城八仓总计可储粮达 400 余万石。康熙中期后，仍然对京仓修造不遗余力，康熙四十一年（1702），"添设京八仓厫四十一座，通仓厫二十四座，修葺仓厫

---

① 中国第一历史档案馆：《顺治朝题本·漕粮类》，顺治八年五月二十八日，波洛奏《为明职守以肃漕政事》。
② （清）陆燿：《切问斋文钞》卷 17，清乾隆刊本。
③ （清）周家楣：《光绪顺天府志》卷 10《仓库》，北京古籍出版社 1987 年版，第 293 页。
④ （清）王先谦：《东华录》之《康熙 31》，清光绪十年（1884）长沙王氏刻本。
⑤ （清）《漕运议单》卷 13《京通粮储》，国家图书馆藏清抄本。

共二百七十四座"①，康熙六十一年（1722）和硕雍亲王胤禛上疏言："查勘京城海运八仓，清河本裕一仓，通共五百六十二廒，又有院内露囤共十五围……再查各仓修理损漏之处，应大修者七十八廒，小修者，一百八十四廒，应交工部速行确估修理。查各仓应行增建之处，海运等八仓俱有隙地，可增建四十二廒。太平仓以南沿河一带可增建二十五廒，至于朝阳门至东直门，另建一仓，前曾题请，今经详阅地势，可增建四十二廒，亦应一并交工部，速行确估建造"②，这样经过康熙朝 60 余年间对京仓的经营，初步形成了廒数 600 余座，储粮近 500 万石的京城仓储群，从而为康乾盛世的到来奠定了物质基础。

雍正、乾隆两帝延续康熙朝重视积蓄的政策，对京仓不断进行修缮与扩展，使国家粮储规模更加庞大。雍正元年（1723）议准"建万安仓四十二廒，官厅三间，官舍十间，科房三间"，又议准"太平仓南增二十五廒，海运等仓增三十九廒"③。雍正六年（1728）再增裕丰仓廒六十三间，官厅三间，官舍十五间，科房六间，同年"增建储济仓百有八廒，官厅三间，后厅三间，科房三间，井一口"④，这样仅雍正年间就建仓廒 200 余座，其他科房、堆房、号房更是不计其数。乾隆元年（1736）又因京城各仓丰盈，新到漕粮难以放置，议准"南新仓增一廒，旧太仓增九廒，海运仓增二十廒，北新仓增五廒，兴平仓增一廒，太平仓增六廒，万安仓增三廒，储济仓增四十八廒"⑤，乾隆六年（1741）为防备火灾，定京通各仓"各就廒房之多寡，地基之广狭，酌增井以备缓急，太平、裕丰二仓取水近便，毋庸掘井，禄米仓增井五，南新、富新、北新三仓各增井八，旧太、兴平二仓增井七，海运仓增井九，储济、本裕二仓各增井二，万安西仓开建东水门五道，万安东仓掘井四"⑥。随着仓廒数量的增多与仓储管理制度的完善，京仓储粮动辄数百万石到上千万石，据乾隆五十四年（1789）查仓大臣奏："查十五仓共计一千一百一十二廒，每廒额存粮一万石，若皆满贮，该合计为一千三百余万石……今仓内所存两年之米约计七百余万石，

---

① 《清圣祖实录》卷 218，康熙四十一年十二月丙申条，中华书局 2008 年影印本。

② 《清圣祖实录》卷 306，康熙六十一年十一月丁亥条，中华书局 2008 年影印本。

③ （清）《大清会典则例》卷 127《工部·仓廒》，清文渊阁四库全书本。

④ 同上。

⑤ 同上。

⑥ 同上。

是空闲之廒尚有十之四五也"①，700 余万石漕粮竟然只能填充京仓半数廒房，可见此时廒房数量之多，储粮规模之大。除通州大运中、西仓外，乾隆朝京城总计 13 仓，比康熙时增加 4 仓，这一格局基本延续到清末，同时也是整个清代京通仓储系统最为完善的时期。

表 2—4　　　　　　　　乾隆朝京城 13 仓布局②

仓名	建立时间	所处地点	廒数
禄米仓	清初	朝阳门内	57
南新仓	清初	朝阳门内	76
旧太仓	清初	朝阳门内	89
富新仓	清初	朝阳门内	64
兴平仓	清初	朝阳门内	81
海运仓	清初	东直门内	100
北新仓	清初	东直门内	85
太平仓	清初	朝阳门外	86
本裕仓	康熙四年、五年	德胜门外清河	30
万安仓	雍正元年	朝阳门外	93
储济仓	雍正六年	东便门外	108
裕丰仓	雍正六年	东便门外	63
丰益仓	雍正七年	德胜门外安河桥	30

清代京城十三仓有着严格的布局，每仓"以五间为一廒，每间七檩六椽，阔丈四尺，深五丈三尺，山柱高二丈二尺五寸。每廒顶各开气楼一座，廒底砖砌，上铺木板，廒门及墙下均开窦穴以泄地气"③。除此之外，为便于入京仓漕粮的检验与核查，清政府还建大通桥号房 48 间，朝阳门号房 58 间，每年各省漕船正兑米在通州石坝交兑后，由"石坝里河经普济、平下、平上、庆丰四闸，每闸换船至京城东便门外大通桥掣袋验米，应交太平仓者仍水运，应交内仓及裕丰、储济、东万安仓者换车陆运，应交西万安、禄米、南新、旧太、北新、海运、富新、兴平、本裕、丰益各

① 中国第一历史档案馆：《乾隆朝朱批奏折》，档号：1183—014，《奏陈京通各仓存贮米石等情形请敕户部详查妥议折》，乾隆五十四年十月二十五日。
② （清）《大清会典则例》卷 39《户部·仓庚》，清文渊阁四库全书本。
③ （清）《大清会典则例》卷 127《工部·仓廒》，清文渊阁四库全书本。

仓者，水运至朝阳门外，换车陆运，均分送各仓掣验交收"①。

道光初年，运河不畅，漕路受阻，特别是道光四年（1824）黄河高家堰漫口，导致宝应、高邮至清江浦段河道淤塞难行，漕粮北运大受妨碍。在经过了河运派与海运派反复的辩论及争执后，宣宗皇帝决定于道光六年（1826）试行海运，当年即运粮 160 余万石入京仓，与河运相比，海运不但节省运费，而且"不由内地，不归众饱，无造船之烦，无募丁之忧，利国利民，计无逾此"②。尽管海运有种种优势，但因道光帝与河运派因循守旧，加之河运关系到河漕官员、运军水手、沿岸居民、仓储胥吏众多阶层的利益，所以海运仅行一年，即于道光七年（1827）复行河运。其后黄河决口日益频繁，河漕运行维艰，京通粮储逐渐匮乏，道光十二年（1832）户部奏京通二仓存粮仅 470 万 2699 石，不足京城官禄、军供、赈济两年之需，而且各仓贮粮不一，多者数十万，少者数万，各仓粮数、种类均存在着较大的差异。

表 2—5　　　　　　　　道光十二年京城各仓储粮数目③

仓名	粳米（石）	稑米（石）	漕麦（石）	黑豆（石）	粟米（石）
禄米仓	178855	67199	5955	不详	22325
南新仓	130021	51876	5574	20905	24102
旧太仓	301384	119080	5880	46159	18807
海运仓	251519	79670	4970	125168	26088
北新仓	194529	118095	5560	88118	13572
富新仓	260765	125513	5249	不详	22234
兴平仓	316737	117441	5500	不详	22207
太平仓	319234	102624	不详	不详	16912
万安仓	261967	92279	5393	52936	1610
裕丰仓	246737	72968	6036	不详	16067
储济仓	350962	96465	6003	49496	20842
本裕仓	25757	16354	不详	不详	22052
丰益仓	23987	15832	不详	不详	21153

---

① （清）席裕福：《皇朝政典类纂》，台北文海出版社 1982 年版，第 1756 页。
② （民国）赵尔巽：《清史稿》志 104《食货三·漕运》，吉林人民出版社 1998 年版，第 2441 页。
③ 中国第一历史档案馆：《单》，档号：03—3370—047，《呈京通等仓实贮粮石数目分析清单》，道光十二年。

　　通过上表数据统计可以得知，道光十二年京仓中粳米总数为2862454石，稌米总数为1075396石，漕麦总数为56120石，黑豆总数382782石，粟米总数为257971石，京仓漕粮合计总数为4634723石，占京通二仓粮食总数的98.5%，这一数据不但说明道光年间京仓存粮数量已经远超通州仓，而且也表明该时期京通仓粮已难以与清代全盛时期的上千万石相齐并论，甚至还不如乾隆末年京通仓的700万石额数。

　　道光后，随着鸦片战争与太平天国起义的影响，加之咸丰五年（1855）黄河铜瓦厢决口，导致山东张秋段运河被拦腰截断，以北河道逐渐淤塞，甚至京通仓粮也不得不依靠漕折银购买商米、两广米、四川米、台湾米来维持，同时各种军事行动的巨大消耗，又加剧了京城的粮食危机，使京仓常常捉襟见肘，难以为继。同治、光绪两朝虽有中兴之名，但京仓粮储一直处于比较紧张的状态，为增加积蓄，同光时期采取大规模的漕粮海运，利用商船、轮船将集中到上海的江浙漕粮海运入京。光绪二十二年（1896）京津铁路的竣工及清末商品粮的兴起，有效缓解了北京城的粮食压力。但近代化交通方式的兴起对于京通仓是一把双刃剑，它一方面解决了京城粮食问题，另一方面使京通仓大规模、长时段存储漕粮显得没有必要，所以光绪末年京通仓粮基本维持在100万到200万石左右，而且仓廒数量较前代缩小，这显然与轮船、火车等近代化运输方式的兴起及商品粮的日益扩大化是分不开的。

第二节　明清通州仓的建置与沿革

　　通州是一座依靠运河与漕运而兴起的城市，"在京城之东，潞河之上，凡四方万国贡赋由水道以达京师者，必萃于此，实国家之要冲也"①，甚至连通州之名也是"取漕运通济之义，故河曰通惠，闸曰通流，桥曰大通，曰永通，是通虽郡号，实因漕而得名也"②。通州早在金元时期就是重要的仓储基地，有通积仓、广储仓、有年仓、乐岁仓、富衍仓等十余座漕仓，用以将御河转运而来的河北、山东、江南之粮运入北京。步入明

---

①　（明）李时勉：《古廉文集》卷2《敕建永通桥记》，清文渊阁四库全书本。
②　（明）周之翰：《通粮厅志》卷1《左辅志》，明万历三十三年（1605）原刊本。

清以后，通州又北捍京师，南转河漕，为重要的水陆交通枢纽，城中的大运仓储粮常常达数百万石，是维系专制王朝存在的物质基础，通州作为明清仓储基地、商贸码头、军事重镇是与河漕密不可分的，可以说是一座典型的运河城市。

一 明代的通州仓

通州虽在金元时期就是重要的漕运枢纽，但并没有城池，明洪武二年（1369）徐达北伐克通州，命裨将孙兴祖筑城，位于潞河以西，外墙为砖甓结构，内实以土，周长九里十三步，高三丈五尺，城门四，分别名为通运、朝天、迎熏、凝翠。正统末、景泰初，为保护城外的仓储，粮储太监李德"以虏警，复筑城七里有奇，环而翼之，而为新城"[1]，新城专为屏护通州仓而设，东连旧城，有城门两座。关于通州的地位，明代御史阮鹗曾说："通州一城，实漕运襟喉之地，南控江淮，西望关塞，东邻海寇，北迩边夷，遂于其地多建仓庾以丰储积，而复屯重兵二万五千以守之者，盖上以拱护京师，下以与东西北诸边声援相接，缓急之际可犄角以为赖耳……且新旧二城周围不下十数里，中设大运仓厂不下七百余座，内储军粮不下数百万石，集官民船艘不下数百万只"[2]，正是由于通州仓储地位的重要性，明代不但设重兵防守，置仓场侍郎、坐粮厅、仓监督管理出纳，而且对于通州仓的建设与修造也是不遗余力，几乎贯穿明代。

明初洪武年间，因运河未通，漕粮多辗转陆运于北平与边防要地，通州政治地位并不突出。"靖难之役"后，明成祖欲迁都北京，为便于漕粮向北方运输，永乐五年（1407）"上以淮安、河南漕运皆至通州，特命增设左卫，建仓庾以贮所漕运之粟"[3]，据《通惠河志》载"通仓其初如徐、德等仓故事，只有神武中卫小仓"[4]，可见永乐初通州仓规模并不大。永乐九年（1411）会通河疏浚后，沿运河北上漕船数量增多，特别是十三年（1415）罢海运与陆运后，通州作为漕粮入京的必经之路，逐渐成为畿辅仓储要地，当年即增设通州左右、定边、武清等卫仓，置副使管

---

① （明）于敏中：《日下旧闻考》卷108《京畿·通州一》，北京古籍出版社1985年版，第1795页。

② （明）万表：《皇明经济文录》卷18《北直隶》，明嘉靖刻本。

③ 《明太宗实录》卷73，永乐五年春正月戊辰条，上海书店1982年影印本。

④ （明）吴仲：《通惠河志》卷下《奏议》，明嘉靖刻隆庆增刻本。

理。其后，漕运行支运法，"军民各半，互相转运，民运淮安、徐州、临清、德州水次交收，漕运官分派官军转运于通州、天津二仓"①，通州仓粮遂逐渐增多，其数额甚至超过京仓。宣德七年（1432）为加强对通州仓的管理，"增置通州卫通济仓，通州卫、定边卫、神武中卫、通州左卫、通州右卫仓副使各一员"②。正统元年（1436）明英宗定通州五卫仓名，"在城中者为大运中仓，城内东者为大运东仓，城外西者为大运西仓"③，此时方有通州大运仓之称，因当年漕运量 500 万石，京通仓多不能容，"复增造三百万仓于大运西仓之侧，是时国家承仁宣之积，重以兑运方盛，岁额日益广，仓在赢溢"④。"土木之变"后，蒙古瓦剌乘胜进犯通州，大臣于谦曰："通州仓欲守之或不能，委以与虏则可惜，宜令官军皆给一岁禄俸，听其自运，仍以赢米为之值"⑤，从而使仓粮损失降低到了最低限度。

景泰元年（1450）通州新城建成后，将大运西仓纳入城中，景泰二年（1451）又"移直隶武清卫仓于通州大运西仓废厂旧基，以户部左侍郎张睿言旧仓设在旷野，收粮不便也"⑥，景泰四年（1453）再增造通州大运中仓。天顺四年（1460）在通州西仓南草场又置大运南仓，第二年"复增通州大运仓百间，而南仓设北、东二门，余仓皆三门"⑦，至此通州仓在明代达到了鼎盛时期，不但储粮数百万石，而且大运东、中、西、南四仓厂近 600 座，仓房数千间。

表 2—6   天顺时通州各仓及厂数、卫仓数⑧

仓名	地点	厂数（座）	仓房数（间）	包含卫所仓
大运西仓	新城中	330	1650	6 卫（通州、左、右三卫、定边卫、武清卫、神武中卫）

① （清）刘献廷：《广阳杂记》卷 5，中华书局 1957 年版，第 246 页。

② 《明宣宗实录》卷 96，宣德七年十月丙戌条，上海书店 1982 年影印本。

③ 《明英宗实录》卷 14，正统元年二月丁未条，上海书店 1982 年影印本。

④ （清）孙承泽：《天府广记》卷 14 漕仓，北京古籍出版社 1984 年版，第 174 页。

⑤ （明）李贽：《续藏书》卷 15《经济名臣·于忠肃公》，中华书局 1959 年版，第 307 页。

⑥ 《明英宗实录》卷 202，景泰二年三月戊辰条，上海书店 1982 年影印本。

⑦ （清）孙承泽：《天府广记》卷 14《漕仓》，北京古籍出版社 1984 年版，第 174 页。

⑧ （明）杨宏、谢纯：《漕运通志》卷 6《漕仓表》，明嘉靖七年（1528）杨宏刻本。（明）张学颜：《万历会计录》卷 36《仓场》，明万历刻本。

续表

仓名	地点	廒数（座）	仓房数（间）	包含卫所仓
大运中仓	旧城南门内	130	697	5 卫（定边卫、通州卫、通州左、通州右、神武中卫）
大运南仓	新城南门内	121	510	4 卫（通州、左、右三卫、定边卫）
大运东仓	旧城南门内	41	205	1 卫（神武中卫）

通州各仓内还有各类官厅数座，其中大运西仓内有大督储官厅一座，监督厅一座，各卫所小官厅六座，筹房二间，井二口；中仓内有大官厅一座，东门掣斛厅一座，各卫仓小官厅五座，筹房二间，井一口；东仓内有神武中卫仓小官厅一座，掣斛厅一座；南仓有各卫所仓小官厅四座，筹房二间，各门掣斛厅各一座。

明初后，通州仓又多次进行修造，成化十五年（1479）"修通州大运西仓一百四十间"[1]，成化十九年（1483）又派遣官军一万人增造京通二仓。弘治五年（1492）惜薪司左司副何文鼎上书奏："通州仓粮储，一旦权置，初非经久，军士不便于关支，警急不便于防守，请于都城隙地增置仓廒，移通州仓粮于其中。且请修浚大通桥以东石闸河道，令漕舟直至桥下，以省挽运之劳"，户部议复"京仓之建固善，但时诎未可举，河闸请使之而行"[2]。朝廷之所以否决何文鼎的建议，是因为通州作为京城屏障，驻有重兵，一旦将通仓迁入京城，必然会导致人心紊乱，失去物质支撑的基础，从而不利于王朝的稳定。嘉靖七年（1528）为便于漕粮运输，筑通州石坝，每年正兑粮经由石坝入京，万历二十二年（1594）户部郎中于仕廉再于州城东建土坝，漕粮从此处运往通州各仓，其中石坝由通州判官管理，土坝由通州知州兼辖，两坝附近均有席厂、布袋厂、号房等设施。除此之外，另有板木厂一处，每年收储松木、楞木，用以铺垫仓房；晒米厂一处，位于新城外西南角；窑厂两处，东黑窑厂在城东南 8 里，西黑窑厂在城西南 20 里，二厂所烧造砖瓦用于仓廒建设；土坯厂三处，东坯厂在旧城南门，西坯厂在新城南门，西北坯厂在新城西北，三所坯厂均

---

[1]　《明宪宗实录》卷 191，成化十五年六月庚寅条，上海书店 1982 年影印本。

[2]　（明）沈德符：《万历野获编》卷 6《内监》，文化艺术出版社 1998 年版，第 173 页。

有官地，打造的土坯用以修仓。

　　万历中后期，随着国内外各种矛盾的激化，通州仓存粮日趋减少，加之隆庆年间大运东仓归并中仓，导致仓廒总数下降，已难以与明代中期相比。为将明末通州仓廒数与仓数清晰的表示出来，特列表2—7如下。

表2—7　　　　　　　　　　万历年间的通州仓①

仓名	建立时间	门数	周长	廒数（座）	仓数（间）
大运西仓	永乐七年	西、南、北三门	872丈5尺	394	1971
大运南仓	天顺年间	东、北二门	457丈3尺	80	400
大运中仓	永乐十六年、天顺三年	东、南、北三门	412丈4尺	140	703

　　通过天顺与万历时期通州仓对比可知，天顺时通州4仓共有仓廒622座，仓房3062间，而万历时仅有3仓，仓廒614座，仓房3074间，虽在仓房数目上万历朝略有增加，但因万历中后期军事开支的频繁，很多仓储实为空置，实际存粮数目远远小于天顺朝，到天启、崇祯时战乱频起，辽东诸军需粮迫切，仓粮多海运于东北战场，通州仓已形同虚设，存粮数目锐减。

二　清代的通州仓

　　清代边患多集于西北，东北地区相对平稳，所以通州军事地位不如明代，但仍然是重要的商贸与仓储中心。《通州志》曾说："是州为左辅雄藩，神令重地，舟车之所集，水陆之要冲，川原奥衍，民物恬熙"②，《孚惠全书》也载其地"水路总会通衢，商民辐辏"③，甚至连通州下辖的张家湾城也"为潞河下游，南北水陆要会，自潞河南至长店四十里水势环曲，官船客舫骈集于此，弦唱相闻，最称繁盛"④。大量人口的聚集与经济的发展必然离不开粮食的供给，而除商贩粮食外，通州仓是维持当地粮

---

　　①　（明）刘斯洁：《太仓考》卷2之2《仓库》，明万历刻本。（明）申时行：《明会典》卷187《工部七·京仓》，明万历内府刻本。

　　②　（清）高天凤：《乾隆通州志》之《序》，清乾隆四十八年（1783）刻本。

　　③　（清）彭元瑞：《孚惠全书》卷55《平粜减价》，民国罗振玉石印本。

　　④　（明）于敏中：《日下旧闻考》卷110《京畿·通州三》，北京古籍出版社1985年版，第1823页。

食市场稳定，满足百姓口食之需的重要支撑。

顺治初年，定京城八仓，通州三仓，并对仓储规格与廒房尺寸作了详细的规定。康熙三十二年（1693）增造通州仓廒十座，康熙四十一年（1702）题准"通州增建看守三仓官房四十八间，兵房二百四十间"①，加大了对仓储的巡视与监督力度。康熙四十二年（1703）通州仓再增二十廒，康熙五十二年（1713）"议准通州中南西三仓增建百廒"②，康熙五十六年（1717）又增 24 廒，这样经过康熙年间大规模扩建，通州仓廒数较顺治时有了大幅度的增加，储粮能力得到了进一步提高。

雍正皇帝登基后，非常重视国家积蓄，对通州仓尤其关注，雍正元年（1723）增通州仓 24 廒，雍正二年（1724）"奏准重修石坝号房三十间，建造土坝号房三十间，增造通州新旧二城号房各十有五间"③。雍正七年（1729）为方便漕粮入仓与京通商旅，修通州石道，"计长五千五百八十八丈有奇，宽二丈，两旁土道各宽一丈五尺，长亦如之。其由通州新城、旧城至各仓门及东西沿河道亦建修石路，共计长一千五十余丈，广一丈二尺及一丈五尺不等，费帑金三十四万三千四百八十四两有奇"④，该工程耗时一年，用度庞大，不但加强了京通两地的政治、经济、文化交流，而且对于提高通州漕运与仓储的运作效率也具有重要的意义。

关于清代通州仓廒数的变化，经历了从清初的增加到清中期衰减的过程，雍正时通州"大运西仓廒二百三座，大运中仓廒一百一十九座，大运南仓廒八十一座"⑤。乾隆十八年（1753）虽裁撤南仓归并中仓，但仓廒总数并没有很大的变化，甚至还略有增加。清中期后，随着运道断绝与漕粮大量改折，京通仓粮严重不足，甚至难以满足京城供需，由此通州仓地位亦随之削弱，当时"通州中仓计九十八廒，在天花牌楼东；西仓计一百二十四廒，在天花牌楼南"⑥，两仓合计廒数 222 座，与雍正时期的 402 座相差几乎一半，道光十二年（1832）"通州西仓实贮白粳米三万五千二百七十石零，粳米二千九百三十五石，稷米一千九百石零；通州中仓

---

①　（清）《大清会典则例》卷 127《工部·仓廒》，清文渊阁四库全书本。

②　同上。

③　同上。

④　（清）张廷玉：《皇清文颖》卷首《朝阳门至通州石道碑文》，清文渊阁四库全书本。

⑤　（清）李卫：《雍正畿辅通志》卷 11《京师》，清文渊阁四库全书本。

⑥　（清）李卫：《雍正畿辅通志》卷 11《京师·仓库》，清文渊阁四库全书本。

实贮白粳米二万五千七百石零，粳米七石零，稜米一千九百石零"①，可见此时通州仓的衰落已经非常严重。

与明代相比，清代通州仓存粮数目较少，这不但说明了清代重视京城积蓄的客观现实，同时也是大量调拨通仓粮入京及平粜、赈济的结果，清代京城人口众多，各类人群对粮食的需求庞大，加之清末仓弊远超明代，所以清政府重京仓远超通仓，而通仓只能属"天子之外仓"，起辅助京仓，平衡京城及周边区域粮食市场稳定与驻军供给的功能。

第三节　明清京通仓粮数及变化

明清时期京通仓粮数并非固定不变，而是与国家政治、经济、军事状况的变迁密切相关，甚至与地理环境、水道变迁、自然灾害等因素也存在着某种程度的联系。从政治方面讲，当社会环境稳定，统治者致力于国家治理，漕运与仓储官员廉洁，那么京通仓储一般会保持较高的积蓄率，其保障供给、赈济灾荒、满足军事需求的功能会得到较大程度的发挥，明代宣德、万历前期及清代康熙、雍正、乾隆三朝就具有这样的特征，这些时期京通仓往往存粮达上千万石，府库充盈，社会稳定，军事强盛，商业发展。从经济方面来说，农业发展，纳粮民众有足够的能力承担国家漕赋，并且有满足自身需求与市场交换的余粮，那么不但粮食市场能保持相对的稳定，而且国家漕粮与仓储也能够得到保证。从军事方面讲，频繁的战乱与军事行动会消耗大量的粮食，导致仓储存粮的减少与衰败，明末万历、崇祯时期既要应对后金的进犯，长距离转运漕粮到辽东等边防重地，同时还要动用大量漕粮对抗李自成、张献忠等农民起义军，从而使国家积蓄与民力耗费殆尽，清末咸丰、同治年间多方求粮也是同样的原因。从地理与灾荒角度来说，当运河畅通、风调雨顺之时，漕运的运作效率就会较高，粮食交兑、漕船航行、漕粮入仓都会相对顺利，不会造成拖延与迟误，但是一旦水道淤塞、黄淮变迁、冻阻漂流，那么不但漕船经常延误、仓粮难以晾晒、挂欠不断，而且国家不得不动用京通仓大量粮食来平抑市场、赈济灾民、稳定社会，从而导致国家积蓄的减少。

---

① 中国第一历史档案馆：《单》，档号：03—3370—047，《呈京通等仓实贮粮石数目分析清单》，道光十二年。

总之，明清时期的京通仓号称"天庾正贡"，是国家最高级别的储备粮，以应对都城日常与紧急时刻的粮食需求，其地位远远高于地方社会上的常平仓、预备仓、社仓、义仓等仓储。京通仓粮来源于基层社会百姓的缴纳，在收兑的过程中与粮户发生着密切的联系，所以其数额变化也必然受到农业状况、灾荒与市场等因素的影响。

一　明代的漕运数与京通仓粮数

明人曾言："漕为国家命脉所关，三月不至则君相忧，六月不至则都人啼，一岁不至则国有不可言者"①，由此可见漕运对国计民生的重要性。明初漕粮并无定额，洪武三十年（1397）海运粮 70 万石到辽东以给军需，永乐六年（1408）海运粮 651220 石于北京，永乐十二年（1414）"接运海运粮四十一万四千八百一十石于通州"②。此时因运河尚未贯通，且没有正式迁都北京，所以北运漕粮多为军事方面的需求。永乐十三年（1415）罢黜海运与陆运后，江南漕粮方源源不断的流入京师，运河漕运正式成为明王朝的经济命脉。永乐二十一年（1423）定京通仓粮比例，"每岁漕粮，以两运京仓，一运通仓"③，由于当时连接通州与北京的通惠河还不能通航，所以通州仓粮多于京仓。永乐二十二年（1424）户部奏："京师岁用粮五百万石，今江南岁运才三百余万石，不足以供，请自来岁于淮安等府增运以备此数"④，得到了朝廷的允许。永乐时之所以用粮数目庞大，是因为防备北方蒙元残余势力的辽东、蓟州、密云驻有大量军队，加上营建北京城的匠役人员众多，才会消耗如此巨额的粮食。

宣德二年（1427）令"浙江、江西、湖广并直隶苏松等府起运徐州、淮安仓粮，拨民自运赴通州仓，其运粮军士于淮安、南京仓支运"⑤，宣德四年（1429）复行支运法，"乃令江西、湖广、浙江民运粮百五十万石于淮安仓，苏、松、宁、池、庐、安、广德民运粮二百七十四万石于徐州仓，应天、常、镇、淮、扬、凤、太、滁、和、徐民运粮二百二十万石于

---

① （清）傅维麟：《明书》卷 69《河漕志》，清畿辅丛书本。

② （清）孙承泽：《春明梦余录》卷 37《户部三·漕运》，北京古籍出版社 1992 年版，第 641 页。

③ 同上书，第 658 页。

④ （明）雷礼：《皇明大政纪》卷 8《永乐帝》，明万历刻本。

⑤ （明）申时行：《明会典》卷 27《户部十四·漕运》，明万历内府刻本。

临清仓，令官军接运入京通二仓"①，该年入京通二仓漕粮总额为 600 余万石。宣德九年（1434）官军运粮 500 万石，"以三分为率，通州仓收二分，京仓收一分，各该兑粮处布政司委堂上官二员、按察司一员总理"②，其漕粮分配数额为京仓 160 万石，通仓 340 万石。正统元年（1436）运粮 400 万石，"京仓收十之四，通州十之六"③，正统二年（1437）攒运粮 456 万石，通州仓与京仓依然是六四之分。正统四年（1439）九月户部奏："正统五年合运粮四百五十万石，内林南东店仓收二十万石，其余支运粮俱于通州仓收，兑运粮六分京仓收，四分通州收"④，虽然此时通州仓积粮仍多于京仓，但明政府正逐渐改变这一格局，采取措施增加京仓的积蓄量。景泰二年（1451）运粮总数为 4235000 石，景泰七年（1456）兑运 2813480 石，支运 116020 石，共"运粮二百九十二万九千五百五十石三斗"⑤。明朝宣德到天顺年间，漕运量并没有固定额数，但多数年份都在 400 万石之上，甚至有时达 500 余万石，如此大的运粮数使京通仓粮储十分丰实，京城供给也绰绰有余。

成化三年（1467）兑运粮 326 万石，支运粮 74 万石，共 400 万石，其中"兑运米以十分为率，京仓收六分，通州仓收四分，支运俱通州仓"⑥。成化八年（1472）正式规定每年攒运粮数为 400 万石，以后运粮均以此为定额，《明书》对此记曰："岁额正粮四百万石，定于成化八年，内兑运粮三百三十万石，改兑粮七十万石，凡百官员役，七十八卫官校，蓟、密、昌平镇兵皆倚此以为命，且京城编民必借此而后腹果。"⑦ 成化十六年（1480）因国家承平日久，京通仓积粮也达到了数千万石之多，当年户部奏："是岁京通二仓粮数，米麦凡二千一百九十四万四千六百九十余石，豆二十七万二百一十余石，草一千二百五十四万二千一百四十束，折纳粮草银六十七万八千九百三十七两有奇"⑧，成化十八年（1482）

① （清）夏燮：《明通鉴》卷 21《宣宗章皇帝》，清同治刻本。

② （明）杨宏、谢纯：《漕运通志》卷 8《漕例略》，方志出版社 2006 年版，第 113 页。

③ 《明英宗实录》卷 9，宣德十年九月壬辰条，上海书店 1982 年影印本。

④ 《明英宗实录》卷 59，正统四年九月戊申条，上海书店 1982 年影印本。

⑤ （明）王圻：《续文献通考》卷 37《国用考·漕运上》，明万历三十年（1602）松江府刻本。

⑥ 《明宪宗实录》卷 46，成化三年九月癸酉条，上海书店 1982 年影印本。

⑦ （清）傅维鳞：《明书》卷 83《食货志三·漕粮》，清畿辅丛书本。

⑧ 《明宪宗实录》卷 210，成化十六年十二月乙亥条，上海书店 1982 年影印本。

"是岁京通仓实在粮二千二百五万二千一百四十余石，豆一十八万五千七百九十余石，草八百一十万二千二十余束，粮草等项折银五十三万二千四百一十四两有奇，钱二百二十五万三千四百余文"①，成化二十一年（1485）京通各仓场"现粮一千九百二十二万四千七十余石，豆一十九万九千四百四十余石，草五百一万一百一十束，银四十九万五千四百二十余两，钱二百二十五万三千四百余文"②，成化二十二年（1486）"是岁京通仓实在粮二千万五千五百五十余石，料豆二十万六千六百三十余石，草七百八十二万五千九百束，粮草等项折银八十一万九千八百一十一两有奇，钱二百二十五万三千四百余文"③。成化年间之所以有如此高的京通粮额，是由于仁宣以来国家没有大的开支，且社会稳定、运河畅通、漕运与仓储体系日益完善，从而使积蓄达到了明代历史上的最高峰。

弘治十五年（1502）户部奏："漕运米四百万石，除天津、蓟州岁收三十万石，京通二仓岁收三百七十万石，每岁该放支三百三十八万石"④，实际每年才余粮 24 万石，这与明代户部尚书王琼所说的"漕运京仓米四百万石，岁用三百万石，三年有一年之积"⑤的观点基本相符合。正德三年（1508）户部尚书顾佐上书言："漕运粮岁四百万石，京通二仓止收三百六十五万石，除各卫官军岁支三百六十一万二千余石外，所剩无几。又，所在因灾，征银致亏国赋，请继令全运原拟之数。"⑥关于正德时京通仓储匮乏的现实，时人夏良胜曾在《东洲初稿》中提到"冗食之员日有所增，每岁所入将不能供所出矣。侧闻太仓之数已过正德九年，而正德十二年攒运未足，通计京通二仓仅二年之积"⑦，正德十五年（1520）户科给事中曹怀又奏言："京通二仓实在米仅六百余万，不足给两年之用"⑧，可见正德一朝国家粮储一直处于比较紧张的局面。

嘉靖初重视积蓄，对漕运进行了一系列整顿，嘉靖十六年（1537）

---

① 《明宪宗实录》卷 235，成化十八年十二月癸巳条，上海书店 1982 年影印本。

② 《明宪宗实录》卷 273，成化二十一年十二月丁未条，上海书店 1982 年影印本。

③ 《明宪宗实录》卷 284，成化二十二年十一月辛丑条，上海书店 1982 年影印本。

④ 《明孝宗实录》卷 192，弘治十五年十月辛酉条，上海书店 1982 年影印本。

⑤ （明）王琼：《议处陕西四镇边储》，《嘉靖事例》，明抄本。

⑥ 《明武宗实录》卷 37，正德三年四月庚寅条，上海书店 1982 年影印本。

⑦ （明）夏良胜：《东洲初稿》卷 11《议储蓄》，清文渊阁四库全书补配清文津阁四库全书本。

⑧ 《明武宗实录》卷 189，正德十五年八月丙辰朔，上海书店 1982 年影印本。

议准"兑运粮米照旧分派，京仓七分，通仓三分。改兑京仓四分，通仓六分"①，重新明确了京通仓每年收粮比例。经过数年的积累，嘉靖二十一年（1542）给事中胡宾上疏言："通仓粮米积至六百余万，众谓不宜太多，今畿辅灾伤，宜行八府自备人夫、车辆关支运回发籴"②，但该建议被世宗皇帝否决。其后自然灾害频繁发生，加上倭患严重，农业生产遭到很大破坏，嘉靖二十五年（1546）除改折、漂流、截留、豁免外，实际入仓粮才 1953000 余石，尚不到 400 万石定额的一半。从弘治到嘉靖，京城储备粮呈现逐渐缩小的状态，"京通仓弘治前十年之积，嘉靖十年前尚有六年余积，二十年后不够四年之数"③，崇祯年间曾任兵部右侍郎的王家彦亦说："查嘉靖中年京通仓尝有八年之蓄，至二十九年积米仅足五年。"④ 关于明中期后京通仓粮日益匮乏的现实，章潢在《图书编》中记载的更为详细："国用不足，正德来已然，但嘉靖壬子后民业萧飒……天下岁征粮三千六百三十余万石，漕费、白粮、南粮、禄俸、饷边等各有头项。内运三百七十万，正德间京师月支三十四万，每侵用太仓原积。嘉靖元年诏革，月止支十八万，二年后月支二十五万四千余"⑤，随着用度的日益庞大，不但以前京通仓存粮被消耗殆尽，甚至当年漕运之数仅足当年之用。这种现象的出现是与明王朝政治局势的变迁密不可分的，明初虽然边疆未靖，但国家整体面貌处于一种上升的趋势，无论是运河的疏通、管理、修护，还是漕运与仓储的运转，都呈现出生机与活力，加之前期君主多积极有为，官场保持着一种相对的清廉，国家财政足以应付各种突发事件，所以仓储存粮较多。嘉靖后，因自然灾害频发，吏治腐败，河道淤塞，所以前期积累的财富多被耗费殆尽，漕运也因弊端重重，逐渐走向了没落。

隆庆元年（1567）户部尚书马森奏："今臣查京通二仓存贮粮米，共止七百万余石，总以各卫官军月支二十五六万石计之，仅足两年半之用耳。"⑥ 后又因京通仓粮分配不均，御史蒋机言："漕储通仓者三百三十余

① （明）申时行：《明会典》卷27《户部十四·漕运》，明万历内府刻本。
② （明）徐学聚：《国朝典汇》卷101《户部十五·仓储》，明天启四年（1624）徐与参刻本。
③ （清）施端教：《明赋考》卷上《会计问答》，清康熙啸阁刻本。
④ （明）王家彦：《王忠端公文集》卷2《漕粮挂欠疏》，清顺治十六年（1659）刻本。
⑤ （明）章潢：《图书编》卷88《会计问答》，清文渊阁四库全书本。
⑥ （明）贾三近：《皇明两朝疏抄》卷15，明万历刻本。

万，而京仓仅二百余万石，根本之地，出多入少，非所以备缓急，请无拘三七、四六之例，凡兑运者悉入京仓，改兑者入通仓"①，得到了朝廷的批准。后御史杨家相又建言："通仓诚多放一月，则京仓省一月之给，京仓多折银一月，则京粮余一月之储，非必减通仓而后可实京仓也。户部清除改兑，尽入通仓，以省脚价。其兑运入京仓者，仍于中拨六十万石足通仓原额"②，希望通过通仓多放粮，京仓多实行粮折银的方式以增加京城积蓄。不过京通仓合计只存粮 500 百余万石，也说明了此时存粮数量有限。隆庆六年（1572）户科右给事中栗在庭上书曰："盖每岁漕粮四百万石，除转饷诸镇及漂流挂欠，灾伤改折殆且百万，其纳京通二仓者实止三百余万，仅供官军、匠役一岁之食耳"③，从嘉靖末期的四年之需到隆庆时的一岁之食，京通仓粮支持国家各项开支的作用与范围逐渐缩小，这其中虽然有自然灾害影响的成分，但更多的是改折、截留、冗员消耗过大而造成的。

万历初，经过贤相张居正的改革，国家经济得到了恢复与发展，京通仓积蓄也逐渐增多。万历四年（1576）张居正上言："今赖皇上节用，京通仓米足支七八年，太仓银库尚少，何无比照先年事例，将万历五年漕粮量行改折十分之三，分派粮多及灾伤地方征纳，夫粮重折轻，既足以宽民力，而银库所入又借以少充。"④ 万历七年（1579）户部奏："且以京通仓粳米计之，万历六年岁报京仓一千二百五万九百八十石，该年放一百三万四千三百九十六石，虽放十一年而有余。通仓三百一十五万九千五十六石，该年放八十七万两千三百三十八石，虽放四年而不足。"⑤ 万历初期重视积蓄的政策，使京通二仓存粮达到了 1500 余万石，其数字非常可观，较嘉靖、隆庆两朝有了大幅度的增长，这说明张居正的改革是卓有成效的。万历十一年（1583）户部尚书王遴称："京通二仓粮积八百万石，足供九年之需，请量改折百五十万石，三年而止"⑥，但诏令只许一年。万历中后期，随着张居正新法的废除及宫廷消耗的增加，万历二十七年

---

① （清）孙承泽：《春明梦余录》卷 37《漕仓》，北京古籍出版社 1992 年版，第 646 页。
② 同上。
③ 《明穆宗实录》卷 70，隆庆六年五月乙酉条，上海书店 1982 年影印本。
④ （明）张居正：《张太岳先生文集》卷 40，明万历四十年（1612）唐国达刻本。
⑤ （明）张学颜：《万历会计录》卷 37《营卫官军俸粮》，明万历刻本。
⑥ （明）陈鹤：《明纪》卷 41《神宗纪三》，清同治十年（1871）江苏书局刻本。

（1599）"京仓所贮仅存五百六十八万二千有零，通仓所贮仅存二百六十五万五千有零，而每岁关支三百余万，度出量入不及三年"①。万历二十八年（1600）京通二仓进米 275 万余石，出米 361 万余石，差额 86 万余石；万历二十九年（1601）入米 310 万余石，出米 321 万余石，差额 11 万余石，"往往出浮于入，大抵改折愈多，则漕积愈耗。改折愈少，则漕积渐复。三十年京通仓现存米四百四十余万石，曾不足以支两载"②。

　　天启、崇祯年间国家内忧外患不断，京通粮储更加空虚，"天启二年入京仓者止一百一十三万石零，三年入京仓者止一百九十六万石零"③，天启七年（1627）京仓进粮 2049000 余石，崇祯元年（1628）1781000 余石，崇祯二年（1629）初 130 万石，至年末仓场总督孙居相奏"京仓系军国之急需，万姓之命脉，今现存止八十万石，仅供军粮二三月之支，匮乏之虞，实可寒心"④。崇祯三年（1630）1181072 石，此后数额逐年缩小，为维持常年的战争，明政府不得不加派"辽饷"、"练饷"、"剿饷"以求得苟延残喘，但对百姓的拼命压榨只能激起更加强烈的反抗，最终明王朝在四面楚歌中走向灭亡。

　　明代京通仓粮经历了从丰盈到衰败的过程，明中期前国家重视积蓄，对关系漕运的河道、仓储、水利进行修缮与整顿，并且发展农业生产，鼓励垦荒，适度减轻基层百姓的负担，所以国库充裕，京通仓存粮较多。正德后，由于运道不畅，漕粮大量改折，漕运与仓储腐败现象日益严重，加之农民起义不断，倭患与后金入侵，都极大消耗了前期的粮食积累。除此之外，明代中前期通惠河未浚，通仓粮多于京仓，漕粮在通州卸载，不但节省人力、物力，而且更便于向蓟县、昌平、辽东等边镇拨运，明中期后，随着京城人口的增加，官僚与皇室人员的扩张，京仓需要更多的积蓄，于是通州仓粮多转运到京师，其地位也不断下降。

二　清代的京通仓粮数及其变化

　　清代漕运实行长运法，由旗军、水手驾船从江南与山东、河南州县水

---

① （明）吴亮：《万历疏钞》卷 26《粮储类》，明万历三十七年（1609）刻本。
② （明）张萱：《西园闻见录》卷 34《户部三·积贮》，台北华文书局 1969 年版，第 3108 页。
③ （明）毕自严：《饷抚疏草》之《云南司》卷 2，明天启刻本。
④ 同上。

次取粮后直接运送京通二仓。同时有清一代边患问题较明代为弱，边镇需粮较少，所以"京师根本重地，官军、兵役咸仰给于东南数百万之漕运"①，清政府更加重视京仓的建设与管理。早在顺治二年（1645）清廷就规定"每岁额征漕粮四百万石，其运京仓者为正兑米，原额三百三十万石，江南百五十万石，浙江六十万，江西四十万，湖广二十五万，山东二十万，河南二十七万。其运通漕者为改兑米，原额七十万，江南二十九万四千四百，浙江三万，江西十七万，山东九万五千六百，河南十一万"②，这400万石税粮也并非全额入京通，"如遇升科荒折，随时增减"③。

顺治年间，国家忙于征战，粮耗巨大，所以京通仓储积蓄不多。经过康熙时期的休养生息后，雍正朝国家粮蓄达到了一个新的高度，雍正四年（1726）通州仓存储米石足支数十年。雍正五年（1427）世宗皇帝又下谕曰："仓场米石乃国家第一要务，关系最为重大。试思此项米石，民间输纳何等辛苦！官员征解何等烦劳！且粮艘运送京师何等烦难，一颗一粒，皆当爱惜，不忍轻忽"④，可见最高统治者对仓储的重视。雍正九年（1731）奏准"京通各仓共存历年漕白米一千三百五十余万石，计每年进京通仓正耗米四百余万石，请每年发漕米一百万石给八旗米局并京通各厂，照例老米一石一两，稄米八钱，粟米六钱粜卖"⑤，正是因为京通仓粮盈溢，为防止糜烂与腐朽，清政府才会动拨仓粮平抑京城米价，稳定市场。

乾隆中前期是京通仓存蓄的最高峰，这既是康熙、雍正两朝数十年积累的结果，同时也与乾隆朝农业经济的发展与商业的繁荣密不可分，农业的发展不但保证了国家漕粮的征收与按时足额入仓，同时也丰富了市场上粮食的流通，使各地富余的粮食通过运河流入京城，方便了百姓与居民的购买，减少了京通二仓漕粮的支用。清人管同在《拟筹积贮书》中说："乾隆中岁京仓之粟陈陈相因，以数计之，盖可支二十余岁"⑥，以当时每

---

　　①　（清）贺长龄：《清经世文编》卷47《户政二十二·漕运中》，清光绪十二年（1886）思补楼重校本。

　　②　（民国）赵尔巽：《清史稿》志104《食货三·漕运》，中国文史出版社2003年版，第979页。

　　③　（清）傅泽洪：《行水金鉴》卷175《漕运》，商务印书馆1937年版，第2564页。

　　④　（清）李卫：《畿辅通志》卷2《诏谕》，河北人民出版社1985年版，第77页。

　　⑤　（清）杨锡绂：《漕运则例纂》卷20《京通粮储·发粜仓粮》，清乾隆刻本。

　　⑥　（清）葛士浚：《清经世文续编》卷37《户政十四·仓储》，清光绪石印本。

年该放甲米 300 万石计算，20 年则达数千万石，其数目相当惊人。乾隆中期后，京城人口日多，宗室繁衍日众，加之改折、截留、战争耗费都加剧了京通仓的匮乏，仅截留漕粮赈灾一项，据乾隆二十三年（1758）大臣吉庆奏："康熙年间共截过漕粮二百十四万石，雍正间亦不过二百九十余万石，今已截至一千三百二十余万石"，希望朝廷能够节约开支，减少截留。但高宗皇帝谕曰："所奏固亦慎重京庾之意，但朕偶遇偏灾，已饥已溺之怀不自容已，初亦不计截漕之数，遂至如此之多，若恐京仓易缺而于待哺灾民稍有吝惜，朕从来无此意见，该多方顾虑，其遂将重视仓廪之储蓄而偶有灾歉不为通融拯救耶。"[1] 从大臣的角度讲减少截留是为了增加京仓储备，从乾隆帝的角度考虑截留是为了拯救灾荒百姓，不过从仓储现实来说，大量漕粮截留损耗了京通仓积蓄，使国家储备粮减少。乾隆五十七年（1792）户部奏"查京通各仓米数，本年除截留漕米，动拨赈济共九十余万石外，现在实存各色米五百六十余万石，以每年应放俸米、甲米二百八十余万石计算，足敷两年支粮之用，较之康熙年间仓七百八十万石之数，尚少二百余万石"[2]，从中期的京通存粮足用 20 年到末期的仅两年支用，可见乾隆朝京通仓存粮的衰减速度是非常迅速的，其中灾荒赈济、税粮豁免、漕粮截留自然是其中重要的因素，但平定苗疆之乱、大小金川之战、对缅战争等一系列平叛与巩固国家统一的战争，则是损耗国家财政与粮储的根本原因。

嘉庆时，黄淮频年决溢，运道淤塞，虽不断兴修河道大工，但效果了了，这也直接导致了"河患阻漕，仓储支绌"[3] 的局面，嘉庆七年（1802）仓场侍郎奏称："今户部堂官查明现存米数，据实具奏，兹据禄康等奏，京通各仓陆续呈报，截至本年九月底止，除业经支放外，共实存米二百七十万石"[4]，京通二仓仅存米 200 余万石，尚不到盛时 1/10，说明此时京城粮食储备面临着很大的危机。

道光及其后，漕粮 400 万石多不能如数原额入京，道光四年（1824）

---

①　中国第一历史档案馆：《军机处上谕档》，盒号 580，册号 1，第 1 条，乾隆二十三年正月二十九日。

②　中国第一历史档案馆：《乾隆朝上谕档》，档号：727—4，《折奏为查京通各仓本年实存米石数目折》，乾隆五十七年十二月十一日。

③　（清）陈康祺：《郎潜纪闻》卷 14，清光绪刻本。

④　中国第一历史档案馆：《军机处上谕档》，盒号 802，册号 2，第 2 条，嘉庆七年九月二十五日。

由于灾赈与截拨，实际到通仓粮才 160 余万石，京城米价因此而高昂。道光五年（1825）因高家堰决口而暂行海运，但旋停止，所以海漕京仓粮数有限。其后，道光五年（1825）至三十年（1850）每年运入京通仓粮大约 280 余万石，其中道光十二年（1832）京通仓合计粮数为 4722690 石，道光二十三年（1843）大学士兼管户部事务潘世恩上书称："京城内外十一仓，现存实贮通计尚有二百数十万石，均属天庾正供，颗粒俱宜慎重。近年南粮运数递减，储备攸关，不可不亟思核实，设法清厘"①，道光三十年（1850）陕西道监察御史程德麟奏："臣闻京通十六仓从前存米太多，当事皆以放代盘为请，现存之米不过二十八，二十九两年，为数少而盘查最易"②，要求清查仓场积弊，核算存粮。关于道光朝京通仓乏粮的原因，魏源曾说："窃维国家建都西北，仰给南漕，如使年年全漕北上，则除支放俸饷外，尚有余粮，三年余一，九年余三。是以乾隆中，每遇太仓之粟陈陈相因，屡有普免南漕之诏，但患有余，何患不足。近日京仓缺米，支放不敷，皆由南漕岁岁缺额。而南漕所以缺额之故，则由于岁岁报灾，所以报灾之故，则由于兑费岁增，所以亏空之故，亦由于兑费岁增，此其情形从来不敢上达……计江、浙两省，每岁缓漕不下百万，岁复一岁，天庾安得不空？此京仓缺米所由来也。"③ 黄爵滋也言："回漕不办，则外省运解日少，京通之积贮日空……转以京师旧米济运，日复一日，年甚一年，病国殃民，何所底止"④，清中期的豁免南漕政策及"寅支卯粮"的京城粮食用度，导致京通仓储日渐空虚，在国家政治与经济中的作用日益削弱。

咸丰元年（1851）至二年（1852）尚有 220 万石漕粮入京，咸丰五年（1855）黄河铜瓦厢决口后，从山东入海，张秋运道被拦腰截断，会通河多淤塞不能行，漕运大受阻碍。咸丰五年（1855）至十一年（1861）每年仅有南漕 110 万石入京，加上军兴骤起，清政府不得不四处筹粮，从最高统治者到户部、地方督抚、州县均被战乱与粮食所困扰。同治时期，

①　中国第一历史档案馆：《道光朝军机处录副奏折》，档号：03—3376—030，大学士管理户部事务潘世恩《奏为遵旨议复仓场侍郎奏请京仓米石以放代盘等事》，道光二十三年五月初三日。

②　中国第一历史档案馆：《道光朝军机处录副奏折》，档号：03—3379—013，陕西道监察御史程德麟《奏请严查京通仓库事》，道光三十年五月二十九日。

③　（清）魏源：《魏源集》（上），中华书局 1976 年版，第 425—426 页。

④　齐思和编：《黄爵滋奏疏徐乃济奏议合刊》，中华书局 1959 年版，第 115 页。

甚至连百万石漕粮都不能入京，"元年、二年，江浙二省无正供米，捐采米海运十万余石；三年，江苏省漕白海运十万余石，捐采米七万余石；山东省河运"①。同治五年（1866）掌贵州道监察御史夏同善奏："圣门论政，足食为先，未有食不足而可以图治者，京师岁漕三百余万石，从前源源而来，尚未见粒米狼藉。近因河运不通，权办海运，每岁运京者仅四五十万石，较之往年不过五六分之一，以致官俸兵米折减过半，不独兵困官困，而粮价昂贵，小民谋食维艰，亦无不俱困"②，由于漕粮到京数少，清政府不得不向八旗兵丁发放折粮银，而京城粮食有限，又加剧了市场粮价的不稳定。同治十一年（1872）"江、浙两省漕白米海运，约米八十余万石；山东河运，江、安省河运米，截留天津等处拨赈"③，同治十二年（1873）京通仓实收米麦豆 140 万石，十三年（1874）实收 136 万石。

光绪元年（1875）漕运数 160 万石，光绪二年（1876）入仓 130 万石，光绪三年（1877）141 万石，光绪四年（1878）68 万石，光绪五年（1879）93 万石，光绪九年（1883）843031 石，光绪十年（1884）894677 石。虽然光绪年间每年漕粮入京数多在 100 万石以下，但因商品粮贩运与海运、铁路的兴起，粮食需求并没有出现非常紧张的局面，光绪四年（1878）户部侍郎翁同龢曾言："现在京仓米数除粟米及未到南粮不计外，实存粳籼米二百二十七万石，按照现放章程，尚可支两三年之用"④，不足 300 万石漕粮在康、雍、乾时期不够甲米一年支放之需，在光绪时竟能满足两三年之用，这是因为清政府发给八旗军丁粮折银，他们可以在北京的粮食市场上购买商品粮。时人陈康祺亦认为光绪时虽漕粮少，"然在今日则无虑也，考近年运米虽少而京通各仓每年进米尚不下一百万石，除岁支八旗甲米约六十万石，春秋俸米京仓约放十二万石，通仓约放五万石，一切杂支约数万石，桥仓转运，例除折耗及抽查掣欠约数万石，总支出不及九十万石"⑤。即使到清末宣统年间，京城粮食也比较充

---

① （清）周家楣：《光绪顺天府志》卷 56《经政志三·漕运》，北京古籍出版社 1987 年版，第 2040 页。

② 中国第一历史档案馆：《同治朝军机处录副奏折》，档号：03—4952—112，掌贵州道监察御史夏同善《奏为京仓匮乏亟宜筹款采买事》，同治五年十月十七日。

③ （清）周家楣：《光绪顺天府志》卷 56《经政志三·漕运》，北京古籍出版社 1987 年版，第 2040 页。

④ （清）陈康祺：《郎潜纪闻》卷 14，清光绪刻本。

⑤ 同上。

裕，当时御史叶蒂棠奏："每年漕运共计一百万石，闻自江浙起运至京仓交纳，每石连运费及杂耗须银十五六两，而在京购买米，不过六七两，若包与招商局或殷实商人转运，刻期可到，年可省数百万金"①，京通仓存粮虽少，但京城却无缺粮之苦，这是因为近代海运与商运漕粮不但花费较少，而且速度很快，方便了各地粮食向京城的流动，这种情况一方面冲击了传统漕运，另一方面也使京通仓过多存粮显得没有必要。

清代京通仓储粮额与明代既有相同之处也有自己的特点。首先，明清两朝均初期积蓄较多，而后期急剧减少，影响这一变化的因素也都有战乱、改折、豁免与运道淤塞等。其次，京通仓顶峰时期的存储量都达到数千万石，如成化与乾隆两朝，明"仁宣之治"与清"康乾盛世"都是两朝漕运与仓储的兴盛时期。最后，明清两代均采用海运与河运的方式运输漕粮，但都以河运为主，在多数时间内，海运只是作为河运的补充，属权宜之计。尽管明清漕运与仓储存在很多相似之处，但也有各自的特点，例如清代漕运始终实行长运法，漕粮以 400 万石为额，而明代运法经历了多次变化，前期漕额并不固定，只是成化后方为定额。另外清末海运采用商船与轮船，并且铺设铁路，使用火车运粮入京，这都是近代化对中国的影响，是中国社会发生的一些新变化，而明代无论海运还是河运，都属于传统漕运方式，不具备近代化色彩。

第四节　明清时期京通仓的修造

明清两代京通仓厫房修造有着严格的程序，甚至铺垫仓房木板的尺寸、军役做工的日期、每年修造的额数、覆盖粮米席子的数量都以法律条文的形式予以了规定。

明初由于漕运与仓储属于草创时期，所以并没有对京通仓的修造做出明确的规范，多为经户部奏报后，朝廷命人盖造或修缮。后随着仓储系统的完善与修造规模的扩大，每年大修由户部统计出修造额数后，交与工部动拨库银、采购物料、派遣夫役进行建设，日常小修则由仓储内部人员自行解决。京通仓建设事关"天庾"安危与国家漕粮储备，所以尤为重要，在明清两代因仓储修造不及时而造成粮米被盗与霉变涸烂的现象也层出不

---

① 《大清宣统政纪》卷 39，宣统二年七月丁卯条，中华书局 2008 年影印本。

穷，有时甚至因此而损失仓粮达数万石。

首先，明清两代的京通仓修造是一种制度化的规定，是与国家漕运发展、匠役体系、不同部门的协作密不可分的。在其演变与发展的过程中，既要明确修造人员所承担的责任，同时还需各司其职，合理分工。其次，仓厫修造的额数与国家政局及漕运量密不可分。明初永乐至成化年间及清代康熙、雍正、乾隆三朝，是京通仓厫数迅速增长的阶段，同时也是漕粮入仓数量稳步提升的时期，而明末与清末由于内忧外患，加之漕运的衰败，多不能对京通仓进行及时的修造。最后，京通仓修造与漕船修造一样，是国家漕运系统中不可分割的重要组成部分，属于国家的政治事务，其变化往往体现了专制政权的政策导向。

一　明代京通仓的修造

洪武十四年（1381）朝廷命南京卫所根据本卫官俸、军粮的实际数目建造相应的仓厫存储漕粮。洪武二十六年（1393）又定"凡在京各衙门仓库如有损坏应合修理者，即便移文取索人匠、物料修整。如本处仓库不敷，应合添盖者，须要相择地基，计料如式营造，所用竹木、砖石、灰瓦、钉线等项，行下抽分竹木局等衙门关支，如是工匠物料不敷，预为措办足备，以候应用"①，此时已经对物料来源、匠班工役、厫房式样有了相关的规定，但当时并没有管理修造的具体部门，多为随坏随修。永乐九年（1411）规定仓厫如有损坏，由本卫所负责修理，如是大规模的修建或增厫则由工部负责。成化二年（1466）又令工部与户部管粮官调派官军、人匠、夫役修理仓厫，由巡仓御史进行监督。万历二年（1574）议准"户部坐粮厅郎中每年应该大修厫座开报修仓主事，合用物料查估呈报，旧料不堪，即行更换，厂料不堪，即行另买"②，三年（1575）题准"修建仓䃫规制，俱以样厫为准，各委员及作头姓名刻匾悬记，如十年之内即有损坏者，责令赔修，仍治其罪"③，并且"收砖瓦务照会估原定尺寸验收，如不合式及破缺不堪，俱令退出"④，对修造者的责任、仓房及物料样式都做出了明确的规定。

---

① （明）申时行：《明会典》卷187《工部七·仓库》，明万历内府刻本。
② （明）刘斯洁：《太仓考》卷2之7《修仓》，明万历刻本。
③ （明）申时行：《明会典》卷187《工部七·仓库》，明万历内府刻本。
④ （明）刘斯洁：《太仓考》卷2之7《修仓》，明万历刻本。

关于京通仓修造的廒数，明初定每年京仓修 220 余间，通州仓修 110 余间，后因年年修造耗费资财，加之廒房损坏数量有限，正德十五年（1520）题准减少三分之一，京通二仓每年合修 220 间。正德末、嘉靖初又定"每年京仓该修三十座，通仓该修十五座，大约每座五间为率"①。嘉靖十六年（1537）因增建仓廒 160 余座，每年修仓廒数也随之增加，其中京仓在旧例的基础上增加 4 座。万历时，明廷规定每年京仓大修 36 座，闰月加 3 座，通仓无论有无闰月均为 15 座，京仓由巡仓御史监督，通仓由御史、修仓工部主事、坐粮厅郎中相互稽查，共同监督，所有廒座兴修必须由包工在规定的日期内完工，且要坚固耐用，如不合样式，修仓夫役与监督官员均会受到惩罚。

修造京通仓的专门管理人员设于正统二年（1437），初由工部堂上官负责，后因仓廒修造事务繁杂，添工部员外郎一员佐理，受工部堂官管辖，专职修仓。其后，随着仓储修造制度的逐渐完善，又设太监与户部管仓官共同负责仓储日常事务与修缮，遇有仓储损坏，上报工部核查，然后户部、工部共同督造。嘉靖十五年（1536）因修仓宦官骄横跋扈，干涉仓储管理，在诸多大臣的弹劾下，裁京通二仓修仓宦官，令工部堂上官、太仓通州员外郎、工部主事率各卫所官军修造，其中工部主事属专职，三年一代，"专管京仓修理事……每年小修属户部，大修属本部"②。嘉靖四十三年（1564）命京仓修仓员外郎与主事在京粮厅公署附近居住，以便随时监督仓储修造，同年裁通州仓工部主事，修仓事务由通惠河郎中兼理，此后该制度一直延续至明末。

明代京仓修造军役从府军 63 卫中挑选，共 1988 人，"每岁以二月至九月兴工，十月至正月办纳物料"③。弘治六年（1493）先是兵部取修仓军 915 人送营操练，"并欲以现留修仓一千人取回，工部覆奏现留军余已减旧数之半，若复概免，则修仓物料何从措办，乞仍旧便"④，得到了孝宗的同意。正德十五年（1520）又定京仓军役为 1200 名，十六年（1521）裁减并改康、永、昭三陵守墓外，剩 946 名，其中内有锦衣卫校官 11 名，俸粮每月一石，普通修仓军丁每月八斗。嘉靖四十五年

---

① （明）申时行：《明会典》卷 187《工部七·仓库》，明万历内府刻本。
② （明）何士晋：《工部厂库须知》卷 4《修仓厂》，明万历林如楚刻本。
③ 《明孝宗实录》卷 81，弘治六年十月乙丑条，上海书店 1982 年影印本。
④ 同上。

（1566）规定修仓兵丁可以纳银雇募匠役替己上工，万历元年（1573）议准"各军支米月份，照旧征银二钱五分，各卫掌印官照数征收，除本工雇夫匠支用外，其余类总解部以充买料支用"①。

通仓修仓军役从通州十二卫中选拔，原额600名，正德十五年（1520）裁减150名，剩450名，其中"内五十名，自二月起至九月止，每名办纳价银三两六钱，共银一百八十两。其余分作四班，三班上工，一班歇息。又自十月至正月四个月，前项军余除在厂管事，看守物料及上宿巡风等项共一百三十六名外，其余三百三十四名，每名办纳料价银一两，共三百三十四两，与前银俱解部，以备买料支用"②。从京通二仓夫役的变化情况可以看出，从明初与中期的卫所军丁力役逐渐向市场雇募制发展，其原因在于军丁大量潜逃或重新回归营伍，导致京通仓修造人员不足，在这种情况下，明政府只好根据上工军丁人数改收折银，军不上工，可以从市场上以银两雇佣工匠代替自己，这样一方面加强了仓储与市场之间的联系，另一方面使用懂技术的工匠修仓，也保证了仓储的质量。

明代京通仓样式略有差异，其中"旧太仓、新太仓、海运、南新等仓样廒，每座五间，面阔一丈三尺，进深四丈五尺；禄米仓一座，样廒五间，面阔一丈三尺，进深五丈"③。修砌仓墙用的砖瓦也有相应的规格，"黑城砖每个长一尺四寸五分，阔七寸，厚三寸五分，价银一分八钱。仓瓦每片长八寸五分……每片价银一钱八分"④。修仓用的砖、瓦、灰由户部设立的窑厂、土坯厂提供，另有线、铁、绳缆需要从市场上购买，而铺垫仓廒用的席子、竹木、板材则随漕船进京通二仓，每粮一石席一领，本色三分，七分折银；板木，每粮二千石楞木一根，松板九片，席子与板木运到京通后，存放于席厂与板木厂中，需用时直接从中提取。为将各省与各卫交纳的席子与板木数量直观的表示出来，现列表2—8、表2—9如下。

①　（明）申时行：《明会典》卷187《工部七·仓库》，明万历内府刻本。
②　同上。
③　（明）刘斯洁：《太仓考》卷2之7《修仓》，明万历刻本。
④　同上。

表2—8　　　　　　　　明代各省府向京通仓交纳席子数量及折银①

省府名称	席子数（领）	席折银数（两，取四舍五入）
浙江	94500	2205
山东	45840	1070
河南	46500	1085
湖广	31839	743
江西	85500	1995
应天	19200	448
苏州	104550	2440
松江	34942	815
常州	26250	613
淮安	15622	365
镇江	15300	357
太平	2550	60
宁国	4500	105
安庆	9000	210
池州	3750	88
凤阳	9045	212
庐州	1500	35
扬州	14550	340
徐州	7200	168
广德州	1200	28
总数	573339	13378

表2—9　　　明代各总交纳京通二仓粮数、楞木、板木数量②

总名	运粮数目（石）	松板（片）	楞木（根）
南京锦衣总	230013	1035	115
旗手总	209464	942	104
江西总	236735 另昌平粮 12142	1065 另昌平 54	118 另昌平 6

---

① （明）刘斯洁：《太仓考》卷3之5《岁入》，明万历刻本。
② （明）刘斯洁：《太仓考》卷3之6《岁入》，明万历刻本。

续表

总名	运粮数目（石）	松板（片）	楞木（根）
湖广总	221403 另昌平粮 12142	996 另昌平 54	110 另昌平 6
上江总	206876 另昌平粮 20000	930 另昌平 90	103 另昌平 10
下江总	228069 另昌平粮 20000	1026 另昌平 90	114 另昌平 10
浙东总	311386 另昌平粮 12142	1401 另昌平 54	155 另昌平 6
浙西总	262117 另昌平粮 12142	1179 另昌平 54	131 另昌平 6
京通总计	1906063	8577	953
昌平总计	88568	398	44

　　明代修仓有着严格的程序，先由各仓监督将损坏仓廒数目交与巡仓御史，再由御史交与工部修仓主事，修仓主事"每年预于十一月移文户部管粮司官备查应修廒座开送，修仓主事督率官匠亲诣各仓逐一估计合用物料数目，于正月内具呈本部题派，工完呈部"①。万历九年（1581）为保护仓粮，防止其潮湿霉变，"题准每年修仓廒底板木近土，米易涅烂，议用城砖砌漫方，置板木铺垫，廒门、廒墙遍留下孔以泄地气，仍将修过廒座，用过钱粮具奏"②。

　　明代京通仓除工部大修与户部日常小修外，还常常因意外的大风、暴雨而造成廒墙坍塌等状况。万历二十二年（1594）京粮厅郎中李作舟、旧太仓监督主事王畿、通粮厅郎中周之翰、大运中南仓监督主事王起蛟等奏报："自六月十三日起以来，昼夜霆雨，水潦怒流，市陌成河，仓庾为壑，以致墙垣、廒座所冲者颓，所溃者烂。旧太仓坏墙及沟共二十七丈八尺；北新仓坏墙三十丈五尺；大军仓坏墙一十二丈五尺又二十一寸；禄米仓坏墙二十七丈；海运仓头门坍塌，四壁倾欹；太仓银库墙铺覆压，内外

---

① （明）申时行：《明会典》卷187《工部七·仓库》，明万历内府刻本。
② 同上。

相望。通州大运中南等仓以近仓城堕，堵塞水沟，涨浸各廒，米俱泡烂……积贮民之大命，京通国之内储，所资给畿辅百万官军，计至重也"①，要求动用各省解京军饷银两修仓，当然像这样大规模京通仓损坏的情况比较罕见，多数情况均为历年大修与日常小修。

二　清代京通仓的修造

清代京通仓的修造借鉴了明代的诸多经验，并在此基础上有了很大的发展与完善。顺治初虽置京城八仓监督与漕运总督，但当时漕粮多用于军务，真正运入京通仓漕粮并不多。顺治九年（1652）题准"京通仓廒，大修属工部，小修属户部。如遇大修，工部确查勘估，措办物料，户部给发工匠价值。如遇小修，仓场侍郎酌议，户部发银，该仓监督等修理"②，并定每年修理仓廒75间，看仓夫役每月给粮六斗，如遇修造廒房，每日再给米一升。

康熙即位后，将漕运、河工、三藩视为第一要务，重视农业生产与国家积蓄，京通仓储也得到了一系列整理。康熙十八年（1679）题准"京仓差工部官督修，仍差户部官一员，公同估计。其通库轻赍银两，截充兵饷。应用钱粮，户部支取"③，康熙五十四年（1715）定京通仓储修造则例，"三年以内如有坍塌、渗漏、木料损坏者，著落原监督之官赔修"④，并且为防止施工人员侵吞物料，命八旗都统与御史全程予以监督，修仓银两由通济库拨支。

雍正二年（1724）覆准"各仓廒墙垣如有渗漏坍塌之处，该监督报明，仓厂侍郎即亲身验看明白。该监督果能捐修完固，俟任满交代清楚之后，仓场查明具题。将实在捐修银两数目，造册送部核明，交于吏部照例议叙。按银数多寡，准其加级记录，以示奖励"⑤，雍正四年（1726）又规定"各仓开浚水沟，垫土造桥，令各监督于每年二月中，巡视挑浚，永为定例。不行修筑者，题参议处……又覆准，令仓场总督查明现在放空廒座，即将现存板木满铺廒底，坚固铺垫。如有不敷，动支户部钱粮，采

① （明）赵世卿：《司农奏议》卷2《修仓疏》，明崇祯七年（1634）赵浚初刻本。
② （清）鄂尔泰：《八旗通志》，东北师范大学出版社1985年版，第475页。
③ 同上。
④ （清）福趾：《户部漕运全书》卷54《京通粮储·修建仓廒》，清光绪刻本。
⑤ （清）鄂尔泰：《八旗通志》，东北师范大学出版社1985年版，第475页。

买板木应用。嗣后放空廒座，俟各省随粮解送本色板木到日，陆续铺垫"①。雍正七年（1729）再次重申仓廒保固条例，"户部覆准各仓廒座，仓场侍郎会同查仓都统、御史于放空廒座之际，即行查看。如有廒座渗漏，瓦片脱卸以及墙垣糟兼，柱根朽烂之处，即在户部支领银两修理，保固三年，倘有浮冒，严参追赔"②。雍正十二年（1734）奏准："凡一应工程完竣之日，备造清册送工部查核题销，并照依送部。黄册款目另行抄录一本，钤盖本旗印信，交该仓监督存案备查。"③ 雍正朝对于仓储的修造与仓粮的核查异常细致，这是因为雍正帝登基前曾奉命查察通州仓积弊，并进行了严厉的整顿，深刻了解京通仓储内部所存在的问题，因此在位期间对于仓储管理非常重视。

乾隆十八年（1753）命"嗣后各仓遇有兴修工程，著工部、仓场、该旗各派司官一员会同料估修理"④，三者相互监督，彼此牵制，确保修缮的及时性与质量的可靠性。乾隆三十六年（1771）因通州仓向由通永道承修，延迟日久，造成仓廒修缮不能及时，命"请照修理京仓之例，工部拣派谙练司员办理"⑤。嘉庆十二年（1807）五月，题准"中仓、西仓报修廒座、仓门、堆拨房、官厅估修工料银两由户部给发，工竣造册题销"⑥，十三年（1808）"京城禄米等十五仓应修廒座、官厅、官房、堆拨房、堆板房及仓门等工估需工料银两由广储司拨给，工竣造册题销"⑦，通过上述史料可知，清代京通仓修造经费来源非常广泛，既有户部拨款，也有坐粮厅通济库与内务府广储司款项，实为中央政府利用各种资源以保障仓储的正常运转与稳定。

嘉庆中期后，因国库空虚，所以对于京通仓的修造费用也极为节俭。嘉庆十四年（1809）大学士管吏部事务庆桂奏："臣等现查各仓廒，间有椽瓦脱落之状，亟应随时修葺以免漏湿滋甚，是否饬交工部，将京通各仓

---

① （清）鄂尔泰：《八旗通志》，东北师范大学出版社 1985 年版，第 475 页。
② （清）杨锡绂：《漕运则例纂》卷 19《京通粮储·仓廒号房》，清乾隆刻本。
③ 同上。
④ （清）《清通典》卷 11《食货十一·漕运》，清文渊阁四库全书本。
⑤ （清）福趾：《户部漕运全书》卷 54《京通粮储·修建仓廒》，清光绪刻本。
⑥ 同上。
⑦ 同上。

派员详查，如有应行修理廒座及早估修，庶所费无多而于仓储有裨"①，得到了仁宗皇帝的批准。道光二年（1822）更因经费紧张，"奉旨，和桂等奏，京通各仓廒座坍塌倒坏，应行估修等语，著交工部查核缓急奏明，分年办理"②，财政匮乏导致仓储不能全部及时修理，只能分缓急分年估修，充分说明了这时中央政府已经难以对京通仓实行全面与卓有成效的管理，其维修因资金方面的匮乏而难以为继。

同治四年（1865）万安、裕丰两仓损毁仓廒数多，朝廷修仓经费毫无着落，户部只好奏请"即行裁撤，所有该二仓现存板片改造拨船，用剩材料尽数变价解库"③，无钱修仓，只好裁撤二仓，可见此时清廷财政已经异常艰难。光绪十一年（1885）因京通二仓自咸丰年间停给岁修经费，现存仓储坍塌损毁严重，仓场衙门奏称："光绪元年经升任侍郎延煦等议，将京城各仓除整齐与全塌各廒外，饬令各招商人各估价值，仍照民间修造工料，随时议价，动用通济库轻赍银两，免其造册报销，奏准兴修在案……迄今又逾数年，彼时原勘整齐之廒多有倒塌渗漏，情形各属，请修文报纷至沓来，而通州西中二仓又因存储白米逐渐有增，需廒孔亟，屡请添廒备用，节经臣衙门咨部查修，每岁以经费支绌，覆令从缓等语。伏查各仓廒座因失修倾圮，渗漏不敷应用，万难再缓兴修"④，于是提出折中之计，分清仓廒损坏轻重，分年分案依此办理。

与明代相比，清代更加重视京通仓廒日常维护的细节，如防潮、防湿、晾晒等方面。清代京仓俱用板木铺垫，定例十年一换，通州仓初只用席片铺垫，雍正三年（1725）奏准"将京仓铺垫之板木展限六年，定为十六年一换，仍将京仓铺垫所余之板木铺垫通州各仓"⑤，京仓用板木铺垫而通仓或用席片或用余剩板木，可见清政府一直将京仓的地位置于通仓之上。雍正四年（1726）仓场衙门奏准"旧例每廒铺垫止给松板五十块，楞木五根，今满铺核算廒身丈尺，每廒需用松板一百一十块，楞木九十余

---

① 中国第一历史档案馆：《嘉庆朝军机处录副奏片》，档号：03—1844—0110，大学士管吏部事务庆桂《奏请饬工部详查京通各仓有无应修仓廒事》，嘉庆十四年三月初一日。

② 中国第一历史档案馆：《军机处上谕档》，盒号916，册号2，第6条，道光二年二月初三日。

③ （清）福趾：《户部漕运全书》卷54《京通粮储·修建仓廒》，清光绪刻本。

④ 中国第一历史档案馆：《光绪朝军机处录副奏折》，档号：03—6674—073，仓场衙门《奏请留存库应拨还部库银两择修京通仓厂事》，光绪十一年。

⑤ （清）杨锡绂：《漕运则例纂》卷19《京通粮储·仓廒号房》，清乾隆刻本。

根。但楞木价之高于松板，又木身曲直不齐，铺垫不能平整。若将松板以一锯四，以代楞木，每板一块可抵楞木根半有余，价值既轻且适于用。计每廒代楞木松板应用五十二块，共用松板一百六十二块，尽足一廒铺垫"①，同年又定仓廒铺垫板木匠役银两为 14 两 7 钱 6 分。

乾隆二年（1737）因京城添建众多仓廒，原先到通粮船携带板木不敷所用，奏准"动支通济库银两照定价采买资用"②。乾隆七年（1742）为防备飞鸟通过仓廒顶部的气窗啄食粮食，将气楼窗口俱用竹篾编织罩盖。乾隆八年（1743）又因京通仓更换板片需工部长时间核验，常常耽误漕粮入仓，于是定"嗣后抽换廒板，如在新粮未到之先及粮务完竣之后者仍咨工部委员查验，如遇粮务盛行，需廒盛贮，仓场委员就近查验，咨部覆核"③。

清初，康熙、雍正、乾隆三朝大规模增修京通仓储，多时一年扩建数百座，属京通仓兴盛时期，这时不但无经费之忧，而且存粮数目庞大，仓储管理与运作呈现出一种欣欣向荣的局面。道光后，随着国家财政的匮乏与漕粮的大规模改折，加上战乱频兴，京通仓不但存粮锐减，损毁严重，而且少有增建之举，即便是修仓费用，也常常是捉襟见肘，入不敷出，甚至只能通过废除廒座与分年修补等措施来勉强维持，这充分体现了国家政局对漕运与仓储的影响，而仓储的兴衰也反映了清王朝的国运是江河日下。另外，清代在仓廒修造与管理的细致程度上要超过明代，这一时期国家非常重视仓廒修建过程中人、财、物的科学分配，强化不同部门之间的交流与合作，共同监督工程的进行与质量，可谓修造有法、奖惩有规、赔偿有例。

第五节　小结

明清时期京通仓作为专制王朝最大的官仓，其设置沿革、存粮数目、增补修造，既存在着很多的一致性与相似性，同时也有各自不同的特点。之所以出现这种现象，是由以下三个原因造成的。首先，明清两朝均处于

---

① （清）福趾：《户部漕运全书》卷 54《京通粮储·修建仓廒》，清光绪刻本。
② 同上。
③ （清）杨锡绂：《漕运则例纂》卷 19《京通粮储·仓廒号房》，清乾隆刻本。

中国专制社会的晚期，在制度继承方面存在着很大的相似性，其中漕运制度的继承就是其中之一，无论是设官分职、漕粮征收、运输队伍建设，还是漕运仓储的设置、沿革、维护、管理，都有一脉相承之处，都存在着后世王朝借鉴前朝的规律。同时，因明清两朝执掌政权的民族属性不同，在制度管理上也各有特色。这种区别不但体现了不同民族治理国家的策略，同时也是为了适应时代要求而进行的新变革。其次，明清两朝均将漕运视为国家命脉，将京杭运河作为政权维持的生命线，所以对于漕运的建设与河道的治理不遗余力。为了将江南漕粮顺利运往京通二仓，明清中央政府先后设立了河道总督、漕运总督、仓场总督分别管理漕运的相关部门，这些部门之间相互合作，共同保障国家漕运的正常运转。最后，明清两朝漕粮均来自于江浙、两湖、江西、河南、山东等有漕省份，每年数百万石漕粮都从淮安、临清、德州等沿河水次起运，沿岸省份的官员都需对经过本区域的漕运船只起到催儹的职责。

明清两代除明初定都南京外，其余时间均将北京作为国家都城，因此增加京城的粮食储备工作属中央政府异常重视的要务。在京通仓的建置沿革方面，明初建设北京仓的首要目的是为了军事方面的需要，以抵御北方蒙元残余势力的入侵，因此在相当长的时期内，明代京通仓的军事色彩非常浓厚，卫所仓的数量非常多，军管性质也非常明显。永乐与宣德年间随着运河的畅通与国家漕运量的增长，中央政府开始大规模的修造京通仓储，各项管理制度也逐渐完善。经过正统、景泰、天顺年间漕运制度的演变，到成化时，不但漕法经支运、兑运，最终变为长运，而且明确规定每年漕粮数额为400万石，从而使京通二仓的存粮数目有了稳定的增长。正德年间，虽一度增建京通仓廒，但随着刘六、刘七等农民起义对漕河的破坏，加之此时朝臣与宦官的斗争正处于激烈时期，所以京通仓的建设基本陷入停滞状态。万历初期张居正改革，曾对漕运与仓储制度进行整顿，使国家粮食积蓄一度增长，不过随着万历中后期三大征战的进行，所有的前期积累被消耗一空，同时为应对北方少数民族的入侵，大量漕粮被运往辽东等北方边镇，京通仓储日渐空虚。

与明朝不同，清代最初营造京通仓的目的除了满足军事方面的需求外，还为了满足皇室与官员的供给。清代京通仓储制度继承明代，无论是仓廒的选址、规格、名称，都是在明代原有的仓储基础上完成的，甚至很多仓储直接使用明末存留下来的。经过康熙、雍正、乾隆三朝大规模的整理，清代京通仓由初期的 8 仓增加到 13 仓，在数额上超过了明代的 11 仓。与仓储的大量兴修相对应的是这一时期国家漕运也处于清代最为发达的阶段，在社会稳定、经济发展、运河畅通等有利环境的保障下，京通仓的管理与运作也达到了历史的鼎盛时期。乾隆后，随着运河的淤塞与漕运的衰败，京通仓存粮数目大减，特别是道光年间因运河淤塞不得不一度实行海运，咸丰五年（1855）黄河铜瓦厢决口后，清代漕运彻底走向了衰落。加之清末国内战乱频兴，京通仓粮来源逐渐由依赖传统的运河漕运转变为部分购买商品粮，同治、光绪年间更兴起了通过铁路与海运输送粮食的新变革，这种变化既是近代新技术对传统中国的影响，也是古老的漕运与仓储制度走向末期的具体体现。

明清时期的京通二仓作为保障京城稳定的重要物质支撑，其粮数变化不但直接关系到专制国家的政治、经济、军事，而且也是社会兴衰的风向标。通过比较明清两朝京通仓粮数的变化，我们可以发现有以下几个特点。第一，明清京通仓存粮最多的阶段均为中前期，如明代是宣德、正统、成化，其中成化年间一度达到数千万石，其规模十分惊人，而清代也集中于康熙、雍正、乾隆三朝，其中乾隆朝最高时期也多达上千万石，之所以出现这种现象，是由于明清前期均重视漕运与仓储建设，加之社会稳定，经济发展，所以粮食积蓄不断提高。第二，明清京通仓的衰落均与运道淤塞、管理混乱、战乱兵燹有着很大的关系。明代自正德年间开始，京通仓存粮数额便逐年降低，经过嘉靖灾荒、万历征伐、天启与崇祯兵乱，京通仓粮消耗殆尽，加上此时漕粮大量改折，漕弊与仓弊日益严重，因此京通仓走向没落也是各种因素综合的结果。与明代相比，清代自乾隆京通仓存粮高峰期后，由于截留日盛、赈济日广、军需日亟，国家积蓄逐渐匮乏。特别是鸦片战乱爆发后，清王朝忙于应付内忧外患，对于仓政、漕政、河政的管理与整顿大不如前，各种弊端频繁发生，其后随着太平天国、捻军、义和团等运动的兴起，有漕省份经济受到严重破坏，税粮无法正常沿运河航行入京，在此情况下，清政府只好将漕粮大量改折，并且从四川、两广、台湾等地购买商品粮充盈京通仓，甚至直接雇佣商人购买。即便采取了诸多措施，但清末京通仓存粮基本低于 200 万石，这一数额不但无法与乾隆盛时的上千万石相齐并论，甚至低于明朝末年。第三，明清时期北京与通州仓的储粮数额也存在着很大的差异。明朝中前期因通惠河尚未浚通，所以漕船多停靠通州码头，漕粮大部存于通州仓，从而经常导致京城粮食不能自足。土木之变后，为了增强守卫京城的物质基础，开始将通州漕粮大量运往京仓，但通州仓存粮仍然占有一定优势。嘉靖年间通惠河疏浚以后，漕粮得以直达京城，京仓存粮数开始超过通州仓，这说明国家政策是影响京通二仓存粮变化的主要原因。清代漕粮的主体一直存于京仓，通仓存粮规模一直达不到明代的数量，即便某些年份通州仓存粮数额有所增长，清政府也会采取各种措施削减其存量，这是因为清代并没有来自辽东等地的威胁，不需要从通州仓海运或陆运粮食到边镇。另外，清代京仓的赈济与社会保障功能大于明代，每年需要动用大批粮食用于京城及其周边区域的粮价平衡与灾荒赈济，高峰时期达上百万石，于是集中漕粮于京仓也是现实的需求。

关于京通二仓的修造方面，清代在继承明代的基础上有所提高与发展。明初京通二仓的修造并无成法，仓廒损毁往往得不到及时的修缮，后随着户部与工部的分职，逐渐形成了大修、小修之制，对每年修造廒数、物料采购、保质期限、工匠劳役日期、班匠银都作出了详细的规定，从而使仓储修造制度逐渐走向正规。清代在借鉴明代经验的基础上，在京通仓的营造方面又有了很大的提高。首先，对京通二仓的廒数、连数、房数都有了模式化的规定，仓储的深度、高度、宽度整体划一，非常便于管理与修葺。其次，加强了对仓粮的防潮、晾晒、防盗方面的要求，甚至对鸟啄食、鼠窃这些细节都予以重视。最后，清代京通仓的修造与市场的联系更为密切，除修仓用的物料从市场上购买外，甚至清政府经常将仓储修造任务承包给商人，修完后由仓场衙门进行验收。

总之，明清两朝对于京通仓的建设非常重视，耗费了大量的人力、物力、财力对其进行管理、维护与修缮，同时为保障其功能的发挥与日常的运转，还不断对仓储中存在的各种问题进行整顿与处理。这既体现了京通仓作为皇家粮仓的重要性，同时也是为适应漕运发展与时代要求而必须做出的变革，反映了仓储建设与社会现实之间的密切关系。

第 三 章

明清时期京通仓的管理与运作

　　明清京通仓的管理与运作，经历了初创、发展、完善等阶段，其中明代属于创立时期，清代则是继承与完善时期。明初京通仓储属于军管，由卫所军官、经历、仓大使等官员负责漕粮的晾晒、收支与入仓，后来随着京通仓规模的不断扩大，户部官员、工部官员，甚至内官都参与其中，逐渐形成了一个复杂的仓储行政系统，各方势力在其中既有配合，也有权力的博弈与冲突。明嘉靖后，中官监仓被取消，方由户部侍郎、京通坐粮厅郎中、各仓监督专职管仓，与之相对应的是京通仓管理条例也日趋系统，对收粮日期、漕粮检验、开闭仓时间、仓储守护、斛斗制造、收粮程序、锁钥保管都作出了相应的规定，从而使仓储管理更加科学化。清代虽继承明代京通仓管理的经验，但作为少数民族入主中原的政权，其仓储管理也有自己的特点。首先，清代京通仓管理实行双轨制，置满汉仓场总督、满汉通州坐粮厅郎中、满汉仓监督等共计数十人，其本质是以满制汉，防止汉官完全掌控仓储；以此来确保国家大权始终掌握在满人手中。其次，清代仓场体制继承明代，从一开始就比较成熟与系统，所以初期管理效率较高，仓场各个部门之间能够做到相互合作，密切配合。但随着时间的推移，仓储弊端日趋严重，而根本原因就是官员的腐败与国家整顿的不力。最后，清代末期因运河的断绝、漕运的衰败，加之近代交通方式的兴起，京通仓管理出现了一些新的特点，这些新特点既带有传统漕运与仓储的色彩，同时又吸收了近代中国与世界上一些先进的理念与实践，真实地反映了传统中国在西方先进技术冲击下的变革。

第一节　明清京通仓储的高层管理与机构设置

　　明清时期京通仓的管理及官员设置是与国家漕运的演变密不可分的。

明初因国家各项制度尚不健全，所以仓储管理比较简单，没有形成专门性的仓储行政部门。会通河疏浚后，随着国家漕运量的逐年增长，在宣德、正统年间形成了比较完善的仓储管理部门，"其漕运之敖仓也，在京、通者，则有总督太监、户部尚书或侍郎，巡仓则有御史，拨粮则有员外郎，监收则有主事，以至仓使、攒典，各有人焉，所以统储天下之粟，以资国用也"①。入清以后，最高统治者对漕运的重视程度有增无减，并继承明中期后的长运法，由旗丁与水手从江南水次直接运粮到京通二仓，经大通桥监督与通州坐粮厅官员查验后进通仓或京仓，期间过程十分复杂与烦琐，涉及十数个部门，这些部门或属河道总督，或属漕运总督，或属仓场总督，统一在最高统治者的遥控下行使自己的职能，而漕粮入仓后，收支有满汉监督，监察有八旗都统与巡仓御史，开仓、闭仓、收支、斛斗都有着严格的程序与样式，无一不显示着国家对漕运与京城储蓄的重视与关注。

一　明代京通仓官员的设置及其历史演变

　　明代京通仓储的行政管理并非一蹴而就，而是经历了漫长的过程，期间既有国家设官分职的演变，也有因仓储现状的变化而做出的调整。但从总体上来看，明代京通仓历经了多方管理到户部专管，从无定员到定员的过程，期间同时还夹杂着朝官与宦官的斗争，皇帝与廷员的博弈。正是在多重因素的影响下，明代京通仓的管理呈现出了变化多端的特色，直到嘉靖时期才最终形成固定的仓储管理制度。

　　（一）京通仓官员的沿革

　　明代"国家设仓庾储粟，以赡军赈民，两京、直隶、各布政司、府州县、各都司卫所以及王府莫不备具，其收贮有时，支给有数，注销有册，各有通例"②。明初，洪武帝都金陵，"东南数郡近在辇毂之下，故用民运"③，南京仓储较为充裕，其管理部门则是户部下辖四部中的仓部。洪武二年（1369）增设京畿漕运司官专理京城军储仓，④ 洪武三年（1370）"定内仓库品级，仓设监令，从五品；丞，从六品；库设提点，

<hr>

① （明）杨宏、谢纯：《漕运通志》卷6《漕仓表》，方志出版社2006年版，第101页。
② （明）申时行：《明会典》卷21《户部八·仓庾一》，明万历内府刻本。
③ （清）孙承泽：《春明梦余录》卷37《仓场》，北京古籍出版社1992年版，第662页。
④ （明）雷礼：《皇明大政纪》卷2，明万历刻本。

从五品；大使，从六品；副使，从七品"①。洪武四年（1371）命京城二十所军储仓各置官掌管，五年（1372）定六部职掌，户部之仓部"掌漕运军储，出纳料粮"②，二十八年（1395）置皇城长安、西安、东安、北安四门仓以供守城军士食粮，每仓设副使一员管理。

总之，洪武年间初步建立起了京城仓储制度，设置了相关的人员进行督理，但因当时粮食积蓄的很大目的是战争需求，所以带有浓厚的军事色彩，京城各仓的管理人员也多为临时派遣，并没有形成完整、系统的仓储管理机构。

建文元年（1399）更定官制，升户部尚书为正一品，户部左右侍郎为正二品，改洪武末年的以省为单位的户部十四司为"民部、度支部、金帛部、仓庾部"③，其中仓庾部掌天下仓储。永乐四年（1406）"增置北京顺天府千斯仓、太仓副使各二员"④，以加强对仓储的管理。永乐七年（1409）为防御蒙古入侵及为正式迁都做准备，又在北京置三十七卫仓和二千户所仓，每仓设副使一员管理。永乐中随着京通仓储体系的完善，其管理也逐渐走向正规，除在淮安设漕运总兵与参将负责运送江南之粮入京外，还"置京仓及通州诸仓，以户部司员经理之"⑤，但当时管理仓储者或郎中，或员外郎，或主事，尚未形成定规。

宣德三年（1428）令"在京各卫添设经历一员，监收支粮，其内外卫所仓俱令各卫首领与仓官专管，罢军职管粮"⑥。宣德五年（1430）为将粮储大权统归户部，"命李昶为户部尚书，专督仓粮。遂为定制，以后不拘尚书、侍郎，惟资秩相应者命之"⑦，此为明代仓场总督之初设，其职责是"总督之系于储，巨且重矣，内之表率部属以督收支，外之弹压有司以督完欠，下至仓官、攒典、卫官、军士、解官、粮长、胥吏、歇保，靡不赖总督之权以成振肃之治"⑧，同年因各有司仓廒官攒、斗级与

---

①　《明太祖实录》卷56，洪武三年九月甲辰条，上海书店1982年影印本。

②　《明太祖实录》卷74，洪武五年六月癸巳条，上海书店1982年影印本。

③　（明）王世贞：《弇山堂别集》卷12《异典述七》，清文渊阁四库全书本。

④　《明成祖实录》卷63，永乐四年七月乙卯条，上海书店1982年影印本。

⑤　（清）龙文彬：《明会要》卷31《职官三·总督仓场》，清光绪十三年（1887）永怀堂刻本。

⑥　（明）张学颜：《万历会计录》卷36《仓场》，明万历刻本。

⑦　（明）雷礼：《国朝列卿纪》卷31《户部序》，明万历徐鉴刻本。

⑧　（明）施沛：《南京都察院志》卷33《奏议七·京仓类》，明天启刻本。

粮户相互勾结，"私自包纳，虚出实收，作弊百端，今后令监察御史、按察司官往来巡视，但有作弊，就便擒问"①。宣德八年（1433）命户部侍郎王佐监督京城仓粮，"时上闻各仓出纳不明，虽屡有禁约而奸狡之徒狃于积弊，故命佐监督之"②。宣德九年（1434）因仓场弊端因循日久，难以根除，大学士杨士奇上言："南方运粮至京，人力甚艰。而仓廪无关防，奸人盗窃，动辄千万，前者就执，后者复继，恬无警畏，请命风宪官关防巡察，从之"③，于是派遣御史三名，一名巡视京仓，一名巡视通州仓，一名巡视甲子等库并提督象牛羊等房钱粮，一年一代。宣德十年（1435）命户部专业人员管粮，"令户部郎中、主事，各仓场分管粮草，三年更代"④。明永乐至宣德年间，京通仓粮管理经历了由军管向户部专管的转变，这既是国家完善仓场监督制度的过程，同时也是中央直接控制京城粮储的一种手段。虽然这一时期京通仓政逐渐走向完善，但与之相伴随的也有宦官势力的渗透以及各种仓弊的蔓延与扩张。

正统元年（1436）明英宗令太监李德与通政使李暹"提督在京太仓并象马牛羊等房仓场，巡视通州直抵临清、徐州、淮安等处，一应仓粮。尔宜用心革弊，毋令隐漏及下人生事，虐害纳户，务在事妥人安，庶副朕之委任"⑤，皇帝任用宦官监督京通仓与运河漕仓，是因为宦官属于其亲信与耳目，可以牵制户部官员的督粮权，随时向皇帝汇报仓场的相关情况，从而便于统治者直接控制仓场大权。正统三年（1438）又命户部左侍郎王佐与宦官一起"在京及通州仓，分监督仓官人等，公同收支粮米，往来提督象马牛羊等房及各仓场，收受刍菽，务要关防严密，出纳分明，除奸革弊，不许隐瞒透漏"⑥。正统四年（1439）又命刑部右侍郎张凤"提督京仓并各象马牛房粮草凡三十余处"⑦，目的是查察仓场弊端，以肃仓政。正统五年（1440）添设户部郎中、主事共五员分别提督德州仓储与京通仓场收放事务。正统七年（1442）在户部侍郎李暹的建议下，再

---

① 《明宣宗实录》卷63，宣德五年二月癸巳条，上海书店1982年影印本。
② 《明宣宗实录》卷102，宣德八年四月癸酉条，上海书店1982年影印本。
③ （清）夏燮：《明通鉴》卷21，中华书局1959年版，第881页。
④ （明）申时行：《明会典》卷21《户部八·仓庚一》，明万历内府刻本。
⑤ 《明英宗实录》卷14，正统元年二月庚子条，上海书店1982年影印本。
⑥ 《明英宗实录》卷39，正统三年二月乙卯条，上海书店1982年影印本。
⑦ 《明英宗实录》卷61，正统四年十一月丁未条，上海书店1982年影印本。

次"增置户部主事五员分督京、通州等卫仓廒，收放粮斛"①。正统十年（1445）扩大总督京通仓场侍郎的权力，"兼提督临清、徐州、淮安等处仓粮"②，正统十二年（1447）命户部右侍郎张睿专职巡视京通仓场，"先是巡视仓场者兼理部事，至是户部郎中何支言仓场事繁，宜专委官理之，故有是命"③。

景泰二年（1451）为加强对京通仓的监督，复置御史一员巡视通州仓，而京仓由东城御史代管，二者属监察性质，其职责是稽查仓场弊病与缉拿盗粮人犯。成化十一年（1475）"令京通二仓各委户部员外郎一员，定廒坐拨粮米，务令挨次，不许徇情虚占廒座"④，因两员外郎分别坐镇京、通收放漕粮，后又改员外郎为郎中，所以被称为京通坐粮厅郎中，其中京粮厅亦称上粮厅，通粮厅也称下粮厅，其余各仓户部主事称某某仓监督，"专管收放粮解，禁革奸弊"⑤。嘉靖十一年（1532）增设职金员外郎管太仓银库，不再由京仓坐粮厅郎中兼理，嘉靖十六年（1537）命总督京通仓场侍郎兼提调西苑农事。

隆庆年间京通仓管理制度逐渐固定，因京仓事务繁杂，前设五员户部主事中有一人监收银两，导致京仓人员不敷所用，于是添加两员，共六员监督京城十一仓，其中旧太仓一员，南新、济阳二仓一员，海运、新太二仓一员，北新、大军二仓一员，西新、太平、大兴左三仓一员，禄米仓一员，而通州由户部下辖的湖广清吏司管理，"郎中一员，员外郎一员，主事四员，内三员管通州大运等仓"⑥。万历七年（1579）户部尚书张学颜题准"总督常住京仓，事规整肃，通仓虽旧设总督衙门，年久未至其地，故通州仓场积弊颇多，令总督尚书遵照敕谕，不时往来，彼中将仓场各项事情逐一查理，应径行者径行，应奏请者奏请"⑦，万历九年（1581）裁京通仓场总督，由户部左侍郎分理仓务，但十一年（1583）复设。

从永乐到万历时期，明代京通仓场管理制度从萌芽走向了完善，期间经历了200余年。永乐时虽有户部司员管理仓务，但其位置并不固定，经

---

① 《明英宗实录》卷91，正统七年四月戊午条，上海书店1982年影印本。
② （明）申时行：《大明会典》卷21《户部八·仓庾一》，明万历内府刻本。
③ 《明英宗实录》卷150，正统十二年二月壬子条，上海书店1982年影印本。
④ （明）刘斯洁：《太仓考》卷1之4《职官》，明万历刻本。
⑤ （清）顾炎武：《天下郡国利病书》之《仓场》，清稿本。
⑥ （明）申时行：《明会典》卷2《吏部二·官制一》，明万历内府刻本。
⑦ （明）刘斯洁：《太仓考》卷1之2《职官》，明万历刻本。

过诸多变化后，到万历时期形成了上有户部及下辖的云南清吏司与湖广清吏司、仓场总督，中有京、通坐粮厅郎中，下有各仓监督这样系统的仓储管理体系，这些仓储官员环环相扣，在做好自身本职工作的同时，还会受到提督仓场太监与巡仓御史的监督，各个部门在相互制约中维持着仓场的运转与平衡。

（二）京通仓官员的选拔、考核及事迹

明代京通仓储关系国计民生，因此政府对仓储官员的选拔、任命、考核都异常重视，不但对其任职时间、行政职能、奖惩程序都有着严格的规定，而且会因地制宜、因时制宜的调整仓储行政人员的岗位，以保障国家粮储最大限度的发挥其作用。同时，在明代京通仓数百年的运作过程中，也出现了一批廉洁、勤谨、正直的官员，他们惩治腐败、严于律己，对待仓储弊端雷厉风行，在较长的时期内维持了仓储内部秩序的稳定。

明代的仓场总督为户部尚书或侍郎担任，先为兼职，后为专职，其任职时间并不固定，如遇户部或国家有重要事务需要处理，会被招回处理部务或升任他职。明人施沛认为仓场总督"非得人而久之无益也，近年以来居是官者，席未及暖，忽报升迁，即有治国如家之臣，思所谓兴除利病，亦未免朝行而夕格，甲是而乙非，案牍沉埋，奸弊窃法"①，频繁的升迁或他调造成仓场总督不能尽力整顿仓务，这也是明中后期仓弊泛滥的重要原因。至于京、通仓坐粮厅郎中与各仓主事，宣德十年（1435）令分派五员管理京通粮草，开始时为三年一代，后为防止权力过大而形成尾大不掉之势，改为一年一代。

正统十四年（1449）命"内外各仓场监督，收放粮草，郎中、主事等官一年一代，回日备开数目缴部，仍将经行卷簿相沿交割，若有亏折欺弊，续差官员径自具奏"②，此举在于明确仓场新旧官员责任，以备户部与吏部考核及落实奖惩事务。景泰三年（1452）令各仓监督收放官员，"严督官攒、库斗人等，修葺仓场，开通沟渠，其有旷职坐视淹没粮草者，拿问追赔"③。嘉靖四十三年（1564）户部尚书高燿题准京通仓监督注选五员，三年为期，其职责是"谨权量轻重之责，审廪庾开闭之度，

---

① （明）施沛：《南京都察院志》卷33《奏议七·京仓类》，明天启刻本。
② （明）张学颜：《万历会计录》卷36《仓场》，明万历刻本。
③ （明）刘斯洁：《太仓考》卷1之4《职官》，明万历刻本。

严官旗损折之科，纠歇脚欺隐之伪"①。嘉靖四十五年（1566）总督仓场侍郎刘体乾题准"除注选五员外，于云南司添设注选主事一员，专管支放各衙门俸米，三年满日，候新官交代方许回部，户部不得别项差委，本官不许营求别差，致妨粮务，如有不安心职掌以图自便者，听总督参论"②。

万历年间增置户部云南清吏司郎中三员，户部主事九员，"内一员通州管理粮储，一员东官厅监收放钱粮。员外郎一员，主事九员，内六员管旧太仓"③。至于其他级别低于监督的仓官"收粮及数无过，守支三年之上起复到部，该对品京库副使本等杂职"④。而明宣德至嘉靖年间的监仓宦官，虽为提督仓场，但并无品级，实为安插在仓场总督身边的监视人员，直接受控于皇帝，其任命也由最高统治者随意而定，不具备严格的程序与制度，也不听命于户部。

有明一代数百年间，京通仓储虽然日渐腐朽没落、弊窦百出，各种黑幕层出不穷，但是也出现了一批正直廉洁的官员，他们出淤泥而不染，敢做强项令，不断整顿京通仓弊，肃清其中的黑幕与隐患，从而使京通仓虽在危机中而能够延续上百年。李遟，宣德、正统年间曾提督仓场，"夙夜在公，未尝以风雪寒暑少懈。严以制下，不容请托，官属敬惮，不敢为欺弊。于是输粟者无留难，受廪者皆精完，蒙其惠者以得瞻威望为喜"⑤。景泰时御史顾俨曾巡视京仓，"善于立法，盗息弊革"⑥，从而仓储积弊严重的局面得到了改观。明英宗天顺时户部仓场侍郎刘本道，"先是漕运京粮，唯通州临河近便。自通州抵京仓陆运四十余里，费殷而增耗不给。各处赴京操军，久役用乏。刘本道虑二者之病，奏将通州仓粮于各月无事之时，令歇操军旋运至京，每三十石给赏官银一两。而漕运之粮止于通州交纳，就彼增置仓厫三百间，以便收贮，岁积羡余米五十余万石以广京储"⑦，此法不但减轻了运粮官军的负担，而且增加了闲暇时期操军的收

---

① （明）《漕乘》卷7《仓》，明刻本。

② （明）刘斯洁：《太仓考》卷1之4《职官》，明万历刻本。

③ （明）申时行：《明会典》卷2《吏部二·官制一》，明万历内府刻本。

④ （明）李默：《吏部职掌》之《属官除授》，明万历刻本。

⑤ （明）过庭训：《本朝分省人物考》卷103《李遟传》，明天启刻本。

⑥ （明）焦竑：《献征录》卷99，上海书店1987年本，第4428页。

⑦ （清）于敏中：《日下旧闻考》卷108《京畿·通州一》，北京古籍出版社1981年版，第1804页。

入，降低了粮食长途运输中的耗费，实属一举多得之法。成化时户部右侍郎陈俊逢京城发生饥荒，"疏请发太仓粟一万斛，减价粜以利民，权贵有乘时射利者，公请于上，凡粜以升斗，计满一石者闭不与，其计遂沮，而饥者获济"①。同一时人户部主事吴裕与监察御史徐铺，前者"监督京仓、通州仓粮，逾年再差徐州，敏而勤谨，出纳无滞"②，后升任户部员外郎。后者"巡通州仓，念漕卒困于掊克，酌定收纳常例，奏行之，遂著为令"③。

正德二年（1507）左佥都御史储巏，"总督南京粮储。召为户部右侍郎，寻转左，督仓场，所至宿弊尽厘"④。另一御史曹鸣岐"巡视甲乙诸库，再巡视东城与京仓，所至风裁凛然"⑤。嘉靖年间无锡人谈恺任户部主事，后任员外郎巡视通州仓，"有外戚渔利者，请增造船于通惠河，公疏争增船五不便，乃止"⑥。万历时王常任户部侍郎，"管太仓，见仓斛斗，其一独大异常。问之，云凡粮到仓，该仓斗级，每人先支一斗，此旧规也。予曰是何言！即照常私与，亦是违法，况另置大斗乎。即禁革之"⑦，同时期的御史沈时来，"巡视库寺兼摄京仓，则又搜弊剔奸，凡所条革铺行赔补之累，粮役解额之烦，著为令，公私便之"⑧。

明代京通仓官员的任免与考核，无不体现着中央政府对国家粮食储备的关注与重视。随着京通仓管理体系的日益完善，加上贤能官员对仓储的整顿，京通仓在很长时期内保持着良性的循环状态。但后来宦官势力的渗透，加上管仓官员的整体腐败，明中后期京通仓逐渐不能承担起国家庞大的政治、军事、经济消耗，一步步迈向了衰落。

（三）明代京通仓衙署规制

明代仓场总督为正二品（户部尚书）或正三品（户部左、右侍郎），坐粮厅郎中为正五品（户部郎中）或正六品（户部员外郎），仓监督为正七品（户部主事），这些官员虽均属仓储部门，但衙署规制却有着较大的

---

① （明）张萱：《西园闻见录》卷41《救荒》，台北明文书局1991年版，第153页。
② （明）吴宽：《家藏集》卷77《神道碑铭七首》，四部丛刊影明正德本。
③ （明）过庭训：《本朝分省人物考》卷76《湖广·武昌府·汉阳府》，明天启刻本。
④ （清）张廷玉：《明史》卷286《文苑传二》，岳麓书社1996年版，第4165页。
⑤ （明）梁储：《郁洲遗稿》卷4《记序》，清文渊阁四库全书补配清文津阁四库全书本。
⑥ （明）李春芳：《贻安堂集》卷7《志铭》，明万历十七年（1589）李戴刻本。
⑦ （清）王士禛：《池北偶谈》卷5《司徒公历仕录》，齐鲁书社2007年版，第91页。
⑧ （明）何三畏：《云间志略》卷23《沈侍御石楼公传》，明天启刻本。

区别，同时为共同商讨京通仓粮储事务，还建有户部分司等公共会议性的机构。

明初因户部官员既要理部事，还要兼管京通仓储，所以其虽有临时性的办公地点，但其正式衙署却在户部。宣德年间设立仓场总督后，经过上百年的建设与营造，到万历时期形成了大规模的衙署建筑群，这些衙署不但有着浓厚的仓政文化气息，而且也反映了历任仓场总督的心态与政治理念。据《太仓考》载"总督户部在旧太仓内，公座于斯，恭奉敕语，上匾廉平公恕，左右廊为房者三，右贮历年卷册，名碑竖堂之左方"①，而总督西馆"在南新右，视事之所，上悬敕谕朱匾，西有素轩一楹，南则吏舍"，总督东馆"在南新左，总督居之，名清慎，总督尚书汪宗尹恭书天语自警，云前有匾经济，堂后总督尚书王国光为小池，门之颜曰如水"②。京粮厅在旧太仓内总督部堂东，京仓公馆"今匾户部分司，门内有团厅，遇斋戒，京粮厅及各监督斋戒，内南向为北新、大军仓监督署，又折而东北上前为旧太监督署，中为南新、济阳监督署，后为禄米监督署，北新后为海运、新太监督署"③。通州新城内有总督仓场太监居住的忠瑞馆，有户部坐粮厅署，而大运仓各监督衙署均位于各仓储内，遇有重要事务时向户部坐粮厅及粮储太监汇报，然后上奏仓场总督、户部及皇帝。

除仓场各官员衙署外，太仓神庙也是京通仓重要的建筑，为仓场官员每年祭祀仓神之所。《大明会典》记京都太仓神庙"洪武初建于南京，永乐后京师祭如之"④，其与户部京粮厅、板厂、银库均位于京仓之中，祭祀日期为"二、八月上旬择日遣户部官祭祀"⑤，所用物品为"用羊一，豕一，饼果五，户部堂上官行礼"⑥。关于京仓神庙（即太仓神庙）的规格与建筑情况，《太常续考》描述的更为详细，"庙建于太仓，内塑京都太仓神像，前为门，门外为牌坊一座，岁仲春秋，本寺题请遣户部堂上官

①　（明）刘斯洁：《太仓考》卷2之1《公署》，明万历刻本。

②　同上。

③　同上。

④　（明）申时行：《明会典》卷93《礼部五十一·京都祀典》，明万历内府刻本。

⑤　（明）王圻：《续文献通考》卷110《郊社考·杂祠》，明万历三十年（1602）松江府刻本。

⑥　（清）傅维麟：《明书》卷58《志六·五祀祭仪》，中华书局1985年版，第1157页。

行礼。京仓之祭自洪武中始，永乐后建庙京师，祭如之"①。

京城太仓神庙的祭祀与规格，反映了明王朝统治者重视京通仓储的决心与意志。从文化层面上讲，对仓神的膜拜与敬畏，体现了传统仓储文化的继承与延续，希望通过祭祀而达到心理的满足与精神的慰藉。而在现实层面上，尽管有明一代对于仓储的建设非常重视，但仍然不断出现仓粮的霉变、失窃、火灾等意外事故，因此通过对神灵的祈祷，也是希望国家积蓄稳定，仓储正常运转的心愿。

二　清代京通仓储管理机构的演变

清代重满轻汉，虽欲重要行政机构均由满人掌控，但因不熟悉相关的章程与典制，又不得不令汉人辅佐，所以清代很多部门实行满汉双轨制，而京通仓管理就是一个典型的例子。在仓储运转的过程中，由于汉族官僚精于仓储程序，且了解与熟悉仓务，逐渐承担起仓储的大部分日常工作，成为了京通仓的实际控制者。

（一）清代京通仓官员的沿革

清代"京庾为国家之根本，通储为神京之外备，故漕粮正兑入京，改兑入通，岁以四百万石计，其留三分之一于通仓，诚以通为畿辅肘腋地，外府内仓盖至重也。京粮由石坝五闸以达大通桥，而进旧太等八仓，通粮由土坝以达州城，而进西、中、南三仓，期间督催转运则属坐粮厅、大通桥监督。管收受则属京通各仓司官，而统辖比漕，坐派仓口悉由总督仓场为政"②。《通州志》亦言："我国家慎重设官，凡仓储重地，职掌巡视，大小臣工俱纲举目张，无冗无阙，此漕政所以肃清矣"③，可见清代京通仓储行政建制较为完善，各官员专司其职，彼此配合，共同确保漕粮的入仓与收支。

清代管理京通仓储的最高机构为户部及其下辖的云南清吏司，云南司有郎中满洲二人，汉一人；员外郎满洲三人，汉一人；主事满洲一人，汉一人，"掌核云南布政司粮储道之钱粮，稽其矿课，凡漕政皆掌之"④，具体为"带管禄米仓、海运仓、旧太仓、南新仓、兴平仓、北新仓、富新

①　（明）《太常续考》卷6《京仓庙》，清文渊阁四库全书本。
②　（清）《漕运议单》卷13《京通粮储》，国家图书馆藏清抄本。
③　（清）高添凤：《乾隆通州志》卷3《漕运》，清乾隆四十八年（1783）刻本。
④　（清）托津：《嘉庆朝大清会典》卷15《云南清吏司》，清刻本。

仓、太平仓、中南仓、西仓、坐粮厅、大通桥、江宁仓、淮安仓、徐州仓、凤阳仓、临清仓、德州仓以及各省粮道"①，所有京通仓及各省水次仓均由云南清吏司掌管，其权力非常之大。而专管仓场的户部官员，顺治元年（1644）方一人驻北京，就"以故明南京兵部左侍郎谢启光为户部左侍郎总督仓场"②，以户部官一人理通州坐粮厅事，次年命王文奎为漕运总督，二督共同筹集粮草，为清军的大规模军事行动提供物资供给。顺治四年（1647）置总理满洲侍郎一员，用以牵制汉仓场侍郎与漕运总督，因首任总理库礼"初入中国，言语不通，性情各异，不治吏事，事皆其妻主之。有梁通事者剽悍残忍，勾结内外，从中阴阳其说，以残贼良民"③，被众多大臣纷纷弹劾，于顺治八年（1651）裁撤。顺治九年（1652）定满汉仓场侍郎各一人，其职责为"掌总稽岁漕之入，以均廪禄，以储军饷，凡南北漕艘，京通仓庾悉隶焉"④，其中一人驻京，一人驻通州新城"掌仓谷委积，北河运务"⑤，另设汉巡仓御史一员巡视京通仓储。后裁撤汉仓场侍郎，只留满侍郎一员，顺治十二年（1655）增设京粮厅，与通粮厅"掌北河浚浅，修筑堤岸、闸坝，催儹漕艘抵坝回空，督令经纪车户转运输仓，兼司通济库银出纳及抽分通州税课之事"⑥。顺治十五年（1658）复设满汉仓场侍郎二人，将京粮厅并入大通桥监督。除此之外，顺治时还设大通桥监督一人，由汉户部司官担任，京城八仓与通州三仓监督均满汉户部主事各一人。

康熙三年（1664）增通州坐粮厅满司官一人，增大通桥满监督一人，与汉监督"凡石坝运到漕白二粮，抽验斛面，督催车户分运京仓及随粮松板收支之事皆属焉"⑦。康熙七年（1668）为削弱汉族官员对仓储的控制权，再次裁汉仓场侍郎，并裁汉巡仓御史，但一年后即复设汉仓场侍郎，与满侍郎共理京通仓务。在顺治京城八仓的基础上，康熙四十五年（1706）增建本裕仓，雍正六年（1728）建储济仓，雍正七年（1729）建

①　（清）伊桑阿：《康熙朝大清会典》卷17《户部一》，清刻本。

②　《清世祖实录》卷10，顺治元年十月甲戌条，中华书局2008年影印本。

③　（清）吴玉搢：《山阳志遗》卷4，民国十一年（1922）淮安志局刻本。

④　（清）永瑢：《历代职官表》卷8《户部仓场衙门》，中华书局1985年版，第190页。

⑤　（民国）赵尔巽：《清史稿》卷114《职官一·仓场》，吉林人民出版社1995年版，第2229页。

⑥　（清）《清通志》卷64《职官略一·官制》，清文渊阁四库全书本。

⑦　（清）《清通典》卷24《职官二》，清文渊阁四库全书本。

丰益仓，乾隆二十六年（1761）建恩丰仓，这样就形成了京城 12 仓的局面，内除恩丰仓属内务府外，其他 11 仓①与通州二仓（乾隆年间归并通州三仓为二仓）均属户部管辖。京通 13 仓满汉监督各一人"掌漕白二粮交纳上仓及收贮支放之事"②，稽查每仓设御史一人，"专司仓房完损，粮米侵盗之事，率于岁终更代"③。其中御史为兼职，"除在城理讼日期外，余日前往稽查，如有疏略，巡漕科道纠参，凡御史稽查所及行知仓场侍郎，仓场侍郎不及时妥办者，指实具奏，倘失察滋弊，致亏仓粮，责与仓场侍郎、监督分任赔补"④，御史与科道官员同属监察性质，彼此合作又相互牵制，共同防止与惩治仓场弊端。

清代京通仓管理制度的建立集中于顺治、康熙、雍正、乾隆四朝。关于管仓官员的任职年限，坐粮厅清初本一年差满"康熙三十三年改为三年一差，三十八年照各部院司官论俸升转，不定年限，雍正元年定二年一差，永为定例"⑤，其他各仓官亦是如此。乾隆后，京通仓管理制度鲜有改变，多是在前朝基础上的修补与完善。这种现象的出现一方面反映了清代前期重视行政建设的现实，另一方面也是国家漕运发展，粮储兴旺的表现，正是因为清初君主的励精图治，才使康雍乾三朝京通仓粮累积至上千万石，有力的支持了国家政治与经济的发展，巩固了中央集权的统治。而清中后期漕运逐渐走向衰败，加之各种矛盾层出不穷，最高统治者不但无暇于对京通仓弊进行整顿，更不可能在仓储管理上有所创新，面对粮食危机，只能在四处筹粮中勉强度日。

（二）衙署建制与官员考核

清代仓场总督在北京与通州各有衙署，其中在京者位于城东褙褙胡同，后改于崇文门外的京粮厅旧署，"世宗御书堂额曰慎储九谷"⑥，"总京仓五十有二，分六司属监督焉。厅寝室南向，堂东向，额曰咸裕，东北筑台，内有藏书室"⑦。通州者"在州新城南门东，即旧尚书府、总兵府

---

①　据《清史稿》载旧有万安、裕丰二仓，后裁撤，所以有时称京城 13 仓，指海运、北新、南新、兴平、旧太、富新、禄米、万安、太平、裕丰、储济、本裕、丰益，裁二仓后，最终实为 11 仓。

②　中华书局编：《四部备要》卷 8《户部仓场衙门》，中华书局 1989 年版，第 86 页。

③　（清）《清文献通考》卷 43《国用考·仓庾》，清文渊阁四库全书本。

④　（清）席裕福：《皇朝政典类纂》，台北文海出版社 1982 年版，第 1777 页。

⑤　（清）福趾：《户部漕运全书》卷 51《京通粮储仓·仓场职掌》，清光绪刻本。

⑥　（清）于敏中：《日下旧闻考》卷 63《官署二》，北京古籍出版社 1985 年版，第 1030 页。

⑦　同上。

改建"①。通州户部坐粮厅，"在州新城内西察院东，即旧忠瑞馆。大运西仓监督署，在坐粮厅署后，即旧忠敬馆。大运中仓监督署，在州旧城南门内……土坝挈斛厅，在州土坝，为州同督漕公廨，每年南粮抵通，移驻于此"②，石坝挈斛厅在通州石坝，有大官厅，旧名督储馆，为州判督漕公廨，每年南粮抵通移驻于此。从总体看，清代通州驻扎漕运与仓储官员的数量要高于明代，每年收粮季节不但满汉仓场总督要赴通州接纳新粮，而且户部派遣的大量司员及御史、给事中，甚至各省粮道、漕船押运官也纷纷在通州聚集，使漕运盛时的通州成为"水路总会通衢，商民辐辏"③之所。

　　清代京通仓官员的选拔与任命程序要比明代成熟。除总督仓场侍郎由皇帝任命外，坐粮厅官员"以给事中、御史、各部郎中，员外郎抡选简充，二年而代"④，而京通各仓监督"以内阁中书、部院监寺属官抡选引见，注其名于册籍，有阙员则户部挈签以授，三年而代"⑤，大通桥监督满汉二人"差期二年，报满由仓场侍郎于京通各仓监督内拣选引见调补"⑥。通州中西二仓事务繁杂，职务较为重要，"监督差期二年报满，由仓场侍郎于京通简缺各监督内拣选咨补，二年期满后均不得再请留任，凡遇大通桥监督及通州中西仓缺出，必须旧任在一年以上者，方准拣调。如应拣调之满汉监督内有一员到任未过半年，其已过一年者亦不准拣调"⑦。除大通桥监督与通州中西仓监督为繁缺外，其他各仓为简缺"监督三年报满，遇有缺出，在记名人员内按照俸次坐补，如满汉监督同时出缺，亦照通州中西二仓拣调之例，由仓场侍郎于别仓监督内拣选熟手一员调补"⑧。

　　关于坐粮厅与各仓监督的考核，朝廷也有定规，"各部司员出派坐粮厅仓差者，除京察，仍由仓场衙门分别出考外，其有于出差任内值郎中俸

---

　　① （清）周家楣：《光绪顺天府志》卷22《地理志四·治所》，北京古籍出版社2001年版，第690页。

　　② 同上书，第690—691页。

　　③ （清）彭元瑞：《孚惠全书》卷55《平粜减价》，民国罗振玉石印本。

　　④ （清）永瑢：《历代职官表》卷8《户部仓场衙门》，中华书局1985年版，第190页。

　　⑤ 同上书，第191页。

　　⑥ （清）席裕福：《皇朝政典类纂》，台北文海出版社1982年版，第1778页。

　　⑦ 同上。

　　⑧ 同上书，第1779页。

满之期者，吏部不必截取，俟该员差满回任后，该堂官分别繁简及是否堪胜外任之处，咨送吏部引见"①。各仓监督"由仓场侍郎认真考核，遇有阘茸之员，随时甄别"②，任满后"如果差期内出入公平，粮储无亏，仓庾不致渗漏，米色不致霉变，该仓场侍郎核明保题，请予议叙。若有亏空，随时具参"③，而新任监督到仓后"接受交代，将所管米石整廒验封，零廒抽盘，如有搀杂短少即指廒揭报，仓场侍郎及查仓御史公同盘验，亏缺属实，将旧任监督治罪勒赔，凡新旧交代限两月，出结后续经盘出亏缺将新任监督指名参处"④，清代京通各仓的新旧交代制度，在于明确监仓官员的责任，减少国家粮储的损失，以增强追赔与惩治的时效性。

　　清代京通仓官员的选拔与考核制度有着详细的章程与法令，并且能够因时制宜的做出相应的调整，最大限度地保障京通仓管理秩序的稳定。这些灵活的举措不但体现在官员的铨选、仓粮的盘查、新旧之间的交代等方面，更重要的是实现了京通仓政在长时期内的良性循环，使国家粮储的作用得到了较大程度的发挥。

第二节　明清京通仓储的基层管理者与劳役人员

　　如果说仓场总督、坐粮厅郎中、仓监督是京通仓储的高层管理者，那么卫所仓经历、仓大使、攒典、笔帖式则是仓储的实际操作者，这些基层管理人员加上规模更为庞大的守仓兵丁、斗级、花户、车户、小甲、扛夫、歇家、仓书共同组成了完整的仓储系统。一方面这些人员在仓储中地位低下，俸禄微薄，过着朝不保夕的生活；另一方面他们作为仓储的主体，也常常会利用手中所掌握的出纳仓粮的权力从中谋取私利。在明清初期，由于统治者致力于仓政的整顿，严厉惩处各种腐败现象，所以由基层管理者与劳役人员所导致的仓弊并不严重，但随着国家律法的日益废弛，这种情况得到了很大改变，这些人员逐渐成为侵蚀国家粮储的重要力量。

①　（清）福趾：《户部漕运全书》卷 52《京通粮储·京通各差》，清光绪刻本。
②　（清）福趾：《户部漕运全书》卷 51《京通粮储·漕运职掌》，清光绪刻本。
③　（清）席裕福：《皇朝政典类纂》，台北文海出版社 1982 年版，第 1779 页。
④　同上。

一　明代京通仓的基层管理者与劳役人员

明初，京城粮储军管的性质比较明显，这除了与当时国家尚未统一，要时刻防备蒙元残余势力的威胁外，还是中央政府强化仓储管理，防止仓弊的一种手段。《吾学编》中记载"收粮经历一人，仓大使、副使各一人于京仓、通仓收支漕粟，凡吏若干人"①，其中经历属军卫管理，主要掌控仓库文书与账簿，大使则负责仓储的日常收支事务，但这也仅是明初京通仓管理的基本概况，其后又经历了复杂的演变过程。永乐四年（1406）成祖增北平千斯仓、太仓副使各两员，以便积蓄粮食为北伐蒙元与迁都做物质准备，永乐十三年（1415）增通州五卫仓，置大使，副使各一员。

宣德初京仓有经历五员，通仓一员"管仓收放巡守，年终总督填注贤否考语咨部，转咨吏部，如贪污不职，指名参奏"②，宣德四年（1429）因每年入京通漕粮数额不断增多，"增置神武中卫、定边卫、通州左卫、通州右卫经历司经历各一员以兼收支仓粮，事繁故也"③，此时管仓经历并非专职，除收支仓粮外，还要处理本卫所的其他事务。同年，户部左侍郎总督仓储李昶建言："通州等卫仓岁收粮各四五十万石，每仓止副使一员，攒典一人，虽有经历，常以计事赴部不在职，又各仓文籍皆识字军掌行，历久弊多。乞每卫仓增置副使二员及通书算四人"，回复为"上命行在吏部悉从之，原用识字军尽令还伍"④，从而在一定程度上削弱了仓储的军管色彩。宣德六年（1431）为加强对京通各卫仓基层官员的考核，令"在京各卫仓收粮经历，三年考满者，给半禄守支，若粮不及千石，如仓官例，交盘给由调用，仍候九年黜陟"⑤，正统二年（1437）又议准"收粮经历三年考满，任内收粮十万石之上者，给与敕命，不及者不准"⑥，后又规定"各卫收粮经历三年一替，起送到部引奏复职后，文选司俱以原职改除坐卫，补凑九年"⑦，这些奖惩措施的制定，在于提高基

---

①　（明）郑晓：《吾学编》卷下《皇明百官述》，明隆庆元年（1567）郑履淳刻本。

②　（明）刘斯洁：《太仓考》卷1之8《职官·仓库官吏附》，明万历刻本。

③　《明宣宗实录》卷52，宣德四年四月丙戌条，上海书店1982年影印本。

④　《明宣宗实录》卷50，宣德四年十二月甲申条，上海书店1982年影印本。

⑤　《明宣宗实录》卷78，宣德六年四月己酉条，上海书店1982年影印本。

⑥　（明）李默：《吏部职掌》之《诰敕文职》，明万历刻本。

⑦　（明）李默：《吏部职掌》之《京官科》，明万历刻本。

层管粮官的收粮积极性，增强粮储的运作能力。正统十四年（1449）"革大军仓官攒、军斗多余之数，止留大使一员，副使一员，攒典二名，军斗二十名"①。景泰三年（1452）"令各仓斗级、库子开写年甲，籍贯，住址，编造文册，候巡视官点闸。又令在京并通州仓军斗收粮不及三万石者，每十名内摘发五名回卫"②。天顺八年（1464）令考退仓场经历、大使、副使等人仍支俸"守支尽绝放回，后京仓止存五员，通仓一员"③。京通仓管理制度的日益严密及军管人员的不断削减，一方面反映了仓储运作逐渐科学化与合理化，另一方面也是适应国家漕运发展需求，实现仓储的专业化运作及减少财政开支，降低仓储弊端的客观需要。

　　成化二十一年（1485）粮储太监杨寅言京通二仓夫役不足，令"增京通二仓太监军斗，总督人三十名，监督人二十名，前此总督一百五十许留三十，监督一百许留二十"④，军斗主要辅助督仓太监收粮，但在某种程度上是太监的随役人员，其服务的内容远远超过收支漕粮。隆庆二年（1568）题准"凡遇佥换各仓军斗，行该卫掌印正官，公同经历等官拣选殷实人户，精壮余丁，攒造花名年貌文册，呈送收查佥补"⑤，隆庆五年（1571）又因前朝裁撤京通仓经历导致管理人员不足，巡仓御史唐炼"请复设京仓经历五员，通仓经历一员，以便责成"⑥，得到了穆宗皇帝的允许。

　　万历八年（1580）裁京通二仓经历六员，并定"通州左卫大运南中二仓攒典各一名，西仓攒典二名；通州卫大运南中二仓攒典各一名，西仓攒典二名；定边卫大运南中二仓攒典各一名，西仓攒典二名；神武中卫大运中东二仓攒典各一名，西仓攒典二名；武清卫大运西仓攒典二名，太仓银库攒典二名"⑦，以后"副使，攒典各仓每年阄选各一员名收粮，一年满日守支"⑧。卫所仓管粮经历的逐渐消失及户部官员掌控京通仓储，说

---

① （明）刘斯洁：《太仓考》卷1之8《职官．仓库官吏附》，明万历刻本。
② 同上。
③ 同上。
④ 《明宪宗实录》卷265，成化二十一年闰四月丙申条，上海书店1982年影印本。
⑤ （明）刘斯洁：《太仓考》卷1之8《职官·仓库官吏附》，明万历刻本。
⑥ 《明穆宗实录》卷58，隆庆五年六月辛丑条，上海书店1982年影印本。
⑦ （明）申时行：《明会典》卷7《吏部六·吏员》，明万历内府刻本。
⑧ （明）刘斯洁：《太仓考》卷1之8《职官·仓库官吏附》，明万历刻本。

明国家仓储的专业化程度逐渐提高，在行政人员的配置上也倾向于专业管仓人员的增设。

除各仓基层管理人员与夫役外，总督仓场衙门与京通坐粮厅也有不少军斗、攒典、令史等，其中"总督衙门令史一人，典吏二名，吏部拨，三年满代。书办三名。京粮厅起送板木军斗四科各二名，六监督官各十名，大通桥二名，通粮厅东西南北四科各一名，三监督官各一名，银库四名，以上俱于各仓守支冠带攒典考用"①，嘉靖八年（1529）由三年一代改为一年一代。万历七年（1579）又定仓场衙门、京通粮厅与各仓监督夫役员数，"总督衙门二十二名，京粮、通粮厅各六名，银库、大通桥各四名，京仓六监督通仓三监督各四名……于甲斗内拨用"②。

京通仓另有歇家、小脚、铺军等名目，歇家，通州仓 22 员副使，每名额设 15 名，共 330 名，"专管包囤粮米进廒，修理仓墙"③，小脚每一官下设 50 名，共 1100 名，"专管扛粮倒囤"④，晒夫无定数，由坐粮厅郎中或员外郎从近仓军民中佥选，每天付给一定的工食银，属京通仓储中的雇募人员，另有看仓铺军 208 名，"系通州等六卫正军内拨送，各仓墙外守铺，昼夜巡逻"⑤。为保障通惠河的顺畅，使漕粮顺利到达京仓，通州各卫还负有疏浚河道、修缮堤坝闸座的职能，"通州普济等闸五，共夫九十三名；浅铺十，小甲十名，夫一百名；修堤小甲八名，夫七十五名。通州左卫浅铺二，小甲二名，夫二十名；修堤小甲三名，夫二十六名。通州右卫浅铺四，小甲四名，夫四十名；修堤小甲四名，夫三十六名。定边卫浅铺二，小甲二名，夫二十名；修堤总甲一名，小甲四名，夫四十五名。神武中卫浅铺三，小甲三名，夫三十名；修堤小甲五名，夫四十五名"⑥，这些人员统一由户部通州坐粮厅与通惠河郎中管理，遇有修河事务，即从各卫所中抽取兵丁从事河道工程。

明代京通仓基层管理者薪水微薄，初京仓副使月俸三石，实支取二石，攒典实支米一石，军斗支八斗，这时俸禄除食用外尚有剩余，正统十

---

① （明）刘斯洁：《太仓考》卷 1 之 8《职官·仓库官吏附》，明万历刻本。
② 同上。
③ （清）顾炎武：《天下郡国利病书》之《北直隶上》，清稿本。
④ 同上。
⑤ 同上。
⑥ （清）傅泽洪：《行水金鉴》卷 170《夫役》，商务印书馆 1937 年版，第 2469 页。

四年（1449）因为军饷缺乏，"于副使实支米内借八斗，攒典米内借四斗，其后副使所借米改钞折布，官守支日久，贫不能存"①，景泰三年（1452）进一步削减副使、攒典俸粮，副使仅月粮一石，攒典六斗，正德二年（1507）提督仓场户部右侍郎林泮请求恢复正统十四年前旧数，得到了武宗的同意。到万历时，"仓场现任大使、副使、驿丞各月支粮二石，守支大使、副使月支粮一石五斗"②，这一数字低于正统十四年之前，加上上百年间物价的上涨，京通仓基层管理者的生活十分窘迫。为了改善生活，增加收入，明中后期京通仓基层管理者与夫役人员纷纷利用手中的权力谋取私利，嘉靖时右都御史赵炳然曾奏："迩来支放虽已及时，仓中积弊未能尽革，每月官军各出使用与仓官、吏书、斗级等役，方得好米，否则不支朽腐或支搀和"③，可见此时仓弊已经发展到了很严重的地步。天启三年（1623）御史杨建烈上书言："追论往弊不意，有经年出纳甘为硕鼠之博志，切贪饕莫厌饮河之腹，因讹袭舛视为故事，法纪凌夷，群情玩惕，有谓收漕米一廒，索运军常例一百二十两；有受运官贿赂而从容过囤，将多补寡者；有以漕粮挂欠为市而贿金既入，辄挪余米补其欠额者；有将耗米作楂头听旗甲与歇脚运出贩卖而官因之射利者；有放粮之日巧借讨赏名色因而用小脚牌照出乘机盗米数千石者"④，种种弊端，难以一一述及。延续至崇祯时，京通仓弊已经病入膏肓，"积蠹深奸，牢不可破"，成为专制政权肌体身上的巨大毒瘤，不断将明王朝拖向灭亡的深渊。

二　清代京通仓的基层管理者与劳役人员

清代京通仓的基层管理者与劳役人员设有笔帖式、经制书办、攒典、皂隶、小甲、看仓旗员、经纪、车户、船户等，其中笔帖式、仓书、攒典属于基层管理者，主要从事收发仓粮、存取米票、记录抄写等文字性的工作，而其他人员负责漕粮运输、粮食晾晒、廒座修补、扛粮倒囤、仓储卫护等事宜，这些人员统一在仓监督与通州坐粮厅的管理下从事各自的工作，其人员数目也会因时制宜、因地制宜的做出相应的调整。

---

① 《明武宗实录》卷26，正德二年五月甲辰条，上海书店1982年影印本。
② （明）张学颜：《万历会计录》卷20《本镇额饷·俸粮》，明万历刻本。
③ （明）陈子龙：《皇明经世文编》卷252《赵恭襄文集》，明崇祯平露堂刻本。
④ （明）张萱：《西园闻见录》卷34《户部三·积贮》，台北华文书局1969年版，第3097页。

　　清初在各重要部门均设有笔帖式，专门办理文书、档案等事务，初品级较高，为五、六品，后为七、八、九品，虽然笔帖式身份并不显著，但却是满人八旗晋升较快的职位，其权力非常之大。康熙二年（1663）京通各仓设笔帖式一员，一年一差，康熙十四年（1675）改为三年一差，康熙二十六年（1687）至三十三年（1694）定"照各关差例将各部院衙门官员、笔帖式差发，仍改一年更替，三十年六月每差用笔帖式二员，三十三年十二月仍止用一员"①。顺治、康熙时仓场总督衙门、京城八仓与通州坐粮厅，大运西、中南等仓均有笔帖式，这些笔帖式不但掌握仓储文档，而且还有金选攒典、经纪、车户、皂隶的权力，负责仓储的具体事务。为将清初各仓储部门的人员配置清晰的表示出来，现列表3—1如下。

表3—1　　　　　　　　　清初京通各仓人员配置情况表②

仓储部门	笔帖式	书办	皂隶	攒典	头役	花户	铺军	守仓旗军
仓场衙门	4	8	12	不详	不详	不详	不详	不详
坐粮厅	1	12	不详	不详	不详	不详	不详	不详
禄米仓	1	2	6	2	6	24	2	满洲、蒙古、汉军章京3人，披甲40人
海运仓	1	2	6	2	6	24	2	同上
旧太仓	1	2	6	2	6	24	2	同上
南新仓	1	2	6	2	6	24	2	同上
北新仓	1	2	6	2	6	24	2	同上
富新仓	1	2	6	2	6	24	2	同上
太平仓	1	2	6	2	6	24	2	同上
兴平仓	1	2	6	2	6	24	2	同上
通州大运西仓	1	3	为甲斗24人	无定数	18，另有雇长无定额	为小脚123人	55	旗下散职2人，披甲40人
通州大运中南仓	1	3	为甲斗20人	无定数	为雇长96人	为小脚128人	90	同上

---

① （清）《漕运议单》卷13《京通粮储》，国家图书馆藏清抄本。
② （清）吴暻：《左司笔记》卷18《设官》，清抄本。

通过表 3—1 可以看出，除仓场衙门、坐粮厅、通州仓外，京城八仓各类人员的数量完全一致，这是因为通州属漕粮会聚之地，需要大量的出纳人员、看粮兵丁、运输夫役等，所以在人员数量上较多，每年漕船抵通，"石坝至京仓，水运以经纪承领，陆运以车户承领，土坝至通仓水陆运皆车户承领，过坝、过闸、落崖、上船皆雇夫负运，白粮运送内仓及通仓亦如之"①。而京仓规划一致，每年收粮数量大体相同，所以人员配置上也基本类似。同时通州土、石二坝劳役人员不同名称的由来也各有缘故，据《篷窗随录》载通州"坐粮之运役曰经纪，曰车户者司之，盖潞河水浅，舟多不能齐达坝下，故别以船剥载……运十三京仓之漕抵石坝，由大光楼下背负而入通惠，肩踵相接，日数万人。通惠每闸有船，亦经纪司之，过闸负运者谓之水脚，并隶使者（坐粮郎中）所辖。至大通桥以上则监督之职矣……土坝州同兼掌之，运通州西中仓之漕，由坝而入城河，舟运至旧南门者储中仓，新南门者储西仓，城以内皆车运，故司事之役总曰车户"②，另一书《国朝耆献类征》则记"凡运米在石坝曰经纪，在土坝为车户，奸民为之魁渠"③，不管何种称呼，这些人员都是国家漕粮运入京通二仓的主要承担者，在明清两代延续了数百年，直到清末轮船海运与火车兴起才逐渐消失。

通州坐粮厅除管辖诸如笔帖式、攒典、皂隶等基层管理者与劳役人员外，还兼辖"石坝州判一员，土坝州同一员，通济库大使一员，通流闸闸官一员，庆丰闸闸官一员"④。坐粮厅衙门各员，"顺治五年议定经制书吏连柬书共十名，催粮官四名，舍人八名。康熙三年增设书吏二名，委官六名，舍役五十二名。委官六名仍称为催粮官，原无品级俸禄，所需廪工即在经制四名内支给，新增舍役工食亦于旧设经制舍役内通融派给"⑤，其中催粮官的考察"照五年役满例，仓场查明勤劳无过，咨明户部，移咨吏部考用"⑥，而"坐粮厅八行运役及仓役名缺，责令通州知州金送诚实良民应役，如有保送旗人及一人充两三役者，事发将知州降一级留任。

---

①　（清）《大清会典则例》卷 39《户部·仓庾》，清文渊阁四库全书本。

②　（清）沈兆沄：《篷窗随录》卷 13《书事书后》，清咸丰刻本。

③　（清）李桓：《国朝耆献类征》卷 43，江苏广陵古籍刻印社 1990 年版，第 309 页。

④　（清）杨锡绂：《漕运则例纂》卷 19《京通粮储·京通属差》，清乾隆刻本。

⑤　同上。

⑥　同上。

其霸充及保结之人，如旗人枷号一月，鞭一百；系民人，责四十板，徒二年"①。

另清初通州石坝经纪 100 名，白粮经纪 25 名，"土坝车户二十五名，四闸白粮水脚八名，石坝普济闸、平下闸军粮水脚各二十六名，平上闸、庆丰闸、大通桥军粮水脚各一十三名，六闸共军粮水脚一百一十七名"②，这些人员每年春初由坐粮厅衙门招募，薪俸从仓场通济库支拨。除薪俸外，还有津贴等项，"漕船抵通每起米一石，运军贴经纪车户制钱二十二文，每大米一石，经纪贴大通桥各役制钱一文，小米二石，亦贴制钱一文，至漕粮运进京仓，每大米一石，小米二石，大通桥车户贴仓役亦如之"③。

京通仓花户是仓储内另一个重要的群体，主要从事日常的各种劳役活动，诸如晾晒米石、发放俸粮、值班守夜等。其名额由仓场侍郎"按照例额招募，不准空缺，每遇五年报满更替年份，照监督交代之例将该花户经手收放粮数查明具结报部"④。花户招募的地点京通仓也不相同，其中京仓来源于顺天府的宛平、大兴等京县，通仓则从通州本地招募，其诠选有着严格的标准，据嘉庆二十年（1815）陕西道御史松长奏"各仓花户应由大、宛二县招募殷实良民结送仓场充补。经仓场议覆仍循旧例饬令各仓招募土著良民取具邻里甘结并连名互结，俟充补时，京仓行查大、宛二县，通仓行查通州，查明取具切结，到日著役起算，历役五年即令报满，以防盘踞把持，仍将报满日期咨部查核"⑤，可见其招募条件众多，涉及身份、地域、品性，甚至还必须由邻里担保，其目的在于以连坐之法防止花户舞弊行为的发生。京通仓花户人数每仓大约十数人到数十人不等，每仓人员数量由各仓廒数与存粮规模决定，总数在数百名左右，不过清中后期花户因缘为奸，经常改名复充，"各仓花户有头役，有散役，额设虽有定数，而其实多寡不同，散役人等无非著名花户所援引，非其戚党，即其友朋，总属通同一气"⑥，其数量达到了很大的规模，并且经

①　（清）杨锡绂：《漕运则例纂》卷 19《京通粮储·京通属差》，清乾隆刻本。
②　（清）《漕运议单》卷 13《各差事宜》，国家图书馆藏清抄本。
③　（清）《大清会典则例》卷 39《户部·仓庾》，清文渊阁四库全书本。
④　（清）福趾：《户部漕运全书》卷 50《京通粮储·仓场职掌》，清光绪刻本。
⑤　（清）福趾：《户部漕运全书》卷 52《京通粮储·京通各差》，清光绪刻本。
⑥　（清）朱寿朋：《东华续录》光绪 70，清宣统元年（1909）上海集成图书公司铅印本。

常徇私舞弊、盗骗仓粮、私放黑档、收受贿赂，成为威胁京通仓粮足额的重要因素。

清初顺治时京城只有八仓，各仓基层管理者与劳役人员的数量基本一致，经过康熙、雍正、乾隆三朝的扩建，仅京仓数量就达到了 13 所，另外随着漕运规模的不断提高与各仓存粮数量的差异，京通仓不同阶层的管理者与清初相比发生了很大的变化。

表 3—2　　　　　　　　清中后期京通仓人员配置分布情况表①

仓名	经制书办	攒典	皂隶	花户	小甲	（皂、花、小）俸（两）	看仓兵丁（名）
禄米仓	2	2	5	29	2	每名月银 3 钱 9 分	章京 2，披甲 70
南新仓	2	2	4	29	2	每名月银 3 钱 9 分	章京 4，披甲 40
旧太仓	2	2	6	24	2	每名月银 3 钱 9 分	章京 6，披甲 40
海运仓	2	2	6	24	2	每名月银 3 钱 9 分	章京 2，披甲 40
北新仓	2	2	6	26	不详	每名月银 3 钱 9 分	章京 2，披甲 40
富新仓	2	2	7	20	2	每名月银 3 钱 9 分	章京 4，披甲 40
兴平仓	2	2	6	26	2	每名月银 3 钱 9 分	章京 4，披甲 40
太平仓	2	2	4	28	2	每名月银 3 钱 9 分	章京 4，披甲 49
万安仓	2	2	6	30	2	每名月银 3 钱 9 分	章京 8，披甲 79
本裕仓	2（后 1）	2（后 1）	从其他各仓中轮流抽调，加铺兵共 34 名			共银 74 两 8 钱 8 分	八旗各仓旗员轮流
裕丰仓	2	2	6	24	2	每名月银 3 钱 9 分	章京 2，披甲 40
储济仓	2	2	6	30	2	每名月银 3 钱 9 分	章京 4，披甲 80
丰益仓	1	1	三者合计加铺兵 34 名			共银 74 两 8 钱 8 分	铺兵看守
通西仓	3	3	雇长 6，花户 18，甲斗 24			不详	章京 2，披甲 100
通中仓	2	4	雇长 3，花户 9，甲斗 12			不详	章京 2，披甲 70

表 3—2 中的经制书办，攒典属于基层管理者，其俸禄由通州坐粮厅发放，其他劳役人员则从户部支领。另外各仓守卫人员有八旗披甲与铺兵兼有者，也有仅有其一者，其人员额数要由仓储周边的地理环境与存粮数

① （清）福趾：《户部漕运全书》卷 51《京通粮储·京通各差》，清光绪刻本。

量决定。京通 15 仓中本裕仓属个例，其劳役人员"在京城禄米、南新、旧太、海运、北新、富新、兴平、太平八仓各役内轮流派往当差，所需口粮银七十四两八钱八分即由八仓拨发"①，另各仓看仓旗丁一般为一旗看一仓，而本裕仓"镶黄、正黄、正白、正红四旗，每旗八名。镶白、镶红、正蓝、镶黄四旗，每旗七名"②，通州西仓"镶黄、镶蓝二旗，每旗各二十名，镶白、正红二旗，每旗各三十名"③，通州中仓"正黄、正白二旗，每旗各三十名，镶黄、镶蓝二旗，每旗各五名"④。总之，清中后期京通仓人员数额与前期相比有一定的变化，这既是适应漕运与仓储变迁的结果，也是国家对基层仓储管理者与劳役人员所进行的调整。

第三节　明清京通仓储的日常运作

明清时期国家每年数百万石漕粮历经无数艰难险阻运入京通二仓，中间地方政府、运军、河道部门、漕运衙门付出了巨大的努力，正如清人郑观应所说："夫南漕自催科征调，督运验收，经时五六月，行路数千里，竭万姓无数之脂膏，聚吏胥无数之蟊贼，耗国家无数之开销，险阻艰难，仅而得达京仓，每石之值约需四十两，或二十两，或十八两不等"⑤，其耗费异常惊人。进入京通仓后，"司锁钥者有官吏，监出纳者有部大夫，总会计者有中官辈，而从事漕运自指挥以下岁不减数十百人"⑥，除管理人员来源十分广泛外，即便是劳役人员，也有花户、攒典、仓书、扛夫等名目，共同构成了复杂的仓储系统。为了有效管理京通仓粮，明清两代政府制定了详细的漕规与仓法，不同粮储人员各司其职，彼此合作，仓场运作也有法可依、有章可循，甚至对于样米的形状与干湿、开仓与关仓时间、斛斗的制造与测量都无所遗漏、不厌其烦地作出了说明与规范，而这一切都是为了保证仓粮的质量与防止弊端的出现，使国家从事政治、经济、军事活动的物质基础得以稳固。

---

①　（清）杨锡绂：《漕运则例纂》卷 19《京通粮储·京通属差》，清乾隆刻本。

②　（清）福趾：《户部漕运全书》卷 51《京通粮储·京通各差》，清光绪刻本。

③　同上。

④　同上。

⑤　（清）郑观应：《盛世危言新编》卷 13《节流二·停漕》，上海人民出版社 1982 年版，第 568 页。

⑥　（明）刘瑞：《五清集》卷 6《通州重修察院记》，明刻本。

一　明代京通仓储的运作

明代漕船抵达通州后，从土、石两坝分运通仓与京仓，收粮、出纳、样米、晒扬各有专人负责。同时仓场运作的程序也并非一成不变，而是会随着局势的变化不断进行调整，以满足国家与社会的需要，所以明代京通仓运作的过程实际是明代仓储制度不断完善的过程，也是反映国家政治与经济状况不断变迁的过程。

（一）明代京通仓收粮程序

明代京通仓收粮程序经历了复杂的变化，是与国家漕运与仓储制度的变迁密不可分的。宣德五年（1430）规定"在京各卫仓每廒置牌一面，开所收粮数，开部运官吏、旗军、粮长、纳户及收粮官攒、斗级姓名于上，上挂廒门，以便点闸"①，这样做的目的是为了明确漕运与仓储不同人员的责任，以便出现问题时进行针对性的追究与查办。同年命各处军民运粮到京后，直接到户部告之司员，"该司径送本部委官处，定廒收受，转行该卫用印信下帖，发该仓收纳"②。景泰七年（1456）为减轻纳户负担，令"京通二仓各处该纳糙粳米未完者，准以陈米补纳，仍令该仓应时放支，不许存留"③。正德六年（1511），为防止仓中胥吏利用斛斗谋取私利，将京通二仓木斛与户部颁发标准铁斛校对，"原有印烙者存留，无印烙者补印，分送各仓用使，每年二月内校勘一次，官攒、斗级人等如有仍旧通同增减收放斛面者，从重究治"④。

漕粮入仓前，必须进行晾晒，以防止其入仓后发潮、霉烂，"凡粮米进京通二仓，必晒二日，扬一日方收"⑤，后定"漕粮五千石以上晒二天，扬一天；五千石以下晒二天即与扬收"⑥，又因粮船到通日期不一、气温高低不同、漕粮干湿差异较大，"五月以里运到漕粮五千石以上者晒一天，扬一天；五千石以下者晒一天即与扬收；七月十五日以后到者，照依旧例晒扬"⑦。明代定京通仓每廒额存正粮12000石，并将此例刻于仓场

---

① （明）申时行：《明会典》卷21《户部八·仓庾一》，明万历内府刻本。
② 同上。
③ 同上。
④ 同上。
⑤ （明）张萱：《西园闻见录》卷37《漕运前》，台北明文书局1991年版，第767页。
⑥ 同上书，第775页。
⑦ （明）梁梦龙：《海运新考》卷下《运务条例》，明万历刻本。

总督厅内，其中"每石耗米七升，共计八百四十石，约定四百八十石作正支销，余准作耗。数内欠五十石或一百石以至二百石以上，经历官、攒甲、斗级照依欠数多寡责治有差。数外间有剩余者，则是多收之数，不敢别作支销，节年于仓中悉地掘窖埋之"①。后来由于收粮胥吏克扣甚多，窖藏之粮年久腐朽，嘉靖十三年（1534）在仓场侍郎周叙的建议下取消了多收之数，并将埋藏之粮储于空廒。

另宣德年间京通仓收受粮米，"斛米一尖一平，尖斛淋尖，平斛行概，后将淋尖斛外余米俱要入官，有亏旗甲"②，成化元年（1465）参将袁祐奏请："每石不分平尖，明加一斗，俱刮铁收受"③，后户部对此折中，准加耗五升。成化二年（1466）户部又定收粮一石，加耗八升，并将此例载入议单。后随着收粮官吏的徇私舞弊，多收、滥收，苛索旗军的现象日益严重，往往耗外加耗，每石正粮多收耗粮达数斗，给运军造成了巨大负担，甚至有的运军为赔偿耗米与漂流之粮不得不鬻妻卖子，甚至整年流落京城，沦为乞丐。

（二）明代京通仓的放粮之例

明代军卫支粮有着严格的规定，"如遇按月支粮，百户所将所管军人造册申缴千户所，本所类总缴申本卫，该卫类总申缴合于上司，转达本部磨验相同，明立文案，编给半印勘合字号……合于本卫仓某年份、某字廒、某粮米内支给，将文册缴回原行衙门，转下该仓，眼同该卫委官及本仓官攒照数支放"④。成化十八年（1482）定在京各营卫与监局等衙门官军俸月粮"每年正月、七月放支粟米，五月、十月放支小麦，其余月份放粳米"⑤。成化二十年（1484）户部题准"在京各卫军士月粮五、六、七月、八月、十一、十二月，京仓关支。正、二、三、四、九、十月通仓关支"⑥。弘治十七年（1504）又定"将锦衣卫旗校月粮除该京仓照旧坐放外，其原坐通州月份内四月、九月两个月，今后不必坐派。其正、二、三、十月共四个月仍坐与通仓支给，候通仓粮数短少，京仓粮数有余仍照

---

①　（清）孙承泽：《天府广记》卷 14《仓耗》，北京古籍出版社 1984 年版，第 175 页。

②　同上。

③　（明）万表：《玩鹿亭稿》卷 5《杂著》，明万历万邦孚刻本。

④　（明）刘斯洁：《太仓考》卷 5 之 10《岁支》，明万历刻本。

⑤　同上。

⑥　同上。

旧例行"①，并令"各营卫所官吏照例于前月二十日以后，各将册送部，待坐廒口照例于本月初五日内支放尽绝，故违者查究参问"②。嘉靖四年（1525）再定京通各仓放粮月份及粮食类型，其中"京仓三月、四月、五月、九月、十月粳米，八月粟米。通仓正月、六月、七月、十一月、十二月粳米，二月粟米"③。

嘉靖七年（1528）之前因通惠河尚未疏浚，为便于漕粮装卸，通仓存粮多于京仓，所以二仓每年向各卫军丁、京城百官各放六月粮。嘉靖七年（1528）疏浚通惠河后，京仓收粮数量大增，同时定京仓四月、十月两月改放折粮银或布匹，这样京仓每年只放粮四个月，通仓依旧放六个月，导致通仓存粮剧减。万历七年（1579）仓场总督汪宗伊上书言："今京仓，隆庆五年份粮已及九年，渐多浥烂。且以京、通仓粳米计之，万历六年岁报京仓一千二百五万九百八十石，该年放一百三万四千三百九十六石，虽放十一年而有余。通仓三百一十五万九千五十六石，该年放八十七万二千三百三十八石，虽放四年而不足。合查照原收之粮额，定支放之月份，每年坐放京仓二分，通仓一分，两月折色，岁以为常"④，希望增加京仓放粮比例，平衡二仓粮额。后尚书张学颜又奏请"四月、十月系开操之日，赴仓关支有误随行。且军士支粮，在京仓甚近甚易，在通仓为远为难。查的通仓应于本色，六月、十一月俱改坐京仓，四月、十月仍给折色，是在京仓放米六个月，通仓放米四个月，似为多寡适均。如遇米贵则折色又当停止，而京仓粮米复当多放，临时酌行"⑤，最后定"京仓大放粮三月、五月、六月、八月、九月、十一月。通仓大放粮正月、二月、七月、十二月"⑥，张学颜的建议比较周全，既能让京通仓粮平衡发放，又考虑到了粮价对卫军的影响，做到了因时制宜。

京通仓放粮之例，"每月支放各衙门官吏俸粮并各卫所军匠粮米，坐派仓廒应将各仓存储廒粮自旧至今挨年坐放，一年完尽，放及次年"⑦，并且每年京粮厅汇造会计册一本，将历年各仓收放数额明白开载，这样可

① （明）刘斯洁：《太仓考》卷5之10《岁支》，明万历刻本。
② 同上。
③ 同上。
④ （清）孙承泽：《春明梦余录》卷37《仓支》，北京古籍出版社1992年版，第658页。
⑤ 同上书，第658—659页。
⑥ （明）刘斯洁：《太仓考》卷5之8《岁支》，明万历刻本。
⑦ （明）毕自严：《度支奏议》之《云南司》卷1，明崇祯刻本。

使新陈之粮调和搭配，防止旧粮年久腐朽，更便于查考各仓新旧存粮之数。但延续至天启年间，仓储弊端日益严重，放粮官攒多不守定规，"迩来仅先期查取各仓廒口，或新陈相半，或有新无陈，止据手本做签，当堂拈掣，出给勘合，此外剩米亦为不多，此规相沿已数年矣"①。直至崇祯二年（1629）经户部尚书毕自严议定"将现在积贮查明，廒口分别年份久近，次第开会京粮厅，务足半年支放。照旧造会计册三本，一送督部，一存臣部，一发下粮厅，挨此坐放其册内粮数，放尽呈明，照例札造。如造册紊序，责在京粮厅，坐放紊次，责在下粮厅，开会参差，责在各仓监督厅。其中小放月份与外卫班粮及秋操三拨行粮多寡难以预定，约计每仓多开一二万，稍有赢余以备搭配"②，经过毕自严的大力整顿，明末京通仓放粮程序逐渐恢复正规，仓储弊端有所减少，但当时离明王朝的倾覆已为时不远，所以此时的改革不可能取得长期的成效。

（三）明代京通仓的守卫

京通各仓存储国家漕粮数百万石，关系政权与京城的稳定，所以仓储的防卫工作也属重要事务。宣德三年（1428）定京城各卫仓"每季差监察御史、户部属官、锦衣卫千百户各一员往来巡察，各仓门以致仕武官各二员率老幼军丁十名看守。仓外置冷铺，以军丁三名巡警，致仕官半年更代，军民偷盗，官吏、斗级通同者，正犯处斩，仍追所盗粮入官，全家发边远充军，给家产一半赏首告"③。嘉靖二十五年（1546）又议准"羽林前等五十一卫仓，每年该卫原金军斗六名，共二千四百八十名，除现军收粮外，其收支年份，止选精壮军斗四名同顶廒小甲一名在仓看守钱粮，余二名退回原卫当差，俱停支月粮。候挨陈坐放之时行取回仓，眼同放支，不许投充影射"④。而通州仓外守卫铺军有 208 名，从驻扎通州六卫正军内拨送各仓，"墙外守铺，昼夜巡逻"⑤，以防盗窃仓粮事件的发生与缉拿人犯。仓内把守官军则在明代有所变化，宣德九年（1434）户部奏行"吏部取拨办事官，兵部取拨致仕军官守把，计四仓共九门，每门各二员

① （明）毕自严：《度支奏议》之《云南司》卷 1，明崇祯刻本。
② 同上。
③ （明）刘斯洁：《太仓考》卷 2 之 2《仓库》，明万历刻本。
④ （明）申时行：《明会典》卷 21《户部八·仓庾一》，明万历内府刻本。
⑤ （清）顾炎武：《天下郡国利病书》之《北直隶上》，清稿本。

老军，余丁共十名，一年一换，办事官半年一换"①。嘉靖八年（1529）因看仓军丁多老弱不堪，奏准"裁革通仓把门各卫致仕千百户等官，门军送回原卫当差，查选该仓守支官攒、军斗老成精壮之人分班把守，按季更替"②。

明代宣德年间仓储看守制度逐渐形成，后多有变革。但总体说来，为防止军丁在仓日久，造成舞弊现象的发生，其看守时间呈现逐渐缩短的趋势，国家的目的显然是为了防止看仓军官与士兵相熟日久，共同通同作弊，所以才会让其相互轮换。此外，从明代仓律可以看出，对于偷盗钱粮者的惩罚相当严厉，而且鼓励告发，这种情况的出现，一方面说明了中央政府非常重视京通仓储的粮食积蓄，所以严格限制其非正常渠道的流失与损耗；另一方面也说明了仓弊在明代也非常严重，需要借助严刑峻法的威慑才能尽量减少舞弊行为的发生。

二　清代京通仓储的运作

清代京通仓的运作程序更为细致，在漕粮称量、仓储管理、粮食收支诸多方面都有了比较系统的规定。这既是在明代京通仓运作经验基础上的改善与革新，也是满清作为少数民族入主中原政权所采取的巩固自身地位的措施，其与中国传统仓储管理相比，既有一定的联系与继承，也有自身的特色。

（一）斛斗定量与仓场钥匙

斛斗作为计量工具，是明清京通仓储盛放漕粮的一种容器，不但在粮食收支过程中必不可少，而且其制作、颁发、检验、使用都有着严格的程序，是国家为保障京通仓粮足额，防止仓储腐败而采取的对计量用具的模式化管理。顺治五年（1648）清廷颁发斛式，"户部校准斛样，照式造成，发坐粮厅收粮。又定工部铸造铁斛二张，一存户部，一存总督仓场，再造木斛十二张，颁发各省"③，粮斛由工部与户部制造及校准，并依此为标准发放仓场与全国各省用于收粮，以保障计量工具的准确性及防止舞弊行为的产生。顺治十一年（1654）严令各地征收钱粮时，相关部门必

---

① （清）顾炎武：《天下郡国利病书》之《北直隶上》，清稿本。
② （明）申时行：《明会典》卷21《户部八·仓庚一》，明万历内府刻本。
③ （清）《律吕正义》卷113，商务印书馆1936年版，第7579页。

须使用户部校准砝码、斛斗，如有私自增改者，按律严惩。顺治十二年（1655）题准"校制铁斛存户部一张，发仓场、总漕各一张，颁发直省各一张，布政司照式转发粮道，各仓官校制收粮，永远遵行"①。

康熙四十三年（1704）户部题准"铸造铁斛颁发仓场、总漕及有漕各省，部存祖斛一张，祖斗一个，祖升一个"②。乾隆三年（1738）由于各仓收粮木斛年久潮润失准，定"每仓造具铁斛一张，作为样斛，各旗派往放米之员以木斛校对样斛，平樆兑收，严禁簸箕歪量之弊"③。乾隆七年（1742）又对权制尺寸做出规定，"升，方积三十一寸六百分，面底方四寸，深一寸九分七厘五毫。斛，方积一千五百八十寸，面方六寸六分，底方一尺六寸，深一尺一寸七分"④。乾隆八年（1743）因各省不肖官吏收兑漕粮谋取私利，多篡改斛斗尺寸大小，题准改大口斛为小口"另铸小口铁斛颁发有漕各省并仓场，一律遵用。其从前原颁大口铁斛缴销"⑤。

尽管朝廷对仓斛制造与使用强调甚多，并且多次对度量衡用具进行了修改与整顿，但京通仓场使用斛斗仍然与朝廷所定样式有很大的不同。据《大清新法令》载："现仓场衙门所存铁斛一只，系乾隆十年部铸准仓斛，近年收放米石皆以此为准。查户部则例，坐粮厅收兑粮米俱用红斛，进京仓红斛每石较仓斛大二斗五升，进通仓红斛每石较仓斛大一斗七升，是按正兑加耗二五，改兑加耗一七核算。自光绪二十七年整顿仓务，奏改新章，江浙二省岁运漕白粮一百万石，正改各耗米均在内，一律按平斛收放，不用红斛。"⑥ 如果说仓场红斛较部定仓斛大是因为加耗原因外，那么胥吏与花户日常出纳漕粮时的高低斛斗则是人为的腐败，是仓弊得不到有效整顿且不断泛滥的结果。

除仓场斛斗外，锁钥是开启京通仓之门的关键，谁掌握锁钥，同时也代表着仓储日常管理权的掌控。有清一代，京通仓锁钥的掌控者发生了数次变化，这既是国家削弱仓场管理者权力的一种手段，也体现了中央政府

---

① （清）《律吕正义》卷113，商务印书馆1936年版，第7579页。

② （清）福趾：《户部漕运全书》卷55《京通粮储·建造斛只》，清光绪刻本。

③ 同上。

④ （清）《清文献通考》卷160《乐考·度量衡》，清文渊阁四库全书本。

⑤ （清）何绍基：《安徽通志》卷76《食货志·漕运》，京华书局1967年版，第780页。

⑥ 上海商务印书馆编译所编纂：《大清新法令》卷4《斛图说五》，商务印书馆2010年版，第301页。

打算直接控制仓场的目的与意图。顺治、康熙时期，京通仓钥匙由各仓监督掌管，遇有下雨、火灾等意外事件发生，可及时开启仓门进行处置，不但快捷迅速，而且日常收支仓粮也非常方便。

乾隆十八年（1753）议准"各仓钥匙向系监督收存，遇有察验之处，呈请给发封条。继因筹办稽查仓场事务，议令钥匙交仓场总督收执，于点厫放米时发仓支放，每于夏冬二季验看一次，重加新封，但未明章程，难以遵守。嗣后新漕进仓，每年四五六七八月间将各厫钥匙暂给监督收执，一遇大雨时行，通仓即呈请总督、御史，京仓即呈请都统、御史，如有一人到仓，即行开封，及时察看修补后即时封固以谨防范，余月仍交仓场总督收存"①。京通仓钥匙由各仓监督之手转到仓场总督掌握，是中央政府为防止仓监督徇私舞弊而采取的手段，虽然在一定程度上限制了各仓监督权力的滥觞，却导致遇到紧急事件时需层层上报申请钥匙，不但迟误时间，而且也打击了各仓监督处理仓务的积极性。同年，御史曹秀先奏："通仓各厫匙钥新例交仓场侍郎收执，其残厫用都统、御史封条，恐阴雨查验不便，请尽交满汉监督以专责成，又收漕甫完，仓厫即行封闭恐郁蒸之气未出以致糜烂，请俟深秋始行上板加封，使米不受伤"②，该建议经户部商讨后实行，而京仓仍由总督掌管。

光绪十一年（1885）仓场总督兴廉、游百川上奏称："各仓钥匙或存仓场侍郎或存查仓御史收管，查收放米石迟早无定，臣等自春历夏经秋，远驻通州，各仓分隶都城内外，与查仓御史住址远近不固，随时请钥不但往返稽迟，且恐诸多牵制，实有未便"③，因此请求将各仓钥匙交与值班监督收管，以便随时处理仓务，而监督则由仓场侍郎予以督察。

除京通各仓外，通州坐粮厅下辖的通济库专门负责收支各省漕折银，京通两地的河工开支、造船、军夫劳役、坐粮厅俸禄均由通济库支出，在某种程度上就是仓场衙门的财政库，负担其日常的各项开支。咸丰以前，通济库由大使一员管理日常事务，钥匙属坐粮厅郎中掌控，咸丰八年（1858）定"通济库印钥改由仓场侍郎佩带，所有开放银两由坐粮厅呈请该侍郎酌定放款，亲临监放，倘该厅擅自开放，致有折扣朦混等弊，责令

---

① （清）席裕福：《皇朝政典类纂》，台北文海出版社1982年版，第1790—1791页。

② （清）《清文献通考》卷44《国用考·仓庾》，清文渊阁四库全书本。

③ （清）朱寿朋：《光绪朝东华续录》之光绪70，清宣统元年（1909）上海集成图书公司铅印本。

照数赔补"①。

　　总之，清代对京通仓斛斗与钥匙的管理反映了国家不断集中仓场权力于中央的趋向性。清初因官场吏治尚属清明，仓监督与劳役人员能够各守其职，使仓场各项事务正常运作。清中后期，随着仓储腐败现象的不断萌发与蔓延，国家为防止漕粮损耗，开始逐渐集权于中央，其目的就是为了限制仓储官员对权力的滥用，但因当时漕弊、仓弊、河弊陈陈相因，官场腐败已成积习，呈现出不可遏止的趋势，所以即便国家多次整顿与改革，也没有挽救漕运走向衰亡的命运。

　　（二）清代京通仓漕粮收纳

　　清代京通仓漕粮交兑程序极为严格，"各州县交兑漕米，旧例取米四升装成二袋，用印封固送粮道验看，交押运通判于抵通时将印封小袋样米送仓场验收"②，当样米与漕船装载漕粮颜色、质量、干湿一致时，方能收受该船粮米，否则不予收纳。后又定"每仓兑米一石装于布袋，钤印加封仍放原舱，到淮时总漕拆验加封，抵通仓场验明，如有搀和，照例题参"③。从粮道与仓场查验到总漕与仓场查验，检查官员级别越来越高，也显示了国家对漕粮质量的重视。

　　雍正六年（1728）又令"各船上用布袋装样米一石，放于原舱，至通比对，入袋之米仍作正项起卸"④，而河南、山东运京黑豆，雍正十年（1732）议准"将样豆照漕米之例封贮大袋，以便验对起卸"⑤。到通漕船卸载粮米后，再由经纪与车户运入京通二仓，"每米五十袋，抽掣一袋，一袋短少，余袋例算，于各役脚价内扣赔"⑥，将损失责任落实到相关人员身上。

　　京通仓收粮必须在规定的时间内使漕粮入仓，顺治十三年（1656）定"京通各仓收受漕米，以坐派红单到日为始，京仓定限十日收完，印给仓收，移送坐粮厅，转发运弁写验完呈。通州仓限七日收完，如过期不

---

　　① （清）福趾：《户部漕运全书》卷78《奏销考成·仓库盘查》，清光绪刻本。
　　② （清）杨锡绂：《漕运则例纂》卷8《征纳兑运·交兑军旗》，清乾隆刻本。
　　③ 同上。（雍正）《浙江通志》卷82《漕运下》则载"凡样米，应运漕米州县各将仓贮干圆洁净样米四升装成二袋，用印钤封，同兑米交付运官，解送仓督查核，转发坐粮厅及各仓比对米色验收"。
　　④ （清）杨锡绂：《漕运则例纂》卷8《征纳兑运·交兑军旗》，清乾隆刻本。
　　⑤ 同上。
　　⑥ （清）《清文献通考》卷43《国用考·仓庾》，清文渊阁四库全书本。

完，不印给仓收，仓场侍郎查明题参"①。各仓监督收粮时，"遵照定例平斛下檐，禁止淋尖踢斛，除每石给钱二十二文外，倘有多收情弊，仓场侍郎访实拿交刑部，按律治罪"②。顺治十七年（1660）令"漕粮抵通，挨次收受，令仓场刊置一单，颁发运官，倘有需索陋规及分外加费者，从重处置。如运官捏填容忍，事发一并题参"③。

康熙二十三年（1684）题准漕运白粮"正耗米共一百六十斤为一石，米色不净以一百七十斤为一石，俱系旗丁亲押赴仓，短少旗丁赔补，有余发还"④。雍正四年（1726）命通州土、石二坝堆积粮袋地方，由经纪与车户铺垫芦席，以防袋中漕粮潮湿霉变。雍正六年（1728）改变以前那种完粮之后送揭帖于仓场查核的做法，奏准"添设连三编号印单，于收米十日内，一送仓场，一移坐粮厅，一留该仓存案。其各仓所送揭帖，挨次编号填注经承名姓，勿许洗补，仓场即按照字号数粘连钤印，以备稽查"⑤，这种一式三联的做法，不但能够清晰的记录各仓收贮情况，而且在以后出现问题时可以相互核对，做到查考有据。

京通仓各廒存米在清代也经历了很大的变化，初定每廒11600石为额，雍正六年（1728）进行加添，第二年又恢复原额。乾隆三年（1738）奏准"每廒以洪斛一万石为额"⑥，乾隆十四年（1749）定每廒存粮11000石。关于仓粮的核算方法，乾隆三年（1738）因旧法二五核算错误百出，奏准"依会典积方之法酌定，二年以内，每见方一尺照三斗一升六合之法；三年以外者，每见方一尺照三斗四升之法；其二年以外，三年以内者，每见方一尺照三斗二升八合之法丈算。铸造铁尺分交户部仓场及各属，嗣后俱照此尺丈量折算，如违参究"⑦。

清代对于仓廒的防盗工作也十分重视，除派八旗披甲与铺军把守仓门外，乾隆十六年（1751）定"新漕进仓，若廒门全不上板，直至深秋始行封闭，恐生弊端，应令收一廒即封一廒。如恐米质蒸变，应于廒门上檐空出廒板四五尺，宣通蒸气，以下所上廒板即行加封，以防弊端，统俟深

---

① （清）《大清会典则例》卷39《户部·仓庾》，清文渊阁四库全书本。
② 同上。
③ 同上。
④ （清）杨锡绂：《漕运则例纂》卷3《白粮事例·白粮收支》，清乾隆刻本。
⑤ （清）福趾：《户部漕运全书》卷55《京通粮储·收受粮米》，清光绪刻本。
⑥ 同上。
⑦ （清）《大清会典则例》卷39《户部·仓庾》，清文渊阁四库全书本。

秋风高物燥之时即全行上板，封闭严密。至收贮封闭日期仍令各仓呈报，稽查之都统、御史察核"①。乾隆五十九年（1794）为清查旧年积粮与新进之数，防止相互挽和，令仓场侍郎"务须酌量旧存各色米石多寡，均匀派贮，并将某仓存贮某年份各色米石若干，详造清册，先期咨部存案，以便分别新陈搭放"②，此举目的除了防止新旧混杂造成数目不清外，还可以防止粮食陈者愈陈，造成霉变，所以将新旧粮食合理搭配，发给领粮官军。嘉庆十四年（1809）因旧例粮船抵达通州后，由仓场衙门将各帮漕粮分拨不同仓廒，期间运丁与仓场胥吏相互勾结，通同舞弊，于是改为"俟总漕咨送过淮粮船数目清册到日，于各帮未过津关以前，即先签掣仓口，檄行各该粮道及总运等遵照，俾各丁预知派定仓廒，无所用其趋避"③。咸丰八年（1858）为防收粮胥吏勒索军民，命"内仓收受白粮，经户部奏准，俟运米到仓，该仓监督等酌派笔帖式等二员会同仓场委员于开仓进米时在仓门首亲身查验，不假胥役之手，倘有偷漏狼洒之弊，即行从严惩办。如米色与坐粮厅先期封送之样不符，即令该监督随时禀报户部核办"④。

清代京通仓粮收纳程序的完善经历了漫长的过程，从漕粮抵通、样米检验、仓廒收兑再到粮食的保存、防弊剔奸、监督盘验等，几乎涉及了所有的仓储步骤，这既是清代统治者为适应漕运与仓储现实而做出的改变，也是国家面对日益严重的仓弊进行的调整，其目的依然为通过控制京通仓粮而维系京城与社会的稳定，从而保障自身的统治。

（三）清代京通仓漕粮支放

清代京通仓积粮数百万石，维系京城皇室日需、百官俸禄、军队供给及民间社会的灾荒赈济、粮价平衡等，其意义十分重大。为了使京通仓粮迅速及时到达所需人员手中，清政府对放粮程序十分重视，不但在放粮的每一个环节都设专人监督，而且不断完善相关的章程制度，从而使京通仓粮在相当长的时期内维持了收支的平衡。

顺治十六年（1659）议准"各仓发米时，挨次支领，如有车辆拥挤

---

① （清）《大清会典则例》卷39《户部·仓庾》，清文渊阁四库全书本。
② （清）福趾：《户部漕运全书》卷56《京通粮储·收受粮米》，清光绪刻本。
③ 同上。
④ 同上。

及偷盗之事拿送刑部治罪"①，同时定"各仓发米时，不许在仓买卖，倘有串通仓役包揽粮米者，拿送刑部从重治罪"②，由此可见，清初统治者就已经非常重视仓粮支放程序的规范性及仓弊的整顿了。康熙元年（1662）进一步加强对京通仓放粮的监督，"每季发米，部差司官二人并旗员一人到仓与监督一同监放，有通同搀和糠土、湿米等弊，仓场侍郎题参，一并议处。若监督不严察下役，致有搀和糠土、湿米并少粮、索钱等弊，将经管官交与吏部从重议处，作弊下役交与刑部从重治罪。至领运米之佐领、领催并家人若将好米搀和糠土偷盗者，亦送刑部从重治罪"③，这样从领米之旗员到监督之司官，甚至各官家人均受到层层控制约束，从而降低了仓弊发生的概率与可能性。

雍正元年（1723）定将八旗领米册簿送交户部，将各旗领米日期及开放仓口详细标明，同时奏准"俸米兵饷，旧例春秋二季关支，限三月发完。将兵米分作三季，俸米分作二季，限两月发完"④。雍正六年（1728）令"各仓设立循环二簿，旧例止记粮米收发数目，嗣后将支放粜卖之数按照部咨及五城司坊官通州知州各印簿，逐一磨对，勿许舛错"⑤，第二年又定"漕米贮仓，向例按年挨陈支放，凡有交受零数新米，各贮一处，不许入于旧米之内。将放过米数并经手监督、攒典姓名于某年月日收贮开明黏贴廒门，仍于循环簿内注明报部"⑥，以便日后查询问责。

乾隆三年（1738）为防新陈漕粮搀杂，奏准"嗣后令仓场于进米之时派定廒名，将陈廒封固。进米完日，仓场赴仓将新米丈算，核足更换封条。如进米之际适逢放米之期，该监督将挨陈应放之廒开报，仓场委员拆封监放，倘有不遵挨陈放给者，将监督题参，仓役究治"⑦。乾隆十七年（1752）因八旗兵丁在京城各仓挨陈支放粮米，导致仓仓俱开，监督无序，丈量困难，定"将八旗兵丁官俸止开一仓，俟一仓放完，再放一仓，以次关支，不过三年可以全完，则仓贮盈绌均得实在，俟全完后仍按收漕

---

①　（清）《大清会典则例》卷39《户部·仓庚》，清文渊阁四库全书本。

②　同上。

③　同上。

④　同上。

⑤　同上。

⑥　（清）福趾：《户部漕运全书》卷62《京通粮储·支放粮米》，清光绪刻本。

⑦　同上。

先后挨陈支放"①，这样循序渐进的放粮，不但减少了官员与胥吏作弊的几率，使放粮程序更加简单与实用，而且对于促进漕仓粮食的循环，防止其霉变也具有重要的意义。乾隆三十三年（1768）为清核一年京通仓所放粮米之数，命"仓场会同查仓都统、御史将原贮收放盈余各数逐廒详查确数，造册具题户部，核对题覆"②。乾隆五十四年（1789）议准"每月三旗应领甲米，将城内之禄米等七仓并附近关厢之太平仓分为二旗，城外之万安等三仓分为一旗，挨陈支放，如城内米石一仓不敷支放，即于附近之仓支领，不得以城外远仓找给，城外万安等仓亦照此办理，仍将各仓存贮各色米石查明报部"③，按旗分仓，并且就近取粮，减轻了兵丁长途支粮的负担，体现了政府的人性化关怀。乾隆五十九年（1794）定各仓放粮监督人员安排，"每月部定仓口后，即行知都察院衙门，签派满汉科道各一人，将该仓贮米廒座查验标封。至放米之日，责成该科道率同该监督眼同领米旗员揭去气头，移贮空廒，再将应放之米一律放给，仍令各该仓监督将各旗所领米样送部核对，倘不相符，户部据实查参"④。

嘉庆六年（1801）为使京城各仓放米均匀，奏准"每月三旗甲米于城内禄米等七仓内轮搭，二仓开放二旗；于城外太平等四仓内轮搭，一仓开放一旗"⑤，同时规定"新任监督接收交代，将所管米石整廒验封，零廒抽盘，如有掺杂短少即指廒揭报仓场侍郎及查仓御史公同查验，亏缺属实，将旧任监督治罪勒赔。凡新任交代，限两月出结，出结后盘出亏缺，即将新任参处"⑥，明确新旧监督之间的责任与赔偿事宜，在清中期之前起到了填补仓粮损失的效果，但延续至清中后期，京通仓弊日益恶化，前代监督损耗仓粮，后代监督挪补拼凑，甚至很多仓廒难以查清仓粮究竟亏损于何任监督之手，只能不了了之。嘉庆后，京通仓米额数日少，不但每年 400 万石之粮尚且不保，而且因鸦片战争、太平天国起义、捻军起义的影响，导致粮米与军饷开支庞大，道光、咸丰、同治、光绪四朝只能靠采

---

① （清）福趾：《户部漕运全书》卷 62《京通粮储·支放粮米》，清光绪刻本。
② 同上。
③ （清）刘锦藻：《清续文献通考》卷 76《国用考十四·漕运》，民国影十通本。
④ 同上。
⑤ 同上。
⑥ 同上。

买广东、四川及台湾之米勉强度日，京通仓放粮更是左右支绌，向官兵发放粮折银成为俸粮的代替形式。

第四节　小结

明清时期的京通仓管理与运作实际上完全是一种国家政治行为，是专制政权利用行政力量集中全国漕粮以满足政治、经济、军事、社会需求的宏观调控，无时无刻不体现着最高统治者的意志。同时京通仓管理制度的完善与调整也是适应漕运与仓储现实而必须作出的变革，是中央政府在协调各部门利益关系，消弭权力争端、整顿仓弊、化解粮食危机的一种手段与措施。

明初定鼎金陵，京仓之粮多来自于江苏、浙江、安徽等富庶之区，交通便利，仓储所需管理人员较少，基本由卫所经历与大使控制，带有浓厚的军事色彩。永乐迁都北京后，开始大规模营造京通仓，但是这时的仓储制度也多继承南京仓制，主要作用是供应北部边防的军粮，政治与经济方面的作用不大。会通河疏浚后，随着每年入京漕粮数量的不断增长，明政府一方面继续扩大京通仓的存储能力，另一方面开始将仓储管理权由军管转为户部管辖，同时设监仓宦官牵制户部官员，以防止其权力过大而无法控制。明初京通仓之所以出现这种情况，是由三个原因造成的。首先，明初漕运量并不稳定，每年入京漕粮数目受到河道环境、灾荒状况、国家需求等多种因素的影响，加之此时京通仓储制度尚不完善，所以经常发生仓储官员派遣不定、管理人员多寡不一、存粮数目高低不同的现象。其次，有明一代最高统治者与廷臣的矛盾比较突出，这在明初的仓储管理上尤为明显，一方面皇帝需要懂得计算、会计、统筹的户部官员去管理京通仓，以保持国家积蓄的稳定，另一方面却派自己的亲信宦官去分享仓储管理权，对监仓户部官予以监视，以求得在权力的制约与平衡中直接掌控国家粮政大权，只不过后来宦官势力越来越大，他们不但处处掣肘于户部官员，而且贪污受贿、盗窃仓粮、扰乱郡县，反而成为破坏京通仓储稳定的重要因素。最后，明初京通仓管理者并非常设，户部尚书、侍郎、郎中在处理部务的同时还要兼顾京通仓储，所以经常分身乏术，疲于奔命，难以形成系统与有效的仓储运作制度，因此这一时期仓弊较多。宣德后随着军管制度的取消，京通仓管理逐渐步入正轨，到成化年间积粮已达数千万石，形成了中国历史上储粮的高峰。延续至嘉靖朝，尽管此时漕运已开始趋向没落，但京通仓的管理却更加成熟与完善，形成了仓场侍郎、坐粮厅郎中、仓监督等固定性的管理人员，从而为明中后期与清代仓场程序的固定化奠定了基础。

相对于明代，清代京通仓管理基本没有经历过探索的阶段，从一开始就继承了明代较为成熟的仓储制度，所以发展演变的过程中少了不少挫折与教训。但是清代的京通仓具有鲜明的特色，那就是管理上的满汉双轨制，重满轻汉、满汉兼用、以满抑汉既体现了满族统治者控制国家权力的愿望，也反映了其在仓储管理用人方面的反思与挣扎。从顺治、康熙时期汉族管仓官员的屡废屡设，到雍正、乾隆年间基本确定的满汉双轨制，这既是满清统治者的无奈之举，也是汉族士人通过自身的能力，依靠熟练的仓储管理技术而取得的成就与结果。同时，清代仓储官员的选拔、考核、任免、奖惩都形成了一套完善与行之有效的制度，仓储各部门之间，不同官员之间既有独立的职能发挥，也有事务上的合作，共同维持着京通仓储的运转，这与明代初期那种无常制、无定期、无合作的仓储制度相比无疑是历史的进步。另外，清代统治者对通州漕运的管理程度更甚于明，不但在此设通州坐粮厅，而且每年仓场总督都要长时间驻扎于此，以保障数百万石漕粮顺利运往京通二仓。

明清京通仓管理除仓场总督、坐粮厅郎中、仓监督等级别较高官员外，更多的是笔帖式、大使、攒典、仓书、花户、甲斗、车户等基层管理者与劳役人员。明清相比，清代劳役人员更加专业化，其招募与佥选不但有严格的区域，而且对他们的家世、品行、相貌都有明确的规定，可见其选拔程序的复杂与严密。在仓储运作方面，明清两朝对于京通仓漕粮的收纳与支出、仓储守卫、斛斗称量、锁钥掌控都异常重视，对开闭仓日期、领粮月份、仓粮筛扬、亏损赔补也非常关注。之所以如此，是因为京通仓储关系国家命脉与根基，良好与完善的仓场运作程序不但可以防止亏漏、短缺、偷盗等弊端的出现，而且对于维持专制王朝的统治也意义重大。

当然明清京通仓运作程序也并非固定不变的，而是时刻受到漕运、存粮、河道等现实状况的影响，例如清末漕粮海运与铁路运输的兴起，就减少了诸多传统漕运的环节，使漕粮进入京通仓的程序变少、速度加快、管理更为简单，从而提高了仓储运作的效率。不过这种技术方面的进步却是一把双刃剑，它一方面实现了国家漕粮多途径与快速度的向京城集中，另一方面使京通仓存粮过多显得没有必要，于是在清末出现了这样一种现象，中央政府不再十分重视传统漕运，而是以漕折银从市场或产粮省份买粮，京通二仓存粮数目的大减及仓储的倾圮也没有让统治者惊慌失措，这既是近代新技术对中国传统漕运所产生的冲击，也是商品经济发展后对粮食市场所带来的积极影响。

第 四 章

明清时期的运河水次仓

　　水次仓是指水边的粮食仓库，主要用于接纳或存留通过运河或自然河道转运而来的漕粮，其作用类似于中转站。明清时期，国家大部分漕粮从江南数省起运，为便于漕船停留与军丁休息，中央政府在天津、德州、临清、徐州、淮安等沿运河城市设立水次仓，以暂储国家漕粮。从某种程度上讲，正是因为运河的疏通与漕运的发展才促进了沿运河城市的繁荣与兴盛，而水次仓在其中的作用功不可没。

　　明初，为北伐蒙元残余势力及满足京城供给的需要，中央政府就已在山东临清、安徽临濠设仓转运漕粮，但此时因运河尚未疏浚，所以漕粮转运多为水陆兼用，不但费时费力，而且严重耽误了正常的农业生产，给运粮民众造成了巨大负担。成祖登基后，随着会通河的疏浚与海运、陆运的罢停，内河漕运成为明清两朝500余年间国家漕粮运输的最主要形式，成为维系专制王朝的经济命脉，同时也刺激了沿运河城市的崛起。

　　永乐与宣德年间，国家漕粮行支运法，每年漕运额在五六百万石，这些税粮由有漕省份的民众自行运往天津、德州、临清、徐州、淮安等水次仓，然后由各地卫所军丁从水次仓中支取漕粮，以接力的形式运往通州、北京二仓。因当时国家漕运制度尚不完善，加之没有建立专业化的运军队伍，所以天津、德州、临清、徐州、淮安等仓往往存贮与转运漕粮达数百万石，中央政府为扩大这些仓储的存粮能力，还不断地进行增修，其仓廒数量并不少于京通二仓。正统、景泰、成化时，国家虽已实行兑运法，并定每年漕运额为400万石，但实为支兑兼用，五大水次仓仍然每年存支运粮上百万石，且不断接受冻阻、挂欠、漂流漕粮，其粮储量并没有明显的降低。成化后，随着长运法取代支运法与兑运法，漕粮由运军从江南州县水次装载上船，不再在运河沿线水次仓停留，而是直接运赴京通二仓，从而导致水次仓存粮规模大为减少。

明代五大水次仓由兴盛到衰落的原因除了运法改变外，更由于国家政治与经济环境的变迁所导致。明中后期，运河淤塞、漕粮改折、兵乱频兴，这一切都使漕运量日渐不足，京通仓储经常捉襟见肘，难以应对国家的各项开支。为了填补京通仓缺额，五大水次仓所存储的附近州县税粮也被征调到通州、北京二地，加上战乱对仓储的影响，到明末时运河漕仓不但无粮可存，而且多数坍塌毁坏，已难以与明中前期相齐并论。

清代漕运继承明长运法，并且每年漕运额数依然为400万石，但水次仓数量却多于明，"直省则有水次仓七：曰德州，曰临清，曰淮安，曰徐州，曰江宁，各一；惟凤阳设二。为给发运军月粮并驻防过往官兵粮饷之需"①。与明相比，清代淮、徐、临、德诸仓依然位于运河沿岸城市，属在前朝的基础上增建而成，而江宁、凤阳虽不直接在运河岸边，但也属运河辐射城市，其政治、经济、军事地位也较为显著，所以清政府也在两地设仓储粮。

第一节　明代的运河水次仓

《明史》载永乐年间，"迨会通河成，始设仓于徐州、淮安、德州，而临清因洪武之旧，并天津仓凡五，谓之水次仓，以资转运"②，可见水次仓的设立与国家漕运的发展、运河的浚通是紧密联系在一起的。初，并未有五大水次仓之称，江南漕粮起运之地多为江苏太仓与瓜洲，或经海运输往天津，或陆运河南，过黄河后入卫河进京通二仓，运粮军民长途跋涉，不但有陆挽之劳，而且过黄河时经常遇到风波倾覆之险，所以漕路千辛万苦，莫可名状。靖难之役后，明成祖朱棣为加强北京的城市建设与防御蒙古入侵，在天津设仓存储江南海运粮，其后又陆续修建德州、徐州、淮安等仓，再加上洪武时的临清仓，形成运河五大水次仓。

在地理位置分布上，天津仓位于南、北运河交界处，上连京、通，下接德、临，处于南粮入京的枢纽之处，有"一京，二卫（天津卫），三通

---

① （民国）赵尔巽：《清史稿》卷121《食货二·仓库》，吉林人民出版社1995年版，第2433页。

② （清）张廷玉：《明史》卷79《食货三·漕运·仓库》，岳麓书社1996年版，第1130页。

州"之称，属明代政治、经济、军事重镇。而德州、临清二仓均位于山东运河段，是漕船在大运河中航行最为艰难的一段，鲁运河不但完全由人工开凿，水源匮乏，而且地势南北高低不平，只能靠南旺分水工程与汶、泗诸水及泰山、沂州诸泉勉强维持通航，每年上万艘漕船，十数万运军在鲁运河航行需要很长的时间，其中临清、德州二仓就专为寄囤漕粮与运丁休憩而设。江苏境内有徐州、淮安二水次仓，徐州自古为南北兵家必争之地，迦河未开凿之前，江南之粮北上必须经过徐州，漕船在其地过黄河百步、秦梁、吕梁三洪，为防止意外事故的发生，大量漕粮集中于徐州水次仓，待漕船过洪后再从水次仓中取粮北上京通，而淮安为南粮起运的始点，湖南、湖北、江西、安徽、江苏等省漕粮须先运入淮安仓，待各地运军与漕船到达淮安后，从仓中取粮后过坝、过洪、过闸，由江南到山东，从山东到河北，再从河北到天津，最终到达京通二仓。

　　明代五大水次仓的设置考虑到了诸多的因素，从政治方面讲，天津、德州、临清、徐州、淮安均为军事要地，前三者为畿辅咽喉与近京重地，后二者为南京屏障，在五地设仓存粮，守护北、南两京的意图非常明显。其次从经济方面考虑，天津位于京畿要地，在此存储漕粮，不但可以随时接济北京城的粮食供给，平衡周边地区的粮价，稳定区域社会市场，而且还可以将漕粮方便的运往辽东等军事重镇。其他如德州、临清二仓辐射河北、山东、河南三省，徐州、淮安二仓辐射江苏、浙江、安徽三省，一旦这些地区发生灾荒，可以随时从水次仓中取粮进行赈济，利用运河的交通优势快捷、迅速的进行救援。

一　天津水次仓

　　明以前未有天津之名，只是一个荒僻的渔港小村，元延祐三年（1316）为加强对海运漕粮的存储与转运，元政府在直沽置海津镇，并设广通仓、海运米仓、百万仓等漕仓接纳南粮，从而使天津得到了初步发展，为以后明清时期的繁荣与兴盛奠定了基础。明"靖难之役"时，"圣驾尝由此渡沧州，因赐名曰天津，筑城凿池，而三卫所立焉"[①]。《新校天津卫志》也载"天津之名起于北都定鼎之后，前此未有也，北近京师，

---

　　① 天津市红桥区文化与旅游局编：《天津市红桥区碑石铭刻辑录及释文》，天津社会科学院出版社 2011 年版，第 1 页。

东连海岱"①，加之其地"三面临河，大海在其东南，三角淀绕其西北，为水陆通衢，畿南要地"②，逐渐成为重要的政治与交通枢纽。

永乐元年（1403）江南民运粮到江苏太仓州，从刘家港出海绕道山东登州、莱州附近洋面，到达直沽存储，当年运粮601200余石。第二年因天津"地居河海之衡，北拱神京，南则漕运咽喉，地为重要"③，所以明政府命工部尚书黄福、平江伯陈瑄、都指挥佥事凌云、指挥同知黄纲筑天津城，"城垣九里十三步，高三丈五尺，开设四门，门上建楼，东去潞河二百二十步，北抵卫河二百步"④，城池临潞、卫二河，可见天津建城伊始就考虑到利用本地便利的水运条件了。建城当年，又设天津、天津左、天津右三卫所官兵守卫城池，保护粮仓，据《天府广记》所载"期初则建仓廒黄卫之湄，受淮仓米转之直沽。直沽又海舟所停泊处也。其年，即直沽设天津卫，置仓"⑤。永乐三年（1405）随着海运天津漕粮数量的不断增多，天津又增置露囤1400所，"于是淮仓自卫河，太仓自海，咸输天津仓"⑥。但又因天津地处海滨，且位于九河下游，地势卑下，漕粮长久存储于此容易受潮霉烂，所以天津此时只是漕粮入京的一个节点，砖石结构的仓廒并不多。

永乐四年（1406）明政府命平江伯陈瑄任漕运总兵官，"帅舟师海运岁米百万石，建百万仓于直沽尹儿湾，城天津卫，籍兵万人戍守。至是令江南粮一由海运，一由淮入黄河至阳武陆运至卫辉，仍由卫河入白河至通州，是为海陆兼运"⑦，天津仓此时存粮百万，需兵万人防守，可见明廷对该仓的重视。永乐九年（1411）会通河贯通，运河沿岸形成天津、德州、临清、徐州、淮安五大水次仓，各仓漕江南粮，转运京通。随着运河运输量的增长，永乐十三年（1415）罢海陆运输，"惟存遮洋船，每岁于河南、山东、小滩等水次兑粮三十万石，十二输天津，十八由直沽入海输

---

① （清）薛柱斗：《新校天津卫志》，台北成文出版社1968年版，第17页。

② 同上书，第29页。

③ 天津市文史研究馆：《天津文史丛刊》（第11期），天津文史研究馆1989年版，第158页。

④ （清）薛柱斗：《新校天津卫志》，台北成文出版社1968年版，第54页。

⑤ （清）孙承泽：《天府广记》卷14《漕仓》，北京古籍出版社1984年版，第174页。

⑥ （明）何乔远：《名山藏》卷50《漕运记》，明崇祯刻本。

⑦ （清）谷应泰：《明史纪事本末》卷24《河漕转运》，清文渊阁四库全书本。

蓟州而已"①，并令天津卫兵增盖仓廒储粮。

宣德七年（1432）国家漕运日盛，当年天津会聚南粮达 700 余万石，短时间内难以运往京通二仓，只好在天津卫驻地盖建仓廒，由卫所经历管理。新建三仓都位于天津道衙门西，其中"天津卫大运仓六廒，计三十间，官厅三间，门楼一座。天津左卫大盈仓九廒，计四十五间，官厅三间，土地祠一所，门楼一座。天津右卫广备仓七廒，计三十五间，官厅三间，关王庙一所，门楼一座"②。宣德十年（1435）为更好地加强中央政府对水次仓的控制，在天津设户部分司，主官为正六品户部主事，负责仓储漕粮的收支及监督属员。

正统、天顺时，天津水次仓除收纳支运漕粮外，还往往收储因冻堵、漂流而延迟入京的漕粮。正统七年（1442）户部尚书王佐上书言："漕运官军有遭风破舟粮米漂流者，欲令独偿，人不堪命。请今后有一卫有数舟遭风者，委官核实会计所漂米数，量其多寡改拨全卫于通州及天津上纳，用省就车之费以补漂流之数，则人不独困，而粮储足矣。"③ 天顺六年（1462）由于天气寒冷，运河冻阻，漕船航行维艰，内阁大臣上书曰："运船冻阻，必误下年粮运，宜即差官催儹，除冻前到通州外，其余可到天津者，可到德州者，俱就彼收贮，以待下年带运，如此则船无冻阻，粮无亏欠"④，朝廷批准了这一建议，并派户部侍郎杨鼎专理此事。

成化年间漕粮行兑运与长运，天津水次仓存粮数目减少，但仍然在沿河诸仓中属于规模较大者，成化八年（1472）支兑粮共计 3549000 石，其中沿河水次仓寄囤 109 万余石，天津仓 487000 石，德州仓 191100 余石，临清仓 241800 石，东昌府仓 113070 余石，济宁仓 66800 石，⑤ 天津仓占全部寄囤粮的近一半，其数额几乎等于德州、临清、济宁、东昌府四仓之和，可见其地位依然十分重要。成化九年（1473）因天津仓"粮多露囤，俱春气上蒸，秋水泛涨，或风吹雨湿，损坏亏折"⑥，命永平、涿州等卫运军将天津仓粮输往京通二仓。

① （清）张廷玉：《明史》卷 79《食货三·漕运·仓库》，中华书局 2000 年版，第 1278 页。

② （清）薛柱斗：《新校天津卫志》，台北成文出版社 1968 年版，第 56 页。

③ 《明英宗实录》卷 94，明英宗正统七年七月甲戌条，上海书店 1982 年影印本。

④ （明）徐学聚：《国朝典汇》卷 97《户部十一·漕运》，明天启四年（1624）徐兴参刻本。

⑤ （明）王琼：《漕河图志》卷 8《漕运粮数》，水利电力出版社 1990 年版，第 333 页。

⑥ （明）杨宏、谢纯：《漕运通志》卷 8《漕例略》，方志出版社 2006 年版，第 126 页。

弘治十二年（1499）由于运船迟误，"于德州、天津仓寄收米四十万石"①。正德时农民起义不断，经常发生漕船被焚、运军被杀的案件，明政府只好将漕粮大量改折，当时天津仓"岁额本折粮一十万三百五十石五十五升三合四抄五撮九圭一粟，内本色粮八万二千一百五石六斗六升二合八抄四撮一圭五粟，折色粮一万八千二百四十四石八斗九升九勺六抄一撮七圭六粟，一石折银四钱，共银七千二百九十七两九钱五分六厘三毫八丝四忽七微三沙二尘九埃"②，此时天津仓除去折银粮，每年仅入仓八万石左右，这与明初的上百万石相差十多倍，证明仓储存粮衰落严重。

隆庆六年（1572）户部尚书王国光题准"给监督徐州、淮安、临清、德州、天津仓关防，凡遇一应文移俱用关防钤盖，差满交代"③。万历时，天津仓匮乏已极，万历三十二年（1604）保定府发生灾荒，有大臣希望借天津仓粮赈灾，户部尚书赵世卿奏"至天津仓粮六万石，又系时收时放，仅供天津各营军士，既无积剩，似难挪移"④，可见此时天津仓基本只作为附近驻军用粮之所，几乎毫无赈济功能。天启初期，旧有天津仓廒因年久失修，多损毁坍塌，只好在城西南与东南角建露囤存粮。崇祯年间天津仓空虚，只好买粮填充仓储，崇祯二年（1629）"天津仓买豆九万九千四百石五斗，每石价五钱五分，共银五万四千六百七十两二钱七分五厘"⑤，崇祯三年（1630）"天津仓买豆十一万一千五百五石八斗四升，每石价银五钱五分，共银六万一千三百二十八两二钱一分二厘"⑥，天津仓所买之豆多为供给辽东军马食用。崇祯末，天津仓备受战乱的破坏，屡遭兵燹之灾，最后被"闯寇焚毁无存"⑦，与大明王朝一起消失于历史的烟云之中。

二　德州水次仓

明清德州位于九省通衢之地，"枕卫河为城，接轸畿辅，固东南要

---

① （明）黄训：《名臣经济录》卷31《礼部》，清文渊阁四库全书本。
② （明）刘斯洁：《太仓考》卷8之1《水次仓》，明万历刻本。
③ （明）刘斯洁：《太仓考》卷1之7《职官》，明万历刻本。
④ （明）赵世卿：《司农奏议》卷7《覆保定巡抚议赈书》，明崇祯七年（1634）赵浚初刻本。
⑤ （明）毕自严：《度支奏议》之《新饷司》卷5，明崇祯刻本。
⑥ （明）毕自严：《度支奏议》之《新饷司》卷7，明崇祯刻本。
⑦ 天津市文史研究馆：《天津文史丛刊》（第11期），天津文史研究馆1989年版，第158页。

路，水陆会道也。兵车之至止，邮传之驰驱，征商戍卒之往还，旅客居民之奔走，魋结鳀冠之朝贡，均问渡卫河"①。明人顾祖禹也说德州"盖川陆经途，转输津口，州在南北间，实必争之所也"②，可见其政治与交通地位异常重要。德州早在金天会年间就建将陵仓存储河南、山东之粮，元至元时改将陵仓为陵州仓，由盐支纳与大使管理，因当时主要行海运，所以当时陵州仓主要存储附近州县漕粮，其数目不是很大。

明初洪武时，德州完全是一座军事驻防性质的城市，存储着大量北伐蒙元的粮食与物资。洪武九年（1376）为提高德州的政治地位，改千户所为卫，置兵数千防守。洪武三十年（1397）因德州旧城毁于洪水，都督张文杰筑砖城，"城周十里一百八十步，高三丈七尺，厚三丈；池阔五丈，深一丈；五门东曰长乐，正西曰聚秀，偏西曰广川，南曰朝阳，北曰拱极"③。靖难之役期间，德州成为明军与燕军反复争夺的军事据点，建文元年（1399）为保护德州仓粮，明政府命都督韩观"筑十二连城于卫城北，以护北厂仓储"④，并令"曹国公李景隆驻师德州，（铁）铉督漕运，飞刍挽粟，水陆并进，露积山丘，未尝缺乏"⑤，可见当时德州已建有仓城，且储粮十分丰富。经过反复拉锯战，"燕将陈亨等入德州，夺馕百万，转掠济阳"⑥，正是靠着德州仓大量存粮的物质支撑，燕王朱棣才在夺位之争中最终取得了胜利。

永乐二年（1404）为增加北平与德州仓粮积蓄，明政府行开中盐粮法，"开中浙淮盐于北平仓纳米者，每引二斗五升；于德州仓纳米者，每引三斗五升"⑦。永乐三年（1405）海运江南粮于天津仓，"而山东输德州仓，天津、德州二仓所受又总输之通州，由通州输之京"⑧。永乐五年（1407）"令山东量起车夫将济南府并济宁州仓粮运送德州仓，候卫河船接运"⑨。永乐九年（1411）会通河疏浚后，德州漕运地位进一步提高，

---

① （清）成瓘：《道光济南府志》卷68《艺文四》，清道光二十年（1840）刻本。

② （清）顾祖禹：《读史方舆纪要》卷31《山东二》，清稿本。

③ （清）岳浚：《雍正山东通志》卷4《城池》，清文渊阁四库全书本。

④ （清）成瓘：《道光济南府志》卷12《古迹二》，清道光二十年（1840）刻本。

⑤ （明）姜清：《姜氏秘史》，清抄本。

⑥ （明）许相卿：《革朝志》卷1《建文君纪》，明刻本。

⑦ （明）雷礼：《皇明大政纪》卷6，明万历刻本。

⑧ （清）孙承泽：《天府广记》卷14《漕仓》，北京古籍出版社1984年版，第174页。

⑨ （明）杨宏、谢纯：《漕运通志》卷8《漕例略》，方志出版社2006年版，第108页。

永乐十三年（1415）明政府于故元陵州仓旧址基础上建德州广积仓，又名水次仓，"以备淮、徐、临、德起运南粮赴通，运军递换暂驻于此"①，并建名为常丰仓的预备仓，其中水次仓由户部粮储分司管辖，常丰仓虽为德州地方管理，但为分司统辖。永乐末年"移德州仓于临清之永清坝，设武清卫仓于河西务，设通州卫仓于张家湾"②，之所以将德州部分仓库移于临清，是由于当时德州仓与临清仓距离过近，加之中央政府不断增强临清仓的存储能力，所以合并二仓更便于管理。

宣德时行漕粮支运法，"军民各半，互相转运。民运淮安、徐州、临清、德州水次四仓交收，漕运官分派官军转运于通州、天津二仓，往返经年，多失农月"③，宣德五年（1430）又令"河南南阳、怀庆、汝宁三府粮运于临清仓，开封、卫辉、彰德三府粮运于德州仓"④，这时的德州仓不但存储转运而来的南粮，而且收纳河南、山东部分漕粮，其粮储规模常达上百万石。宣德六年（1431）变支运为支兑兼用，江南漕粮民运瓜洲、淮安水次，然后由官军提取后运赴京通，运法的改变使德州等五大水次仓地位下降，但每年支运粮近150余万石仍储水次仓储。

正统二年（1437）德州仓存粮50万石，正统五年（1440）明政府派户部郎中、主事五员提督德州等仓与京城象马场，专门负责仓储漕粮收放。正统十四年（1449）移德州仓于城内，分东西二仓，"东仓廒二十九座，共二百六十三间。西仓廒一十二座，一百一十七间"⑤，虽总称为德州仓，实为广积、常丰、常盈三仓组成。景泰五年（1454）令"河南、山东布按二司管粮官催督兑运军粮，青州、济南二府运送德州仓"⑥。成化元年（1465）南直隶浙江等处旱涝相继，当年漕粮因赈灾多有截留，户部言"今罹灾伤优免数多，来岁兑运不足，请以淮浙等盐广募商人淮、徐、德州水次仓中纳，俟来岁分拨官军支运，庶民不困于凶年，而国用亦

---

①　（清）成瓘：《道光济南府志》卷16《仓储》，清道光二十年（1840）刻本。

②　（清）张廷玉：《明史》卷79《食货志三·漕运·仓库》，岳麓书社1996年版，第1130页。

③　（明）顾起元：《客座赘语》卷1《转运·兑运·长运》，南京出版社2009年版，第2页。

④　（明）申时行：《明会典》卷27《户部十四·漕运》，明万历内府刻本。

⑤　（明）杨宏、谢纯：《漕运通志》卷6《漕仓表》，方志出版社2006年版，第103页。

⑥　（明）刘斯洁：《太仓考》卷8之4《水次仓》，明万历刻本。

无所损矣"①，得到了宪宗皇帝的同意。成化七年（1471）漕粮行长运，原本存于德州等水次仓的 70 余万石漕粮全部由运军输往京通，德州仓只收附近州县税粮 191100 余石，"以备各处灾伤，支运补足漕粮四百万石之数"②，其功能由转运南粮变为填补京通二仓缺额。

　　嘉靖三年（1524）颁布征粮则例，规定"临清、广积二仓并德州仓小麦夏税折米，如在三百里之内，州县运赴本色米石上纳，每石加耗二斗，脚价银二分五厘；若三百里之外，每石连正耗席草脚价共征银八钱，仍照例买米上纳；其秋粮，临清仓民运赴仓，米每石加耗二斗，席草银二分五厘，该纳州县不拘地里远近，每石连正耗席草共收银八钱"③。嘉靖三十九年（1560）又从山东输德州仓粮 6 万石中改拨天津仓 5800 石，使仓粮日少。其后，随着漕粮改折数量的增长，加之每遇灾荒，就用德州等仓存粮补漕运之数，导致水次仓储匮乏，明臣徐栻曾言："岁漕东南米四百万石聚之京师以充粮饟，固根本而为强兵之资，复于临清广积仓、德州仓每年会派秋粮夏税麦折米共一十九万四千四百石，分贮二处以广积贮……嘉靖初年遇有灾伤，奉旨豁免起运，旋于临德二仓拨补，后因会派地方告歉轻减，及二处囤积损腐，一时偶见窒碍，辄有建改折之议者，自改折之议行而二仓额粮渐减，积贮渐耗，前米不及往昔四分之一"④，充分说明了德州等水次仓存粮日少的原因。

　　万历初年德州广积、常盈二仓仅储山东、河南两省税粮不到 8 万石，常丰仓稍微多些"岁贮山东夏税七万九千九百五十三石零，内本色三万六千九百五十三石零，折色四万三千石，每石折银四钱，专备德州左右二卫官军俸粮支用"⑤。万历中，漕运总督舒应龙上书言："国家两都并建，淮、徐、临、德实南北咽喉。自兑运久行，临、德尚有岁积，而淮、徐二仓无粒米。请自今山东、河南全熟时，尽征本色上仓。计临、德已足五十余万，则令纳于二仓，亦积五十万石而止"⑥，该建议虽得到了朝廷同意，但并没有得到彻底的施行。

---

　　①　（明）薛应旗：《宪章录》卷 30，明万历二年（1574）刻本。

　　②　（明）刘斯洁：《太仓考》卷 8 之 4《水次仓》，明万历刻本。

　　③　（明）朱吾弼：《皇明留台奏议》卷 16《漕河类》，明万历三十三年（1605）刻本。

　　④　（明）张萱：《西园闻见录》卷 34《积贮》，台北明文书局 1991 年版，第 572 页。

　　⑤　（明）张学颜：《万历会计录》卷 36《仓场》，明万历刻本。

　　⑥　（清）张廷玉：《明史》卷 79《食货志三·漕运·仓库》，岳麓书社 1996 年版，第 1128 页。

天启四年（1624）大臣上奏"德州仓收山东米六万石，河南米二万石，名为预备，原非坐支，所以待国家不时之需者也。迩年久贮弗用，于是积滑纳户、包揽歇家一味打点衙门，钻求书札，上仓米石俱系挽糠插水，曾未逾年，辄成红腐"①。崇祯年间，国家用粮孔亟，德州与临清仓粮多运往辽东等边防重镇，崇祯元年（1628）德州仓仅余粮20900石，崇祯二年（1629）余20900石，崇祯三年（1630）余21000石，②其后农民起义不断，后金入侵，德州仓不但无粮可存，而且管理也陷入混乱，最终毁灭于明末战乱之中。

三　临清水次仓

临清古称清源，后赵时改其名为临清，其地"河踞会通，水引漳卫，大堤绕其前，高阜枕其后，乃南北之襟喉，舟车之都会也"③，《山东通志》在论述齐鲁要害之地时亦说："山东要害之地凡五。临清，南北之咽喉也；武定，燕蓟之门庭也；曹濮，鲁卫之藩蔽也；沂州，徐淮之锁钥也；登莱，边卫海东之保障也。守咽喉则齐右安，固门庭则渤海靖，谨藩蔽则河东固，严锁钥则南顾无忧，慎保障则倭奴殄患，五要守，而山东可安枕也"④，将临清作为山东的第一要害之地，可见专制政府对其的重视程度。

明初，因北方蒙元残余势力犹存，洪武六年（1373）命大将军徐达驻师临清，并"立临清仓贮饷转运"⑤，洪武十一年（1378）命信国公汤和"数出中都、临清、北平练军伍，完城郭"⑥，洪武二十四年（1391）又敕令汉、卫、谷、庆、宁、岷六王练兵临清，"储粮十六万石于临清，以给训练骑兵"⑦，洪武时国家对临清的定位是军事重地，临清仓的设立也完全服务于军事用途。建文登基后，为约束燕王朱棣，曾"调北平永清左、右卫官军分驻彰德、顺德，都督徐凯练兵临清，耿瓛练兵山海关，

---

① （明）毕自严：《饷抚疏草》卷3《预计天启五年关鲜粮料疏》，明天启刻本。
② （明）毕自严：《度支奏议》之《堂稿》卷1，明崇祯刻本。
③ （清）陈梦雷：《古今图书集成》卷429《东昌府部》，中华书局1985年版，第9998页。
④ （明）陆釴：《嘉靖山东通志》卷7《形势》，明嘉靖刻本。
⑤ （清）谈迁：《国榷》卷5，中华书局1958年版，第496页。
⑥ （清）张廷玉：《明史》卷126，岳麓书社1996年版，第1991页。
⑦ （清）张廷玉：《明史》卷79《食货志三·漕运·仓库》，岳麓书社1996年版，第1130页。

以控制北平"①，从而形成对燕王朱棣老巢的牵制与包围。靖难之役期间，明燕两军曾在临清展开反复激烈的拉锯战，而争夺临清仓粮则是双方重要的目的之一。

永乐元年（1403）因运河尚未浚通，漕粮多由黄河与淮河等自然水道及陆地联合运输，漕运路线异常艰难，"始用淮船受三百石以上者，道淮及沙河抵陈州颍岐口跌坡，别以巨舟入黄河抵八柳树，车运赴卫河输北平，与海运相参。时驾数临幸，百费仰给，不止饷边也。淮、海运道凡二，而临清仓储河南、山东粟，亦以输北平，合而计之为三运，惟海运用官军，其余则皆民运云"②。会通河疏浚后，临清成为京杭大运河重要的漕运枢纽，"南引徐淮、北迤德津，据要而中居之，岁受山东、河南之赋几三十万，以节漕力，以望京储，厥惟重哉"③。

随着漕粮源源不断地运往临清仓，仓储容纳能力受到限制，明政府在临清砖城内扩建三仓，"一曰广积仓，俗称大仓，在广积门内，一曰常盈廒，俗称小仓，廒二十连计百间……一曰临清廒，八十一连，连十间，均附于大仓西北隅，贮谷二十万石有奇"④，三仓初期由临清州代管，后因"军横难制"，改为户部督饷分司管理。永乐十三年（1415）罢海陆运输后，山东、河南之粮运临清仓，宣德四年（1429）"应天、镇江、常州、太平、淮安、徐州、扬州、凤阳、滁和二州民运粮二百二十万石贮临清仓"⑤，因粮多仓不能容，增造临清仓可容 300 万石。宣德五年（1430）由于"是时军民并运，而江南之民距仓场远，又不习河事，转漕甚苦"⑥，于是命"江南民粮兑拨附近卫所官军运载至京，给与路费耗米，此兑运之渐。时徐州仓比旧制增粮二十四万石，临清仓增七十余万石"⑦，此时临清仓存粮 300 万余石，属明代储粮的鼎盛时期。

---

① （清）张廷玉：《明史》卷 141，岳麓书社 1996 年版，第 2147 页。

② （清）张廷玉：《明史》卷 79《食货志三·漕运·仓库》，岳麓书社 1996 年版，第 1124 页。

③ （清）王俊：《乾隆临清州志》卷 3《仓庚》，乾隆十四年（1749）刻本。

④ 徐子尚：《民国临清县志》第 3 册《建置志一·仓庚》，民国二十四年（1935）铅印本。据《漕运通志》卷 6《漕仓表》载临清初只有广积仓，"廒七十二座，共一千百二十间"，永乐四年从广积仓中分廒十座，"共一百间，设仓曰临清"。

⑤ （明）申时行：《明会典》卷 27《户部十四·漕运》，明万历内府刻本。

⑥ （清）朱奇龄：《续文献通考补》卷 26《国用补一》，清抄本。

⑦ （清）万斯同：《明史》卷 97《食货五·漕运》，清抄本。

正统二年（1437）运粮总数为 450 万石，临清仓支运 30 万石。景泰五年（1454）令"兖州、东昌二府及河南所属运送临清仓"①，兑运法的实行使临清仓存粮大为减少，从数百万石下降到数十万石，缩减了近十倍。成化二年（1466）因水次仓粮匮乏，"以各处折粮银四万两命官平籴米粟以实临清、德州水次仓"②。成化七年（1471）行长运法，漕粮由江南、河南、山东水次直接运往京通仓，临清仓再次遭受打击，第二年仓储存粮总数仅为 241800 石，其后"临清、广积二仓每年会派山东、河南夏税秋粮共一十一万四千四百石"③，存粮数量从上百万石降低到十余万石，这种变化的直接原因是国家漕运政策的变更，同时也反映了中央政府对运河沿线水次仓重视程度的降低。

成化十年（1474）户部尚书杨鼎等奏"自永乐年间岁运东南粮四五百万石输之京仓，其余沿河若临清、德州、淮安、徐州皆置仓收纳，各仓所积多至百余万石，少亦不下五六十万，盖以两京缺用俱可转运，祖宗立法之深意也。正统十四年以来但遇边卫缺粮、郡县饥馑，辄请借用，故今诸仓皆匮"④，因此建议直隶淮安、扬州，山东临清诸钞关折收米麦代银钱，然后将粮米纳于临清、德州、淮安等水次以实仓储，得到了朝廷同意。成化年间，京通二仓积蓄达数千万石，而沿河水次仓却逐渐匮乏，这是由运法改变与仓粮大量调拨挪用导致的。

正德十六年（1521）漕运数 3929400 石，"支运临清仓粮七万六百石凑足岁额四百万石"⑤。嘉靖八年（1529）题准"临清仓税粮各州县附近在三百里内者征收本色，三百里外者俱征折色，每石八钱，解纳太仓银库"⑥，这一时期临清仓存粮主要用于填补京通仓漕粮缺额，同时为了减轻较远地区纳粮民众的负担，采取折银的方式避免民众长途奔波之苦，属于国家在赋税形式上的变通。嘉靖三十九年（1560）又命"临清仓河南夏税内改行粮一万五千五百八十七石一斗九升七合三勺，小滩（位于河南境内卫河沿岸的水次仓）上纳"⑦。随着临清仓粮大量改折及改纳他处

---

① （明）刘斯洁：《太仓考》卷 8 之 3《水次仓》，明万历刻本。

② （清）嵇璜：《续文献通考》卷 27《市籴考》，清文渊阁四库全书本。

③ （明）刘斯洁：《太仓考》卷 8 之 3《水次仓》，明万历刻本。

④ 《明宪宗实录》卷 132，成化十年八月甲申条，上海书店 1982 年影印本。

⑤ （明）杨宏、谢纯：《漕运通志》卷 8《漕例略》，方志出版社 2006 年版，第 179 页。

⑥ （明）刘斯洁：《太仓考》卷 8 之 3《水次仓》，明万历刻本。

⑦ 同上。

水次，其作用与地位都较明初有了很大的下降。

万历初期，临清、广积二仓主要收纳山东与河南两省的夏税与秋粮，其数目一般在 10 万石以下，其中"山东夏税二万石，秋粮三万四千四百石，共折银四万二千六百四十三两一钱五分九厘六毫二丝。河南夏税四万四千四百一十二石八斗二合七勺，每石折银八钱，共银三万五千五百三十两二钱四分二厘一毫六丝"①，常盈仓则收"山东本色夏麦一万六千三百二十七石四斗七升，本色秋米二千一百四十六石六斗，折色秋米三万三千六百石，每石折银四钱，共银一万三千四百四十两"②，这样除去粮折银，临清三仓仅每年进粮不到 2 万石，主要用于临清驻军食用，赈济与公共工程用粮的作用则无从发挥。万历四十六年（1618）由于长期的折银与挪用，临清与德州"二仓如洗"，天启三年（1623）更是达到了"无颗粒之积"的程度，可见临清仓已衰败到极点。崇祯初虽屡次整顿仓储，但崇祯元年（1628）临清仓也仅存粮 3 万石，崇祯五年（1632）稍有增长，达到 36000 石，但其后频繁的军事行动又很快将这些积粮消耗，从而使临清仓在明代延续了 200 余年的历史走向了终结。

四　徐州水次仓

徐州位于江苏省北部，"负山临河，南北咽喉，夙称要地"③，特别是明永乐帝迁都北京后，其政治地位进一步提高，"居南北水陆之要，三洪之险闻于天下，及太宗文皇帝建行在于北京，凡江淮以来之贡赋及四夷之物上于京者，悉由于此，千艘万舸，昼夜罔息"④，成为五省通衢之地。明代徐州的兴衰与运河漕运的联系最为密切，泇运河未开凿前，每年上万艘漕船及商船从徐州过黄河，漕粮大量囤积于徐州水次仓，加之商人与运军贸易十分繁荣，使徐州成为了著名的仓储基地、漕运枢纽、商业重镇。万历年间泇运河开凿后，漕路不再经过徐州，徐州的政治地位一落千丈，这时不但每年过黄漕船数量下降，水次仓存粮大为减少，而且徐州城屡次遭受黄河水灾，受到的打击十分严重。

明代徐州水次仓有二，为永福仓与广运仓，其中永福仓设于洪武元年

---

① （明）刘斯洁：《太仓考》卷 8 之 3《水次仓》，明万历刻本。

② 同上。

③ （明）高汝栻：《皇明续纪三朝法传全录》卷 14，明崇祯九年（1636）刻本。

④ 张纪成：《京杭运河江苏史料选编》，人民交通出版社 1997 年版，第 188 页。

(1368)，《太仓考》对此记曰："在州南，并州治皆项氏故宫，洪武年间建，景泰四年增廒"①，而《铜山县志》则载"旧在州左，明初知州文景宗建，隆庆中改为学，户部主事朱光宇、知州章世祯即旧学地建仓，后没于水"②，据此可以推测，永福仓在明初可能作为地方性仓储服务于基层社会，在漕运兴起后方成为国家大型官仓。广运仓位于"城南三里，东临河干，即元武安州故址。明永乐十三年为漕运转输建，宣德五年增置仓廒百座。成化中罢转输，令卫军径诣仓兑。初令中官司之，嘉靖初改归部使"③。《徐州广运仓记》对该仓介绍的更为详细"徐州广运仓在州治南二里许，百步洪环其左，云龙山耸其右，军屯亘乎前，市肆横于后，而仓岿然中立，雄壮闳靓，允为储蓄地"④。徐州永福、广运二仓由位于城南门的户部分司署管理，为"监督粮储主事莅政之所，本司主事一人户部题奉，钦依差委赴，内府领微批莅任行事，凡岁一代易，初专督广运仓粮储，后兼理永福仓事及攒运与有任焉"⑤。

永乐十二年（1414）漕粮初行转搬法，太仓粮、苏州粮、兖州粮送济宁仓，河南、山东粮送临清仓，然后由浙江与南直隶卫所官军从淮安仓运粮到徐州仓，京卫官员从徐州仓到德州仓，山东、河南官军再从德州仓中取粮到京通二仓。永乐十三年（1415）定淮安、扬州、凤阳三府每年派粮60万石于徐州仓，并"命大臣营度，比部寻拓充广为水次仓，盖转输法也……宣德中增之，通一亘连，计一千间，其广三百九步，袤过广一百一十步……甫设判官一，大使二，副使四，攒典十二，斗级一百八十，仓夫一千九十，所储粮一百万石，皆江浙直隶东南一带民运"⑥，仓储建设规模十分庞大。宣德四年（1429）明政府复行支运法，"苏、松、宁国、池、庐、安庆、广德民运粮二百五十万石贮徐州仓"⑦，当时全国漕粮数500余万石，徐州仓就占近二分之一。宣德六年（1431）平江伯陈瑄言："江南民运粮诸仓，往返几一年，误农业。令民运至淮安、瓜洲，

① （明）刘斯洁：《太仓考》卷2之6《仓场》，明万历刻本。
② 余家谟：《民国铜山县志》卷11《建置考》，江苏古籍出版社1991年版，第193页。
③ 同上。
④ （明）冀绮：《徐州广运仓记》（碑刻），现藏单位为徐州市博物馆。
⑤ （清）顾炎武：《天下郡国利病书》之《徐淮》，清稿本。
⑥ （明）冀绮：《徐州广运仓记》（碑刻），现藏单位为徐州市博物馆。
⑦ （明）徐学聚：《国朝典汇》卷97《户部十一·漕运》，明天启四年（1624）徐与参刻本。

兑与卫所。官军运载至北，给与路费耗米，则军民两便"①，是为兑运法。同时史部尚书蹇义建言："官军兑运民粮加耗则例，以地远近为差。每石，湖广八斗，江西、浙江七斗，南直隶六斗，北直隶五斗。民有运至淮安兑与军运者，止加四斗，如有兑运不尽，仍令民自运赴诸仓，不愿兑者，亦听其自运"②，兑运法实行后，多数百姓为减轻负担实行兑运，但支运法并没有彻底废除，为支兑兼用的时期。

随着多数漕粮实行兑运，徐州水次仓基本不再接纳转运而来的江南漕粮，存粮数量也受到了限制。正统二年（1437）仅收粮 248000 石，"迨景泰间粮运直达于京，而所储减三之二，官夫悉如其减。历天顺来，空廒数多，风雨摧圮，赤白漫漶，存者仅半，地亩榛芜"③，不但粮数大减，而且连仓廒也损毁严重。景泰四年（1453）命户部移文浙江、江西二布政司与苏、松等府，"于折银粮内量改三十万石运赴徐州仓，七十万石赴淮安仓，听候下年官军兑运"④。景泰五年（1454）山东、河南、江苏等地发生严重灾荒，灾民南徙，为防止流民冲击水次仓储，明政府"筑淮安月城以护常盈仓，广徐州东城以护广运仓"⑤。

成化初，因各地灾荒不断，漕粮多截留赈灾，导致京通仓与水次仓粮匮乏，于是实行开中法，"召商于淮、徐、德州水次仓中盐"⑥，以期增加粮食的库存量。成化七年（1471）后，全部漕粮改为长运，"常盈仓江西、应天、苏、松、镇江、广德等处米三十一万一百石，广运仓浙江淮、扬、凤、徐等处米一十八万四千八百石改于瓜淮等处水次官军交兑，常盈仓止收淮、扬、常、镇四府夏税小麦五万六千六百石，广运仓止收凤阳、淮、徐三府夏税小麦四万八千一百五十石，以为官军行粮等项支给"⑦，长运法形成了专业化的运军队伍，使普通百姓最终摆脱了繁重的漕粮运输，但也让徐州等水次仓由存粮数十万石甚至上百万石的大型仓储变成了存粮仅数万石的普通漕仓。

---

① （清）张廷玉：《明史》卷 79《食货志三·漕运·仓库》，岳麓书社 1996 年版，第 1125 页。

② 同上。

③ （明）冀绮：《徐州广运仓记》（碑刻），现藏单位为徐州市博物馆。

④ 《明英宗实录》卷 234，景泰四年十月己亥条，上海书店 1982 年影印本。

⑤ （清）张廷玉：《明史》卷 168，岳麓书社 1996 年版，第 2439 页。

⑥ （清）阎镇珩：《六典通考》卷 93《市政考·泽征》，清光绪刻本。

⑦ （明）梁材：《革徐淮二仓内臣疏》，《皇明经世文编》卷 104，明崇祯平露堂刻本。

　　弘治、嘉靖时期全国各地自然灾害发生的频率加剧，国家除大规模截留漕粮外，还经常使用水次仓存粮赈灾，徐州仓作为江苏北部与山东南部交界处的重要仓储，在灾荒赈济中发挥了重要作用。万历时徐州广运仓"岁额夏税粮共二万八千一百五十石，每石折银四钱，共银一万一千二百六十两，内徐州所属一万八千一百五十石，凤阳府属一万石"①，已将全部漕粮折银。崇祯年间，徐州仓无粮可存，已沦为当地驻军饷银支取单位，崇祯四年（1631）存银 15000 两，② 其他年份也多在 10000 两左右。

　　徐州水次仓存粮数在明代 200 余年间发生了很大的变化，从最初的转运存储漕粮数百万石，到明中后期存粮数万石，明末直接变为存储粮折银的银库，是由三个原因造成的。首先，明朝中前期国家漕运量旺盛，加上实行支运法，徐州仓接纳附近与江南数省漕粮，成为南粮北运的重要中转站。随着支运变为兑运与长运，江南粮直接运往通州、北京，徐州政治地位下降。其次，万历年间以前，徐州是京杭大运河的必经之地，地处"五省通衢"，江南漕船在经过徐州黄河险要地段时，需要在徐州仓装卸漕粮，因此存粮数目较多。随着万历年间迦运河的开凿，漕运路线逐渐远离徐州，政治地位与仓储存粮数目也随之下降。最后，明朝中前期漕粮改折较少，多征本色上仓，加上中央政府对于动用水次仓存粮赈灾非常慎重，所以国家积蓄丰厚。明中期后，随着自然灾害的频繁发生，漕粮大量改折，同时这一时期战乱频繁，很多粮食被运往边防重地，徐州等水次仓的粮食也被普遍用于赈灾、调拨、军需，从而加剧了仓储的衰落。

五　淮安水次仓

　　淮安自古就是"南北襟喉，江淮要冲"③ 之地，进入明代后，随着黄淮运在淮安的汇流，其地成为著名的政治、经济、交通枢纽，明人曾说："盖淮左江右河，东控海道，北接兖豫，西接两都而诸陵咸在。"④ 工部主事席书在介绍淮安清江船厂创建缘由时亦言："缘永乐初，江南粮饷民运

---

① （明）刘斯洁：《太仓考》卷 8 之 7《水次仓》，明万历刻本。
② （明）毕自严：《度支奏议》之《新饷司》卷 1，明崇祯刻本。
③ （明）宋濂：《元史》卷 188《列传第七十五·董抟霄》，中华书局 1999 年版，第 2877 页。
④ （明）杨宏、谢纯：《漕运通志》卷 3《漕职表》，方志出版社 2006 年版，第 60 页。

于淮，官军运船俱于淮安常盈仓转输，此厂所由建也。况长淮分天下之中，北达河泗、南通大江，西接汝、蔡，东近沧溟，乃江淮之要津，漕渠之喉吻。"① 正是靠着地理与交通优势，有明一代，中央政府先后在淮安设立了漕运都御史、漕运总兵、淮安盐运分司、户工二部榷关、清江造船厂、户部淮安常盈仓督粮分司等众多的衙门与官署，这些机构的设立，一方面极大地提高了淮安的政治地位，另一方面也刺激了经济的发展，使淮安成为全国著名的商贸城市。

淮安是明代漕粮起运的始点，不管是海运还是河运时期，江南之粮都要先集中于淮安，然后或通过江苏太仓出海，或直接从淮安转运京通，所以淮安是重要的漕粮存储基地。永乐初，淮安仓收储江苏、浙江两省漕粮，由海船从江苏刘家港出发，转运到天津。永乐五年（1407）修淮安仓并淮堤，以增强仓储的蓄粮能力；永乐十二年（1414）独行河运后，"令湖广造浅船二千只，岁于淮安仓支粮，运赴北京，其太仓旧纳粮，悉改纳淮安仓收贮"②。其后，因淮安仓存粮规模有限，平江伯陈瑄在旧仓基础上建常盈仓，新仓位于清江浦南岸，"俯临大淮，廒凡八十有一，联基广凡二百七十八步有奇，袤凡四百九十八步有奇，周凡一千五百五十四步有奇……周垣则屹如城墉，色且积铁然，盖水次诸仓所未有者"③，新仓建成后，江南"诸郡之赋悉储于此，用供京需，所入无虑百万"④。为加强对常盈仓的控制，明政府在淮安设户部督饷分司，由户部郎中或主事管理仓储的日常运作，宣德年间一度派遣宦官监督仓粮，与户部官员形成牵制之势。

淮安常盈仓设立后，与运河沿线的天津、德州、临清、徐州形成五大水次仓，水次仓又与京通仓、地方州县小型兑军仓形成了明代国家整个漕运仓储系统。宣德四年（1429）运粮数超 500 万石，漕船不敷所用，只好"淮安仓上粮，民船十抽其一，徐州十三抽一，临清十五抽一，给与官军，兼旧船运载"⑤。宣德九年（1434）直隶淮安府奏："常盈仓八百

---

① （明）席书：《漕船志》卷1《建置》，明嘉靖甲辰刊本。

② （明）杨宏、谢纯：《漕运通志》卷8《漕例略》，方志出版社2006年版，第109页。

③ （明）杨宏、谢纯：《漕运通志》卷10《漕文略》，方志出版社2006年版，第292—293页。

④ 同上书，第293页。

⑤ （明）杨宏、谢纯：《漕运通志》卷8《漕例略》，方志出版社2006年版，第111页。

间，初同镇江、苏州、扬州诸府卫军民营造，其后蔽坏，止令本府缮修，工力浩繁，难于办集"①，以一府之力尚不能保证工程的周全，充分体现了仓储的庞大与维护的烦琐。漕粮运输由支运变为兑运后，其他水次仓受到较大的影响，而常盈仓因是漕运起点，存粮数仍然较为可观。正统二年（1437）运粮450万石，"内兑运二百八十万一千七百三十五石，淮安仓支运五十五万二百六十五石"②，这一数字高于其他水次四仓，显示了淮安仓漕运枢纽的地位。成化七年（1471）后因运法改变淮安仓存粮减少，成化十年（1474）八月户部尚书杨鼎奏请："今诸仓皆匮，兹欲设法以实诸仓……一直隶淮安、扬州、临清钞关钱钞及今年丰实，宜暂折收米麦，每钞十贯折收米一斗或小麦一斗五升，淮扬地方于常盈仓，临清于广积仓上纳，候明年四月终如旧。一南直隶江北府州、北直隶南四府并山东、河南二布政司罪囚，除死罪外，杖罪以上俱照纳米事例，各发附近水次仓上纳"③，希望通过税收改粮与赎罪纳米的方式增加粮食存储量。同年九月，明政府又利用开中盐引的方式增加积蓄，其中"淮安常盈仓两淮盐十万引，引粳粟米五斗，麦五斗五升；两浙盐十万引，引粳粟米四斗，麦四斗五升；长芦山东盐八万引，引粳米二斗五升，麦三斗"④。虽然明政府采取了各种方式拓宽常盈仓粮食的来源，但因支运法的破坏与漕粮的大量改折，导致常盈仓"仓廒多虚，日就倾圮，每漕舟辐辏而至，卒有不得输者，人甚病之"⑤。弘治时户部主事吴彦华监督常盈仓，对仓储进行了修葺，"为廒座者六十，为门者三，而为厢又十有二，民不知劳，财不为费"⑥，虽然粮仓得到了修缮，但弘治四年（1501）常盈仓仅收粮四五万石，这一数字与明初相比有天壤之别。

万历时，常盈仓"原额夏税折色小麦七万六千六百石，每石征银四钱，共银三万六百四十两。给江南、江北、遮洋各卫所官军行粮，内镇江府额麦四千石，折银一千六百两，常州府额麦七千石，折银二千四百两，淮安府额麦五万五千六百石，折银二万二千二百四十两；扬州府额麦一万

① 江苏省地方志编纂委员会：《江苏省通志稿·大事志》，江苏古籍出版社1991年版，第380页。

② 《明英宗实录》卷22，正统元年九月甲午条，上海书店1982年影印本。

③ 《明宪宗实录》卷132，成化十年八月甲申条，上海书店1982年影印本。

④ 《明宪宗实录》卷133，成化十年九月癸亥条，上海书店1982年影印本。

⑤ （明）杨宏、谢纯：《漕运通志》卷10《漕文略》，方志出版社2006年版，第293页。

⑥ 同上。

石，折银四千两"①，此时常盈仓粮已几乎全部折银。万历三十年（1602）入京漕粮仅 138 万石，不足额粮 400 万石的二分之一，而淮安常盈仓几无粒米，其后国家虽用粮日急，但漕粮折银日盛，河运日衰，"仓储渐匮，漕政亦益弛，迄于启、祯，天下萧然烦费，岁供愈不足支矣"②。

明代淮安常盈仓的历史变迁是与明王朝的政治、经济策略演变密不可分的。首先，明初由于政府运作效率较高，加之刚刚形成的漕运体系与运军制度有着旺盛的生命力，所以常盈等水次仓无论是储粮规模，还是管理效率，都能够实现良性的循环与运作。宣德后，随着宦官等势力的介入，这一以强大皇权为基础的腐朽团体不但干预仓政，而且任意侵盗漕粮、压榨军民、骚扰郡县，严重削弱了仓储诸项功能的发挥。其次，明代漕法从支运到支、兑兼行，再到长运法的固定，实际是淮安仓影响力逐渐变小的结果。虽然常盈仓为户部官仓，其对皇室开支、官僚俸禄、卫所供应、粮价调节、灾荒赈济都具有十分重要的作用与意义，但随着运法的变化及漕运管理体系的败坏，仓储呈现日益衰败的景象，其功能也逐渐单一化与简单化。最后，淮安常盈仓的变迁实质是明代漕运历史的一个缩影，作为备受专制统治者重视的漕粮、漕仓、漕船、漕丁，无不与中央政府控制国家及社会的现实息息相关，其管理与运作程序的成功和失败，也直接威胁到政治局面的稳定及最高统治者的实际利益，所以才会在明朝 200 多年的历史中不断延续与变革。

六　明代的其他运河水次仓

明代除天津、德州、临清、徐州、淮安五大水次仓外，很多其他地区的运河仓储也曾在明代漕粮存储、转运中起过重要作用，如河西务仓、济宁仓、瓜洲仓等。尽管这些仓储在功能与存粮规模上不如五大仓，但仍然在一定的时期内起到了服务国家漕运，完善国家仓政体系的功能。

河西务位于京、津之间，是漕船入京的必经之地，早在元代就已是重要的仓储基地。蒙元虽开凿了济州河、会通河、通惠河等人工河道，使南北水道贯通一气，但因水源缺乏等问题，上百年间，海运漕粮的数量远远

---

① （明）刘斯洁：《太仓考》卷 8 之 8《水次仓》，明万历刻本。
② （清）张廷玉：《明史》卷 79《食货志三·漕运·仓库》，岳麓书社 1996 年版，第 1128 页。

超过河运。为存储海运漕粮，元政府在天津、河西务等处置立仓廒或露囤，其中河西务就有 14 仓，储粮可达 200 余万石，这些仓储由位于河西务的都漕运司管理，在临清还设有分司。入明后，河西务政治地位得到了很大的提高，该地不但设有榷关，征收南北货物商税，而且永乐二年（1404）"于小直沽起盖芦囤二百八座，约收粮一十万四千石，河西务起盖仓囤一百六十间，约收粮一十四万五千石，转运北京"①，此时因运河未通，河西务收粮在 10 万石左右。永乐中期后，河漕运输量提高，明政府将武清卫仓改设于河西务，并派副使两员管理，与京通各仓军卫仓基本类似。正统时，重视京城积蓄，河西务仓被毁掉三分之一，存粮改纳于京通二仓，其地位下降。河西务仓在明代没有经历过大规模的存粮时期，多为暂时存留转运而来的河海之粮，其既没有像五大仓那样形成数量庞大的仓储群，也没有中央户部派员的直接管理，所以缺乏长期的建设与维护，加之其与天津水次仓相距过近，明王朝不可能在这样一个相对狭小的地域建立国家大型官仓。

济宁位于山东运河中段，其境内的南旺分水枢纽工程决定着京杭大运河南北水源的分配，其作用十分巨大。为加强对济宁境内南旺、马场、蜀山、马踏、安山诸水柜及泉源的管理，明政府在济宁设有总督河道都御史衙门、运河兵备道、河厅等河道机构，并且建济宁水次仓转运南粮。明初实行粮长运粮负责制，史载"洪武初，州县粮万石，例设粮长一人，主征收运纳之事"②，担任粮长的多为当地德高望重且家境殷实之人，每年率领民众运粮京城，属"民解民运"。洪武二十年（1387）朱元璋因徐州岁歉民贫，命户部"凡州民运粮赴京者，遣人止之，令悉输济宁仓，以省其漕运之劳"③，可见此时济宁仓就已经是苏北、山东比较重要的漕运仓储了。永乐十二年（1414）因粮运兴盛，漕运总兵陈瑄议行"转运苏州等府，并兖州送济宁仓"④，第二年又命"徐州并山东兖州等府粮送济宁仓交收。令里河船于会通河以三千只支淮安仓粮运至济宁，以二千只支济宁仓粮运至通州"⑤。永乐年间，因德州、临清仓正处于建设之中，储

---

① （明）杨宏、谢纯：《漕运通志》卷 8《漕例略》，方志出版社 2006 年版，第 108 页。

② （清）顾炎武：《天下郡国利病书》之《浙江下》，清稿本。

③ 《明太祖实录》卷 187，洪武二十年十二月甲戌条，上海书店 1982 年影印本。

④ （明）郑晓：《今言》卷 2，明嘉靖四十五年（1566）项笃寿刻本。

⑤ （清）孙承泽：《天府广记》卷 14《仓场》，北京古籍出版社 1984 年版，第 171 页。

粮能力有限，所以济宁仓每年收江苏、山东米麦大约 30 万石，这一数字虽然无法与全盛时期的五大水次仓相比，但也反映了济宁仓在明初也曾是非常重要的漕运中转仓。

宣德年间增造临清诸水次仓，济宁因位于临、德之间，仓储分布过于集中，其存粮数量下降，但仍然在其后发挥着一定的作用。景泰四年（1453）黄河决口于山东张秋沙湾，运道断绝，漕船受阻，明廷命漕粮"姑输东昌、济宁仓"①，同年又因徐州广运仓粮全数赈济灾民，淮安巡抚兼右金都御史王竑上书言："乞敕户部会议，将内外问刑衙门犯笞杖徒流，杂犯死罪，如例纳米赎罪。山东定于济宁仓，河南定于被灾地方仓，南京并江南、江北直隶定于徐州仓"②，朝廷同意了其建议。成化八年（1472）运粮 400 万石，其中"东昌府仓一十一万三千七十余石，济宁仓六万六千八百余石"③，二仓粮多为京通寄存，主要用于地方灾荒赈济与填补漕额。成化九年（1473）冬山东发生饥荒，巡抚牟俸"发东昌、济宁仓粟十余万石为军士月粮，而以德州、临清寄库银易米赈济"④。成化后，五大仓因运法改变而地位下降，济宁仓更因为距离临清、德州仓过近而无粮可存，逐渐转变为地方性仓储。

瓜洲位于镇江，在明代是"漕运之门户，朝贡之通衢"⑤，早在洪武三年（1370）户部就奏请"苏、松、嘉、湖四府官民田租不及六斗者，请输京仓（南京仓），六斗以上者输镇江瓜洲仓"⑥，其后工部尚书单安仁又奏请"浚仪真南坝至朴树湾，以便官民输挽；疏转运河江都深港以防淤浅；移瓜洲仓廒置扬子桥西，免大江风潮之患"⑦。宣德五年（1430）实行兑运，"军民舟至淮安或瓜洲水次交兑，江北卫所漕者出通关还缴，淮安一石兑加五斗，瓜洲五升"⑧。正统时江南巡抚周忱"求古水次灌输转搬余法，增筑瓜洲新坝，立仓于侧，用受江南民粟，以便兑运浙苏等

---

① （明）陈鹤：《明纪》卷 16《景帝纪二》，清同治十年（1871）江苏书局刻本。
② 《明英宗实录》卷 226，景泰四年二月壬寅条，上海书店 1982 年影印本。
③ （明）杨宏、谢纯：《漕运通志》卷 7《漕数表》，方志出版社 2006 年版，第 107 页。
④ （明）陈鹤：《明纪》卷 19《宪帝纪二》，清同治十年（1871）江苏书局刻本。
⑤ （明）黄训：《名臣经济录》卷 42《兵部》，清文渊阁四库全书本。
⑥ 《明太祖实录》卷 56，洪武三年九月庚戌条，上海书店 1982 年影印本。
⑦ （清）张廷玉：《明史》卷 138，岳麓书社 1996 年版，第 2121 页。
⑧ （明）李贽：《续藏书》卷 15《经济名臣》，中华书局 1959 年版，第 301 页。

卫，长运亦经新坝以达，而瓜洲遂为江淮漕纲要地"①。成化年间行长运法后，瓜洲仓虽有时暂储漕粮，但数目较少，且只能算江南漕粮运京的一个节点，延续至嘉靖时瓜洲仓已破败不堪，嘉靖四年（1525）漕运都御史高友玑、漕运总兵杨宏、漕运参将张奎在瓜洲仓废址的基础上建漕运行府，以备巡视各地漕船过淮、过坝情况，此时瓜洲虽仍为漕运要地，但漕仓存粮的功能已大为削弱。

河西务、济宁、瓜洲水次仓作为明代除五大仓以外的比较重要的漕运仓储，其功能的发挥主要集中在明中前期。其中河西务是明初河海转运的基地，济宁是徐州、淮安仓粮运送京通的中转站，瓜洲则为漕粮输送南京与淮安的节点。三仓存粮较大的时间段，都处于明代京通仓与水次仓体系尚不完善的时期，这时由于专业化运军队伍没有建立，中央政府为节省民力，一般让漕户到附近水次纳粮，于是江南民纳粮瓜洲、山东民纳粮济宁、河西务收河海运粮，形成了一种运河水次随便置仓的局面，但宣德、成化后国家改变运法，运军直接去州县漕仓取粮运送京通，这不仅使五大仓地位下降，河西务、济宁、瓜洲三仓的地位也被州县小型水次仓取代，从而逐渐趋于衰败。

第二节　清代运河水次仓

清代沿袭明漕运制度，在漕粮收兑、运丁管理、船只修造、漕粮入仓等方面均有继承与发展。正如《清史稿》所讲"清初，漕政仍明制，用屯丁长运。长运者，令瓜、淮兑运军船往各州县水次州县领兑，民加过江脚耗，视远近为差；而淮、徐、临、德四仓仍系民运交仓者，并兑运军船，所谓改兑者也"②。但是与明代长时段实行河运不同，清代到道光时期，因运河淤塞、黄河改道、兵荒战乱的影响，开始实行海运，"遴员集粟，由上海雇商转船漕京师，民咸称便。河运自此遂废"③。延续至清末，漕粮运输方式又有了新的变化，招商局轮船海运与铁路运输也逐渐兴起，这种不同于传统运粮方式的变革，一方面是西方近代化技术对中国所产生

---

① （明）杨宏、谢纯：《漕运通志》卷 10《漕文略》，方志出版社 2006 年版，第 107 页。

② （民国）赵尔巽：《清史稿》卷 112《食货三·漕运》，吉林人民出版社 1995 年版，第 2441 页。

③ 同上。

的影响，另一方面也是传统与近代博弈的结果。

与明代类似，清代在运河重镇也置有水次仓，其中德州有德州、常丰二仓，临清仓，淮安常盈仓，徐州广运仓，凤阳永泰、广储二仓，江宁仓，在水次仓数量上清代有六地，超过明代的五处，但是清代的水次仓主要收储本省或者临省漕粮，数量有限，其中"江南江宁仓征米，淮安、凤阳二仓征银米麦，徐州仓征银麦豆，山东德州、临清二仓征银米，共征银二十六万三千六百二十六两，米七万二千二百四十六石，麦五万四千三百八十三石，豆四千三十七石，各有奇"①，这一数字不但无法与明代支运法盛行时水次仓存粮数百万石相齐并论，甚至还不如明中期时各仓的存粮数，可见清代水次仓的重要性不及明代。另外，清初六大水次仓尚以收本色为主，康熙后，各仓逐渐与地方榷关合并，几乎将全部漕粮都改折银两，演变成了类似于税务性质的机构，加上水次仓管理由初期的户部管辖转变为各省粮道、榷关官员，甚至地方州府代管，其收粮程序、管理制度、运作经营方面都与明代有着很大的差异。最后，清代六大水次仓分布于运河流域，主要目的是供给运军行月粮、赈济区域内的社会灾荒、支给地方驻军官俸等，并不具备大规模填充京通仓粮差额、转漕京师的作用，所以有时基层社会发生灾荒而水次仓又无粮赈济时，清政府只好采取截留漕粮存仓的方式，以期继续发挥沿河仓储的作用。

总之，清代水次仓总体上呈现存粮日少、功能日衰、管理日弱的变化趋势，到清中后期更几乎默默无闻，不见诸于史料记载。这种变化既是中国漕运从兴盛走向衰落的具体体现，也是近代中国在内外各种因素的影响与冲击下所发生的变革。

一　临清、德州二仓

清代临清与德州二仓在水次六仓中存在时间最长，发挥作用最大，因二仓都位于山东运河流域，且均收受山东、河南两省漕粮，故常称临德二仓。其中德州常丰仓在崇祯元年（1628）因火灾归并水次仓，又名常德二仓，临清依然为临清、常盈、广积三仓。顺治元年（1644）满清刚在北京站稳脚跟，就差户部司官两员管理临清、德州二仓，仓监督"一年差满，回部考核，现年钱粮未完不及一分者，免议；未完一分者，罚俸三

---

①　（清）《清文献通考》卷 43《国用考·漕运》，清文渊阁四库全书本。

个月；未完二分者，罚俸六个月；未完三分者，罚俸一年；未完四分者，降一级调用；未完五分者，降二级调用；未完六分者，降三级调用；未完七分以上者，革职"①。顺治九年（1652）为增加国家粮食积蓄，又命"山东州县应解临德仓粮，旧例有征解本色者，有每石征银八钱命民买米上纳者，令俱派征本色，各州县佐贰官解运该仓，以备军需"②。顺治十一年（1654）漕运总督蔡世英奏"考明初支运之法，旧有淮、徐、临、德四仓，自改兑行，而四仓遂废。今复建三座，一建于淮、一建于济、一建于德，淮安用廒一百四十座，济、德各用廒一百八十座，德仓今尚有存者，止须补造，俟议定时，臣再行细查……其主领仓廒交盘之数，每仓须各设主事一员，更以道臣一员为之董率催挽，淮、德二仓即将本处分司道臣就便兼领，惟济宁止有一道，尚须添设主事一员，或以临清分司移之于济，似亦可者"③，蔡世英的意图是大规模在运河沿岸置水次仓，以减少漕运之劳，但因当时国家财力有限，该建议并没有得到彻底实施。顺治朝之所以对临德二仓如此重视，是因为当时国家尚未统一，军事征伐频繁，对漕粮的需求量异常之大，在临德二仓积粮有诸多优势。首先，临清、德州靠近运河，且为满清控制，附近居民运粮到此比较便利。其次，临德二仓为明代所遗留，当时很多仓廒依然能够使用，所以节省了国家大量开支。最后，临清、德州作为运河重镇，其仓储存粮可以利用便利的水运条件将漕粮迅速快捷运往国家所需的地方，这样就有力地支持了国家统一的步伐。

康熙初，因登、莱等州及河南诸州县运粮临德二仓路途遥远，耗费民力，"名虽征本解本，然去仓近者一二百里，远者五六百里，其实民间携银而往，籴者常十之八九"④，于是康熙二年（1663）题准"临德二仓米麦改征折色解部，不完将催征各官照顺治十八年题定则例议处，再展限四个月全完，如不完亦照顺治十八年题定再限未完例议处"⑤，并定"徐、淮、临、德、凤阳、江宁等仓粮银经征督催官员与随漕项下钱粮各作十分

①　（清）福趾：《户部漕运全书》卷76《奏销考成·仓粮参限》，清光绪刻本。
②　（清）伊桑阿：《康熙朝大清会典》卷28《仓庾一·水次仓》，清康熙二十九年（1690）内府刻本。
③　（清）《皇清奏议》卷7《变通漕政疏》，民国影印本。
④　（清）唐梦赉：《筹饷厄言》之《或问二》，清道光昭代丛书本。
⑤　（清）杨锡绂：《漕运则例纂》卷15《奏销考成·仓漕考成》，清乾隆刻本。

考成"①。康熙四年（1665）随着临德二仓粮大规模改折，仓储管理日趋简单，于是停凤阳、徐州、德州、临清仓部差，其中德州仓由莱州府通判兼管，临清仓由登州府通判兼管，其政治地位急剧下降。康熙八年（1669）户科给事中苏拜言："地方官兼关税，事务繁多，且恐畏惧上司，希图足额，派累商民"②，于是将临清仓与临清榷关并为一差，仍旧由户部司员管理，当时定额临清关税银二万两零，凤阳仓二万两零，挖运厅六千两零，居庸关三千两零，徐州仓三千两零，德州仓七百两零。③

　　康熙九年（1670）为减轻河南运粮民众负担，将河南应解临德二仓钱粮就近改解河南粮道，十年（1671）议准"临清仓本年额征米麦改折收贮，米每石折银八钱，麦每石折银一两一钱，德州仓存贮米麦不足支放，本年额征米麦仍征本色解仓。又议准河南应解临德二仓米石，浙江应解淮安仓米石，各省运解不便，改解各省粮道"④。康熙十三年（1674）因"三藩之乱"的影响，加大征收本色比例，"临清仓米折银解部，麦仍征本色，贮仓备给"⑤，十四年（1675）议准"临清仓米仍征本色"⑥。康熙十八年（1679）因莱州府通判管粮不便，将山东督粮道移驻德州，管漕粮与德州仓事务，乾隆年间临清仓亦并入，同时定河南粮道一员兼管河南粮运临德二仓事务，江安粮道一员兼管江宁、淮安、徐州、凤阳四仓粮务。同年山东巡抚施维翰言："会岁祲，民多流亡……疏请赈恤，并截留漕米五万石发济南仓存贮，散给饥民。又疏言青、莱等府距临清仓远，办解甚艰。请永行改折，以息转输"⑦，面对这一建议，清政府考虑粮食积蓄，只准当年改折，未允许永折。

　　康熙二十四年（1685）山东巡抚张鹏再次奏请"莱州、青州、兖州、济南、东昌五府，俱有额征解运临仓米麦，各属距仓远，脚价累民。臣前

①　（清）福趾：《户部漕运全书》卷76《奏销考成·催征考成》，清光绪刻本。

②　（民国）赵尔巽：《清史稿》卷125《食货六·征榷·会计》，吉林人民出版社1995年版，第2517页。

③　（清）郑端：《政学录》卷1《户部》，清畿辅丛书本。

④　（清）伊桑阿：《康熙朝大清会典》卷28《仓庾一·水次仓》，清康熙二十九年（1690）内府刻本。

⑤　同上。

⑥　同上。

⑦　（民国）赵尔巽：《清史稿》卷273《列传六十·施维翰》，吉林人民出版社1995年版，第7919页。

疏请改折色，部议驻防及过往官兵运军月粮，改折恐不敷支，未经议准。但臣在地方军民粮饷皆臣事，万一误军糈，所关非轻，请将临清、济宁近水二处仍征本色，如不敷支，动用德仓。临、德相距不远，转移支给，不致有误。其余五府各属额征临仓米麦，俱改折色，不特民累可除，且岁省席草脚费银岁万两"①，经户部商讨后得到了批准。康熙二十九年（1690）将河南额解临德二仓钱粮改归驿盐道兼理，其奏效考核由河南巡抚年终题报户部，康熙三十一年（1692）又定德州仓奏销考成由旧例次年四月具题改为次年五月依限奏销。康熙三十九年（1700）户科给事中张睿题"查今岁因邵伯决口，水势汹涌，漕船不能飞挽，今已至五月，未过淮漕船尚有三千八百三十三只，恐抵通既迟，回空必致守冻，有误新运"②，经朝廷商讨后决定将后帮尾船漕粮截留临清、德州二仓，令山东卫船转运入京。康熙朝临德二仓处于迅速恢复时期，这一阶段不但仓储规模有所扩大，而且其赈济地方社会、寄囤漕粮的功能得到了较大程度的发挥，但是由于中后期漕粮的大量改折，临德二仓存粮总体上呈现下降的趋势。

雍正时，由于年久失修，临德二仓多有坍塌，其存储功能削弱。雍正十年（1732）河东河道总督田文镜请求截留漕米，在临清、德州二处建仓存储，经朝廷派员考察"德州、临清均临水次，舟楫可通，德州尚有常、德二仓，常丰仓积址坑洼，甚难重建，惟德州仓积址尚属高阜，周围墙垣宽旷，可以添盖。临清州原设临清、广积、常盈三仓，年久坍废无存，应于临清、广积二仓积址内择高埠之地，另筑围墙，重建新厫。临、德二州各添新厫六座，截留南漕二十万石，责令粮道率临、德二州加紧盖藏"③，并令"年终盘验出具实贮印结送部，并令常丰、临清二仓大使巡察看守"④。雍正十二年（1734）河东总督王士俊再次奏请截漕粮20万石于二仓，"易谷四十万存贮备用，但东省民情，鲜食大米，截留之米易谷

---

①（清）蒋良骐：《东华录》卷13，齐鲁书社2005年版，第194页。

②《清圣祖实录》卷199，康熙三十九年六月丙寅条，中华书局2008年影印本。

③（清）福趾：《户部漕运全书》卷78《奏销考成·仓库盘查》，清光绪刻本。

④（清）《大清会典则例》卷43《户部·漕运三》，清文渊阁四库全书本。关于临清、德州仓厫的修建时间与数量，各种史料众说纷纭，如《道光济南府志》卷16载"德州仓通志云在州城西南，旧仓十间顺治年建，新仓十四间雍正八年建。州志云德州新仓雍正九年于州署东建，仓一百二十间，贮常平谷及社谷并收贮漕粮，旋起运赴通"。《乾隆临清州志》卷3亦载雍正时临清知州重修仓庚，"前为正门，门之东为栅门，中为堂（三间），堂之后厫十二连（博、厚、高、明、悠、久、智、仁、圣、义、中、和），连各十间，后为神祠"。

甚难，请于临德二州等处应征漕米十万石，改征谷二十万石，既省运费，兼益民生"①，得到了批准。雍正时兴大工修盖临清与德州水次仓，并且不惜截留数十万石漕粮囤积二处，其目的就是利用当地便利的水陆交通，将仓粮运往急需之处，以达到稳定基层社会，缓和阶级矛盾的目的。

乾隆十年（1745）河南巡抚硕色疏称"豫省永城等县，应解德州仓米，今既改征黑豆，请将原议祥符等州县协办漕米统征本色，与黑豆一并起运，至解临清仓米，应饬令各州县照例改折，每石价银八钱征解"②，得到了朝廷批准。乾隆十二年（1747）因山东灾荒，巡抚阿里衮奏"德州仓已经截留漕米五万石，足资接济，今又令将漕粮五万石原船带运德仓，先后共截十万石，为数过多，不如分贮临清、济宁二处近河一带州县，有需用之处，可以随时酌拨"③，高宗接到奏折后，谕军机大臣等"此项续拨运贮德仓之漕粮五万石，如已运到德州交兑，若复令盘运，恐于旗丁有累，著照原议，存贮德仓，如现在尚未起兑入仓，即照该抚所奏，分贮临清州三万石，济宁州二万石，以备沿河州县酌拨之用"④，乾隆时之所以能够有如此大量米石用于地方州县灾荒赈济，是因为当时国家积蓄丰实，府库充裕，统治者也较为关心民间疾苦，所以各项救灾力度颇大。

乾隆十六年（1751）定德州、临清二仓征收粮银额数，其中"德州仓征银六万六千九两七钱五分，米二万五千七百二十二石七斗五合，临清仓征银八万三千七百二十五两九钱二分二厘，米三千十有六石七斗三升八合"⑤，粮银用于支付运军行月粮与驻防过往官兵粮饷。乾隆二十四年（1759）清政府将临清仓、德州仓交山东粮道库大使管理，"所有德州仓米事务，该大使似难兼顾，查常丰仓大使既管该仓本色米，请将德仓并归常丰仓大使兼管，至常丰仓大使向属德州管辖，今所管俱系道库事务，请改粮道管辖，其仓库两大使钤印，另请改铸，并粮道关防内改铸山东督粮道兼管德常临清仓事务关防，再巡抚衙本向因兼管关仓，是以关仓关防内

---

① 《清世宗实录》卷140，雍正十二年二月辛未条，中华书局2008年影印本。
② 《清高宗实录》卷236，乾隆十年三月甲戌条，中华书局2008年影印本。
③ 《清高宗实录》卷293，乾隆十二年六月丙戌条，中华书局2008年影印本。
④ 同上。
⑤ （清）《大清会典则例》卷41《户部·漕运一》，清文渊阁四库全书本。

有兼管临清仓字样，今临仓归于道管，亦应改铸监督临清钞关户部分司关防"①，至此临清、德州二仓彻底摆脱了户部属员与钞关代管的历史，直接由山东粮道管理，这种管理方式的演变，反映了一种因地制宜、因时制宜的变革，同时也体现了国家对二仓重视程度的降低。

嘉庆时临清、德州仓改折力度更大，其中临清仓"额征米粟二万八千六十七石有奇，正银九万八千三百五十四两有奇，耗银一万三千三百八十四两有奇"②，德州仓"额征米一万七千四百十五石有奇，银六万五千二百九十六两有奇"③，河南粮道属"额征运解临清、德州二仓米一万一千八十五石有奇，银二万一千三十两有奇，米折席苇银五百五两有奇"④。嘉庆十九年（1814）因漕粮迟误，谕军机大臣等"临清、德州二处仓廒，建设水次，原以备贮米石，但年久未用，闻已有坍损"⑤，命山东巡抚章煦抓紧进行修补，以备漕粮存储。咸丰二年（1852）济南、兖州、东昌发生水灾，朝廷除动拨通州仓粟15万石赈灾外，还"再发户部库银往通州、天津等处照时价采买粟米五万石，分交回空粮船带往山东，暂于德州、临清二处收储，并著该督抚将二处仓廒酌量添盖，再令奉天将军等动拨米二十万石，于五月内运至天津大沽口，天津总兵等接运至德州，交山东巡抚酌量分拨"⑥。延续至清末光绪二十一年（1895）临清、德州二仓仍然发挥着一定的作用，当年河南巡抚刘树堂奏"上年份临德二仓银米请展限报销"⑦，可见二仓仍然收受一定数目的漕粮与改折银。

清代临清、德州二仓除顺治年间征收本色外，自康熙始至清末一直兼收本、折二色，并且改折的比例越来越大。从雍正朝不断截留漕粮存储二仓就可以看出，临德仓自身存储漕粮严重不足，特别咸丰年间黄河决口后，二处仓廒残破不全，漕粮寄囤时候只能临时修缮，没有长期的规划与建设，充分显示了运河水次仓的没落。另外清中后期频繁的战乱，对临德二仓打击很大，其中王伦起义、太平天国北伐、捻军起义使临清"庙宇廨署，市庐民舍悉付焚毁"，而德州也是"商埠开而京道改变，漕运停而

---

① 《清高宗实录》卷601，乾隆二十四年十二月癸未条，中华书局2008年影印本。
② （清）托津：《嘉庆朝大清会典》卷15《水次仓》，文渊阁四库全书本。
③ 同上。
④ 同上。
⑤ 《清仁宗实录》卷294，嘉庆十九年八月甲戌条，中华书局2008年影印本。
⑥ 《清文宗实录》卷60，咸丰二年四月己酉条，中华书局2008年影印本。
⑦ 《清德宗实录》卷365，光绪二十一年四月己酉条，中华书局2008年影印本。

南泊不来，水陆商务因之大减"①，两座城市因运河的断流与漕运的衰败
而走向了没落。

二　徐州、淮安二仓

清代徐州历史地位不如明代，顺治二年（1645）朝廷差户部司官管
理徐州广运仓，但康熙四年（1665）即停部差，徐州仓粮务归淮安仓户
部分司与淮徐道兼管，而税务先归淮扬道，后归徐属河务同知，再后归中
河分司，当时徐州仓"额征本色米麦二万六百九十三石，银二万五百一
十七两，从徐州所属州县征解，隶属淮徐道管辖"②，而淮安仓"额征本
色米麦二万九千四百四十三石五斗零，折色银一万五千八百二十六两五钱
二分零"③，淮徐二仓粮税的主要来源是江苏省的徐州、庐州、淮安、常
州等几府。

康熙三年（1664）为加强对水次仓户部司官的监督与考核，规定
"淮徐临德四仓监督，自到任至任满，按月扣算，凡任内钱粮与旧欠钱粮
各作十分，如任内钱粮全完，又完旧欠至二分以上者，记录一次；至四分
以上者，加一级；一分者，免议。未完一分者，罚俸三个月；二分者，罚
俸六个月；三分者，罚俸一年；四分者，降一级调用；五分者，降二级调
用；六分者，降三级调用；七分以上者革职"④，清政府对水次仓监督考
核的目的是为了增强国家对漕粮的收纳力度，扩大满清统治者控制社会的
物质基础，希望通过对仓储官员的鞭策来增加国家的粮食积蓄。对于地方
州县征收漕粮运往徐淮二仓的县级官员，又题准"淮徐临德四仓及凤阳、
江宁二仓钱粮，州县官欠不及一分者，停其升转，一分者罚俸六个月；二
分者罚俸一年；三分者降俸一级；四分者降俸二级；五分者降职一级；六
分者降职二级；七分者降职三级，俱戴罪督催，完日开复，欠九分以上
者，革职"⑤，其他布政司、督粮道、知府、直隶州知州均担有督促地方
县级单位征收钱粮的权力，如不能按时完纳，要承担连带责任。

---

① （清）冯翥：《德州乡土志》之《户口条·商务条》，清抄本。
② （清）伊桑阿：《康熙朝大清会典》卷 28《仓庾一·水次仓》，清康熙二十九年（1690）
内府刻本。
③ 同上。
④ 同上。
⑤ 同上。

康熙八年（1669）清政府定各地榷关根据征收银数委派各部属员或地方官员管理，其中"浒墅关、芜湖关、北新关、九江关、淮安关、太平桥、扬州关、赣关、天津关、西新关、淮安仓、临清关、凤阳仓税额俱多，应择各部院贤能满汉官员差遣，其挖运厅、居庸关、徐州仓税额较少，应交与地方官征收"①，征税较多的淮安仓、凤阳仓、临清关因位于运河要道，且周边商旅众多，所以管税官员级别较高，而徐州仓因黄河变迁，运道改变，其地位较明代下降不少，商业也不甚发达，所以税收额数也不如淮安、临清等处。康熙九年（1670）因淮安关与淮安仓同处一地，并且都具有收税的职能，经常存在着权力上的交叉与税务上的重叠，于是定"淮安关兼管淮安仓及工部清江厂"②，主官为淮安户、工两部分司主事，征收税额也从58300两提高到92428两，其数目几乎翻了一倍。

乾隆十六年（1751）进一步规范淮徐二仓征粮银数，定江南淮安仓征银1万3186两5钱1分，米2571石5升9合，麦2万5100石8斗2升4合。徐州仓征银2万1516两5钱6分7厘，麦5639石9斗5升9合，豆4037石4斗1升6合。③嘉庆时淮安与徐州二仓不再征粮，而是全部征收银两，其中徐州仓"正银二万七千六百九十五两有奇，耗银二千七百六十九两有奇"④，淮安仓"正银二万五千五百三十二两有奇，耗银二千三百八十五两有奇"⑤，二仓从清初专门存储漕粮的仓储机构到嘉庆时类似于征税与收存银两的财政机关，充分显示了国家漕运的衰败及税粮折银对水次仓的影响。

嘉庆后，徐州仓基本默默无闻，几乎从各种史料中消失，而淮安仓因处于南粮起运之地，且与江南河道总督、漕运总督、两淮盐政同守一地，所以在清末纷繁复杂的中国社会中经历了很大的变迁。道光四年（1824）江南黄河骤涨，导致高家堰漫口，清政府不得不行海运。道光二十三年（1843）因淮安仓久不存粮，破败不堪，河库道徐泽淳对仓储进行了修缮与整顿，并改淮安常盈仓名为丰济仓，主要功能为存粮赈济地方灾荒，基本不再具有供给运军、支持官员俸禄粮的作用。咸丰八年（1858）漕运

---

①　（清）《清文献通考》卷26《征榷考·征商·关市》，清文渊阁四库全书本。

②　（清）《大清会典则例》卷48《户部·关税下》，清文渊阁四库全书本。

③　（清）《大清会典则例》卷41《户部·漕运一》，清文渊阁四库全书本。

④　（清）托津：《嘉庆大清会典》卷15《水次仓》，文渊阁四库全书本。

⑤　同上。

衰败，裁撤江南河道总督及其下属官员，咸丰十年（1860）捻军攻破清江浦，所有衙署与仓储均被焚掠一空。同治三年（1864）漕运总督张之万易地重建淮安丰济仓，但因资费缺乏，工程断断续续，直到同治八年（1869）才由候补知县许廷佐建成，当年存粮颇为丰富，并且恢复了水次仓存储、转运的职能。

光绪二十七年（1901）谕令"漕政日久弊生，层层剥蚀，上耗国帑，下朘民生。当此时势艰难，财用匮乏，亟宜力除糜费，切实整顿。著自本年为始，各直省河运、海运一律改征折色……至仓场，关系紧要全漕，既经改折，自应按时筹备，详定办法。所有采买、运解、收存、储备各章程，及到仓后应如何严责成、防流弊之处，著漕运总督、仓场侍郎分别妥议"①，此后漕运总督几乎毫无实权，很快也于光绪三十一年（1905）裁撤。漕运与河道的衰败，加之优势政治地位的丧失，使淮安也由以前的繁华都会变成了"冠盖萧索，市井凄凉，日矗矗矣。长街十里，顷刻风烟，屋宇十存二三，市民百余一、二。昔日金穴，遂邱墟矣"②的没落之所，其变迁真实地反映了某些运河城市与漕运唇齿相依的关系。

三　江宁、凤阳二仓

清代"燕京漕运以江宁为咽喉"③，而凤阳地位也至关重要，为"南北咽喉，设有疏虞，河南、山东全局震动"④，所以即使两地不属紧靠运河沿岸的城市，清政府依然在两地驻有重兵，并设水次仓存储漕粮，以便在危急时刻迅速稳定地方社会。另外从政治角度考虑江宁是明代两京之一，凤阳为明皇朱元璋的发迹之地，清政府重视对两地的控制，显然是为了防止突发事件，其镇压民众反抗的意图十分明显。

清代江宁有一水次仓，凤阳有永泰、广储二仓。顺治八年（1651）命将凤阳关征银之权归并凤阳仓监督，凤阳仓收粮之权归于省粮道。康熙元年（1662）部差官员督凤阳仓，但康熙四年（1665）即停凤阳仓部差，由本府通判管理粮银事务。康熙五年（1666）定江宁仓由本府理事同知

---

① 上海商务印书馆编译所编纂：《大清新法令》卷1《谕旨6》，商务印书馆2010年版，第6页。

② （清）吴昆山：《光绪清河县志》附编卷1《建置》，清光绪二年（1876）刊本。

③ （清）梁廷楠：《夷氛闻记》卷4，中华书局1959年版，第117页。

④ （清）奕欣：《钦定平定七省方略·平粤》卷35，中国书店出版社1985年版，第18页。

管，七年（1668）凤阳仓再改归本府知府管理，八年（1669）复差部员，十三年（1674）"裁西新户关归并龙江工关，裁芜湖工关归并芜湖户关，各兼理。既而改凤阳仓归凤阳知府，正阳归通判，临淮交大使征收，停差部员"①。康熙时凤阳仓额征"本色米麦四万四千六百六十八石六斗零，折色银八万八千四百八十七两六钱六分"②，由庐、凤二府属及寿、泗、宿、颖、亳等州及常淮、凤阳等卫征解，给发运军月粮及驻军兵粮。江宁仓额征"本色米二万九千一百六十六石"③，由江宁、镇江二府属，滁州、和州等州县征解，由江安粮道管理。康熙二十一年（1682）为保障江宁、凤阳二仓足额征收钱粮，定管仓粮道"未完一分者免议，二三四分者住俸，五六七分者降俸一级，八九分者降职一级，十分者降职二级，俱戴罪督催，亦限三个月催完，如限内不完，原欠二三四分者罚俸三个月，五六七分者罚俸六个月，八九分者罚俸一年，十分者实降职一级调用"④。康熙年间，水次仓除存漕粮外，还存储其他类型的粮谷，如康熙四十三年（1704）议准"其江宁仓捐米八万七千余石，久贮恐致涅烂，照常平仓每年粜三，秋成买补"⑤。

乾隆年间，凤阳仓与江宁仓征收银米各有额数，其中凤阳仓"征银七万九千一百八十七两九钱八分七厘，米一万一千一百七十石四升三合，麦一万三千六百四十二石八斗三升四合，各有奇"⑥，江宁仓"征米二万九千一百六十六石四升七合有奇"⑦，乾隆朝凤阳仓米麦存数低于康熙朝，征银数却高于康熙朝，而江宁仓因不征银，两朝粮数基本没有变化。延续至嘉庆时，凤阳仓与江宁仓粮银数又进一步缩小，此时江宁仓仅征米1万9161石，凤阳仓征收正银9万3699两，耗银8466两。

道光后因运河淤塞，漕粮改折数额越来越大，江宁、凤阳二仓几乎无粮可存，加之两地屡遭兵燹，鸦片战争与太平天国起义期间，清政府与英

---

① （民国）赵尔巽：《清史稿》卷100《食货六·征榷·会计》，吉林人民出版社1995年版，第2517页。

② （清）伊桑阿：《康熙朝大清会典》卷28《仓庾一·水次仓》，清康熙二十九年（1690）内府刻本。

③ 同上。

④ 同上。

⑤ （清）《清文献通考》卷34《市籴考三·籴》，清文渊阁四库全书本。

⑥ （清）《大清会典则例》卷41《户部·漕运一》，清文渊阁四库全书本。

⑦ 同上。

法侵略者及农民军曾在此进行过激烈的拉锯战，不但民众伤亡惨重，而且仓储多数被毁。清末光绪年间，凤阳、江宁地方社会曾对二仓进行恢复与重建，使仓储重新具备了一定的存储功能，但仓粮多为基层社会的灾荒赈济所用，与国家漕运的关系不大。

第三节　小结

明清时期的运河水次仓是专制国家为适应漕运发展需求而设置的，其具有转运、存储、赈灾、补漕、官俸、军俸等诸多的功能，是中央政府调节漕粮分配，维持地域社会稳定，巩固专制政权的重要措施。除国家政治方面的需求外，水次仓在数百年间同时也影响了其所在的城市，刺激了当地经济与商业的发展，实现了政治与经济的良性互动。如天津、德州、临清、徐州、淮安等沿运城市，从最初的发展到兴盛，都离不开运河交通与漕运、仓储机构的设置，这些城市一方面依赖于由漕运所带来的人流、物流、商品流的汇集而实现了自身的崛起，另一方面又利用当地所设漕运衙门、户部仓储衙门、河道衙门的政治优势，不断扩张着城市品牌的影响力与辐射力，从而实现了国家、城市、漕运、商业、仓储等长时段的和谐发展与互动。而当运道与仓储衰落时，运河城市经济也备受打击，其中迦运河开凿后，徐州由运河名城逐渐趋向没落即是一个典型的案例，因此明清沿运城市与传统漕运的关系可以说是鱼水之情，一旦成了无水之鱼，其就失去了赖以生存与成长的环境，走向衰败也就成了历史的必然。

明清两朝的水次仓都位于运河沿线区域，都与国家政治、经济的变迁密切相关，因此存在着一些共同的特征，同时由于明清不同时期社会现实的差异，仓储在某些方面也有各自的特色。其中共同点有三：（1）明清水次仓都属于国家官仓，最高控制者均为户部，用途也主要是满足国家的政治、经济、军事需求。（2）两朝水次仓都属于国家漕运的重要组成部分，所存储的漕粮都来自于有漕省份，都是普通百姓所交纳的漕赋。（3）明清水次仓都位于运河沿线重要城市，即使清代的江宁、凤阳二仓没有紧靠运河，但也属运河辐射区域，都是中央政府重点关注的对象。区别则有以下几点：（1）明代运河水次仓在明初支运法时曾经经历过存粮数百万石的兴盛时期，当时水次仓不但接纳江南漕粮，而且附近省份税粮也输往水次仓，其存储能力十分惊人。而清代漕运始终使用长运法，水次仓只是在顺治、康熙、雍正三朝存在过完全征收本色的阶段，而且因漕粮来源范围有限，存粮数量无法与明代相比。乾隆后，水次仓又兼有钞关的功能，于是仅存的部分漕粮也几乎全部折收银两，国家粮食机构的性质减弱，税收作用增强。（2）在管理方式上明清两朝存在着很大的区别，虽然明代水次仓因运法的改变而存粮逐渐减少，但一直由户部派遣郎中、主事等官员管理，直属中央的性质非常明显，地方政府虽有协助修仓、征派夫役、请求中央动用仓粮赈灾的责任与要求，但是对仓储的管理并没有直接的参与权。明代监仓官员权力很大，有"司内宰之分职，而外方伯之事"①的职能，而清代除顺治与康熙两朝曾有过户部官员短期监仓的历史外，其余时间或为户部榷关代管，或由督粮道、府州官员管理，带有浓厚的地方色彩，不如明代地位重要。（3）在功能作用上两朝也有明显的区别，明代水次仓最主要的功能是存储与转运，同时还兼有灾荒赈济、供应运军与卫所军粮、填补京通仓缺额等作用，而清代水次仓由于存粮较少，甚至在中后期几乎完全沦落为征税机构，所以除了起到供给运军行月粮与小范围的灾荒赈济外，并没有像明代水次仓那样多的功能。（4）明清时期的水次仓弊端也具有不同的特点。明代水次仓之弊主要集中在宦官监仓时期，当时宦官依仗皇帝所赐予的权力，不但豢养家奴，盗窃仓粮，而且经常干扰户部仓储官员正常工作，压榨前去纳粮的运军与百姓，其对仓储造成的危害十分巨大与深远。而清代水次仓因存粮较少，且多数时间都属于省粮道或者府州官员代管，所以关于仓储弊端的记载较少，而且多以仓储基层胥吏与劳役人员的徇私舞弊为主，与明代宦官监仓这种畸形的管理方式有很大的区别。

　　运河水次仓作为明清专制国家漕运仓储的重要组成部分，其兴衰反映了明清两朝的政治变革与社会变革，是当时国家漕运与现实状况最直接的体现。在以传统运河漕运为基础的社会格局中，水次仓既承担着存储国家漕粮的重任，又活跃着当地的粮食市场，刺激着运河城市经济的发展，提高着其政治地位，将运河区域同其他区域联系了起来，实现了在大范围与宽领域的粮食转输及流通，对于加快运河区域产品的商品化起到了重大作用。但是，我们同时发现，水次仓的衰落同样与社会现实的变迁息息相关，清代道光后，随着黄河决口、运河淤塞、漕粮海运等一系列威胁传统

---

① （清）王俊：《乾隆临清州志》卷3《公署志》，清乾隆十四年（1749）刻本。

漕运因素的出现，水次仓多数处于废毁与失控的状态，只有在寄囤漕粮与赈灾时才想起去修葺与整理，基本不存在长时期与有规律的运转。同治、光绪时，当轮船招商局海运漕粮与铁路运粮兴起之时，不但运河漕运备受打击，而且在沿运城市存粮已显得无关紧要，历经数百年的运河水次仓或走向衰落，或沦为地方性仓储，再也难寻当年的辉煌，这既是新旧交通方式变革造成的结果，更是社会变革的影响。

第 五 章

明清时期京通仓与水次仓的功能及作用

　　明清时期的京通仓与水次仓作为京杭大运河沿岸的国家大型漕仓，对专制政权的政治、经济、军事都产生了重要的影响，正是依靠着丰实的粮食积蓄，明清两朝才会在数百年间维持了政权的稳定与国家的统一，可以这样说，没有漕运的持续运行，就不会有明清社会的"仁宣之治"、"康乾盛世"、"同光中兴"等盛世局面，不会有北京、通州、天津、临清、济宁、徐州、淮安等运河城市经济与商业的繁荣。明人蒲秉权曾说："漕运军国大命也"①，清人徐乾学亦言："江海河漕关系国脉民命。"② 专制国家漕粮取之于民，而并非全部用之于民，漕粮的主体用于供给京城皇室、官员俸禄、军兵口粮等，用于灾荒赈济、粮价平衡、公共工程用粮的比例十不及一，甚至在粮食匮乏之时，完全置灾民的性命于不顾，这种现象的出现一方面充分体现了京通仓与水次仓属"天子之仓"，"天庾正供"的性质，另一方面也说明了在明清社会像京通仓与水次仓这些大型漕仓的动用权只能属于最高统治者与中央，其作用与功能的发挥也完全由这些人员决定。

　　明清京通仓为国家每年数百万漕粮的归宿，其作用发挥的地域首先在京城，通过众多的史料我们也可以看出，明清两朝北京城人口众多，聚集着大量的官僚、皇室贵族、卫所官军、工匠夫役、行商坐贾、贩夫走卒等，虽然外地商品粮对解决都城的供给问题起到了很大的作用，但京通仓粮也是京城粮价平衡与供给的重要来源。其次，就算是国家发生重大的灾荒，京通仓关注的地域也仅仅是京城及周边宛平、大兴、通

---

① （明）蒲秉权：《硕蘧园集》卷6《复姚镜初侍御》，清光绪元年（1875）蒲荫枚手拙斋刻本。

② （清）徐乾学：《憺园文集》卷35《杂著》，清康熙刻冠山堂印本。

州、天津等畿辅地区，对于远离政治中心地域所起的作用微乎其微。最后，明代京通仓粮在某些时期还负担着向大同、宣府、辽东、蓟州等九边重镇输粮的重任，而清代因边患主要集中于西北，所以基本不会远距离从京通仓运粮。

明清水次仓由于在存粮规模、管理机构、仓廒数量方面的差异，其作用的发挥也有着很大的不同。明代水次仓在初期时存粮超数百万石，其转运、存储的功能最为强大，除每年向京通仓输送大量漕粮外，自身存粮数额也非常惊人，这也是明前期水次仓能够大规模动拨漕粮赈济本省及周边省份灾荒的原因。中后期虽然运法改变，水次仓存粮减少，但仍然能够起到填补漕粮缺额、供给运军行月粮的作用，甚至在万历抗倭援朝的过程中，临清、德州二水次仓提供了大量军粮，为中朝联军的最后胜利提供了强大的物质保障。这种现象的出现是因为整个明代的多数时间里，水次仓一直由户部官员直接控制，期间虽然宦官势力曾渗透其中，加之改折、战乱、运道淤塞都曾对仓储产生过不利的影响，但明统治者却始终为掌控国家漕运与仓储而努力，所以其稳定运行与发挥作用的时间较长。相对于明代，清代水次仓只有在顺治朝时才存在过完全征收本色的阶段，其后改折愈演愈烈，水次仓基本成为中央设在地方上的征税与财政机构，每年除部分漕折银留作地方外，大部分银两都被运到了京城内库与户部银库，所以清代水次仓除发放部分运军行月粮与当地驻军官俸外，很少在大的灾荒赈济中有所作为，这是由水次仓粮匮乏所导致的。除此之外，清代水次仓受重视的程度远不如明代，清淮安、临清、江宁、德州六仓不但廒数较少，而且管理人员也发生了多次变化，逐渐由中央管理下放到地方，这种管仓人员级别越来越低的现象，不但限制了仓储作用的发挥，而且迫使其逐渐由国家大型官仓向地方性仓储转变，最后走向了彻底的没落。

第一节　京通仓与水次仓的政治功能

明清京通仓的政治功能实质为经济供给功能的延伸与扩展，主要提供京城众多皇室人员、官僚及太监、军丁、匠役等人群的俸禄粮与日常口粮。在明清两朝初期，由于国家崇尚清简，所以行政人员数量有限，皇室宗支也不甚繁茂，加之当时漕运处于上升时期，每年漕粮数量足以供给国

家各项需求，处于社会上层的统治阶级占用京通仓粮的比例并不大。延续
至明清中后期，由于承平日久，朝廷各部所置官员冗乱繁杂，人浮于事，
并且每年在京城候补的道、府、州、县官员更是不计其数，所需俸粮数额
非常庞大，即便中央政府把漕粮按照一定的比例折算成布匹、银两进行发
放，但本色粮仍是一个不小的开支。除此之外，京城众多的王府、侯府、
将军府年久繁衍日盛，这类人群每年所计俸禄粮也动辄上百万石。相对于
京通仓维持京城巨大人群的供给作用，沿河水次仓主要用于寄囤冻阻漕
粮、填补京通仓粮缺额、灾荒赈济、提供运军与地方驻军行月粮等，其作
用不如京通仓大。

一　皇室宗藩人等对京通仓粮的消费

《天府广记》载："京仓为天子之内仓，通仓为天子之外仓。淮、徐、
临、德置外，所以备凶旱，以防不虞也"①，表明了京通仓为天子仓储的
性质，其支配权由最高统治者掌控，所以仓储的首要任务就是为皇室人员
服务。除皇家直系宗亲外，还有异姓亲王、郡王、将军等，这些统治阶层
根据爵位的高低，会领取数量从数百石到数万石不等的本色粮，某些时期
还会用部分银两、布匹来代替一定比例的漕粮，属本折兼支。

据《明会典》载："圣祖封藩，初拟亲王五万石，既以官吏、军士俸
给弥广，因监唐宋之制，定为万石，后令米钞兼支，有中半者，有本多于
折者，其则不同。今天潢日藩，而民赋有限，势不能供，且冒滥滋多，奸
弊百出，故嘉靖间更定条例，万历十年复颁要例，宗藩皆有限制"②，这
条史料详细的告诉我们，洪武、嘉靖、万历三朝关于皇室宗藩的俸禄经过
三次变化，从最初的亲王数万石到各有定例，总体上呈现下降的趋势，这
既是皇室人口日增，消耗日大，国家为节约天庾正供而采取的措施，同时
也是宗藩俸禄由皇帝随意封发到条例化与固定化的过程。而公、侯、驸马
等勋戚之臣及异姓王侯之俸禄在明代也经历了很大的变化，"国初，勋亲
之臣皆赐官田以代常禄，既令赐田还官，给之本色。永乐间始令与文武百
官米钞兼支，其本折多寡之数皆请自上裁，无定额。除承袭及嫡庶正支

---

①　（清）孙承泽：《天府广记》卷14《漕仓》，北京古籍出版社1984年版，第174页。
②　（明）申时行：《明会典》卷38《户部二十五·廪禄一》，明万历内府刻本。

外，或由弟侄，由旁支袭者，例皆减禄，至于恩泽特封非典制者，例不载"①。勋戚之臣明初数量有限，所以多分给官田以自给，后随着分封数量的扩大，加之常有勋戚依仗权势强占民田，所以方令其退田还民，与文武百官一样支取米钞，而其每年数目则由皇帝决定。同时为了削弱这些异姓王侯的权力，减轻京通粮储压力，规定只有继承爵位的嫡长子支取正额，而旁系支粮数目层层递减，这样虽人数不断变多，而支粮总数不致剧增。

表 5—1　　　　　　　　　　　明代宗室爵位俸禄②

爵位	俸粮数（石）
亲王	10000
郡王	2000
镇国将军	1000
辅国将军	800
奉国将军	600
镇国中尉	400
辅国中尉	300
奉国中尉	200
公主及驸马	2000
郡主及仪宾	800
县主及仪宾	600
郡君及仪宾	400
县君及仪宾	300
乡君及仪宾	200

从表 5—1 中可以看出，宗室爵位的高低与俸禄米的数额成正比，其中亲王、郡王、公主与皇帝的关系最为密切，所以其禄米从上万石到数千石不等，而各类将军、郡主、县主及到县君、乡君与皇室血统越来越远，所以其俸粮也逐渐降低。

---

① （明）王圻：《续文献通考》卷103《职官考·禄秩下》，明万历三十年（1602）松江府刻本。

② 同上。

表5—2　　　　　　　　　　明代朱姓诸王俸粮及折数①

诸王	米钞数（石）	变化（石）
秦王	10000（米钞各半兼支）	嘉靖四十四年改为9000，本4000，折5000
晋王	10000	嘉靖四十四年减为9000
周王	20000 袭封12000	弘治十六年减为10000，隆庆二年减为9000
楚王	10000	隆庆三年减为9000
鲁王	10000（米钞各半兼支）	隆庆二年减为8000，本色5000，折色3000
蜀王	10000	嘉靖五十四年减为9000
代王	6000（米钞各半）	不详
肃王	1000（本色700，折色300）	隆庆四年承袭辅国将军，俸800石，本三折七
辽王	2000	后除国
庆王	10000（本7500，折2500）	嘉靖四十四年减为9000，本7000，折2000
宁王	10000（米钞中半）	后因叛乱除国
岷王	1500	不详
韩王	3000（本2000，折1000）	不详
沈王	10000（本6000，折4000）	嘉靖四十四年减为9000，本5500，折3500
唐王	5000（后改为6000）	嘉靖五年定粟米3000，粳米1000，其余折色
伊王	2000	后除国
赵王	10000（米钞各半兼支）	弘治十六年定本8000，折2000，隆庆三年减为9000，本7000，折2000
郑王	10000	隆庆元年加400，共10400
襄王	10000	不详
荆王	10000	嘉靖四十五年减为9500
淮王	10000（本折中半兼支）	不详
德王	10000	隆庆二年减为9000
秀王	10000	后国绝
崇王	10000	嘉靖四十四年减为9500
吉王	10000	嘉靖四十四年减为9000

---

① （明）申时行：《明会典》卷38《户部二十五·廪禄一》，明万历内府刻本。

续表

诸王	米钞数（石）	变化（石）
徽王	10000	后除国
岐王	10000	后国绝
益王	10000	嘉靖四十四年减为 8000
衡王	10000	嘉靖四十四年减为 8000
雍王	10000	后国绝
寿王	10000	后国绝
汝王	10000	后国绝
泾王	10000	后国绝
荣王	10000	嘉靖四十四年减为 9000
景王	10000	后国绝
靖江王	1000	弘治十六年改为本折中半

明代共 36 王，俸禄最多的为周王 2 万石，最少的为肃王与靖江王 1000 石，诸王合计支取禄米 311500 石，虽然有部分亲王会分封到各地，但在其未成年时俸粮都需从京通仓与内府仓中支取。弘治与嘉靖时诸王逐渐本折兼支，并且削减了部分皇室亲藩米数，但总数仍在 30 万石左右，这一数字约占每年 400 万漕粮数额的十分之一，其数目可谓不小。另外除诸亲王外，其子孙为郡王或各将军，每年也有相当数目的俸禄，其中"秦府郡王初封岁支禄米二千石，本色五百石，折色一千五百石，袭封一千石，米钞中半兼支。晋、周、楚、鲁、蜀、代、辽、沈、唐、伊、赵、郑、襄、荆、德、崇、徽一十七府郡王初封岁支禄米各二千石，袭封各一千石，俱米钞中半兼支。肃、庆、宁、韩、淮五府郡王初封岁支禄米一千石，米钞中半，袭封同。吉、益、衡、荣四府郡王岁支禄米一千石，三分本色，七分折钞。岷府郡王初封岁支禄米五百石，米钞中半兼支，袭封同"①，郡王禄米基本在亲王基础上减为五分之一或十分之一，其粮数虽少，但因亲王子孙众多，所以俸粮总数并不小。

---

① （明）王圻：《续文献通考》卷 103《职官考·禄秩下》，明万历三十年（1602）松江府刻本。

爵位	禄米数（石）
	表 5—3　　　　明代公侯驸马伯禄米数①
魏国公	5000 石，本色 2000 石，折色 3000 石
英国公	3200 石，本色 1500 石，折色 1700 石，内折绢 200 石，随府米 100 石
黔国公	3000 石，本折各 1500 石
成国公	4200 石，本色 1400 石，折色 2800 石
定国公	2500 石，本色 1500 石，折色 1000 石
恭顺侯	1500 石，本色 700 石，内随府米 200 石，折色米 800 石
定西侯	1500 石，本折各 750 石
抚宁侯	1200 石，本色 840 石，折色 360 石
镇远侯	1000 石，本折各 500 石
永康侯	1000 石，本折各 500 石
武安侯	1000 石，本色 700 石，折色 300 石
怀宁侯	1000 石，本色 400 石，折色 600 石
泰宁侯	1000 石，本折各 500 石
安远侯	1000 石，本折各 500 石
武定侯	1000 石，本折各 500 石
临淮侯	1000 石，本折各 500 石
灵璧侯	1000 石，本折各 500 石
怀远侯	1000 石，本折各 500 石
隆平侯	1000 石，本色 700 石，折色 300 石
定远侯	1000 石，本折各 500 石
西宁侯	1100 石
保定侯	800 石，本折各 400 石
阳武侯	800 石，本折各 400 石
宁阳侯	1000 石，本折各 500 石
丰城侯	500 石，本色 200 石，折色 300 石
宁安大长公主	1000 石，本色 700 石，折色 300 石
驸马都尉	1000 石，本色 700 石，小麦 300 石
惠安伯	1130 石，本色 580 石，折色 550 石
平江伯	1000 石，本折各 500 石
宣城伯	1000 石，本折各 500 石

①　（明）刘斯洁：《太仓考》卷 4 之 1《岁支》，明万历刻本。

爵位	禄米数（石）
应城伯	1000 石，本折各 500 石
武靖伯	1000 石，本折各 500 石
彭城伯	1000 石，本色 400 石，折色 600 石
成安伯	1000 石，本色 400 石，折色 600 石
襄城伯	1000 石，本折各 500 石
兴安伯	1000 石，本色 300 石，折色 700 石
新宁伯	1000 石，本色 700 石，折色 300 石
伏羌伯	1000 石，本色 400 石，折色 600 石
丰润伯	1000 石，本折各 500 石
南宁伯	1000 石，本折各 500 石
安乡伯	1000 石，本折各 500 石
新建伯	1000 石，本色 600 石，折色 400 石
彰武伯	1000 石，本折各 500 石
怀柔伯	1000 石，本色 400 石，折色 600 石
成山伯	1000 石，本色 400 石，折色 600 石
遂安伯	1000 石，本折各 500 石
靖远伯	1000 石，本折各 500 石
崇信伯	1000 石，本色 400 石，折色 600 石
武平伯	1000 石，本色 400 石，折色 600 石
忻城伯	1000 石，本折各 500 石
清平伯	800 石，本折各 400 石
东宁伯	800 石，本色 350 石，折色 450 石
南和伯	800 石，本折各 400 石
宁晋伯	800 石，本折各 400 石
武进伯	800 石，本折各 400 石
广宁伯	700 石，本折各 350 石
诚意伯	700 石，本色 300 石，折色 400 石
固安伯	1000 石，本色 700 石，折色 300 石，外加恩米 200 石
庆都伯	1000 石，本色 700 石，折色 300 石
武清伯	1250 石，本色 700 石，折色 300 石，随府米 250 石
永年伯	1000 石，本色 700 石，折色 300 石
宁远伯	850 石，本色 500 石，折色 300 石，恩米 50 石

以上公、侯、伯、公主、驸马共计62位，多数为本折兼支，数目最高者为5000石，最少者为500石，相差10倍，所有人员支粮总数为74130石。

在明代，皇室诸王及异姓公侯、勋戚的俸粮是不断变化的。洪武六年（1373）定"凡亲王每岁合得粮储，皆在十月终，一次尽数支拨。其本府文武官吏俸禄及军士粮储，皆系按月支给，每月不过初五"①。宣德八年（1433）奏准王府禄米折色，每石钞十五贯。成化二年（1467）令"郡王禄米俱于亲王府仓上纳，听令按季支用，镇国将军以下禄米于有司官仓收贮，二次支给"②，该时期由于宗藩繁衍日盛，给国家粮储造成了巨大危机，当时户部尚书余子俊曾上书言："近年以来，宗支益盛，官爵益多，灾伤益重，供奉上用不足，京军布花不足，外夷赏赐表里不足，馆待厨料不足……京官俸粮折色不足，京民赈济不足，食粮边方军饷本色不足，此等急务皆取办于京仓。"③ 嘉靖四十四年（1565）又定郡王禄米"不分初封，袭封，俱岁支一千石，三分本色，七分折钞，惟岷府仍旧例"④。各王府镇国、辅国、奉国将军；镇国、辅国、奉国中尉本来米钞各半兼支，嘉靖四十四年（1565）也改为四分本色，六分折钞，其他级别更低的县君、乡君为二分本色，八分折钞。从明中期前的俸禄以本色为主到中期后的以钞为主、本色为辅，这种现象的出现有以下三个方面的原因。首先，明初宗藩人数较少，对国家漕粮压力不大，中后期其数目有了几倍的增长，如果全发本色，必然会导致国家漕粮入不敷出。其次，明中后期运河经常淤塞，漕粮迟误、漂流、挂欠频繁出现，每年入京粮数大为减少。最后，明前期经济发展，国家重视积蓄，漕运运行稳定，中后期抗倭寇、平西夷、援朝鲜、御后金，国库消耗严重，漕粮多半运往前线，京城粮食供应紧张，只能靠多发折色以应付粮食危机。

清代皇室与宗藩人数在数量上要少于明代，而且从一开始就实行银米兼支制度，如《清文献通考》载"我朝量能授官，因官制禄，银米兼支，视前代折米折钞之制允为优厚"⑤。并且"世爵俸禄俱由都统咨部支领，其曾经效力行间致仕者，或给半俸，或给全俸。其或授外省文职者，如世

①　（明）申时行：《明会典》卷85《户部二十五·廪禄一》，明万历内府刻本。
②　（清）朱奇龄：《续文献通考补》卷29《国用补四》，清抄本。
③　（明）万表：《皇明经济文录》卷4《保治下》，明嘉靖刻本。
④　（明）申时行：《明会典》卷85《户部二十五·廪禄一》，明万历内府刻本。
⑤　（清）《清文献通考》卷90《职官考·禄秩》，清文渊阁四库全书本。

爵之俸浮于外俸，于任所支领外俸，其世爵银米仍留京支领。若与外俸相等，及外俸浮于世爵者，俸银均在任所支领，其世爵禄米仍准留京"①。顺治七年（1650）"定王公俸米，并更定郡王以下各俸银。亲王俸银如旧，例米六千石；郡王四千两，米二千石；贝子一千两，米八百石；公五百两，米六百石；将军八十两"②，顺治八年（1651）变为"王公俸米及郡王以下各俸银，郡王五千两，贝勒三千两，贝子二千两，公一千两。其王公俸米视其俸银每二两给米三斛"③。顺治十年（1653）又在结合前朝及本朝俸粮银的基础上再次进行了修改，形成了比较固定的俸禄制度，具体见表5—4 所示。

表5—4　　　　　　　　　　清代宗室及藩亲俸禄④

爵位	俸银与米数
亲王	银 10000 两，米 6000 石。世子银 6000 两，米 3000 石
郡王	银 5000 两，米 2500 石。长子银 3000 两，米 1500 石
贝勒	银 2500 两，米 1250 石
贝子	银 1300 两，米 650 石
镇国公	银 700 两，米 350 石
辅国公	银 500 两，米 250 石
一等镇国将军	银 410 两，米 205 石
二等镇国将军	银 385 两，米 192 石 5 斗
三等镇国将军	银 360 两，米 180 石
一等辅国将军兼一云骑尉	银 335 两，米 167 石 5 斗
一等辅国将军	银 310 两，米 155 石
二等辅国将军	银 285 两，米 142 石 5 斗
三等辅国将军	银 260 两，米 130 石
一等奉国将军兼一云骑尉	银 235 两，米 117 石 5 斗
一等奉国将军	银 210 两，米 105 石
二等奉国将军	银 185 两，米 92 石 5 斗

---

① （清）《清通典》卷40《职官·禄秩》，清文渊阁四库全书本。
② （清）《清文献通考》卷42《国用考·俸饷》，清文渊阁四库全书本。
③ 同上。
④ （清）《清通典》卷40《职官·禄秩》，清文渊阁四库全书本。

爵位	俸银与米数
三等奉国将军	银 160 两，米 80 石
奉恩将军兼一云骑尉	银 135 两，米 67 石 5 斗
奉恩将军	银 110 两，米 55 石
八旗一等公	银 700 两，米 350 石
二等公	银 685 两，米 342 石 5 斗
三等公	银 660 两，米 330 石
闲散公	银 255 两，米 127 石 5 斗
一等侯兼一云骑尉	银 635 两，米 317 石 5 斗
一等侯	银 610 两，米 305 石
二等侯	银 585 两，米 292 石 5 斗
三等侯	银 560 两，米 280 石
闲散侯	银 230 两，米 115 石
一等伯又一云骑尉	银 535 两，米 267 石 5 斗
一等伯	银 510 两，米 255 石
二等伯	银 485 两，米 242 石 5 斗
三等伯	银 460 两，米 230 石
伯品级官	银 205 两，米 102 石 5 斗
一等子又一云骑尉	银 495 两，米 247 石 5 斗
一等子	银 410 两，米 205 石
二等子	银 385 两，米 192 石 5 斗
三等子	银 360 两，米 180 石
一等男又一云骑尉	银 335 两，米 167 石 5 斗
一等男	银 310 两，米 155 石
二等男	银 285 两，米 142 石 5 斗
三等男	银 260 两，米 130 石
一等轻车都尉又一云骑尉	银 235 两，米 117 石 5 斗
一等轻车都尉	银 210 两，米 105 石
二等轻车都尉	银 185 两，米 92 石 5 斗
三等轻车都尉	银 160 两，米 80 石
骑都尉又一云骑尉	银 135 两，米 67 石 5 斗
骑都尉	银 110 两，米 55 石
云骑尉	银 85 两，米 42 石 5 斗
恩骑尉	银 45 两，米 22 石 5 斗

　　表5—4表中，"亲王以下，奉恩将军以上俱系宗室封爵，不入品秩，内其俸银俸米现据户部则例编载"①，可见亲王到三等奉国将军为皇帝直系宗亲，与皇族的关系最为密切，所以其俸禄完全由最高统治者决定，不依品级决定俸禄。从表面看除亲王、郡王、贝勒、贝子外，其他皇室人员与八旗贵胄每年俸银都在1000两以下，禄米更是低于500石，最低的恩骑尉年俸银仅45两，米仅22石5斗，这一数字肯定是难以满足其家庭繁杂人口的开支的，不过包括亲王在内的皇室人员多担任其他职务，这样就有了俸禄之外的养廉银，养廉银一般是俸银的10倍到100倍左右，完全可以保障其家庭日需。

　　清代王公贵族俸米多在京通仓粮中支取，而为省却路途耗费，车马劳顿，在京支取的数目又多于通州。乾隆七年（1742）因通仓积存白粮过多，日久恐有湮烂，奏准"将王公官员俸米内应放稗米一项，全以白米抵给，俟陈米将完之日，奏明停止抵给"②，此举在于通过放粮调节京通仓各类粮的比例，使之均匀发放，不致某种类型的粮食囤积过多。乾隆二十五年（1760）由于通州仓所收粮数远高于所放之数，命"嗣后所进米数毋得过多，只以二十万石内外为率，其余尽数俱进京仓，又王公名下之蓝白布甲以及下五旗包衣，又公侯伯及各大臣名下坐甲米石，移于通仓支领，数年间通仓陈积渐疏，再行照旧办理"③。乾隆五十二年（1787）议准"西、中二仓所贮白米日多，奏明将王公官员应领粟米自本年春季为始，按石照数以白米抵给，俟白米疏通仍放本色"④。乾隆朝粮食储蓄丰实，其突出的表现就是通州仓往往有八九年之积，而调剂库粮最常见的办法就是将京仓所支之粮挪于通仓。乾隆五十八年（1793）内仓又累年积存白米、糯米过多，议准"将八旗公侯伯子男并世职三品以下及五六品文武官，明年春季俸内白米、糯米二色在该仓积存米内开放"⑤，清代皇室及八旗多不习惯食用白米，而是将之卖于市场，再购买小麦、高粱、谷子等杂粮，政府将各色米均匀发放，除平衡仓储外，对京城粮食市场的供

---

① （清）《清通典》卷40《职官·禄秩》，清文渊阁四库全书本。
② （清）福趾：《户部漕运全书》卷62《京通粮储·支放粮米》，清光绪刻本。
③ 同上。
④ 同上。
⑤ 同上。

给与价格调节也是一种宏观调控。

嘉庆元年（1796）将乾隆时王公在通州仓所领之米改为京仓，"其王公大员原领粳米十石内给白米八石，江米二石，原领稜米应将划归之粟米抵给"①。嘉庆十二年（1807）又令"西、中二仓存贮白米粟米系例应贮通仓支放王公大臣俸米，其多贮粳稜二色共米四十六万余石，除酌留数万石以资看仓官兵等项之用，其余米石概令赶紧分运在京十一仓，均匀派贮"②，将通仓粮移往京仓，说明此时京仓匮乏，通仓富余，二仓在用度与粮食分配方面存在着很大的差异。嘉庆十四年（1809）"通州中、西二仓盘出白米四万九千余石，黄色米二万四千余石，搀杂米五万六千八百余石，经户部议奏本年秋季王公大臣应领俸米除京仓霉变稜米搭放二成外，其余八成于盘出之白米放给四成，黄色搀杂二项米石各抵给二成"③。道光二十七年（1847）议准"满汉王公大员应领白米，官员应领粳米，前经奏明抵放一二成稜米，因仓存豆石现有赢余，稜米不敷开放。奏准将王公大员应抵二成稜米，官员应抵一成稜米，改以黑豆放给，即将节省稜米留为甲米抵粟之需"④。道光之前王公贵族虽然从表面看俸粮比例较高，但因人数有限，所以总量不大。清中后期随着皇室繁衍日盛，其人员数量急剧膨胀，《蕉轩随录》载"夫九王之初封，其子孙不过数人，后则愈衍愈众，至于今枝繁叶盛，盖其人已数倍于前矣。而国家封爵赐米必一一如其人数，是以国初恩米去京仓不过百分之一，今则不啻十之三四矣。以通漕十分，官俸、兵粮去其六，匠米去其一，恩米去其三四，是故一岁之漕，仅敷一岁之用。漕一不足，则必抽旧积。旧者日绌，而新者无赢。然则京仓之粟，日渐日虚，二十年而大变于前者，无足怪也"⑤，可见此时宗室俸粮所占国家漕粮的数目已经非常之大。

明清两代皇室与宗藩的俸粮支取制度既有一致性也有各自的特点。（1）明清皇室与宗藩俸粮皆从京通仓与内府仓中支取，其比例与额数与其品级密切相关，同时还会受到皇帝个人意志的影响。（2）明代前期支粮以本色为主，中后期折色占到一定比例，但基本不会超过全部粮数的一

---

① （清）福趾：《户部漕运全书》卷62《京通粮储·支放粮米》，清光绪刻本。
② （清）福趾：《户部漕运全书》卷56《京通粮储·收受粮米》，清光绪刻本。
③ （清）福趾：《户部漕运全书》卷64《京通粮储·支放粮米》，清光绪刻本。
④ 同上。
⑤ （清）方浚师：《蕉轩随录续录》卷5《拟筹积贮书》，中华书局1995年版，第205页。

半，而清代虽同样本折兼支，但俸银的数目远远超过俸粮数，这种现象的
出现是因为明为汉人所建立的专制王朝，以大米为主食较为常见，而清为
满人所创，满、蒙古官员不喜白米，所以支取折粮银的比例较大。
（3）明代皇室与宗藩领粮多在京仓，而清乾隆时规定王公贵胄于通州仓
领粮，所以明清两朝在京通仓粮分配比例上存在着一定的差异，但两朝采
取的共同措施均以调剂放粮为手段，借此来实现京通仓粮的平衡与稳定。
（4）明代中后期宗藩日盛的局面曾经对国家粮储造成很大的压力，而清
代一直实行折大于本的策略，所以单就宗藩这一方面来讲，清代宗藩始终
未对京通仓粮造成如明代那样大的威胁。

二　文武百官对京通仓粮的消耗

明清统治者管理国家的根本手段是设官控民，而京城是全国的政治中
心，因此官员设置更受统治者重视。明清两朝京城官员总体上呈现初期较
少，而中后期人浮于事的局面，与之相对应的是其俸粮总数的不断增长。

明永乐十九年（1421）定在京官员品级俸禄比例，"一品至五品三分
米，七分钞；六品至九品四分米，六分钞；其本色米每月在京止支五斗，
余在南京仓支，不愿者俱准在京折钞"①，此时京仓存粮数目有限，加之
漕粮很大一部分作为抵御蒙元残余势力的储备粮，所以俸粮折钞比例很
大，领粮官员甚至不得不远赴南京仓支粮，其支粮过程十分复杂与烦琐。
永乐二十二年（1424）又命"一品至九品改添本色米五斗，于折钞内扣
除，连前本色米共足一石"②。这一时期明政府加快北京城的建设，漕粮
主要用于备战与工程夫役食用，所以为减少漕粮的过度开支，京城官员俸
粮多折钞。

宣德六年（1431）令"于京库剩绢折支本色米二月，每绢一匹，准
米二石，余俱于南京关支"③。正统四年（1439）又定"于折钞内再改添
本色米每月一石于京仓关支，其余本色米仍赴南京关支"④。在明代，设
南、北二京，有两套类似的官员行政机构，即使到正统时北京仍称行在，
有临时的意思，所以京城官员到南京仓支粮，就带有一种形式上尊南京为

---

① （明）张学颜：《万历会计录》卷34《文武官俸禄》，明万历刻本。
② （明）刘斯洁：《太仓考》卷4之2《岁支》，明万历刻本。
③ （明）张学颜：《万历会计录》卷34《文武官俸禄》，明万历刻本。
④ （明）刘斯洁：《太仓考》卷4之2《岁支》，明万历刻本。

本的意味。弘治十年（1497）定将原来需在南京仓支取的本色米全部每石折银七钱，从太仓银库中支取，此后虽有修改，但基本延续这一规定，这表示京城官员俸粮已彻底从南京仓转移到了北京仓。

表5—5　　　　　　　　　明代京城官员年俸粮①

官员品级	俸粮总数（石）	本色俸	折色俸
正一品	1044	331 石 2 斗（支米 12 石，折银 266 石，折绢 53 石 2 斗，共银 204 两 8 钱 2 分）	712 石 8 斗（折布俸 356 石 4 斗，该银 10 两 6 钱，折钞俸 356 石 4 斗，共本色钞 7128 贯）
从一品	888	284 石 4 斗（支米 12 石，折银俸 227 石，折绢俸 45 石 4 斗，共银 174 两 7 钱）	603 石 6 斗（折布俸 301 石 8 斗，该银 9 两 5 分，折钞俸 301 石 8 斗，该本色钞 6026 贯）
正二品	732	237 石 6 斗（支米 12 石，折银俸 188 石，折绢俸 37 石 6 斗，共银 144 两 7 钱）	494 石 4 斗（折布俸 247 石 2 斗，该银 7 两 4 钱，折钞俸 247 石 2 斗，该本色钞 4944 贯）
从二品	576	190 石 8 斗（支米 12 石，折银俸 149 石，折绢俸 29 石 8 斗，共银 114 两 7 钱 3 分）	385 石 2 斗（折布俸 192 石 6 斗，该银 5 两 7 钱，折钞俸 192 石 6 斗，该本色钞 3852 贯）
正三品	420	144 石（支米 12 石，折银俸 110 石，折绢俸 22 石，共银 84 两 7 钱）	276 石（折布俸 138 石，该银 4 两 1 钱，折钞俸 138 石，该本色钞 2760 贯）
从三品	312	111 石 6 斗（支米 12 石，折银俸 83 石，折绢俸 16 石 6 斗，共该银 63 两 9 钱）	200 石 4 斗（折布俸 100 石 2 斗，该银 3 两 6 厘，折钞俸 100 石 2 斗，该本色钞 2004 贯）
正四品	288	104 石 4 斗（支米 12 石，折银俸 77 石，折绢俸 15 石 4 斗，共银 59 两 2 钱 9 分）	183 石 6 斗（折布俸 91 石 8 斗，该银 2 两 7 钱 5 分，折钞俸 91 石 8 斗，该本色钞 1836 贯）
从四品	252	93 石 6 斗（支米 12 石，折银俸 68 石，折绢俸 13 石 6 斗，共该银 52 两 3 钱 6 分）	158 石 4 斗（折布俸 79 石 2 斗，该银 2 两 3 钱 7 分，折钞俸 79 石 2 斗，该本色钞 1584 贯）

---

① （明）刘斯洁：《太仓考》卷 4 之 2《岁支》，明万历刻本。

续表

官员品级	俸粮总数（石）	本色俸	折色俸
正五品	192	75 石 6 斗（支米 12 石，折银俸 53 石，折绢俸 10 石 6 斗，共银 40 两 8 钱 1 分）	116 石 4 斗（折布俸 58 石 2 斗，该银 1 两 7 钱 4 分，折钞俸 58 石 2 斗，该本色钞 1164 贯）
从五品	168	68 石 4 斗（支米 12 石，折银俸 47 石，折绢俸 9 石 4 斗，共该银 36 两 1 钱 9 分）	99 石 6 斗（折布俸 49 石 8 斗，该银 1 两 4 钱 9 分，折钞俸 49 石 8 斗，该本色钞 996 贯）
正六品	120	66 石（支米 12 石，折银俸 45 石，折绢俸 9 石，共该银 34 两 6 钱 5 分）	54 石（折布俸 27 石，该银 8 钱 1 分，折钞俸 27 石，该本色钞 540 贯）
从六品	96	56 石 4 斗（支米 12 石，折银俸 37 石，折绢俸 7 石 4 斗，共银 28 两 4 钱 9 分）	39 石 8 斗（折布俸 19 石 8 斗，该银 5 钱 9 分 4 厘，折钞俸 19 石 8 斗，该本色钞 396 贯）
正七品	90	54 石（支米 12 石，折银俸 35 石，折绢俸 7 石，共银 26 两 9 钱 5 分）	36 石（折布俸 18 石，该银 5 钱 4 分，折钞俸 18 石，该本色钞 360 贯）
从七品	84	51 石 6 斗（支米 12 石，折银俸 33 石，折绢俸 6 石 6 斗，共银 25 两 4 钱 1 分）	32 石 4 斗（折布俸 16 石 2 斗，该银 4 钱 8 分 6 厘，折钞俸 16 石 2 斗，该本色钞 324 贯）
正八品	78	49 石 2 斗（支米 12 石，折银俸 31 石，折绢俸 6 石 2 斗，共该银 23 两 8 钱 7 分）	29 石 8 斗（折布俸 14 石 4 斗，该银 4 钱 3 分 2 厘，折钞俸 14 石 4 斗，该本色钞 288 贯）
从八品	72	46 石 8 斗（支米 12 石，折银俸 29 石，折绢俸 5 石 8 斗，共该银 22 两 3 钱 3 分）	25 石 2 斗（折布俸 12 石 6 斗，该银 3 钱 7 分 8 厘，折钞俸 12 石 6 斗，该本色钞 252 贯）
正九品	66	44 石 4 斗（支米 12 石，折银俸 27 石，折绢俸 5 石 4 斗，共银 20 两 7 钱 9 分）	21 石 6 斗（折布俸 10 石 8 斗，该银 3 钱 2 分 4 厘，折钞俸 10 石 8 斗，该本色钞 216 贯）
从九品	60	42 石（支米 12 石，折银俸 25 石，折绢俸 5 石，共银 19 两 2 钱 5 分）	18 石（折布俸 9 石，该银 2 钱 7 分，折钞俸 9 石，该本色钞 180 贯）
未入流	36	不详	不详

　　从表 5—5 中可以看出，明代京城官员除每年支正色 12 石外，其余俸粮均以银、钞、绢、布代替，折色的比例远超本色，另外除正一品与从一品俸粮在千石左右外，其他品级的官员均在数百石到数十石之间，最低的从九品年俸仅 60 石，未入流者更少到 36 石，这也反映了明代基层官员俸禄微薄的现实。在品级官员之外，还有一些在京城各衙门办差的胥吏与文职人员，如府部吏典、太常寺提点、尚宝司历事监生、国子监官吏、钦天监天文生、太医院医士，他们每月支粮在 1 石到 2 石之间，虽然这些人员个体俸粮较低，但因人数众多，所以需粮总数很大。迄至于正统、成化年间，有大臣上奏称"在京各衙门文职官员已有诸司职掌，额设等数。近年以来额外添设数多，及传奉升授大小带俸官员并写经、写书等项冠带食粮，儒士匠官通计有二千余员名，其俸粮、皂隶等项俱取办于民不可胜数"[1]，可见此时京城官员人浮于事的局面已经非常严重。

　　除文职官员外，明代从京通仓支粮的五军都督府及京卫武官俸粮也各不相同，其中最高的左右都督"每月俸粮八十七石，岁共一千四十四石，内本色米一十二石，折银米二百六十六石，该银六十六两五钱，折绢米五十三石二斗，该银一十八两六钱二分，折布米三百五十六石四斗，该银一十两六钱九分二厘，岁共折银九十五两八钱一分，折钞米三百五十六石四斗，该钞七千一百二十八贯"[2]。自左右都督以下的都督同知、都督佥事、都指挥同知、都指挥佥事、指挥同知、指挥佥事、正千户、副千户、实授百户、所镇抚、试百户依此递减，最低的署试百户"每月俸粮三石，岁共三十六石，内本色米一十二石，折银一十石，该银二两五钱，折绢米二石，该银七钱，折布米六石，该银一钱六分，共折银三两三钱八分，折钞米六石，该钞一百二十贯"[3]。所有武官俸粮本色米随军士月粮从京通仓中支取，而折色银与本色钞则取自内承运库和太仓银库，"武举中式者不论品级，每月加本色米三石，岁共加三十六石"[4]。

　　明代对政府官员实行低俸制度，而所谓俸粮中本色的比例非常少，这

---

①　（明）万表：《皇明经济文录》卷 4《保治下》，明嘉靖刻本。

②　（明）张学颜：《万历会计录》卷 37《营卫官军俸粮》，明万历刻本。

③　（明）刘斯洁：《太仓考》卷 5 之 1《岁支》，明万历刻本。

④　同上。

其中固然有明政府节省京储开支的意图，但更重要的是为了保障卫所军队的供需，以此达到维持社会稳定、防御外敌入侵的目的。从明代历史可以看出，越到中后期，国家军事开支占用漕粮总数的比例越来越大，而官员俸禄中折色数额也随之增长，这就告诉我们，国家的俸禄制度要与当时的社会政治、经济、军事环境密切结合，其演变也要随着这些因素进行适时的调整，借此以实现国家利益的最大化。

清代京城衙门实行满汉双轨制，"满汉官员俸米每年共需三十余万石，向在通州中、西二仓支领，嗣于乾隆五十九年经户部奏准，将前项俸米添贮京仓，按照城内禄米等七仓，城外太平等四仓挨次轮流支放"①，此时于京仓领米的只是三四品以下官员，因他们财力有限，无法长途奔波到通州仓领取俸粮，所以朝廷含有体恤的意思，而高级官员与王公贵族依然自行到通州仓领粮。在俸禄的粮银比例转化方面，清代变化很大，顺治元年（1644）"定文武官俸薪禄米各有差，百官俸禄令仍照故明例"②，当时银虽多于粮，但俸银并不高。其中满汉正一品年俸银仅 215 两 5 钱，从一品 183 两 8 钱，一直到从九品 19 两 5 钱，③武官相对于同品级的文官俸银数又下降了一个档次，其待遇可谓非常微薄。除正俸外，清初京官还有类似于补贴性质的恩俸，如柴薪银，"一二品汉官岁给柴薪银一百四十四两，三品一百二十四两，四品七十二两，五六品四十八两，七品三十六两，八品二十四两，九品十又二两，在俸银之外"④，恩俸的比例占到正俸的一半以上，可见此时官员俸禄制度并不系与完善。其后，鉴于低俸带来的贪腐现象愈演愈烈，雍正元年（1723）实行养廉银制，其数为本薪的 10 倍到 100 倍，从而使官员的收入大为提高。雍正十三年（1735）定"在京文武官员俸银，满洲、汉人俱一例按品颁发，禄米即照俸定数，每俸银一两，支禄米一斛"⑤，自此清代俸粮制度基本确立，其后虽有修改，但变化不大。

---

① （清）祁韵士：《己庚编》卷下《议奏仓场两议俸米折》，清光绪振绮堂丛书本。
② （清）《清文献通考》卷 42《国用考四·俸饷》，清文渊阁四库全书本。
③ （清）《清文献通考》卷 90《职官考·禄秩》，清文渊阁四库全书本。
④ （清）《大清会典则例》卷 51《户部·俸饷上》，清文渊阁四库全书本。
⑤ （清）《清通典》卷 40《职官·禄秩》，清文渊阁四库全书本。

表 5—6　　　　　　　　　　清代官员俸银、俸粮①

官员品级	俸银数（两）	俸粮数（石）
正、从一品	180	90
正、从二品	150	75
正、从三品	130	65
正、从四品	105	52
正、从五品	80	40
正、从六品	60	30
正、从七品	45	22
正、从八品	40	20
正九品	33 两 1 钱 1 分 4 厘	16 石 5 斗 5 升 7 合
从九品	31 两 5 钱	15 石 7 斗 5 升

　　乾隆前京城百官无论大小均从通州仓支粮，不但费时费力，而且时常受到仓场胥吏的勒索与讹诈。乾隆十一年（1746）因京城内仓存粮过多，时有腐朽，奏准"将在京满汉文武官员俸米改赴内仓关支，放完之日再行停止"②。乾隆五十九年（1794）又命"文职四品以下，武职三品以下，世职子男以下，改京仓支放"③，但仅过两年时间，嘉庆元年（1796）旋恢复京官于通仓支粮的旧例。嘉庆四年（1799）经仓场衙门奏准"嗣因官员在通领米道路稍远，领米者大半卖在通州，京中米少价昂，仍照乾隆五十九年章程办理"④，目的是利用漕粮平衡京城粮食价格。嘉庆五年（1800）仓场侍郎达庆奏"满汉官员俸米添贮城内七仓，设遇阴雨连绵，车辆、口袋均有壅滞停压之虞，请将俸米专贮城外太平等四仓关支"⑤，得到了朝廷的同意。同治五年（1866）京城各仓存漕麦数少，议准"将官员应领一成漕麦分作十成，以九成支给漕麦，其余一成以粟米抵放"⑥，同治十二年（1873）又因京仓匮乏，通仓有余，命"将应放满汉四五品

①　（清）《清通典》卷 40《职官・禄秩》，清文渊阁四库全书本。
②　（清）福趾：《户部漕运全书》卷 63《京通粮储・支放粮米》，清光绪刻本。
③　同上。
④　同上。
⑤　（清）祁韵士：《己庚编》卷下《议奏仓场两议俸米折》，清光绪振绮堂丛书本。
⑥　（清）福趾：《户部漕运全书》卷 64《京通粮储・支放粮米》，清光绪刻本。

文职，三四品武职，四品以上世职俸米暂移通仓，以白粳米抵给，先尽最陈年份廒座开放，经部议覆暂放两季，俟两季后仍归京仓支领"①，借以调剂京通仓粮额。

清代京城官员俸禄制度与明代类似，也属重银不重粮，所有官员月粮均在 10 石以下，实行养廉银制度后，俸粮的地位进一步下降。这种情况的出现除了因满族官员不习惯食用南米外，还由于清代仓弊非常严重，胥吏、花户、仓书等人员相互勾结，经常盗卖好米，而将劣质与腐败之粮发放给官员与兵丁，使京通仓粮经常无法食用，为领米之人所厌恶，为免受勒索与领米之劳，官员与兵丁们也乐于俸粮折银，转而从京城粮食市场上购买所需粮食。

三　明清水次仓的政治功能

明代初期水次仓的功能是转运、存储漕粮。其后随着兑运法与长运法的实行，转运功能削弱，寄囤冻阻、漂流漕粮，供给运军行月粮与当地驻军官俸之需，填补京通仓粮缺额的作用增强。从表面看，水次仓存粮呈现逐渐缩小的趋势，但其功能发挥的范围却逐渐扩大。清代漕运继承明制，虽置水次六仓，但因存粮数目有限，所起作用主要为供给运军行月粮与当地驻军俸粮，后期甚至沦为银库与税收机构，无法在大规模的灾荒赈济中发挥作用。

据《皇明书》载："国岁漕四百万石，领运则十有二总兵，领卫所一百有四十，为军旗十有二万六千八百人，计驾浅船万有二千一百四十余艘。"② 如此众多的人员与船只每年从淮安北上京通，虽然朝廷规定漕粮必须在一定的期限内过淮、过闸、抵通，但因自然环境与政治环境的影响，依然会经常发生运船冻阻，漕粮漂流等现象，在这种情况下，为不延误漕船回空及下年漕运，明政府往往会将漕粮就近寄囤于附近水次仓，待下年漕运时再由运船附带京通二仓，其功用正如明嘉靖时人靳学颜所说："徐、临、德州皆有官仓，本为寄囤，至于存积，几何哉。"③ 景泰四年（1453）沙湾河决，议准"如舟可进则令运赴通州上纳，如不得进则令沙

---

① （清）福趾：《户部漕运全书》卷 64《京通粮储·支放粮米》，清光绪刻本。
② （明）邓元锡：《皇明书》卷 10《世宗肃皇帝纪》，明万历刻本。
③ （清）俞森：《义仓考》，中华书局 1985 年版，第 16—17 页。

湾以北者于临清上纳，以南者于东昌及济宁上纳，漕挽军民令回本处运次年粮储"①。成化二十一年（1485）漕船冻阻，朝廷派工部左侍郎崔岩勘察，"往北至临清，河冰已坚，漕米弗克进者逾百万石，公乃寄贮水次，每石收脚价银并耗若干，俟来春公给直隶、山东及河北先到船带运于通州输纳"②。弘治七年（1494）因山东张秋河决，漕船不能按时抵通，"于临清仓寄收米八十九万石"③。弘治十二年（1499）又因漕船冻堵迟误，"于德州、天津仓寄收米四十万仓"④，同时规定"把总官所管运船，俱以十分为率，若有一半以上违限寄放德州等处，不到仓者，令漕运都御史提问，降一级，纳米完日，照旧管运"⑤，目的是迫使押运官员尽快催儹漕船入京。

正德八年（1513）都御史张缙、漕运总兵官顾仕隆奏"查得递年额运天津仓改兑粮六万石，即今天津地方冻阻寄囤粮二十万石有余，合无比照上年事例，于便存留一十二万石于该仓上纳，准作正德八年、九年额运之数"⑥，并命"冻阻粮米俱改通仓上纳，驾回空船修舱"⑦。正德十三年（1518）户部尚书刘玑题准"运官故违期限，寄囤守冻，把总至三千石，指挥至二千石，千户至一千石，百户至五百石以上者，每一次降一级，若所寄不及石数者，照常发落"⑧。明代之所以不断制定法令以惩治漕船冻阻，其原因在于每年漕粮如不能按时抵达京通，必然会打乱当年的漕运顺序，使京通仓粮不能足额，从而耽误国家的用粮计划。清代漕粮冻阻除部分寄囤于德州与临清仓外，大部分北河之粮暂置于天津仓、通州仓，如道光三十年（1850）江西赣州两帮漕船受阻于香河县，吉安帮阻于武清县，朝廷除一面催促天津道、通济道组织人员打冰使漕船前行外，还命"距通坝近者，即催抵通坝，距北仓近者，即折回北仓，总期相机筹划，设法

---

① （清）傅泽洪：《行水金鉴》卷108《运河水》，清文渊阁四库全书本。
② （明）张萱：《西园闻见录》卷38《户部七·漕运后》，台北华文书局1969年版，第3084页。
③ （明）黄训：《名臣经济录》卷31《礼部》，清文渊阁四库全书本。
④ 同上。
⑤ （明）申时行：《明会典》卷27《户部十四·漕规》，明万历内府刻本。
⑥ （明）杨宏、谢纯：《漕运通志》卷8《漕例略》，方志出版社2006年版，第156页。
⑦ 同上。
⑧ （明）张学颜：《万历会计录》卷35《漕粮额数》，明万历刻本。

妥办"①。

　　漂流也是导致漕粮寄囤水次仓的重要因素。《明史》载"漂流者，抵换食米，大江漂流为大患，河道为小患；二百石外为大患，二百石内为小患。小患把总勘报，大患具奏"②，漂流发生后，采取的补救措施为"改仓、免晒、赔补"③，其中改仓就是将原纳于京仓之粮改纳于天津或通州仓，以节省脚价、耗米、轻赍银两赔补漂流漕粮损失。正统七年（1442）为减轻漕运官军的赔补压力，户部尚书王佐上疏称："漕运官军有遭风破舟粮米者，欲令独偿，人不堪命。请今后一卫有数舟遭风者，委官核实会计所漂米数，量其多寡改拨全卫于通州及天津上纳，用省就车之费以补漂流之数，则人不独困，而粮储足矣"④，这样以全卫之力以补偿漂流之个体，相对降低了赔补的负担。弘治二年（1489）又规定"漕运粮遭风漂流者，勘实具奏。将兑运京仓减除，通仓上纳。如漂流十石，减除一百石，每石省脚价米一斗以补漂流之数，正粮照例加耗，所省米两平收受。若通仓缺廒，仍令赴京仓上纳，每漂流一百二十石，免晒一千石，亦两平收受，每石计省筛折米五升并耗米七升，共一斗二升以补漂流之数"⑤。清代漕粮漂流的处置措施仿效明代，康熙二十一年（1682）奏准"大江、黄河漂没抢救者，将所抢米石洒带各船运通，其漂没米石准予豁免，若弁丁及各营坐视不救，该督抚题参，从重治罪"⑥，粮船在里河漂流虽不准豁免，但可以"将该帮进仓米石免其晒扬，以所剩晒扬折耗米抵补"⑦，从惩罚程度上来讲，清代对漂流责任人的处置相对弱于明代。雍正四年（1726）又命"失风米石除将本帮余米抵补外，下剩米石限次年搭运抵通，正兑改兑均照平米收受，仍免其晒扬折耗之米，以示轸恤"⑧。

　　明清漕粮漂流赔补制度具有一脉相承之处，均采用将漂流帮卫之粮暂寄天津、通州仓的办法以弥补损失粮数，但二朝也并非完全一致，明代漕

---

① 《清文宗实录》卷21，道光三十年十一月己丑条，中华书局2008年影印本。

② （清）张廷玉：《明史》卷79《食货三·漕运·仓库》，岳麓书社1996年版，第1128—1129页。

③ （明）申时行：《纶扉简牍》卷5，明万历二十四年（1596）刻本。

④ 《明英宗实录》卷94，正统七年七月甲戌条，上海书店1982年影印本。

⑤ （明）申时行：《明会典》卷27《户部十四·漕规》，明万历内府刻本。

⑥ （清）杨锡绂：《漕运则例纂》卷14《风火挂欠·风火事例》，清乾隆刻本。

⑦ 同上。

⑧ （清）福趾：《户部漕运全书》卷79《挽运失防·风火事故》，清光绪刻本。

法的严苛性超过清代，但在防止漕粮漂流的效果上并不明显，其原因在于执行法者不能公平、公正、合理的去解决漕运中的矛盾与冲突，从而使漕政不断衰败，弊端也日益加深。清代漕法严酷性虽不如明，但更加重视基层旗军与水手的生活，在处理漕粮漂流时能够根据事件的实际情况进行处理，不会因循守旧与墨守成规，所以漕运良好运转的周期较明代长。

　　明清水次仓的另一个重要作用就是发放运军行、月粮及支放本地卫所军丁俸粮。明代运军常年跋涉于运河南北，时刻遭受漂流饥馑之苦，其生活十分艰辛，为维持他们的生计，提高运军的输粮积极性，明政府向他们发放行、月二粮，并允许其携带一定数量的土宜在运河城镇发卖，以补贴其日常生活，其中行粮是运军运粮时发的补贴口粮，月粮是每月固定化的俸粮，行粮只发给担负有运粮任务的运军，月粮的发放群体则是全部运军。成化三年（1467）定"浙江、江西、湖广、南直隶卫所并南京各卫，俱于本处支行粮三石，江北凤阳等八卫所并直隶庐州、安庆、六安、滁州、泗州、寿州、仪真、扬州八卫，俱于淮安仓支米麦二石八斗，高邮、淮安、大河、邳州、徐州、滁州左六卫，俱于徐州仓支米麦二石六斗，遮洋船并南京水军左等八卫，于南京各卫仓，大河等五卫于淮安常盈仓，山东于临清仓，俱支米二石四斗，德州、天津等九卫，于德州仓支米二石"①，月粮固定发放，而执行任务时的行粮取于卫所附近水次仓，不但方便了运军支粮，而且对于加快漕运的运转效率也具有重要的意义。

　　根据《太仓考》统计，临清广积仓岁支"临清卫军士月粮共二千九百一十八石二升七合一勺"，临清仓岁支"临清卫官军行粮四千五百三十三石四斗四升四勺，共支行月粮二万二千四百一十一石二升七合八抄"，常盈仓岁支"临清州官吏并属仓驿局闸等官共五十一员名，共俸粮九百五十七石六斗。临清卫官吏春秋班运粮等项军余共五千二百二十八员名，共俸粮五万一千三百一十四石四斗"②，这样临清三仓共支放临清卫军及各衙门官吏粮 5 万 2272 石。德州仓支放"德州卫官吏、旗军三千三十七员名，共支陈米一千二百六石四斗五合。德州左卫官吏、旗军三千六百二十五员名，共支米七千六百一十一石四斗。德州番伴五十七名，共支米七

---

① （明）杨宏、谢纯：《漕运通志》卷 8《漕例略》，方志出版社 2006 年版，第 122 页。
② （明）刘斯洁：《太仓考》卷 8 之 3《水次仓》，明万历刻本。

十一石六斗四升七合五勺"①，除此之外，天津等九卫行粮共 3237 石 6 斗也从德州仓支，各项共粮 1 万 2127 石 5 升 2 合 5 勺。徐州广运仓岁支"徐州、徐州左、邳州、归德四卫运官军行粮共一万三千六百七十三石四斗，每石折银四钱，共银五千四百六十九两三钱六分"，永福仓岁支"两卫属官吏并两洪稍水夫共俸粮六万五千七百四十二石四斗，每石折银三钱，共银一万九千七百二十二两七钱二分。徐州、徐州左二卫军粮共六万九百五十二石八斗，每石折银三钱，共银一万八千二百八十五两八钱四分"②。淮安常盈仓每年收夏税折色小麦 7 万 6600 石，每石折银四钱，共银 3 万 640 两，"给江南、江北遮洋各卫所官军行粮"，并且嘉靖三十三年（1554）将"原江南一十七卫所官军，计一万九千一百余员名，每名粮三石，约该粮五万七千三百余石，折银二万二千九百余两，除摘派常、镇外，不敷仍于常盈仓支"③。从上面史料可以看出，明代水次仓既服务于漕运官军，也服务于地方政府，其开支既有本色粮，也有粮折银，这种灵活的支取方式一方面便利了国家对粮、银的存储与动拨，另一方面也能够根据市场的粮食价格对粮折银做出合理的调整，从而不至于让国家或军丁遭受大的损失。

清顺治时定各省运军支粮数目与归属仓储，"江南、江宁等卫领运千百总各有廪俸，又支行粮三石，运丁每名行粮三石，月粮十二石，俱本折各半，行粮每石折银一两一钱，月粮每石折银一两。镇江卫千百总不支行粮，运丁每名行粮二石九升五合，月粮九石五斗四合，本折各半，行粮每石折银八钱，月粮每石折银五钱。安徽宁、太、庐、淮、滁、徐等卫千百总于廪俸外，照各卫兼支行粮，运丁每名粮二石四斗、二石六斗、二石八斗不等，月粮八石、九石六斗、十一石六斗、十二石不等，本折各半，行粮每石折银四钱、八钱、一两、一两二钱不等，月粮每石折银三钱、四钱、五钱、八钱、一两不等，以上行月粮本折于各州县卫南屯银米及折漕加漕新增减扣工食等项，并淮安、凤阳、徐州三仓支给。山东各卫千百总于廪俸外，兼支行粮二石四斗，运丁每名行粮二石四斗，月粮九石六斗，

---

① （明）刘斯洁：《太仓考》卷 8 之 4《水次仓》，明万历刻本。
② （明）刘斯洁：《太仓考》卷 8 之 7《水次仓》，明万历刻本。
③ （明）刘斯洁：《太仓考》卷 8 之 8《水次仓》，明万历刻本。

本折均半，行月每石俱折银八钱，于山东粮道及临清仓支给"①。各卫具体人数及粮数为，德州卫"正帮轮运千总二员，随帮一员，运船五十二只，屯丁五百二十名，官丁共应支行粮一千二百五十二石八斗，屯丁共应支月粮四千九百九十二石，行粮本折在德州支给，月粮本折在德州仓支给"②。济宁左帮"轮运千总二员，不设随帮，运船八十四只，屯丁八百四十名，官丁共应支行粮二千一十八石四斗，屯丁共应支月粮八千六十四石，行粮本色在兑漕各州县支给，折色在山东粮道库支给，月粮本折在德州仓支给"③。其他如临清卫山东前帮、河南后帮、东平所帮，月粮本折都在临清仓支，庐州头二三帮行粮本折、凤阳卫三帮折色行月在淮安仓与凤阳仓支取，淮安三帮本折行月、淮安四帮折色月粮、徐州卫江北帮行月本折、泗州前帮行月本折，在徐州仓与淮安仓支取，其他各帮卫俸粮银均在各省粮道库支取。与明代相比，清代运军月粮数额较大，这在一定程度上保障了其最基本的生活，提高了他们运粮的积极性，从而使清代漕运在长时期内维持了相对的稳定。

第二节　明清京通仓与水次仓的军事功能

军队卫所是明清时期京通仓粮消费的主体，无论是在京官军，还是边疆驻军，每年需粮都达数百万石，甚至到了王朝的末期，因战乱频繁，军需浩大，所有漕粮甚至不敷军粮支用，可见从某种程度上讲"漕为军国命脉"④ 是完全符合客观现实的。但是明清两朝在军事对漕粮的消耗方面还是有所区别的，明代自始至终都面临北方少数民族的军事威胁，所以在边疆设立大同、宣府、辽东等九边重镇，为了供应军镇，明政府每年需要从京通仓调剂大批粮食运往这些地区，其中辽东之粮需要从通州与天津海运，其他军镇则由朝廷派遣大批官兵护送押运，然后由边军接运至边镇所在地。清代属满人建立的专制王朝，与蒙古、西藏等少数民族关系较好，只是在清初期西北边患比较严重，但不会远距离的向西北运粮，所以京通

---

① （清）伊桑阿：《康熙朝大清会典》卷 26《总运一》，清康熙二十九年（1690）内府刻本。

② （清）福趾：《户部漕运全书》卷 28《官丁廪粮·卫帮额支》，清光绪刻本。

③ （清）杨锡绂：《漕运则例纂》卷 10《官丁廪粮·官丁行月》，清乾隆刻本。

④ （明）程开祜：《筹辽硕画》卷 40，民国立北平图书馆善本丛书影明万历本。

仓粮大半只供京城八旗满汉蒙驻防官军开支，不会对国家粮储造成大的冲击，不过清中后期由于运道淤塞、外敌入侵、漕粮改折等因素的影响，京通仓一度匮乏，在这种情况下京城军士虽不能获取较多的俸粮，但可以用折粮银从当地市场上购买，并没有产生大的粮食恐慌与危机。除京通仓外，明清水次仓的军事意义区别很大，明代水次仓曾经历过存粮较多的时期，从仓中直接运粮到边镇的情况也非常频繁，甚至明末时中央政府还从天津、临清、德州等仓调拨漕粮支持抗倭援朝战争与辽东军镇，而清代水次仓存粮很少，从史料中并未发现此类作用。

一　明代京通仓与水次仓的军事作用

明代定鼎北京，京城与边防驻军甚多，为了保障这些军卫粮食方面的供应，明政府采取多种手段予以接济，从最初的屯军自垦到后来的军民联运、纳粮中盐、边军挖运，京通仓漕粮对京城稳定与边防军事起到了重要作用，而水次仓作为京通仓匮粮时的补充，亦对明代军事产生了很大的影响。

（一）京城驻军的供给作用

明代京通仓的主要作用是保障京城卫所驻军的俸粮。有明一代，统治者为维京畿地区的社会稳定，在北京驻有数十万卫所军队，这些军卫每月在规定的日期于京通仓领粮，总数目在 20 万石到 30 万石左右，一年近 300 万石，占每年漕运粮 400 万石的四分之三，其数目十分巨大。明代京城军伍俸粮制度规定"在京各卫所营操、巡捕、守卫、上值等项旗军、勇士并锦衣卫旗校、力士、军人，镇抚司匠役，各陵卫军俱月支米一石"[①]，而各卫所守门、撞门、修仓、杂役、军伴等月支米八斗，在数量上少于正军。与卫所军在固定月份支取本折不同，看守永陵、昭陵的军士"一年全支折色，每月每名支米八斗，折银三钱二分，各陵卫间月一支，米八斗，折银同"[②]。除普通士兵外，京城军官的俸粮也自成体系，其中锦衣卫将军月支米一石五斗，"五军、神枢、神机三大营副将、参将、游击、佐击将官月支米五石，选锋把总官月支米三石，选锋军月支米二石，各营车战二兵除月粮随卫关支外，如遇出征、防守、加防，秋口粮三个

---

① （明）刘斯洁：《太仓考》卷 5 之 2《月粮》，明万历刻本。
② 同上。

月，月支三斗。外卫班军春秋二班以到营日为始，月支行粮四斗，折银二钱"①。另外巡捕营提督与参将官月支米 5 石，中军把总官除俸粮外，月支口粮 5 斗，旗牌官除俸粮外，月支口粮 4 斗 5 升，俸粮外的口粮属国家对基层军官的补贴。总之，明代京城驻军军官与士兵俸粮差别较大，即使同属军卫，不同军种也有区别，如锦衣卫与选锋等精锐士卒的俸粮就高于普通卫所兵，而且这些类似于禁卫军性质的军人在仓粮支取、廒座选择、粮食质量等方面都具有优先权，属京城驻军中的特权阶层。

明代北京城军人甚多，为维持粮储秩序的稳定，不同军种在支粮时间与京通二仓的分配上也有差异。其中月粮"锦衣卫将军、旗校、士军，各卫达官、勇士俱常食京粳。镇抚司匠役、各卫所官军二月食通粟，八月食京粟，其余月份常操食京粳，歇操食通粳"②，但是这也并非固定不变，如遇意外因素会予以调整，如嘉靖十一年（1532）定"自今以后应支月粮，除锦衣等七十二卫、杂役、军匠原旧间月关支折色者照旧外，其在京各卫所，上值、操守等项并各监局等衙门官军、人匠月粮每年正三四十月通仓，五六七十一月京仓，俱粳米。二月通仓，八月京仓，俱粟米。按月关支，遇有闰月亦关京粳"③，万历七年（1579）又进行了修订，"京粳每年如遇米价稍平，题放折色两个月，每石折银五钱，杂役军伴每年全支折色，每石折银四钱。黑窑、神木二厂军夫间月食京粳、京粟，各陵卫并奠靖所军近改昌平支给，折色银仍在太仓银库关支"④，官军俸粮与粮价挂钩带有国家调控市场的意义，当京城米价较便宜时，政府发给官军折色银去市场买粮，可以防止粮食市场因价格过低而崩溃。而当粮价高昂时，官军支取本色粮将其卖于市场，不但缓和了粮价，而且可以获得较多的收入。

有明一代不同时期京城卫所军支粮总数是不断变化的，但基本在 300万石左右。其中正德时岁支粮 361 万石左右，嘉靖时每月支米 23 万石，一年约支米 276 万石，隆庆时月支米 25 万石到 26 万石，年米约 300 万石，天启、崇祯年间月支米 24 万石到 25 万石，年支米也 300 石左右。自成化年间定漕额 400 万石后，国家漕运量的大半为京军所食，比例在四分

---

① （明）张学颜：《万历会计录》卷 37《营卫官军俸粮》，明万历刻本。

② （明）刘斯洁：《太仓考》卷 5 之 2《月粮》，明万历刻本。

③ （明）张学颜：《万历会计录》卷 37《营卫官军俸粮》，明万历刻本。

④ （明）刘斯洁：《太仓考》卷 5 之 2《月粮》，明万历刻本。

之三左右，从表面看，军队用粮呈现衰减的趋势，实际情况是随着历史的演进，军队粮折银的比例越来越大，本色比例越来越少，而并非军队食粮的数额降低。

（二）边疆驻军的供给作用

明代京通仓粮对保障九边军事要地的供给意义重大。明初实行军屯制度，由边防卫所军丁利用闲暇时间开辟荒地种粮自给，后随着军屯制度的破坏，加之边疆危机日甚一日，如何维持军镇粮食充足就成为明政府急需解决的问题，而动拨京通仓粮就是其中重要的方式之一。宣德四年（1429）户部郎中王良奏称宣府、怀来等卫所军马多而粮料少，请求从京仓与昌平山口仓发粮 10 万石备军粮之用，经廷议"令山东、河南及直隶八府发民丁，行在后军都督府起军士，运通州仓粮五万石赴宣府"①，后又令民运山口仓粮二万石于怀来。宣德七年（1432）户部员外郎罗通奏"龙门千户所并独石、赤城、云州、雕鹗四堡及龙门卫俱系极边新立城池，比因缺食"②，于是朝廷命武进伯朱冕率军 5 万运京仓粮 15 万石到这些新立哨所之地，仅押运军丁沿途口粮就达 7 万余石，可见长途输粮边疆耗费十分严重。宣德十年（1435）户部称"居庸仓路当要冲，而米豆缺乏，请于京仓出米五百石，山口仓出豆二百石，令昌平县丁壮运赴本仓收贮备用，从之"③，当时山口仓位于昌平境内，是京通仓与各边仓的转运枢纽，储粮十分丰富，而居庸仓则包括永丰、丰裕等仓，为居庸关数万兵丁口粮存储之所。

正统元年（1436）先是监察御史施庆奏永宁、隆庆、怀来等边卫军粮从宣府支取，路远不便。后监察御史吴诚也称居庸关守关军士也需长途跋涉从京通仓取粮，往返艰难，事下户部覆奏"请拨军夫于京仓关粮 10 万石运赴各卫收贮支用"④，得到了皇帝的批准，并且派丰城侯李贤督运。正统四年（1439）英宗饬谕丰城侯李贤、镇远侯吴兴祖、兵部左侍郎郑辰、都察院右金都御史丁璇曰："今命户部于通州仓支领粮料二百万石分贮宣府、大同以实边储，特命尔等往来提督，仍令宣府、大同总兵镇守官量遣现操及屯守官军接运，在京官军自通州抵怀来，宣府官军自怀来抵万

---

① 《明宣宗实录》卷 51，宣德四年二月己亥条，上海书店 1982 年影印本。
② 《明宣宗实录》卷 96，宣德七年冬十月辛酉条，上海书店 1982 年影印本。
③ 《明英宗实录》卷 3，宣德十年三月丙子条，上海书店 1982 年影印本。
④ 《明英宗实录》卷 15，正统元年三月己丑条，上海书店 1982 年影印本。

全，大同官军自万全抵大同，俟大同既足始及宣府，其接运如前，尔等务在抚恤军士，区画得宜"①，一次即向边镇运粮 200 万石，并且派遣高级官员押运，由京城与边军以接力的方式将通州仓粮运往大同、宣府、怀来等地，可见当时边防用粮规模的庞大。

景泰元年（1450）因"土木之变"后宣府驻军增多，粮食难以自给，"遣在京操备官军五万人并在京内外官员军民人等，有驴骡牛车之家，借其车于京仓支粮运赴宣府各城，官军每人运粮一石赏布一匹，驴骡车运粮一十二石赏布三匹，牛车运粮七石赏布二匹，每粮一石加耗粮四升"②，希望以赏赐的方式提高军民的运粮积极性，以保障边防军心的稳定。景泰二年（1451）又由于怀来卫乏粮，"命内外法司囚犯于通州领粮运赴怀来交纳，杂犯死罪，五十石；三流并徒三年，四十石，余四等，递减五石；杖一百，五石，余四等，递减一石；笞五十，三石，余四等，递减六斗"③，同年并令京军四万人运粮四万石于怀来，这时明政府采取一切措施，动员所有力量运粮边镇，是因为当时蒙古瓦剌部强大，不断对明边境进行骚扰，甚至连英宗皇帝都被掳去，所以必须加强边防的粮食积蓄。景泰五年（1454）命户部出榜"募人于通州仓运米六万石赴口外龙门、赤城等仓收受，每石给脚价银五钱"④，从明初的民运，再到后来的军民联运，最后是罪囚与募人运粮，这种改变体现了国家逐渐由徭役运粮到利用经济手段吸引各类人群运粮，从而既减轻了普通百姓的负担，又增加了供粮边镇的途径。

成化年间，河套地区的蒙古诸部落经常入侵明境，杀掠人口，抢夺财物，对边疆威胁很大。为巩固边镇，明政府设立了众多军事据点，修筑城堡，派遣官军，形成铜墙铁壁之势，而保障这些成果，粮食供需就成为非常重要的问题。成化十九年（1483）蒙古鞑靼小王子寇大同，户部议"招商于通州仓领运粟米赴大同，每石给盐，以两淮盐二引为脚价费，今久无报纳者，请加半引，不拘客商官民人等，听其各给路引往纳"⑤，希望以开中盐粮的方式充盈边储。成化二十年（1484）又"运太仓银十万

---

① 《明英宗实录》卷 51，正统四年二月庚戌条，上海书店 1982 年影印本。
② 《明英宗实录》卷 199，景泰元年十二月戊寅条，上海书店 1982 年影印本。
③ 《明英宗实录》卷 203，景泰二年夏四月丁丑条，上海书店 1982 年影印本。
④ 《明英宗实录》卷 240，景泰五年夏四月己酉条，上海书店 1982 年影印本。
⑤ 《明宪宗实录》卷 247，成化十九年十二月丁亥条，上海书店 1982 年影印本。

两，通州仓米五万石赴大同，以给边储"①，二十一年（1485）复命右军都督同知陈瑛"统步兵三万，斡运京仓粟米十万石赴宣府接济军饷"②。正德九年（1514）都御史王倬奏蓟州仓粮匮乏，朝廷题准"将海运粮仍派本色二十万石蓟仓上纳，其余四万石派折色……挖运通仓米十万石至永平给散"③。成化至正德年间，京通仓粮补给边仓的范围越来越广，逐渐从偶尔供应变成每年例行定额供应，由派遣官民运粮于边变为由边军到京通仓挖运，这种情况的出现反映了明中后期国家边防危机的日益严重化。

嘉靖时，"蓟门主客兵马悉仰给于务通之转运"④，边防军镇对京通仓粮的依赖更加严重。嘉靖三十二年（1553）给事中魏元吉上疏提出救荒四策，其中之一即为"请令通仓收粟以给蓟镇，蓟镇发银以给辽东，彼此挖补，各从水陆之便"⑤。嘉靖三十八年（1559）总督蓟辽尚书杨博上言曰："辽东灾伤已极，召籴甚艰，乞将新运通仓运米停泊天津者，暂借六七万石，由天津水运蓟州以达山海关，雇脚陆运至各地方给散，其漕粮则以赈济银两籴还"⑥，得到了户部的批准。嘉靖四十年（1561）户部尚书高耀会计各边应发年例军饷银数，"大同四十四万七千两，宣府二十四万两，山西一十四万两，延绥二十七万五千两，易州五万三千两，昌平六万五千两，并挖运京仓米二万石赴密云，一万石赴昌平，通仓米四万石赴蓟州，抵年例之数"⑦，这样大同、宣府、山西、延绥、易州、昌平六军镇共军饷银 122 万两，京通仓粮 7 万石，其对国家财政、粮储的耗费异常庞大。

隆庆元年（1567）因边军京通仓挖运日久弊生，"奸商滑吏因缘为奸，米至腐烂不可食"⑧，总督右都御史刘焘请求改由运军输京通粮于边，户部议言："该镇粮饷挖运则蠹弊杂出，为边军病，径运则转般甚难为运军病，宜通融立法。自今年为始，将去年漕粮令江北、山东二总拨赴两

① 《明宪宗实录》卷 257，成化二十年十月己巳条，上海书店 1982 年影印本。
② 《明宪宗实录》卷 264，成化二十一年三月辛亥条，上海书店 1982 年影印本。
③ （明）张学颜：《万历会计录》卷 18《本镇饷额·漕粮》，明万历刻本。
④ （明）毕自严：《度支奏议》之《堂稿》卷 12，明崇祯刻本。
⑤ （明）徐学聚：《国朝典汇》卷 99《户部十三·救荒》，明天启四年（1624）徐与参刻本。
⑥ （明）涂山：《明政统宗》卷 27，明万历刻本。
⑦ 同上。
⑧ 《明穆宗实录》卷 5，隆庆元年二月戊申条，上海书店 1982 年影印本。

镇，自后年份循次均派，毋得偏累一卫一所。密云粮由通州水路运至牛栏山交车户接运，昌平粮由通州石坝更船至大通桥交车户接运，仍付各运官上纳该镇"①。天启、崇祯年间尽管挖运弊端重重，但明廷依然用这种方式输粮辽东，不过此时因边疆危机加剧，京通仓粮的大半都为军需所耗，加上运河淤塞、战乱不断，海运有限的漕粮已难以满足边防开支，所以经常发生边防军士因乏粮而哗变与叛乱的现象，这既是明朝统治者对社会管理失控的体现，也是漕运衰败而引发的直接结果。

（三）明代水次仓的军事功能

明代水次仓也具有支持军镇与战争时期供需的作用，其中离北方边境最近的天津、德州、临清三仓最为明显。洪武时曾海运粮到天津与蓟县以为边军用，成化中"遮洋总运三十万石，内六万石留天津，二十四万石运蓟州，皆本色也"②。嘉靖十四年（1535）户部贵州司员外郎林性之督天津仓"时值仓粟空，又寒冻，饷道阻，军无所食。君即奏请发旁近德州仓粟给天津军三月食，或谓于法不得相借，君不为止。已而朝廷竟从君议"③。嘉靖三十年（1551）因军镇兵饷不足，都御史王忬上书奏请调客饷济军，经朝廷商讨后户部覆准"挖运临、德二仓米二十三万石，作银一十九万二千五十两抵发年例银两之数"④，三十一年（1552）直隶巡按李邦珍又奏请加大宁都司班军行粮，"议将临清仓寄囤米改拨五万六千一百八十八石运蓟州支给，以后年份听漕运衙门于原额通泰等仓粮内照数拨用"⑤。万历二十年（1592）日本侵略朝鲜，明政府派遣军队抗倭援朝，在长达数年的战争中，军粮供给尤为重要，当时山西阳曲人马维骃以户部主事的身份主管德州仓事，"朝鲜事急，议借德庚未定，维骃投袂而起，即发数十万石，师以宿饱，人称其果敢云"⑥，德州仓粮的及时补给，对抗倭战争的最后胜利起到了巨大作用。而天津仓在明中后期作用更大，时辽东战事频繁，天津仓粮几乎全部运辽，每年漕粮"应拨京仓而首先至天津者，即留入天津仓，以留待辽东自运，无烦发通仓以免觅船之烦"⑦。

---

① 《明穆宗实录》卷5，隆庆元年二月戊申条，上海书店1982年影印本。

② （明）张学颜：《万历会计录》卷18《本镇饷额·漕粮》，明万历刻本。

③ （明）唐顺之：《荆川集》文集卷14《户部郎中林君墓志铭》，四部丛刊影明本。

④ （明）张学颜：《万历会计录》卷18《本镇饷额·漕粮》，明万历刻本。

⑤ 同上。

⑥ （清）成瓘：《道光济南府志》卷35《宦迹三》，清道光二十年（1840）刻本。

⑦ （明）顾养谦：《抚辽奏议》卷8《地方灾伤恳赐豁恤》，明万历刻本。

纵观有明一代，虽然并非所有的水次仓都负有向边疆输粮的任务，但天津、德州、临清三仓在关键时刻的供给，仍然起到了保障国家政权、安定军心、维持边防稳定的作用。

二　清代京通仓粮对京城驻军的供给

清代京城周边因无外敌，所以驻军的数量少于明代，但因俸粮的提高，所支漕粮总数并不少于明。清代八旗甲米例于京城八仓支领，雍正三年（1725）因添建万安仓，令将骁骑校、护军校领取米石作为一处，与八旗甲米共分作九处支领，雍正八年（1730）奏定"新设裕丰、储济二仓，将骁骑校、护军校米石仍随八旗支领，其镶黄、正黄、正白三旗包衣管领等项米石另为三分，同八旗甲米分十一仓阄放"①，将各旗分配于京城不同仓廒领米，是为了使各仓放粮均匀，不至于出现空满不齐的现象。关于兵米支放日期，顺治、康熙时本分两季关支，雍正时改为三季，乾隆二年（1737）议准"分为四季，于二五八十一等月放给，或遇岁闰，或值米价昂贵，后季米石不能接济前季，或南粮抵通需廒盛贮，随时奏准，酌定先期开放"②，并且"八旗甲米每季三色，按十成计算，粳米五成，稷米三成五分，粟米一成五分"③，将不同俸粮按比例支放给军丁，一方面可以防止某类漕粮存积过多，另一方面可以丰富军丁日常生活食粮的多样性，同时还能调节市场上粮食的品种。

表5—7　　　　　　　清代各旗兵丁每季领米数量及规定日期④

各旗名称	领米数量（石）	规定日期	领米月份
镶黄旗满洲	33000余	限15日领完	正、四、七、十
镶黄旗蒙古	10000余	限7日领完	正、四、七、十
镶黄旗汉军	15000余	限8日领完	正、四、七、十
正黄旗满洲	35000余	限17日领完	正、四、七、十
正黄旗蒙古	9000余	限5日领完	正、四、七、十

① （清）福趾：《户部漕运全书》卷60《京通粮储·俸甲米石》，清光绪刻本。
② 同上。
③ 同上。
④ （清）福趾：《户部漕运全书》卷64《京通粮储·支放粮米》，清光绪刻本。

续表

各旗名称	领米数量（石）	规定日期	领米月份
正黄旗汉军	14000 余	限 8 日领完	正、四、七、十
镶黄旗包衣	36000 余	限 15 日领完	正、四、七、十
正黄旗包衣	35000 余	限 15 日领完	正、四、七、十
正白旗满洲	34000 余	限 16 日领完	二、五、八、十一
正白旗蒙古	10000 余	限 6 日领完	二、五、八、十一
正白旗汉军	14000 余	限 8 日领完	二、五、八、十一
正白旗包衣	39000 余	限 16 日领完	二、五、八、十一
镶白旗满洲	30000 余	限 14 日领完	二、五、八、十一
镶白旗蒙古	8000 余	限 4 日领完	二、五、八、十一
镶白旗汉军	10000 余	限 6 日领完	二、五、八、十一
镶白旗包衣	10000 余	限 6 日领完	二、五、八、十一
正红旗满洲	27000 余	限 14 日领完	二、五、八、十一
正红旗蒙古	8000 余	限 5 日领完	二、五、八、十一
正红旗汉军	10000 余	限 6 日领完	二、五、八、十一
正红旗包衣	9000 余	限 5 日领完	二、五、八、十一
镶红旗满洲	30020 余	限 15 日领完	三、六、九、十二
镶红旗蒙古	8000 余	限 4 日领完	三、六、九、十二
镶红旗汉军	10000 余	限 5 日领完	三、六、九、十二
镶红旗包衣	12000 余	限 6 日领完	三、六、九、十二
正蓝旗满洲	32000 余	限 13 日领完	三、六、九、十二
正蓝旗蒙古	10000 余	限 5 日领完	三、六、九、十二
正蓝旗汉军	10000 余	限 5 日领完	三、六、九、十二
正蓝旗包衣	18000 余	限 14 日领完	三、六、九、十二
镶黄旗满洲	32000 余	限 14 日领完	三、六、九、十二
镶黄旗蒙古	9000 余	限 4 日领完	三、六、九、十二
镶黄旗汉军	10000 余	限 5 日领完	三、六、九、十二
镶黄旗包衣	16000 余	限 7 日领完	三、六、九、十二

　　以上满洲、蒙古、汉军八旗加上各旗包衣每季领米共 593020 石，按每年领取四季算，共 2372080 石，约占全部漕粮总数的二分之一强。

　　清代北京八旗兵丁领取甲米并非全部食用，而是将其中的很大比例卖于市场，然后换回银钱或杂粮，甚至很多兵丁从京通领粮后立刻将其粜卖，所以常常导致口粮无法接济。雍正五年（1727）清政府在北京设立八旗米局 24 处，通州设立 2 处，专门收购八旗兵丁余米，在米价昂贵时再平价卖给乏粮兵丁，同时调节京通两地的粮食市场。乾隆二十九年（1764）户部统计"每年支放八旗甲米约二百四十余万石，内粳米一百二十余万石，稜米八十四万余石，粟米三十六万余石"①。道光十八年（1838）户部奏"甲米宜量为变通也，查京通各仓每年该放甲米三百余万石，其八旗甲米即有二百四五十万石，明年应加放闰月甲米约二十余万石"②，一年仅军粮就达二百四五十万石之数，这在清初因仓储丰盈尚可支撑，道光后因漕运的衰败已成为国家粮储的重大负担。同治六年（1867）命"各仓开放八旗兵丁甲米，各旗都统、副都统亲身率属赴仓领米，于领米之日跟同御史、监督阄定廒座，登时开放，应领米石都统、副都统全数领出，督率参佐等将米押赴本旗衙门，按各佐领下人数散给，取具参佐领并无私折、私卖，甘结存案"③，同时令"八旗支领甲米，如米数较多一廒不敷，应俟放竣一廒再行另阄，不得两廒并开，致滋弊混。至领米车辆应由该旗先期雇定，放米甲斗应由该仓先期传集，临时倘有参差不齐，即由该都统、御史分别参办。其三旗包衣甲米应由内务府大臣督率参领等办理，健锐等三营甲米即由该管大臣查照奏案一律办理"④，这些措施的采取是为了防止仓储胥吏对兵丁的勒索舞弊，以确保基层军士能够按时、足额领到质量较好的米石。光绪时京通仓粮匮乏，京城军丁多半支银，每年八旗岁支甲米大约 60 万石，这一数字仅及全盛时的四分之一，日常所需食粮大半只能从京城市场上购买。

清代与明代相比，京通仓粮军事供给的目标比较单一，那就是八旗驻军，而明代京通仓不但要满足北京卫所的需求，而且各边防军镇所需之粮均要从京通仓运输，对国家是一项非常繁重的负担。另外清代京城驻军对当地粮食市场的影响要超过明代，清八旗军丁素来不食漕米，所领取的粮食多半流通到市面上，这对于防止市场粮价暴涨暴跌，维持粮价的相对平

---

①　（清）杨锡绂：《漕运则例纂》卷 20《京通粮储·支放粮米》，清乾隆刻本。

②　中国第一历史档案馆：《军机处上谕档》，盒号 1010，册号 1，第 5 条，道光十八年正月二十九日。

③　（清）福趾：《户部漕运全书》卷 64《京通粮储·支放粮米》，清光绪刻本。

④　同上。

衡具有重要的意义。最后，与明代京军经常频繁出征相比，清代八旗军的主要目的是拱卫京师，除清初在全国统一、平定叛乱的战争中起过一定作用外，中后期战斗力逐渐衰退，被地方汉军与地主武装所代替。

第三节　明清京通仓及水次仓的经济与社会保障功能

明清时期京通仓与水次仓的经济与社会保障功能主要包括灾荒赈济、粮价平衡、施粥放粮等，其中京通仓赈济的范围集中于京城与顺天府州县，体现了统治者对国家政治中心的重视，而水次仓救灾范围较为广泛，涉及运河区域的诸多省份，但京通仓与水次仓赈灾的共同特点即都利用京杭大运河便利的水运条件，将漕粮运送到受灾区域，或平粜粮价、或免费发放、或煮粥赈济，以期达到减少灾民流亡，缓和阶级矛盾，维持基层社会稳定的目的。

一　明代京通仓的社会保障功能

明代"京师为天下根本，漕米为京师大命，九门内外恃东南米举火者无虑数千百万家，漕米缺则京师必动，京师动则边镇动，边镇动则夷狄生心，故虽河工无得截用，非真大灾伤无得轻易留济，诚重之也"①，可见漕粮关系京城稳定、边镇安危、国家兴衰，其地位异常重要。为了使都城作为"首善之区"的光芒更加显耀，尽管明代京通仓漕粮并不轻易向民间开放，但是在灾荒陷入危急时刻，饥民嗷嗷待哺之时，明政府也会采取平粜、放粮、煮粥等方式以赈济灾民、平抑粮价、安定民生，而京通仓施放漕粮的区域主要集中于京城及顺天府周边区域，放粮的规模也必须与灾荒程度、漕粮积蓄数量、国家赈灾政策相符合。

永乐、宣德、正统三朝很少见到关于京通仓赈灾的资料，说明此时灾荒赈济基本不会动用国家漕粮。景泰七年（1456）北直隶顺天、保定、河间三府遭遇严重灾荒，朝廷除命刑部右侍郎周瑄动用受灾州县预备仓粮赈济外，还令"若有不敷，仍于通州仓支附余粮五万石，天津、德州水

---

① （明）张萱：《西园闻见录》卷34《户部三·积贮》，台北华文书局1969年版，第3108页。

次仓官粮支二万石添给，候丰年抵斗还官"①，这时动用京通仓救灾漕粮数额较小，在几万石左右，而且类似于借贷性质，灾时借给，丰时还官。天顺元年（1457）为使流浪人员有所归宿，"令收养贫民于大兴、宛平二县，每县设养济院一所于顺便寺观，从京仓支米煮饭，日给二餐。器皿、柴薪、蔬菜之属从府县设法措办，有疾者拨医调治，死者给与棺木"②，养济院是明代的慈善机构，为国家官方所设立的收养鳏寡孤独之人的场所，而位于京畿的养济院也享受特殊照顾，所需粮食可以从京仓支取，属最高统治者的一种恩惠措施。

成化时京通仓存粮达到了明代的鼎盛时期，而动用仓粮赈灾规模之大、频率之高、区域之广在明代历史上也是绝无仅有的。成化六年（1470）冬十月京城米价腾贵，朝廷奏准"将京通二仓粮米发粜五十万石，每粳米收银六钱，粟米五钱，以杀京城米价腾贵"③，一次就投放京城市场 50 万石漕粮以平米价，可见此时京通仓存粮规模之大，同年十二月又命户部郎中桂茂之等 40 人领京仓米 100 万石分别赈济顺天、河间、真定、保定四府灾民。对于流落京城的饥民"于京仓每口支米四斗，顺天府所属送还原籍照例赈济，其外方来者俱谕令还乡，果有鳏寡孤独者收养济院存恤之"④，另户科给事中丘弘奏请"乞在京再行粜粮三十万石，凑今发三十万石，自十二月至明年五月，每月发粜十万石，使相接济，仍于京通二仓斟酌多寡出粮十万，令发粜官员督同五城兵马及大兴、宛平、通州正佐官从公取勘各该地方，系食粮贫难下户及一应无力买粮者，每月给米二斗，庶贫富皆有所济"⑤，这样仅成化六年一年京通仓就发赈济粮近 200 万石，其作用涉及粮价平衡、平粜、无偿施放等诸多方面，几乎涵盖了古代社会官方救济的所有方式。成化七年（1471）四月为消弭去年灾荒遗留的影响，"诏再发京仓粟米一十万石，通前未粜米共二十五万石于五城分粜，价如先次所定，每石五钱，盖至是发粟已九十万矣，以军民饥甚，二麦未熟故也"⑥，相对于灾荒时期市场上商品粮暴涨的状况，京

---

① 《明英宗实录》卷 273，景泰七年十二月戊午条，上海书店 1982 年影印本。
② （明）申时行：《明会典》卷 80《礼部三十八·恤孤贫》，明万历内府刻本。
③ （清）秦蕙田：《五礼通考》卷 248《凶礼三·荒礼》，清文渊阁四库全书本。
④ 《明宪宗实录》卷 86，成化六年十二月辛亥条，上海书店 1982 年影印本。
⑤ 《明宪宗实录》卷 86，成化六年十二月癸酉条，上海书店 1982 年影印本。
⑥ 《明宪宗实录》卷 90，成化七年夏四月丙寅条，上海书店 1982 年影印本。

通仓发粜之粮一般均以低于市场粮食价格出售，带有国家宏观调控粮价的性质。成化十六年（1480）京师米贵，"诏发太仓粟米三十万石平价以籴赈给灾民，并预给在京官吏俸粮三月"①，希望通过增加市场粮食投放量的方式降低米价。成化年间京通仓之所以能够经常大规模的放粮赈灾，是与该时期漕运制度运转良好，京通仓充盈分不开的，正是依靠着丰实的国家积蓄，中央政府才有能力、有毅力、有魄力实施宏大的赈济计划，保障国计民生。

弘治、正德两朝虽然国家粮食积蓄不如成化时，但依然继承了动用京通仓粮赈灾的传统。弘治二年（1489）十一月因顺天府所属州县水灾，命"支京通二仓粟米各二万石，蓟州仓一万石，并发户部原折粮银五万两与本府预备仓粮相兼放支以济饥民，仍许军民人等输粟若银受散官冠带如例"②，同月由于灾民众多，又"命户部发京仓米七万石，通仓米三万石自明年二月至四月减价粜之以平京师米价，粟石银四钱五分，粳石五钱，其保定等府预备仓粮减价发粜，临时具数以闻，从户部奏也"③。弘治十四年（1501）北直隶永平、河间二府及河南布政司遇灾，户部奏请"蓟州拨仓粮五万石，通州粟八万石，德州、临清仓粮各四万石，天津三仓粮一万五千石，听分派俱灾州县分给，其灾伤各处现收在官应解钱粮、物料并柴夫马价等项银两亦许查取应用"④，得到了孝宗皇帝的同意。从上面几段史料可以看出，弘治时动用京通仓粮赈灾数量一般在几万石左右，而且基本为与地方预备仓、水次仓协同应对，这种情况说明了当时国家京通粮食积蓄已不能如成化时那样大规模放粮。

正德七年（1512）北直隶与山东发生饥荒，户部议定"顺天二万石、永平一万石俱支于通州仓，保定、河间各一万五千石，天津五千石，长芦运司二千石俱支于天津仓，广平、顺德各一万仓，真定、大名各一万三千五百石，青州、登州、莱州各一万三千石，济南、兖州、东昌各一万五千石，山东运司二千石，俱支于德州、临清仓"⑤，这样京通仓与水次仓共发粮近20万石，赈济范围涉及了北直隶与山东两地的诸多州县，运粮途

---

① 《明宪宗实录》卷201，成化十六年三月乙巳条，上海书店1982年影印本。
② 《明孝宗实录》卷32，弘治二年十一月丁巳条，上海书店1982年影印本。
③ 《明孝宗实录》卷32，弘治二年十一月戊午条，上海书店1982年影印本。
④ 《明孝宗实录》卷182，弘治十四年十二月戊午条，上海书店1982年影印本。
⑤ 《明武宗实录》卷86，正德七年夏四月戊子条，上海书店1982年影印本。

径为利用运河就近发送，通州、天津二仓赈北直，德州、临清二仓赈山东。正德十三年（1518）顺天府灾，"发通州大运仓粮三万石并河西务钞关船料银于顺天所属州县赈济，从右副都御史藏凤请也"①。正德十六年（1521）嘉靖皇帝刚一即位，"以京师久雨，米价腾踊，谕户部发京仓及通州仓粮五十万平价出粜，有富豪积贮于家乘时射利者治其罪，于是户部条议以请，上命亟行之且令提督诸臣便宜行事，务有以惠民"②，发粮与禁奸商与富豪囤粮相结合，属赈灾中国家利用政治与法律手段调控市场的行为，是一种典型的政府干预措施。

嘉靖朝国家粮储衰减，所以京通仓虽有救灾行为，但是赈济规模有限。嘉靖三十二年（1553）京畿受灾，"免畿内被灾秋粮，仍发京通二仓米三万石赈顺天府，临德二仓米三万石赈保定诸府，各以本处赃罚银佐之"③。嘉靖三十三年（1554）春因雨水稀少，京师附近粮价高昂，"发京通二仓米赈顺天府属饥民，其流民就食者赈以粥，乙亥都城内外大疫，命太医院给医药，户部发米五千石赈粥，死者令官民收埋之"④。万历三十二年（1604）户部接到谕令"朕思雨水连绵，京师米价日贵，便着于通州仓粮暂借十万石运赴京仓支放，而该月折色军匠米粮，候新粮到日即与补还。其五城房号银两除旧例免征外，再着免征一个月，以昭朝廷权宜救灾德意"⑤。万历三十八年（1610）又谕"今岁北直隶、山东、山西、河南、四川各处灾伤，人民穷饥……其畿辅灾民及各处流来饥民，尔部还发京仓及附近仓米三十万石一并给赈，各省抚按等官仍多方计划，更宜措置，共拯民穷，所有罪赎银两尽行买谷济荒，不得挪移"⑥。天启、崇祯两朝国家粮储紧张，漕粮不敷所用，基本不再用于灾荒赈济，受灾民众多挣扎于死亡线上，如崇祯十三年（1640）"两京、山东、河南、山西、陕西、浙江大旱蝗，至冬大饥，草木俱尽，道馑相望"⑦，当时的运河名城

① 《明武宗实录》卷158，正德十三年春正月壬寅条，上海书店1982年影印本。
② （明）徐学聚：《国朝典汇》卷101《户部十五·仓储》，明天启四年（1624）徐与参刻本。
③ （清）夏燮：《明通鉴》卷60《纪六十·世宗肃皇帝》，中华书局1959年版，第2318—2319页。
④ 同上书，第2325页。
⑤ （明）周永春：《丝纶录》卷2，明刻本。
⑥ （明）赵世卿：《司农奏议》卷7《奏缴圣谕疏》，明崇祯七年（1634）赵浚初刻本。
⑦ （清）吴乘权：《纲鉴易知录》，红旗出版社1998年版，第6221页。

临清再无昔日的繁华景象，"临清重过声寂然，但见犬衔死人足。饿鸥衔人肠，群鸥飞夺枯树巅。东昌蝗虫卖成市，略一尝之呕欲死。东阿、平、汶何可云，村落皆为灰，道路尸纷纭"①，正是饥荒过后尸横遍野、凄凉悲怆的景象。出现这种悲剧的原因是由于当时战乱频起，国家仓储体系受到严重破坏，地方官吏没有能力赈济与安抚受灾百姓，才导致民不聊生，基层社会陷入动乱。

明代京通仓救助体系经历了三个阶段，成化至正德年间国家粮食储备丰富，所以赈济灾荒动用漕粮的数量较大，一般都在十余万石左右，最多时达到上百万石，这既是当时漕运体系运转相对良好，国家重视积蓄的结果，同时也是明代京通仓赈灾制度完善与发展的阶段。嘉靖至万历时，随着运河的衰败与漕运的没落，加之灾荒不断，饥民遍起，所以除万历初张居正新政时京通仓积蓄量有所提高外，其他多数时间基本只能满足军需与俸粮所用，即使有所赈济，在数量上也无法与成化、弘治、正德三朝相比。天启、崇祯两朝是京通二仓趋向灭亡的时期，当时京通仓粮不但不能赈济京城灾荒，甚至连卫所俸粮都难以发放，最高统治者不得不加派辽饷、练饷、剿饷以助军资，国家已经完全处于失控的边缘，京通仓作用也大为削弱。

二　清代京通仓的赈济与保障作用

清代京城十一仓与通州大运中、西二仓是保障京畿地区社会稳定的基础，虽然这些漕粮主要用于国家政治与军事开支，但是灾荒时期，清政府也会动用大量仓粮，采取平粜、施粥、放粮等方式赈济灾民，维持他们的基本生活。

（一）清代京通仓的平粜功能

平粜是指古代社会发生灾荒时，政府将官储粮食以平价、减价的方式投放到市场，以抑制粮价过高对民生造成损害，主要目的是打击粮食囤积、救济灾民、维持社会稳定。有清一代，顺天府及京城周边区域作为畿辅之地，受到了统治者的高度重视，每当这些区域发生灾荒时，清政府都会采取一系列措施赈济灾民、保障民生，其中最常用的措施就是利用京通仓丰富的库存粮食以平抑市场粮价，以期达到缓和社会矛盾与降低灾荒危害的效果。

①　（明）左懋第：《左忠贞公剩稿》卷4《表》，清乾隆五十八年（1793）左彤九刻本。

　　清代北京官民人口众多，粮食需求异常庞大。乾隆五十二年（1787）御史朱凤英曾奏："京城之米与他省异，他省全借外来商米，而京师之米全取给于京通两处之仓，粮米粜放间，商贾得以操盈缩，虽丰年不能无贵"①，这充分说明了京城的粮食市场对京通仓具有很大的依赖性，甚至丰收的年景京城粮价都不会过低。早在清朝初期中央政府就已经把京通仓粮作为调节市场、赈济灾民、稳定粮价的工具了。康熙三十二年（1693）京城米贵，谕大学士等"今岁畿辅地方歉收，米价腾贵。通仓每月发米万石，比时价减少粜卖。其粜时止许贫民零粜数斗，富贾不得多粜转贩，始于民生大有裨益"②。康熙三十四年（1695）又命"嗣后直属遇灾即发京通仓米或截留漕米并贮，以备赈济，余米俟时价减粜"③，从而揭开了清代大规模常态化利用京通仓粮赈灾的序幕。康熙四十三年（1704）京城米贵，命"每月发通仓米三万石运至五城平粜"④。康熙六十年（1721）谕户部尚书孙渣齐，"京城所报粮价甚贵，京通仓米石著交与侍郎张伯行，比时价减五分粜卖，内务府庄头所交谷石俱存在州县，亦派满汉贤能章京照比粜卖，谷石价值腾贵之际，偷盗仓内米石者，差提督等不时缉拿，照此速行"⑤。除关注京城粮食市场稳定与灾民生活外，康熙一朝对京畿州县的救灾力度也颇大，康熙五十五年（1716），"顺天、永平府属米价翔贵，发通州仓粟二十万石济之"⑥。

　　康熙五十六年（1717），圣祖皇帝巡视密云县，谕大学士等"去岁朕见此处高粱结实者少，秕者多，米价腾贵，高粱一斗几三百钱，故将通仓米令运一万石至此处，五千石至顺义县，减时价发粜，米价稍平，一斗百钱，民以不困。北地寒冷，米谷多至失收，今河水方盛，著将通仓米运至密云、顺义各一万石，令贮仓备用"⑦。从以上资料可知，清初中央政府就已经非常重视京通仓储的社会保障功能，其关注的重点既包括京城，也

---

　　① 中国第一历史档案馆：《军机处上谕档》，盒号 703，册号 2，第 5 条，乾隆五十二年六月初九日。

　　② （清）《清文献通考》卷 34《市籴考·籴》，清文渊阁四库全书本。

　　③ （清）《清通志》卷 86《食货略八·平粜》，清文渊阁四库全书本。

　　④ （清）《清文献通考》卷 34《市籴考·籴》，清文渊阁四库全书本。

　　⑤ 中国第一历史档案馆：《宫中朱批奏折》，档号：04—01—30—0284—025，《奏为遵旨粜卖京通仓米情形事》，康熙六十年四月三十日。

　　⑥ （清）《清通典》卷 17《食货十七·蠲赈下》，清文渊阁四库全书本。

　　⑦ 《清圣祖实录》卷 168 康熙三十四年八月癸巳条，中华书局 2008 年影印本。

涵盖京畿周边区域，平粜的粮食从数万石到数十万石不等，并且这些粮食能够根据受灾范围与人口数量进行合理科学的分配，从而使京通仓救灾功能得到了较大程度的发挥。

雍正帝虽在位时间较短，但在动拨京通仓粮救灾的数量上却很庞大。雍正三年（1725）直隶发生饥荒，"截留漕米二十万石，发通州仓粟十万石，赈霸州七十二州县民三月，赈大兴等四县民一月"①。雍正四年（1726）春正月，命"再发通仓米十万石，运至天津，加赈直隶霸州、保定等七十五州县水灾饥民"②。二月命仓场侍郎，"再发通仓米二万五千石，运往保定，减价出粜，以济民食"③。除直接将京通仓粮运往受灾地方减价发粜外，雍正朝对于京城饭厂、米局对粮价的调控作用也非常重视，雍正九年（1731）谕令"五城十厂，粜卖成色米，现在止余五千余石，请令各厂再领通仓成色米四万五千石，均匀发粜"④，同年又因山东发生灾荒，"拨通仓米十五万石，奉天米二十万石，采买米五万石，运往山东备赈"⑤。根据史料记载，雍正一朝动用京通仓粮救灾数量达数百万石，甚至一年就调拨数十万石仓粮平粜粮价，这也充分体现了京通仓的社会保障功能正日益成熟与系统化。

乾隆朝时京通仓平粜粮价、稳定市场、救济灾荒的作用进一步发挥，并且无论在放粮规模、赈济方式、管理制度等方面都达到了清代的鼎盛时期。乾隆二年（1737）京城米价稍涨，特旨"发通仓米于五城，共设十厂，六居城内，四居城外，减价平粜，寻又于近京四乡添设八厂"⑥。乾隆八年（1743）直隶、天津、河间遭遇旱灾，米价腾贵，朝廷除拨京通仓米10万石分储受灾州县平粜外，又命仓场总督"于通仓粳米各色米内再拨四十万石于现拨十万石运完之后，即行接运，务于八月内全数运津，令总督高斌分发各处水次，就近挽运，接济冬间赈恤"⑦，这数十万石仓粮被运往蓟县、东光、青县、静海、盐山、庆云、武强等受灾州县，"照

①　（清）《清通典》卷17《食货十七·豁赈下》，清文渊阁四库全书本。

②　《清世宗实录》卷40，雍正四年春正月丙申条，中华书局2008年影印本。

③　《清世宗实录》卷41，雍正四年二月丙子条，中华书局2008年影印本。

④　《清世宗实录》卷108，雍正九年七月戊辰条，中华书局2008年影印本。

⑤　（民国）赵尔巽：《清史稿》卷9《本纪第九·世宗》，吉林人民出版社1998年版，第217页。

⑥　（清）《清通志》卷88《食货略八·平粜》，清文渊阁四库全书本。

⑦　（清）方观承：《赈纪》卷3《散赈》，清乾隆刻本。

地方时价酌量平减出粜，以资民食"①。乾隆十一年（1746）为赈昌平旱灾，"著将京通仓每年例拨五城平粜色米内酌量分拨该处，以资平粜，其应需若干石及如何运往分厂出粜之处，交与该督一面奏闻办理，一面咨会仓场侍郎等速行拨给"②。

京通仓除调控市场上谷、米、麦等粮食的价格外，对马匹食用兼榨油的豆类价格也具有平衡的功能。如乾隆二十七年（1762）内阁奉上谕"京师闰五月以来雨水稍多，近虽晴霁而道路泥泞，商贩驮运未免迁迟，豆价现在增长，官弁兵丁所必需，自宜酌量调补，著户部于预备支放豆石内通融筹拨，陆续交与五城米厂以资平粜"③，乾隆四十七年（1782）十一月谕令"九月份粮价单内其黑豆一项市价自五钱起至八九钱不等，价值尚称平减，目前京师黑豆价值稍昂，较之豫省尚计增至一倍有余，现将积存京仓豆石发给官员以平市价"④。乾隆时之所以能够大规模动用京通仓粮平粜与救灾，是与该时期物阜民丰、经济发展、国库充裕分不开的，京通仓粮赈济灾荒不但缓和了阶级矛盾、维持了社会稳定、保障了市场供给，而且对于"康乾盛世"的出现也起到了重要的作用。但是大规模且无节制的动用京通仓粮也造成了严重恶果，使京通仓呈现日益匮乏的现象，早在乾隆九年（1744）高宗皇帝就曾说："今内外臣工动以截漕为请，朕念民依，亦屡次允从，出于一时之急济，其实京仓所贮虽云可备五年，可备十年，也仅为官俸兵粮所必需，著统为京师人口计，即一二年恐亦不足供支，况欲更分此以赈贷直省。"⑤ 乾隆二十四年（1759）通仓乏粮，为丰盈仓储，命河南巡抚胡宝瑔"于各属内酌量麦多价平之处，动项采买或十万石，或五万石，由运河送至通仓，转运京师以资平粜"⑥，可见此时京通仓储已渐不足额。乾隆五十七年（1792）户部奏称"查京

① （清）方观承：《赈纪》卷2《核赈》，清乾隆刻本。

② 中国第一历史档案馆：《乾隆朝上谕档》，档号：0559（1），《谕内阁昌平州去年被旱著拨京通仓米平粜》，乾隆十一年闰三月十九日。

③ 中国第一历史档案馆：《军机处上谕档》，盒号589，册号2，第2条，乾隆二十七年六月初三日。

④ 中国第一历史档案馆：《军机处上谕档》，盒号686，册号1，第4条，乾隆四十七年十一月初二日。

⑤ 中国第一历史档案馆：《军机处上谕档》，盒号558，册号1，第1条，乾隆九年三月二十三日。

⑥ 中国第一历史档案馆：《宫中朱批奏折》，档号：04—01—0153—041，《奏为遵旨采买米石酌运至通仓转运京师以资平粜事》，乾隆二十四年三月十九日。

通各仓米数，本年除截留漕米，动拨赈济共九十余万石外，现在实存各色米五百六十余万石，以每年应放俸米、甲米二百八十余万石计算，足敷两年支放之用，较之康熙年间仓贮七百八十万石之数，尚少二百余万石"①。乾隆末期京通仓粮的匮乏除与历年大规模赈济灾荒有较大关系外，也与日益恶化的仓储弊端密不可分，延续至乾隆中后期，京通仓花户巧于弄法，不但与仓中夫役、胥吏、监督相勾结，而且盗窃仓粮、私卖米票、克扣旗丁，从而使仓储积蓄日渐减少，其救灾的功能也大为削弱。

　　乾隆后，清代社会内忧外患不断，经济发展迟缓，国库空虚，京通仓积蓄已大不如前，但即便如此，清政府仍然非常重视京通仓的平粜与赈济作用。嘉庆二十三年（1818）三月，京师旱灾，大兴、宛平等京县粮价增长，民众生活困苦，"著加恩即于京仓拨给麦一万石交顺天府领运于城外四乡，按村庄远近分设厂座减价平粜，以资接济，如米数如数则以，若有不敷再行奏请续拨"②，四月又再次命"拨京仓粟米一万石交顺天府减价平粜，拨天津北仓备赈余米给直隶歉收地方减价平粜"③。道光十二年（1832）京畿缺雨，粮食昂贵，"降旨赏给京仓粟米三千石，麦三千石，豆二万石，于顺天府所属通州等州县设厂，减价平粜，经该府尹等按照村庄酌量派拨，先后设厂粜放"④。光绪十年（1884）二月，因顺天府各州县去年遭遇水灾，"叠经赏给银米分别赈济，现在赈粜正殷，需米孔亟，著再赏给京仓粟米三万石以资接济"⑤，同年闰五月又因京师数月不雨，"粮价昂贵，著恩所请，添设平粜三局，赏拨京仓米一万石，粟米四万石以为平粜及筹备赈济之用"⑥。

　　清代中后期的京通仓积蓄已无法与康熙、雍正、乾隆三朝相比，所以出粜与赈灾的粮食数量较少，另外随着国外近代化赈灾方式的传入，这一

　　①　中国第一历史档案馆：《乾隆朝上谕档》，档号：727—4，《抄奏为查京通各仓本年实存米石数目折》，乾隆五十七年十二月十一日。

　　②　中国第一历史档案馆：《军机处上谕档》，盒号894，册号1，第1条，嘉庆二十三年三月二十七日。

　　③　《清仁宗实录》卷341，嘉庆二十三年四月壬午条，中华书局2008年影印本。

　　④　中国第一历史档案馆：《军机处上谕档》，盒号975，册号2，第2条，道光十二年八月二十三日。

　　⑤　中国第一历史档案馆：《军机处上谕档》，盒号1375，册号2，第4条，光绪十年二月十二日。

　　⑥　中国第一历史档案馆：《军机处上谕档》，盒号1378，册号2，第1条，光绪十年闰五月初五日。

时期中国社会的救灾措施呈现出传统与近代相结合的色彩，甚至在一些沿海开放城市出现了西方传教士利用教堂对中国灾荒的救济，这也表明京通仓的社会保障功能在近代救荒模式的冲击下，正日益走向衰落。

（二）无偿的社会施救

京通仓救济的范围主要分布于京城及顺天府所辖州县，其中平粜为平价或减价出售仓粮，其适应于灾荒不甚严重，居民尚有一定积蓄的情况下。当遭遇大灾或重灾时，不但粮食缺乏，而且灾民手中无钱买粮，只好四处流亡，一旦最基本的生活都无法得到保障，他们就会采取暴力方式谋求衣食之需，从而造成社会的动荡与紊乱，而这正是专制统治者所恐惧的。清代前期京通仓的平粜作用明显，中后期利用仓粮无偿施救的措施则日益多样化，如开厂放粮、饭厂施粥、善堂与寺院救助、煮赈等，这些救灾方式虽然无法与平粜粮食数量相比，但却对基层民众与底层社会群体的生活保障产生了积极有益的影响。

开厂放粮，即在受灾区域临时或固定设立官办赈灾机构，向灾民平粜或无偿发放粮食，其中京内五城为固定放粮地域，而京畿附近州县也设有放粮分布点，这些粮厂能够因地制宜、因时制宜的参与灾荒赈济，其公共空间服务的功能非常明显。雍正四年（1726）近京地方"雨水稍多，收成歉薄，穷民乏食……即令豁免钱粮，发通仓米四五十万石，遍行赈济，又念失业之民觅食来京者多，故于五城饭厂两次添加米石，又于五门增设饭厂五处"①。嘉庆六年（1801），"发京仓稜米二千四百石，局钱千缗，赈永定、右安门外灾民"②，其中"酌拟每口给米三合三勺，小口减半，统计共有二万二千余人，每日约需米八十余石"③，通过开厂放粮，赈济了大量灾民。道光十二年（1832），"拨京仓粟米一万一千八百石，加赈顺天武清、三河、良乡、房山、昌平、顺义、怀柔、平谷八州县灾民"④。同治十一年（1872），"顺天、宛平等处大雨连绵，山水下注，业经谕令由京仓添拨赈米二万石，户部拨银六万两分别散放"⑤。清代开厂放粮属

① 《清世宗实录》卷41，雍正四年二月庚午条，中华书局2008年影印本。

② 《清仁宗实录》卷84，嘉庆六年六月己巳条，中华书局2008年影印本。

③ 中国第一历史档案馆：《军机处上谕档》，盒号797，册号2，第5条，嘉庆六年六月二十四日。

④ 《清宣宗实录》卷226，道光十二年十一月丙申条，中华书局2008年影印本。

⑤ 中国第一历史档案馆：《军机处上谕档》，盒号1317，册号2，第2条，同治十一年十月初三日。

于临时赈济措施，一般只有在大灾初发后进行，救急效果虽然显著，但是救灾区域与救助人口数量却受到了很大的限制。

粥厂施赈与煮赈。清代中央政府在灾荒年景，往往在受灾地域设立粥厂，将京通仓粮运往这些地区进行煮赈，施粥与煮赈能够直接挽救处于濒临绝境的灾民，使他们能够感受到专制统治者的抚恤与关怀，有利于增强基层社会群体对中央政府的向心力。雍正九年（1731），"定五城御史亲至饭厂监赈，例恩赏京仓老米二百石"①，用以救济京城贫民。嘉庆六年（1801）七月，"拨京仓米二千四百石，于长辛店、卢沟桥等处设厂煮赈"②，同年十一月又谕令内阁"向来五城十厂冬间煮赈散给贫民以资口食，本年夏间雨水过多，穷黎生计更形拮据，现闻各厂贫民就食者比往年人数较多，恐现给米石尚不敷用，著加恩添赏米三百五十石，于京仓内支领分给十厂，俾老弱穷民均资果腹"③。嘉庆二十四年（1819）永定河暴发洪水，下游大兴、宛平两县受灾严重，"亟应设厂煮赈以济民食，现据勘明大兴县所属被灾轻重共五十四村庄，应设厂二座……即饬该县等迅速搭盖厂座，领运米石即照所请，自八月十六日开厂至十月初一日止，所需粟米一千五百石，除前经拨给三百石外，著仓场侍郎再于京仓拨给粟米一千二百石交该府迅速派员分领，至所奏赈务经费银两例由藩库拨解"④。道光三年（1823）七月顺天府在卢沟桥、黄村、东坝、清河办理赈济事务，"著照卢荫溥等所请，拨给京仓米四千石分运各厂，其应需经费二千两著由部库支拨，每处分给五百两，该府尹等严饬各厅县妥为经理，即于八月初一开厂煮赈，均匀散放，务使贫民均占实惠"⑤。同治十二年（1873）顺天府所属州县遭遇水灾，"近城一带贫民甚多，现在粮价昂贵，糊口维艰，自应设立粥厂六处，即于十月初一日开厂，所需米石除上年所

---

①　（清）《清通典》卷 17《食货十七·豁赈下》，清文渊阁四库全书本。

②　《清仁宗实录》卷 85，嘉庆六年七月乙亥条，中华书局 2008 年影印本。

③　中国第一历史档案馆：《军机处上谕档》，盒号 813，册号 1，第 3 条，嘉庆六年十一月初一日。

④　中国第一历史档案馆：《军机处上谕档》，盒号 901，册号 2，第 8 条，嘉庆二十四年八月初八日。

⑤　中国第一历史档案馆：《道光朝上谕档》，档号：0926—2，《奉旨著拨京仓粟米分运卢沟桥等处赈厂散放所需经费由户部专拨》，道光三年七月二十四日。

存粟八百余石外，著添拨京仓粟米九百七十二石以资散放"①。光绪十六年（1890）内阁奉上谕，"本年近畿一带水灾甚重，叠经赏拨银米，广为赈抚，惟念顺天所属十九州县饥民众多，现届严寒，待哺之嗷嗷，情殊可悯，加恩著再赏京仓漕米五万石，以备冬抚之用，即著潘祖荫等分拨各厂煮粥散放，以惠穷黎"②。清代利用京通仓粮施粥与煮赈规模一般较小，所用粮食从几百石到几千石不等，最多为数万石，这些粮食运往受灾地域的粥厂与饭厂后，由中央派遣的官员或地方官员监督，核实受灾人数与状况，然后请拨经费，确定放赈日期，有着相对严格的管理体系与程序，是清代赈济制度逐渐完善与科学化的表现。

　　京通仓对善堂与寺院的支持。利用善堂、寺院等机构救济灾民，是清代中后期社会救助的重要模式之一，发生灾荒后，政府将京通仓粮交给这些半官方的慈善机构，在政府与地方士绅的监督下，向灾民施赈与救济，这种国家间接社会保障功能的发挥，不但可以让地方与民间慈善机构与人群参与其中，而且更容易接近灾民，进一步扩大了施救的范围。当然这种表面带有民间色彩的赈济，不可能脱离政府部门的控制，因为京通仓粮拨放的时间、地域、规模都是有着严格的规定与章程的，只有在政府部门的全力支持与配合下，这些慈善机构才能充分发挥社会救助的作用。乾隆十八年（1753）通州发生灾荒，知州杜甲"设厂二处，给孤寺、天成庵领用通仓米五百五十二石，赈过流民大小口六万六千五十三"③。乾隆四十年（1775）谕令"京城广宁门外普济堂冬间贫民较多，将京仓气头廒底内小米拨给三百石，自是岁以为常"④。此后每年朝廷都会按照惯例向普济堂发放一定数量的银米用来赈济灾民，如乾隆五十七年（1792）内阁奉上谕"京城广宁门外普济堂冬间施舍贫民，经费米石恐不敷用，著加恩将仓内小米赏给三百石以资接济"⑤。

　　嘉庆六年（1801）仁宗下令"向年京城广宁门外普济堂冬间煮粥施

① 中国第一历史档案馆：《同治朝上谕档》，档号：1323（2）—47，《谕内阁近城一带被灾贫民甚多著于安定门等六门外各处设粥厂并添拨京仓粟米以资散放》，同治十二年九月十六日。
② 中国第一历史档案馆：《光绪朝上谕档》，档号：1411（2）—5，《谕内阁近畿水灾饥民众多著再赏给京仓漕米分拨各厂散放》，光绪十六年十月十五日。
③ （清）方观承：《赈纪》卷8《赈需杂记》，清乾隆刻本。
④ （清）《清文献通考》卷46《国用考八·赈恤》，清文渊阁四库全书本。
⑤ 中国第一历史档案馆：《乾隆朝上谕档》，档号：727—2，《谕内阁著赏京仓小米接济普济堂》，乾隆五十七年九月初八日。

舍贫民，均赏给小米三百石，俾资接济，本年夏间雨水过多，贫民生计更形拮据，著加恩照年例赏给京仓小米三百石之外再加赏二百石以示格外轸恤至意"①。光绪年间，利用善堂与庙观赈济灾民的情况更为普遍，逐渐成为社会救灾的重要方式。光绪二年（1876）京师旱灾，粮价昂贵，"贫民觅食维艰……将五城饭厂提前三月，于七月初一日开放，其中城之朝阳阁，东城之东坝，南城之打磨厂，西城之长椿寺、赵村，北城之圆通观、梁家园各粥厂，每月共需粟米三百石，著照数赏给各该城，按日咨明户部"②。光绪六年（1880）八月"普济堂、功德林给小米八百石；卢沟桥粥厂给粟米三百石，资善堂暖厂给粟米三百石"③。光绪十五年（1889）谕令"朝阳阁、卧佛寺育婴堂，长椿寺、圆通观、梁家园各粥厂月需米三百三十石，照数赏给，又崇善堂、百善堂、公善堂三处暖厂及礼拜寺各赏米三百石，南海会寺、玉清观、兴善堂暖厂并三忠祠粥厂各赏米一百五十石，以济穷黎"④。光绪十九年（1893）顺天府奏"西城资善堂暖厂收养贫民众多，请加赏米石"，朝廷回复"前赏小米三百石，不敷散放，加恩再赏籼米四百石"⑤。光绪时期之所以能够动用大量京通仓粮资助善堂、庙宇、寺观救济贫民，除了因近代交通方式的兴起，从奉天、江浙、两广采买米石更加便利外，更重要的是随着商业的不断发展，京城的粮食市场也逐渐兴盛，商贩米石成为京通仓粮的重要来源。

（三）京通仓对特殊社会阶层的救助

清代北京不但是全国的政治中心，也是经济、文化、军事中心，作为调控京城粮食市场的京通仓既要对灾荒时期的普通民众进行赈济，更要满足统治阶层的物质需求，为了显示中央对八旗兵民的恩惠与抚恤，清代还设立八旗米局，通过调用京通仓粮来平抑粮价，保障特权阶层的利益。除此之外，每当皇帝寿辰、士子科考、皇族婚嫁，统治阶级也会将京通仓粮减价或无偿发放到市场及分给受灾民众，以彰显皇恩浩荡。

清代北京驻有大量八旗兵丁，这些士兵不但是清政府拱卫京畿地区的

---

① 中国第一历史档案馆：《军机处上谕档》，盒号798，册号2，第1条，嘉庆六年九月十八日。

② （清）刘锦藻：《清续文献通考》卷83《国用考二十一·赈恤》，民国影印本。

③ （清）周家楣：《光绪顺天府志》卷66《故事志二·时政下》，北京古籍出版社2001年版，第2345页。

④ （清）刘锦藻：《清续文献通考》卷83《国用考二十一·赈恤》，民国影印本。

⑤ 同上。

主要武装力量，更因其满人的身份而受到统治阶级的重视与优待。除设立专门的机构负责满人事务外，京通仓每年数百万石税粮也主要用于支付京城驻军的供需，其中八旗米局作为专门服务于特权阶层的机构，对北京地区的满族群体产生了重要意义。雍正九年（1731）因京城米贵，世宗皇帝命"八旗二十四局内每局发三色好米二万石，五城十厂发米四十万石，通州二局发米十二万石，共米一百万石，老米每石价银一两，做制钱一千文，稷米每石价银八钱，做制钱八百文，仓米每石价银六钱，做制钱六百文，平粜与旗民"，乾隆二年（1737）又依照雍正九年例，"每旗米局将通仓三色好米给支二万石，陆续运至米局，照依原定价值陆续发卖，止令旗人零买，每人不过一石之数目，而所用运米脚价即在从前八旗米局剩银内动给"①。经过八旗米局放粮平粜米价，京城众多的旗人得以没有艰食之虞。乾隆八年（1743）上谕"今年既多闰月，又值灾暑，商贩米粮到来较迟，近日虽经得雨，尚为沾足，米价比往年增长，应将京仓官米速行发粜，以平市价，俾八旗五城兵民俱得沾惠"②。乾隆十七年（1752），"命京仓发米四万石分给左右翼米局，交该管王大臣等，仿照时价，酌减平粜"③。清代八旗米局设立于雍正年间，在雍、乾两朝对于平抑京城米价，保障旗人与八旗兵丁的生计起到了重要的作用，这一时期八旗米局或设二十四局，或设八局，放粮规模在数万石到上百万石之间，其数量可谓庞大。乾隆后，随着漕运的衰败与吏治的腐朽，不但京通仓粮不能足额，而且八旗米局也形同虚设，再也起不到调节京城粮食丰歉的作用了。

清代对于官员的选拔与考核非常重视，其中历届科举都被视为国家大事，而如何安置众多士人的衣食之需也成为科考期间政府必须应对的事务。乾隆八年（1743）仓场侍郎吴拜奏："臣等伏查通州五方杂处，人居稠密，且正值学臣按临，考试生童云集，食齿更繁，除通州官米局所买俸米现在平粜外，诚恐不能遍及，合无仰恳皇上天恩，于通州二仓旧存粳稷米内各发一千石，遵照部议定价值，粳米每石一两二钱，稷米每石一两，责令地方官秉公发粜，并严行稽查，毋许奸徒兴贩囤积，以平市价，以济

　　① 中国第一历史档案馆：《宫中朱批奏折》，档号：04—01—35—1103—036，《奏请照雍正九年成例将通仓米石平粜给旗民事》，乾隆二年四月初十日。

　　② 中国第一历史档案馆：《宫中朱批奏折》，档号：1126—031，《奏请速行派拨京仓米石平粜八旗五城兵民折》，乾隆八年八月初四日。

　　③ （清）《清文献通考》卷37《市粜考六·粜》，清文渊阁四库全书本。

民食。"① 除恩惠科举士子外，每逢新帝登基与皇族寿辰，京通仓也会放粮平粜市价，如乾隆十六年（1751）内阁奉上谕"今岁恭逢圣母皇太后六旬万寿，海宇臣民愿效祝寿者甚多，现在辐辏京师，各城米价或致少昂，著于京仓拨米二万石分给五城，减价平粜"②。

清代京通仓对特权阶层的社会救助与一般性的平粜与赈济相比并不具有普遍性，对于灾荒年景的下层民众，清政府一般会根据灾害的破坏程度或平粜或无偿救济，具有稳定社会秩序，巩固统治基础的目的，而对于八旗兵丁以及士人的优惠对待，则是其强化特权阶层利益与地位的体现。

清代依漕运为国家命脉，视京通仓为"天庾"，所以对于京城粮食储备异常重视。乾隆四年（1739）高宗曾说："至于通仓上关天庾，原不许轻易拨助，惟需用孔亟之时，而邻邑仓粮又在不敷，始将通米临期酌量拨用，皆系现行至成法"③，可见京通仓粮的施放有着严格的原则，必须在保障皇室、驻军、官俸需求的前提下才能用于灾荒赈济。另外，清代京通仓救灾主要集中于康熙、雍正、乾隆三朝，与中国历史上的"康乾盛世"相符合，据乾隆二十三年（1758）户部大臣奏"康熙年间共截过漕粮二百十四万石，雍正年间亦不过二百九十余万石，今已截至一千三百二十余万石"④，三朝总计截留漕粮近 2000 万石，漕粮的截留虽然满足了灾荒赈济的需求，但却导致京通仓储逐渐匮乏。乾隆二十八年（1763）侍郎英廉奏言："京通仓贮最宜充裕，而频年截漕散赈，动以亿万计，间遇京城粮价昂贵，辄发内仓广为平粜，截留之数既多，储积之数自减。"⑤

康雍乾时期虽截漕与动用京通仓粮赈灾数目巨大，但因当时国库充裕、农业发展、经济繁荣，国家粮储尚能勉力维持。清中期后，随着国内政治环境的紊乱，加之运河改道、漕粮改折、战乱频起，京通仓满足京城

① 中国第一历史档案馆：《宫中朱批奏折》，档号：04—01—35—1125—038，《奏请照部定价值ँ发粜通仓米石事》，乾隆八年六月十二日。

② 中国第一历史档案馆：《军机处上谕档》，盒号 567，册号 1，第 2 条，乾隆十六年十月二十四日。

③ 中国第一历史档案馆：《军机处上谕档》，盒号 552，册号 3，第 2 条，乾隆四年七月二十日。

④ 中国第一历史档案馆：《军机处上谕档》，盒号 580，册号 1，第 1 条，乾隆二十三年正月二十九日。

⑤ （清）《清通志》卷 88《食货略八·平粜》，清文渊阁四库全书本。

驻军开支尚不敷用，用于灾荒赈济的数目更是微乎其微，虽然此时庙宇、寺观、庵堂利用京通仓粮救济的次数增多，仓储放粮的规则与程序也日益科学化，但是单从数量上看，却无法与清代前期相齐并论。

三　明清水次仓社会救济功能的发挥

明清两朝除京通仓及常平仓、预备仓、社仓、义仓、学仓、营仓等在各自领域发挥作用外，水次仓作为国家官方大型漕仓，在地方灾荒赈济中的作用也功不可没。其中明代水次仓存粮较为丰富，救灾区域也广于清代，南运河与鲁运河的天津、德州、临清三仓辐射范围包括北直隶、山东、河南三省，往往这些区域发生大的灾荒时，国家会从三仓调剂漕粮通过运河输送进行赈济，而江苏境内的徐州、淮安二仓救灾区域为南直隶诸省。清代除初期水次仓有一定存粮外，中后期完全沦为存储银两的财务机构与征税机关，遇到灾荒时，只能通过在水次仓截留漕粮进行赈济，其作用远不如明代。从本质上讲，水次仓作为国家官方存储漕粮的场所，其蓄积本不能轻易挪用，但为了缓和地方社会的矛盾，维持灾民的基本生活，国家动拨水次仓粮赈灾是对地方预备仓、常平仓、义仓救灾能力不足的一种补充与延伸，是专制社会中一种不较为常见，但能够发挥重要作用的救灾方式。

（一）明代水次仓的救济功能

明宣德前鲜见水次仓赈灾记载，直到宣德九年（1434），"两畿、浙江、湖广、江西饥，丁卯以应运南京及临清仓粟赈之"①，此时也并非直接从二仓发粮，而是截留应运二仓之粮救灾。正统元年（1436）淮安发生灾荒，饥民遍布，当地官府向中央请求"将原拨起运北京、临清仓粮，乞存留本府常盈仓交纳以苏民困"②，朝廷同意存漕粮6万石救济本地灾荒。景泰三年（1452）南京地震、江淮大水，徐、淮间流民众多，左都御史王文上言："南京储蓄有余，请尽发淮、徐仓粟赈贷，以应输南京者转输徐、淮，补其缺。皆报可"③，景泰四年（1453）又命"南京官仓积粮数多，年久不无陈腐，请移文南京兵部，量拨空闲马快船，各领粮十万

---

① （明）陈鹤：《明纪》卷12《宣宗纪》，清同治十年（1871）江苏书局刻本。
② 江苏省地方志编纂委员会：《江苏省通志稿·大事志》，江苏古籍出版社1991年版，第384页。
③ （清）张廷玉：《明史》卷168，岳麓书社1996年版，第2437页。

石，每粮加耗二升，运赴徐州仓交纳赈济"①，同年右金都御史王竑"以凤阳府水灾，奏请于淮安常盈仓支粮十五万石并支官银一千五百两，雇船运赴凤阳赈济"②，时山东监察御史顾睢亦奏："山东、河南、北直隶民被水灾，缺粮赈济，乞敕罪人纳米赎罪，其南京并南北直隶，运纳徐州仓。"③ 宣德至景泰年间，水次仓粮赈灾的方向主要集中于南直隶诸省，多数并非其直接存粮，或为其他仓储拨运至水次仓，或为存留起运之粮，或为其他方式所筹集之粮米。

成化二年（1466）南京粮储右都御史周瑄言凤阳、淮安等府饥荒严重，户部议复"发淮安府常盈仓粮二十万石赈济凤阳及淮安所属州县，发徐州水次仓粮二十万石赈济本州属县，仍敕巡抚都御史林聪斟酌各府州县饥民，下户许报五六口，上户不得过十余口，每口给粮一石，以苏其困"④，这种计口配粮的赈济方式，一方面可以保障所有的受灾人口都能够有维持生存的粮食，另一方面还可以保持水次仓有足够的库存量，防止其过度的消耗。成化八年（1472）"淮、扬二府浚河人夫口粮日米一升，麦一升五合，俱于本府官仓及常盈仓关支，从管河郎中郭升请也"⑤，可见水次仓除具有赈灾功能外，还有提供公共工程用粮的作用。成化九年（1473）北直隶、山东民饥相食，灾情十分严重，户科左给事中邓山奏"其地密迩京畿，万一患生不测，为费反多。今德州、临清、天津水次三仓去岁寄收兑运粮多，宜借拨三十万石，其青登莱三府去水次远者，宜借太仓银六万及泰山香钱以为籴本，相兼赈济"⑥，该建议得到了户部批准。成化十八年（1482）春正月，凤阳、淮安等处灾荒，朝廷除发两淮盐价银五万两赈济外，巡抚都御史张瓒"以凤阳、淮安等处饥荒，奏乞徐州、淮安二处仓加耗并余粮及京库支银十万两籴粮赈济"，户部商讨后议准"京库银用充边费，而徐州、淮安仓粮乃官军支运者，俱不可动。今两淮运司原卖存积盐银未到者一十一万余两，宜以五万两给王瓒分拨极饥州县

---

　　① 江苏省地方志编纂委员会：《江苏省通志稿·大事志》，江苏古籍出版社 1991 年版，第 408 页。

　　② 《明英宗实录》卷 229，景泰四年五月丁丑条，上海书店 1982 年影印本。

　　③ 江苏省地方志编纂委员会：《江苏省通志稿·大事志》，江苏古籍出版社 1991 年版，第 408 页。

　　④ 《明宪宗实录》卷 28，成化二年闰三月癸酉条，上海书店 1982 年影印本。

　　⑤ 《明宪宗实录》卷 100，成化八年春正月辛亥条，上海书店 1982 年影印本。

　　⑥ 《明宪宗实录》卷 113，成化九年二月庚申条，上海书店 1982 年影印本。

赈济，候丰年还官。其二处仓粮除正耗如有余粮，亦从量发极缺军粮卫分，为官军粮"①，由此可见并不是每一次灾荒都能够得到水次仓粮的赈济，而是要与当时的国家政治策略相符合。同年三月又因苏、松、常、镇、凤阳等处米价腾贵，民众无粮可食，"令各有司于凤阳起用军民船，往淮安常盈仓量借官粮三万石，或本府及附近府州县有该纳本仓并徐州广运仓有已征未解者，依前数兑借运赴凤阳，支给卫所旗军并赈济灾民"②。有明一代，专制统治者对朱明王朝的发源地凤阳非常重视，不但派遣大量军丁守护祖陵，而且一旦这里发生灾荒，就会从其他区域调运粮食进行赈济，力图确保龙脉之地的安稳。

弘治六年（1493）五月，都察院左都御史白昂上言山东旱情甚重，请量借漕粮赈济，户部议"国朝漕运之规以岁漕四百万石为定数，盖计一岁所漕之入仅足充京师一岁之用，今岂敢以江南漕米借给山东乎，况前此所以借给山东者多矣，犹不足。请即德州、临清水次二仓发米麦十余万石减价粜之，则米价自平而民艰亦渐可济矣"③。弘治十四年（1501）山东并南直隶徐州、邳州饥荒，刑部左侍郎何鉴请求赈济，户部命"徐州、淮安各拨仓粮三万石，临清仓粮四万石，听其分派被灾州县关领"④。正德十一年（1516）河间府发生水灾，"命发德州水次仓粟米一万五千石，长芦盐价二千六百两，顺德、广平、大名三府及本府所属州县仓库钱粮以赈之"⑤，德州水次仓与河间府有运河相连，利用便利的交通条件不但可以降低运粮的负担与压力，而且对于漕粮及时迅捷的到达受灾区域挽救灾民性命也具有重要的意义。

嘉靖朝虽然漕运逐渐趋向没落，但利用水次仓赈灾的情况却比较常见，这是因为该时期自然灾害发生的频率较高，而以前在地方灾荒中担任主角的预备仓、义仓、社仓已经难以满足赈灾需求，所以具备一定漕粮储备功能的水次仓逐渐走向了地方灾荒赈济的前台。嘉靖七年（1528）浙江杭、嘉、湖三府灾，诏"于兑军运内量留二十万石，及拨南京仓粮六

---

① 《明宪宗实录》卷 223，成化十八年春正月戊子条，上海书店 1982 年影印本。

② 《明宪宗实录》卷 225，成化十八年三月庚午条，上海书店 1982 年影印本。

③ 《明孝宗实录》卷 75，弘治六年五月乙酉条，上海书店 1982 年影印本。

④ 《明孝宗实录》卷 182，弘治十四年十二月丙辰条，上海书店 1982 年影印本。

⑤ 《明武宗实录》卷 144，正德十一年十二月己巳条，上海书店 1982 年影印本。

万石，徐州仓粮四万五千石，分赈之"①。同年总理河道右都御史盛应期言："治河丁夫七万，计工六月，约费米十万余石，乞假留河南、山东二省起运粮米四、五万石就近给工……或米已起兑，许于临清仓内支用，即以修河银解还太仓"②，其建议得到了允从。嘉靖十八年（1539）河南饥荒，户部侍郎王杲请发帑赈济，"诏赍临清仓银五万两以行。既至，复请发十五万两。全活不可胜计"③。嘉靖三十二年（1553）河南、山东因饥荒而群盗并起，户部言："请发临清仓米七万石，以三万石自卫河达卫辉赈河南，以四万石赈山东"④，得到了朝廷批准。嘉靖四十年（1561）山东济南等六府饥荒，"发临、德二仓米三万石，徐州仓米二万石给之"⑤，徐州与山东相距甚近，可以通过运河将漕粮顺利运往灾区，体现了水路运输的优越性。

隆庆三年（1569）浙江、山东两地皆遭水灾，"户科给事中刘继文请发帑遣官分赈，并发临德二仓粟米赈济。礼科给事中黄才敏亦请发德州仓现积米二万石以赈饥民，户部议从之"⑥，同年又因河决沛县，"漕艘阻不进，帝从大立（总河翁大立）请，大行赈贷，大立又请漕艘后至者贮粟徐州仓，平价出粜，诏许以三万石赍民"⑦。万历元年（1573）以淮安水灾异常，"发淮安常盈仓米六万石赈之，仍缓征今年起运钱粮及准明年改折"⑧，在明代的很多灾荒中，国家往往采取多种救灾手段相结合，如水次仓拨粮与豁免、豁缓、折银等措施一起实行，这样就加大了对受灾民众的赈济力度，提高了他们度过灾荒年景的能力。万历十六年（1588）山东、北直隶、河南、山西、陕西受灾，"议发南京户部银二十五万往陕西、山西分粜，又发临、德二仓米二十四万运山东、河南、北直隶等处减

---

①　（清）夏燮：《明通鉴》卷54《纪五十四·世宗肃皇帝》，中华书局1959年版，第2025页。

②　（清）傅泽洪：《行水金鉴》卷23《河水》，清文渊阁四库全书本。

③　（清）张廷玉：《明史》卷202，岳麓书社1996年版，第2933页。

④　（清）夏燮：《明通鉴》卷60《纪六十·世宗肃皇帝》，中华书局1959年版，第2317页。

⑤　（清）夏燮：《明通鉴》卷62《纪六十二·世宗肃皇帝》，中华书局1959年版，第2413页。

⑥　（清）张廷玉：《通鉴纲目三编》卷25，清文渊阁四库全书本。

⑦　（清）傅泽洪：《行水金鉴》卷118《运河水》，清文渊阁四库全书本。

⑧　《明神宗实录》卷14，万历元年六月壬子条，上海书店1982年影印本。

价平粜"①。万历二十九年（1601）"发临清仓粟十二万石赈顺天诸郡"②，万历三十二年（1604）"发天津仓米四万石以赈保、真二郡，于大名所属动支本色三万余石听永、邯等县运取赈借，准于平粜米价内开销追还"③。

总之，明代水次仓灾荒赈济多以平粜为主，基本不存在无偿发放这种情况，这是因为明代水次仓作为填补京通仓缺额与供给运军行月粮的重要来源，其存在关系着运军队伍的稳定与国家漕运量的足额，所以一旦动用，中央政府就会想尽一切办法予以弥补，而借贷与平粜就成为保持仓储粮源稳定的最主要方式。

（二）清代水次仓的赈灾作用

清代水次仓在分布范围与数量上超过明代，但是因存粮数量较少，其灾荒赈济的功能并不如明代发挥的充分。康熙四年（1665）四月，山东六府旱灾，除蠲免地方钱粮外，"并动支临清仓米麦四万石，德州仓米麦二万石，并现存库银六万两，及常平仓所存谷物赈济……每府著各推贤能满官二员前往赈济，务令亲验给散，勿得推委胥役，肆行侵欺"④，六月又令"临、德二仓附近州县发米赈给，其离仓远者，用库银赈济"⑤。康熙九年（1670）淮扬发生严重水灾，"以凤阳仓米麦及捐输等各项米谷尽数赈给，如仍不敷即动正粮接济"⑥，康熙十年（1671）又"遣部堂同江南督抚截留漕米并凤、徐各仓米赈济，淮扬灾民每名给米五斗，六岁以上，十岁以下给半，各处同日散给，以杜重冒之弊"⑦。康熙初在动用水次仓粮救灾的同时，还必须采取截留漕粮与动用地方正项钱粮等方式，说明清代水次仓已难以完全担当起独自赈灾的重任了。康熙十八年（1679）安徽巡抚徐国相称凤阳发生旱灾，请求动用凤阳仓存粮二万石赈济，得上谕曰："据奏凤阳地方被旱，灾黎衣食无资，深轸朕怀，该抚即速亲往，督率所在贤能官赈济，以救饥民，副朕爱民至意。"⑧ 康熙二十五年（1686）"特遣大臣往凤阳、徐州等处，发凤阳仓银米并动支附近州县正

---

① 《明神宗实录》卷 200，万历十六年闰六月乙酉条，上海书店 1982 年影印本。

② （明）谈迁：《国榷》卷 79，中华书局 1958 年版，第 4878 页。

③ （明）汪应蛟：《抚畿奏疏》卷 7《遵例奏报异常旱灾疏》，明刻本。

④ 《清圣祖实录》卷 15，康熙四年四月辛巳条，中华书局 2008 年影印本。

⑤ 《清圣祖实录》卷 15，康熙四年六月戊午条，中华书局 2008 年影印本。

⑥ （清）《大清会典则例》卷 54《户部·蠲恤二》，清文渊阁四库全书本。

⑦ 同上。

⑧ 《清圣祖实录》卷 79，康熙十八年春正月己酉条，中华书局 2008 年影印本。

项钱粮赈济"①。康熙三十一年（1692）江苏巡抚宋荦奏苏州滨海各县遭遇飓风，上元、六合诸县发山水，淮、扬、徐属县河水暴涨，疏请"发江宁、凤阳仓储米麦散赈"②，得到了圣祖皇帝的同意。康熙朝动用水次仓粮赈灾在清代属规模最大的时期，因为这一时间段国库充裕，统治者励精图治，各项赈灾制度都在发展与完善之中，所以水次仓与基层社会的灾荒赈济联系比较密切，同时水次仓粮发赈还与其他救济方式相互结合，实现了国家宏观调控下的多种赈灾方式的合作，这对于降低灾民的死亡率，尽快恢复社会秩序具有重要的意义。

康熙朝后，随着水次仓逐渐转变为存银与征税的机构，其存储漕粮的功能大为削弱，灾荒赈济的作用也乏陈可数。乾隆三年（1738）"拨山东德州、临清仓谷于直隶备赈"③。乾隆三十九年（1774），山东寿张人王伦发动起义，围攻临清州城，当时"临清被围几二旬，幸大仓储粟颇饶，然食有余而薪不足，拆屋而炊，熔锡器作铅丸以击贼"④，说明乾隆中后期临清仓还有一定的积蓄，能够满足城内人口生存所需。乾隆后，各地水次仓基本无粮可存，咸丰二年（1852）山东济宁漫水，黎民不能复业，朝廷截留江广帮漕米30万石赈灾，并修理临清、德州仓厫寄囤漕粮，此时二仓坍塌严重，对地方社会赈灾的意义已经不大，只能通过截漕方式予以弥补。

纵观整个清代水次仓的赈灾功能是无法与明代相比的，这主要表现在三个方面。首先，清代水次仓自始至终存粮较少，一般在几万石到十数万石左右，接纳的漕粮也多为本省或附近州县税粮，存粮的有限性直接制约了其作用的发挥。其次，明代水次仓几乎始终为户部管辖，在调用仓粮救灾方面，无论是执行力度，还是运作效率，都高于清代逐渐沦为省粮道与地方府州官员兼管的水次仓，所以明代水次仓赈灾范围往往达数省，赈粮数目超十余万石，而清代却达不到这样的高度。最后，清代中后期随着漕运的衰败，运河的淤塞，水次仓多损毁严重，不但不能存粮救灾，甚至连寄囤的功能都几乎消失，急需时只能临时修补，这种缺乏系统管理与维护

① （清）《大清会典则例》卷54《户部·蠲恤二》，清文渊阁四库全书本。
② （民国）赵尔巽：《清史稿》卷274《列传第六十一·宋荦》，吉林人民出版社1995年版，第7926页。
③ （清）王先谦：《东华续录》之《乾隆七》，清光绪十年（1884）长沙王氏刻本。
④ （清）俞蛟：《梦厂杂著》卷6《临清寇略》，文化艺术出版社1988年版，第228页。

的做法，导致了水次仓的不断衰败。

第四节　小结

明清时期京通仓与水次仓的功能主要包括政治方面的供给作用，即满足京城皇室、贵族、官员俸禄开支；军事方面的保障作用，这又包括京城驻军与边疆卫所日常粮食所需与战时粮草供应等；经济方面的粮价平衡与灾荒时期的赈济作用等。这三个方面的功能既相互独立，又彼此配合，共同维持着明清专制国家社会秩序的稳定与政权的巩固。

首先，明清京通仓与水次仓的政治功能具有很大的一致性，仓储的性质均为"天庾"，首要目的是服务于皇室与贵族，其次则是京城百官俸禄与工匠、劳役人员的口粮等。但是即便如此，明清两朝这部分漕粮所占总粮数的比例还是有很大变化的。明朝初年虽然皇室贵族恩俸粮数较大，但因此时皇族人员数目有限，加之京城百官俸粮极低，所以恩俸之粮所占京通仓存粮的比例并不大。宣德、正统、成化年间，皇族人口有了一定数量的增长，但由于国家漕运正处于发展阶段，京通仓存粮多达数百万石至数千万石，所以也并没对漕粮总数造成威胁。嘉靖后，宗藩人员枝叶茂盛，京城官员也较明初有了很大的增长，俸粮总数不断增加，为降低京通仓粮开支，明政府开始实行粮折布、粮折银，按照一定比例发放给官员，这一措施对于降低国家粮食消耗具有一定的作用，但是因明中后期用于战争、边防、灾荒赈济的粮食数目扩大，所以京通仓粮总数呈剧减的状态。与明代相比，清代一开始就实行钱粮并支的俸禄制度，无论是皇室，还是京城官员，都按照爵位与官职高低领取相应的粮银，并且银的比例高于粮的比例。雍正年间实行养廉银制度后，粮在俸禄中的地位进一步降低，甚至只能算作官员收入的配角，因为相对于领粮时既要忍受京通仓胥吏的勒索，还不能保证粮食质量的担忧，官员们更愿意用银两从京城市场上购买自己所需之粮。

其次，在军事方面，明清两朝京通仓粮的作用则有较大的差异。明代从初期到末期始终受到北方蒙元、后金等势力的威胁，明初迁都北京，修建京通仓的重要目的即是用于军事防御与进攻，因此初期京通仓带有浓厚的军管色彩。明代京通仓军事方面的第一个作用是保障京城数十万驻军的粮草供给，这些卫所军队是维持国家政治中心安全的最主要力量，其粮食需求量十分庞大。除此之外，京通仓与水次仓还具有供给边疆军镇与战时供需的功能，明代设立九边重镇以御边疆，初期尚能依靠屯田自给，后随着屯田制度的破坏，加之边疆危机日甚一日，只好或由边军到京通仓挖运粮食，以接力的方式输送边防，或由中央派遣大臣率领军队与百姓直接运粮九边，这两种方式都耗时耗力，对百姓与军士造成了巨大的负担。明万历时援朝抗倭，粮食需求更为庞大，京通二仓与临清、德州等水次仓之粮源源不断地运往前线，另外此时明与后金之间的战争也如火如荼，辽东等军事重镇驻有大量官军，所需粮食也多从天津仓海运辽东，以此来接济边防军人的口食之需。与明代相比，清代京通仓的军事功能比较单一，那就是满足京城满汉八旗军人的俸粮，这是因为清代作为少数民族入主中原的政权，除在初期平定西北叛乱外，并没有很大的边防威胁，这就省去了大量的边疆驻军，不需要长距离与大规模的运粮。

最后，明清京通仓与水次仓的社会赈济与粮价平衡功能同中有异，异中有同，既有经验方面的继承，也有适应新的时代要求而作出的变革。京通仓作为京城社会稳定的物质保障，其服务的首要地域自然为"首善之区"的都城，为了使京城呈现一派稳定与祥和的景象，明清政府一方面密切关注京城粮价，打击大商人的囤积居奇行为，防止粮价大起大落，另一方面在灾荒时期又平粜京通仓粮，以平抑市场，满足百姓的购粮之需。除此之外，如果京畿地区发生大的灾荒，大量饥民涌入都城时，明清政府一般都会因地制宜、因时制宜的采取措施赈济灾民，如设立施粥棚、饭厂、拨粮于庙宇与寺观等慈善机构等，甚至危急时刻按口计粮，将粮食直接发放到灾民手中。相对于京通仓，沿河水次仓的赈灾范围则较为广泛，以仓储为后盾，以运河为路径，国家可以利用便利的水运将水次仓之粮运往沿运河受灾区域，不但效率较高，而且省时省力。不过明清时期京通仓与水次仓赈灾均具有一定的局限性，如京通仓救灾范围主要集中于京城与通州、大兴、宛平等京畿地区，对边远地区的灾荒不能起到丝毫的作用，水次仓赈灾也主要集中于沿运河区域，同样受制于交通条件。明清水次仓因存粮数量的变化其赈灾功能也有很大差异，其中明代水次仓在很长时期内存粮较多，积蓄丰厚，救灾粮动辄十数万石至几十万石，这对于缓和灾荒、挽救灾民、维持社会稳定起到了重要作用，而清代水次仓存粮较少，管理者亦从中央转移到地方，不但救灾范围大为缩小，而且放粮数量也仅在数万石左右，与明代是无法相比的。

明清两朝的京通仓与水次仓都为国家官方大型漕仓，集中了全国数省的漕粮，为社会政治、经济、军事服务。无论是京城的供给与保障、边疆的军事开支、市场粮价与灾荒赈济，都体现了中央政府利用举国之粮进行宏观调控的手段，是维持社会稳定与保障京城的物质支撑，所以其是否足额触动着统治者的每一根神经，其作用的发挥也直接影响着国家的政治举措。

第 六 章

明清京通仓与水次仓之弊

明清两朝对漕运仓储极为重视，制定了一系列仓法与律令约束其中的违法犯罪行为，但是随着国家吏治的腐败，仓储中的各种弊端纷纷涌现，其中包括监仓宦官对仓储的扰乱、花户与胥吏的勾结、仓监督的监守自盗、土棍及窃贼对仓储的破坏等，尽管针对这些陋习，明清中央政府不断对京通仓与水次仓进行整顿，也先后惩治了一批违法乱纪人员，不过由于无法从根源上切断仓弊产生的原因，导致弊端愈演愈烈，对国家粮政造成了巨大破坏。

第一节　明代京通仓与水次仓弊端

明代从初期的卫所仓经历管粮时就存在很多弊端，当时"仓廪之粮为奸人盗窃常数万计……无赖者私通官攒人等偷盗，又或揽纳虚收，亦或冒支倍出，所以亏耗为数不少，犯者虽皆问罪，不悛者仍蹈作非，今北京各仓尤甚"①，可见此时京仓弊端已经非常严重。其后专制统治者为控制国家粮储，牵制军卫与户部监仓官员的权力，又派出自己的亲信宦官参与到仓储事务之中，意图通过宦官与皇权的紧密性减少仓弊，将仓中的具体情况直达天听，实现最高统治者对仓储的直接控制。但是，随着宦官权力的不断扩大，"干与外政，如边防镇守、京营掌兵、经理内外仓场、提督营造，珠池、银矿、市舶、织染等事，无处无之"②，正如黄宗羲在《明夷待访录》中所说："奄宦之祸，历汉、唐、宋而相寻无已，然未有若有

① 《明宣宗实录》卷40，宣德三年三月癸卯条，上海书店1982年影印本。
② （明）陆容：《菽园杂记》卷4，中华书局1985年版，第36页。

明之为烈也。汉、唐、宋有干与朝政之奄宦，无奉行奄宦之朝政。今夫宰相六部，朝政所自出也。而本章之批答，先有口传，后有票拟。天下之财赋，先内库而后太仓。天下之刑狱，先东厂而后法司。其他无不皆然。则是宰相六部，为奄宦奉行之员而已……其祸未有若是之烈也"①，其语正是对明代宦官横行无肆，专权乱国的真实反映。

一　明代监仓宦官与朝臣的斗争

明初洪武年间宦官地位较低，太祖皇帝曾镌刻铁牌立于宫内，上书"内臣不得干预政事，预者斩"②，当时"太祖旧制：内臣出外，非跟随亲王驸马及文武大臣者，凡遇朝廷尊官，俱下马候道旁，待过去方行"③，可见此刻宦官身份比较卑微。但即便如此，早在洪武六年（1373）时就已"更内仓监为内府仓，以内仓监令为大使，监丞为副使，内府库为承运库，仍设大使、副使，皆以内官为之"④，宦官就已经掌控了宫廷内仓，从而为以后其权力向京通仓与水次仓蔓延埋下了隐患。

宣德年间因仓储弊端不断出现，开始派遣宦官到京通仓监督漕粮收放，但当时数量并不是很多，《六典通考》记曰"诸仓初不设中官，宣德末京通二仓始置总督中官一人，后淮、徐、临、德诸仓亦置监督，漕挽军民被其害"⑤。正统元年（1436）正式谕令太监李德提督京通仓并象马牛羊草场，甚至连徐州、临清、淮安诸仓都受其节制，导致宦官成为国家漕运仓场的真正主宰。正统二年（1437）又敕太监李德、都督陈怀、尚书李友直曰："京城及通州仓所系甚重，尔等提督修葺，必令完固，可以经久，毋苟且，毋偏徇，毋重劳扰"⑥，将宦官列于都督与尚书之前，体现了英宗皇帝对监仓太监的重视。正统十年（1445）再命"户部右侍郎张睿、内官阮忠等巡视提督在京及通州，直抵临清、徐州、淮安仓粮并在京象马牛羊房屋仓场粮草"⑦，形成了宦官与户部官员共同督理仓场的局面。

---

① （明）黄宗羲：《明夷待访录》之《奄宦上》，中华书局 2011 年版，第 172 页。
② （明）邓元锡：《皇明书》卷 13《宦官》，万历刻本。
③ （明）沈德符：《万历野获编》卷 13《礼部·旧制一废难复》，文化艺术出版社 1998 年版，第 377 页。
④ （明）王世贞：《弇山堂别集》卷 90《中官考一》，中华书局 1985 年版，第 1722 页。
⑤ （清）阎镇珩：《六典通考》卷 79《委积考·历代委积》，清光绪刻本。
⑥ 《明英宗实录》卷 29，正统二年夏四月戊辰条，上海书店 1982 年影印本。
⑦ 《明英宗实录》卷 133，正统十年九月丁酉条，上海书店 1982 年影印本。

成化初年，监仓宦官数量不断增多，"黉缘滋多，所居号中瑞馆，请置印记，漕挽军民横被索求，不堪其扰，临清、徐州、淮安诸仓……纷扰尤甚"①。成化十三年（1477）巡按山东监察御史梁泽上书称"德州、临清各有水次仓，每岁户部委属官监督出纳，其事体无异，而临清独增设内官二员，故各州县输纳皆愿于德州而不愿于临清，乞为裁革，庶民不被扰"②，但建议被宪宗皇帝否决。成化二十三年（1487）在诸多大臣要求裁撤监仓宦官的压力下，朝廷命"京通二仓，并淮安、徐州、临清水次各仓场内官，原设者存留，添设者取回"③，但因没有贯彻实行，监仓宦官有增无减。弘治时"言者极言内官剥削之害，请量裁罢之，不听"④，正是最高统治者对监仓宦官的纵容与庇护，才使其藐视国家律法，无恶不作。万历时给事中田大益对这一现象曾作过形象的比喻"皇帝嗜利心滋，布满狼虎，飞而食人，使百姓剥肤吸髓，剜肉刺骨，亡家丧身"⑤，宦官对百姓所有压榨的根源在于皇帝的默许与支持。

弘治九年（1496）南京监察御史张弘宜奏"京通各仓多差内官监收，每石勒要分例银，因而借贷出息赔偿，岁复一岁，军则扣除月粮，民则累及身家"⑥，因此希望朝廷禁止宦官收粮时的勒索。弘治十一年（1498）户部尚书周经又奏"近奉旨令右少监莫英，太监宋玉、刘璟监督京通仓事，臣等惟人君法令，所以行诸天下而人莫敢不遵者……皇帝登极之初裁革各仓监收内官，近虽稍增于前，旋纳言官之谏，令今后俱依成化二十三年裁减事例，官省事简，一时传诵以为美谈。不意今日复有莫英三人之命，大与前旨相反，弊甫革而复生，令方行而自沮，诚为可惜。且京通二仓原设止总督一员，监督二员而已，当时各治其事，未见废坠，后虽渐加，无益有损，且生一事则有一事之害，增一官则有一官之费，况人品不同，执拗者误事，贪婪者侵削，下至伴当、书写一切亲信者恃势求索，无所不至"，要求将莫英撤回，但皇帝回复"莫英业已委用，姑已之"⑦，明代监仓宦官之所以侵盗、勒索、横行不忌，根本原因在于皇帝的随心所

①　（明）邓元锡：《皇明书》卷 10《世宗肃皇帝纪》，明万历刻本。
②　《明宪宗实录》卷 171，成化十三年冬十月乙卯条，上海书店 1982 年影印本。
③　（明）张学颜：《万历会计录》卷 36《仓场》，明万历刻本。
④　（清）孙承泽：《天府广记》卷 14《漕仓》，北京古籍出版社 1984 年版，第 174 页。
⑤　（明）文秉：《定陵注略》卷 5《内库供奉》，清抄影印本。
⑥　《明穆宗实录》卷 113，弘治九年三月庚申条，上海书店 1982 年影印本。
⑦　《明穆宗实录》卷 140，弘治十一年八月壬寅条，上海书店 1982 年影印本。

欲，完全按照自己的主观意志派遣太监到各重要部门，就算弊窦百出、贪赃不断、误国害民也不加以改变与惩处，其独断专行的作风暴露无遗。同年户部主事李世亨上言"监督通仓太监贿赂公行，往年太监无收粮之例，今则妄行收受矣，往年伴当无纳钱之例，今则巧取百出矣，往年军斗无做工之例，今则私役百至矣。乞查照宣德、正统年间额数，其余尽行裁革"①，结果是皇帝命有司知之，敷衍了事。

弘治十三年（1500）皇帝命尚衣监太监赵荣监督通州仓，户部尚书周经等言"本部前奉登极诏旨令各处管粮内外官员自天顺元年以后添设可并省者俱取回别用，弘治十年又以言官奏，令各仓场管事内官现在者姑留，以后仍照诏例减革，天下相传以为美谈，讵意近日京通二仓总督、监督添至五六员，役占馈送科索，不胜其扰，乞如前旨裁革，以俟有缺再补"②，但建议再次被皇帝否决。据当时大臣奏京通各仓内臣多至十一二员，管粮经历更是高达五六十员，数量众多的冗官冗员不但每年耗费国家大量的财政支出，而且其中侵占勒索之弊也层出不穷，致使明代仓政日衰，漕运益败，正如时人李梦阳所说："夫仓、厂、库，钱谷之要也，今皆内官主之，每处置一二辈足矣，今少者五六辈，多者二三十辈，何邪？且夫一虎十羊，势无全羊，况十虎而一羊哉"③，其比喻正是当时仓场现状的真实反映。

除京通仓外，其他各地水次仓监仓宦官也人满为患，正德六年（1511）巡按山东御史陆芸奏临清、广积二仓添设内臣数多，请求裁减，户部议"冗员不止临清，京仓总监督凡四十一人，公庭坐不能容，至分班轮日，通仓及淮、徐水次亦不减……诏留蔡用等二十人，梁义等二十五人俱取回"④，其数仍不少。正德九年（1514）巡按山东御史李玑又奏"临清仓场粮料原设主事收管，其后间设内臣监督，或增置不过二员，顷年监督增至九员，多方射利，贻害颇众，乞裁革，止留二员，庶官不烦而民不扰"，结果是"户部覆奏不听"⑤。正德十年（1515）巡按直隶监察御史陈言疏称"通仓近设添内臣十一员，供役繁多，事常掣肘，乞将额

① 《明穆宗实录》卷143，弘治十一年十一月乙未条，上海书店1982年影印本。
② 《明穆宗实录》卷158，弘治十三年正月丙子条，上海书店1982年影印本。
③ （明）陈九德：《皇明名臣经济录》卷4《保治》，明嘉靖二十八年（1549）刻本。
④ 《明武宗实录》卷75，正德六年五月丁丑条，上海书店1982年影印本。
⑤ 《明武宗实录》卷75，正德六年七月丁巳条，上海书店1982年影印本。

外者取回"，户部议"如所请，且言京仓并临清、徐州、淮安等处俱有赘员，宜通查革。得旨，各官已用者姑令供旨，以后京通总督仍依旧规二员，监督临、徐、淮安三员，永为定例，中间有擅举者重治不贷"①。直到正德十六年（1521）嘉靖皇帝即位，方诏令"京通二仓、水次仓、皇城各门、京城九门、各马房仓场、各皇庄等处，但系正德年间额外多添内臣，司礼监照弘治初年查参取回，又令临清仓监督内臣止留现在二员，著廉静行事，不许纵容下人生事害人，以后不必添补"②，才使监仓宦官的势力得到了一定限制。

嘉靖元年（1522），针对国家仓政弊窦百出，亟须整顿的现状，户部言："祖宗朝设尚书、侍郎总领天下财赋，督察委之。台官放收属之郎署，当时不闻内官与事，法至善也，宣德间京通二仓暂设总督、监督二员，其后复增至二三十员，创设中瑞馆处之，冗滥积弊，实为国家大蠹，今诏书裁革二仓内使至二十七员矣，乞遂罢中瑞馆，尽取其余人代还内府供役，及临清、徐、淮监督之使宜一切罢勿遗"③，"疏入得旨，前已厘革，自今第勿更加"④。嘉靖八年（1529）户部尚书王瓒应诏陈仓场六事，其一即为"运官敕纳京仓板木，乞照通仓事体革去内臣，止令员外郎收受，其板木亦随粮共纳一仓"⑤，以此来削夺仓场内臣的权力。其后总督漕运都御史刘节上疏称"正德年间常盈仓内臣添至一十三员，广运仓内臣添至五员，嘉靖年间陆续取回，广运仓尚存太监一员莫昂，少监一员金奉，常盈仓尚存监丞一员何英，奉御一员孟升，在仓管理……每仓内臣二员束手高座，无所事事，而廪给口粮之费，纸札柴菜之需，门皂、夫牢、斗级、仓墙军民、匠作之役，或当供应而倍取其值，或当役使而加折其银，或取于州县，或取于卫所，或取于驿递，月以十数计，岁以数百计，积久则以数千万计，而其害有不可胜言者矣"⑥，因此请求将淮安、徐州二仓内臣取回，以减轻对地方财政造成的负担，但最后世宗皇帝定每仓取

① 《明武宗实录》卷125，正德十年五月庚申条，上海书店1982年影印本。
② （明）申时行：《明会典》卷21《户部八·仓庚一》，明万历内府刻本。
③ （明）张萱：《西园闻见录》卷34《户部三·积贮》，台北明文书局1991年版，第565页。
④ （明）王世贞：《弇山堂别集》卷97《中官考八》，中华书局1985年版，第1853页。
⑤ （明）徐学聚：《国朝典汇》卷101《户部十五·仓储》，明天启四年（1624）徐与参刻本。
⑥ （明）梁材：《革徐淮二仓内臣疏》，载《皇明经世文编》卷104，明崇祯平露堂刻本。

回一员，存留一员在仓管理。嘉靖十四年（1535）因提督京通仓场太监王奉、季慎相互揭露对方贪渎舞弊行为，户科给事中管怀理上言："仓场钱粮，实皆户部职掌，顷者添用内臣，惟肆贪赇，于国计无裨。请将二官裁革，其余督理内外各仓场内臣，如吕瑄等七员，一并取回"①，至此才彻底结束了明代宦官100余年的监仓历史。

明代宦官监督漕运仓储，实质为专制统治者通过派遣亲信控制国家粮储的一种手段，在初期由于君主尚能励精图治，所以宦官之害还不是很大，弘治后诸帝多碌碌无为，彻底失去了对监仓宦官的约束，导致了其长达数十年祸乱仓储、剥苛百姓的恶行。而朝臣与监仓宦官们的斗争也不仅仅是外臣与内臣之间对权力的争夺，更是国家贤能之士忧患国家，力图振兴朝政的一种体现。

二　宦官祸乱仓储的具体体现

明代监仓宦官依仗皇帝赋予的权力，在仓储管理中无恶不作，他们不但掣肘户部官员，而且勒索运军与漕户，勾结胥吏侵盗仓粮，蓄养家奴为非作歹，无论对地方百姓，还是对国家仓政都造成了巨大危害。

早在宣德年间初设监仓宦官时，处士张伦与同郡马同知"解税粮十万斛赴徐州，监收中贵人以仓庾既盈，拒弗纳"②，后在张伦晓以利害后方收纳，可见此时监仓宦官就已经把持仓储，仗势欺人了。天顺二年（1458）南直隶巡抚李秉奏："近据直隶常州宜兴等县纳户告称，淮安常盈仓监收内官金保等，纵容豪滑之徒，大肆科敛。每粮上仓，经由二十余处使钱，才得收纳。每百石花费银至五六两之上，小民被害，无所控诉。乞别选廉能官员，将金保等暂且替回，以慰人心"，面对这一要求，皇帝的答复是"秉所言甚当，金保且不必替回，此等情弊，即令禁革。若仍前故纵，罪之不宥"③。正是由于皇帝对宦官的纵容与支持，才助长了其贪污腐败，祸乱仓场的气焰，从而导致宦官监仓之弊延续了近百年。成化年间王璠任户部主事督临清仓储，"同事中贵剥克万状，

---

①　（明）王世贞：《弇山堂别集》卷99《中官考十》，中华书局1985年版，第1890页。
②　（明）何三畏：《云间志略》卷7《张处士林趣公传》，明天启刻本。
③　江苏省地方志编纂委员会：《江苏省通志稿·大事志》，江苏古籍出版社1991年版，第419页。

酷流诸郡，公力与之争，期月间缚奸胥辈二十余人，皆置于法"①，另一户部主事华津"出纳惟谨，尝监通州仓，有怙中监势请事者，君拒之，固中监衔之。尚书顾公虞其中伤也，亟调监七马房，其严犹通州，三年署员外郎"②，新昌人何鉴任山西道监察御史时，"差巡京仓，首禁需索，逮总督太监等……置于法，总督怒构东厂，下鉴锦衣卫狱，竟亦不能害"③。

弘治时宦官势力达到鼎盛，"内府各库及诸仓场、马坊莅事内臣，多作奸索赂，民不胜其害。而御马监军士，自以禁旅，不隶本兵，虚名冗食，莫敢谁何，其弊尤甚"④。后在大学士谢迁的建议下，皇帝下旨禁约，"公曰虚言设禁，无益也，须令曹司搜剔弊端，明白开奏，而后严立条禁，有犯必诛，庶民困可苏。上悦，即如其言行之。由是诸司宿弊，一切革去"⑤，同时期户部主事李源监督临清仓，"仓故置中贵人董视之，中贵人数治酒馔为好会，源每会举杯濡唇而已。中贵人不得恣所欲，则构兵备道赵副使侵挠仓事，扰吏徒。源疏以闻，并劾中贵人罪状"⑥，另一时人宋明"初授户部主事，督临清仓储，监储中官某恣横，明裁以法，宿弊顿革。中官滥乞庄田于保定、容城诸县，上命往按之，抗疏以闻，事卒不行"⑦，福建莆田人郑岳任户部贵州司主事时"督京仓粮，仓故多赢羡，岳一无所取，监仓中贵张某者横不可驭，辄痛裁之，几为中害，秩满请告归"⑧。

正德元年（1506）户科都给事中张文上书请求整肃京通仓储，谓"京通仓提督太监蔡用等，欲将已革晒夫囤基其各色财物仍追收备用，奏赐俞允，岁计银七万四千两。其他巧取，固可类推，乞置之法，以儆奸贪"⑨，结果皇帝庇护宦官，张文被罚俸三个月。正德末年户部郎中杨淮监漕运诸仓，针对当时仓弊横行的现状，他进行了大力整顿与变

① （明）邵宝：《容春堂集》续集卷13《墓表》，清文渊阁四库全书本。
② （明）过庭训：《本朝分省人物考》卷27《南直隶常州府一》，明天启刻本。
③ （明）过庭训：《本朝分省人物考》卷49《浙江绍兴府一》，明天启刻本。
④ （明）焦竑：《玉堂丛语》卷4《献替》，中华书局1981年版本，第111页。
⑤ 同上书，第107—108页。
⑥ （清）李清馥：《闽中理学渊源考》卷65，清文渊阁四库全书本。
⑦ （清）王士浚：《雍正河南通志》卷58《人物二》，清文渊阁四库全书本。
⑧ （明）过庭训：《本朝分省人物考》卷74《福建兴化府》，清文渊阁四库全书本。
⑨ （清）夏燮：《明通鉴》卷41《纪四十一》，岳麓书社1999年版，第1121页。

通，"先京仓，次淮安水次，继通州仓，最后内十库，皆有中官同事。京仓胥卒积弊久且胶蔓，一切革之。淮安仓革中官茶果之需，江南北纳户称快，通仓革囤基及额外席草之费，内库勤慎清苦，无与为比，一茶外悉绝中官供馈，虽饥饿不恤也"①。正德前是明代宦官势力逐渐发展的阶段，这一时期宦官备受皇帝宠信，其足迹几乎涉及国家所有关键的经济领域，他们不但贪污腐败、倚权弄势、欺压百姓与纳粮官军，而且昏乱朝政、愚弄君王、干涉国事，成为导致明中后期日益衰落的重要原因。

正德后宦官之害受到了一定的抑制，特别是嘉靖帝登基后，诸多朝臣号召破旧立新，对宦官展开了一系列驳斥与攻击，使明代宦官主导仓储的局面得到了一定的改变，但很快万历时其对国家钞关的渗透又逐渐加深，其弊更甚仓储。嘉靖年间浙江平湖人陆愈任监察御史，"监通积局竹木及巡视京仓，人人称平。中贵人欲有所私不可得，丁外艰，服除始实拜广东道御史"②。万历时户部主事何藻监临清仓务，"仓内用旧斛，年久失制，藻念民困，请更新斛以便民。中使催饷按临清，藻抗礼不少逊，中使衔之，劾藻匿新斛，用旧斛，就逮诏狱，及中使以贿败，得脱，诏复原官"③。在正直户部官员与监仓宦官的斗争中，最高统治者往往听信亲近宦官的一面之辞，对朝臣进行打压，其利用奄宦牵制廷员的目的十分明显。

总之，明代宦官势力的猖獗完全是最高统治者纵容的结果，宦官对漕运仓储与钞关的掠夺，一方面是为了取悦皇帝，将所强取的部分钱财供奉于宫廷，另一方面将其中的多数供自己挥霍，而这些财富的来源全部剥苛于普通百姓，从而加剧了基层民众的负担，使他们与统治者的矛盾进一步尖锐化，加剧了阶级对立，对社会秩序的稳定也产生了重大冲击。同时，面对宦官无恶不作的现状，朝廷贤能官员也进行了反击，他们或联合起来集体抨击太监干政的弊端，或在存在宦官的部门中予以牵制其不法行为，这对于缓解宦官之害起到了一定的作用，但是在明代中前期皇帝完全听信于宦官，对正直朝臣进行了打压，特别是弘治、正德两朝君主昏庸无道，

---

① （明）过庭训：《本朝分省人物考》卷11《南直隶应天府》，明天启刻本。
② （明）过庭训：《本朝分省人物考》卷45《浙江嘉兴府二》，明天启刻本。
③ （清）黄绍昌：《香山诗略》，中山诗社重刊1986年版，第69页。

完全将国家政事委托于宦官、外戚、宠臣，从而使朝政日益混乱，仓储、钞关、边镇等重要部门也日益失去了其充盈国家财政、巩固国防的作用。

三　其他势力对京通仓的危害

明代漕仓除宦官之弊外，其他诸如看仓军丁、甲斗、胥吏也对漕运仓储的正常运行产生了很大的影响。由于利益的驱使与自身薪水的微薄，仓储中的基层劳役人员往往徇私舞弊、盗窃仓粮、科索纳粮军民，在仓场的日常运作中获取利益，而仓监督及相关监仓官员的懈怠与仓务的废弛又加剧了仓弊的盛行，从而使明代漕仓弊端日益严峻化。

早在宣德三年（1428）户部尚书夏元吉奏"今河冰已解，去年秋粮多运至通州。询知，无赖军民及官攒、斗级或邀截揽纳或令堆积近仓留难不收，相与盗窃，请遣官巡查"，面对这种现象，宣宗皇帝回复"江南军民运粮至此艰难已极，而小人为害如此，其令侍郎李昶及监察御史、主事各二人亟往巡视，粮未收者即收，奸人偷盗及揽纳者擒之"①，可见明初各类人员即已侵蚀国家漕粮。同年为加强对仓储犯罪的惩治力度，定"巡按御史常加点视，凡内外仓军民偷盗，官吏、斗级通同者被人首告得实，正犯处斩，仍追所盗粮，全家徙戍边卫，给其家产一半赏首告者。尝同盗，后能首者免本罪，亦给被首者家产之半充赏，其揽纳虚收及虚出通关者罪同偷盗"②，从这些严厉仓法的制定可以看出当时仓弊已经发展到了相当严重的程度。宣德四年（1429）户部尚书郭敦又奏"近屡有言京师及通州各卫仓场，象马牛羊等房收支粮刍，官攒人等玩法欺公，取受财物，虚出实收，惟贫而无财者则收本色，加以拷掠数倍增收，既收又偷盗入己，其数动已千计"③。宣德五年（1430）皇帝谕令"各处卫所有司仓厫官攒、斗级交通粮户私自包纳，虚出实收，作弊百端，今后仍令监察御史、按察司官往来巡视，但有作弊，就便擒问"④，此时仓储胥吏之所以明目张胆的侵盗漕粮，损公肥私，是因为宣德时是明代漕仓初步建设时期，仓储律法尚不健全，所以才会出现过渡时期的混乱与弊端。宣德八年（1433）户部奏"比者京卫监支军粮官及仓官斗级等多徇私情，或稽误月

---

① 《明宣宗实录》卷37，宣德三年二月庚午条，上海书店1982年影印本。
② 《明宣宗实录》卷40，宣德三年三月癸卯条，上海书店1982年影印本。
③ 《明宣宗实录》卷54，宣德四年五月辛未条，上海书店1982年影印本。
④ 《明宣宗实录》卷63，宣德五年二月癸巳条，上海书店1982年影印本。

日，或高下斛面，或假公用为名减克，为弊多端。使军妇余丁待支日久，十不得其五六，食用不足，故多失所"①，于是朝廷命御史巡查京卫仓，对各种侵盗仓粮的行为进行惩治。

宣德十年（1435）英宗皇帝刚一即位，当年彭城卫千户于海往神武卫仓与内府仓纳粮，备受仓储胥吏的勒索与压榨，该事被皇帝闻知后，谕令"此辈规利，当坐以法。今姑贷之，后不改行必罪不宥，自是内府出纳悉用平斛"②。成化九年（1473）镇守淮安漕运总兵官陈锐奏漕运事宜，其中之一即"各仓收粮每斛例一尖一平，近年俱摊薄晒晾数日，又有五七人成行，号为耕米，往来躐践，多年久空腐者，半作灰尘，及平米又淋尖踢斛外增官堆，计收粮一石加耗三斗有余，亏折甚多。盖因前官得其积出羡余以为功绩，是以递相作效，今不改正，疲弊愈深。乞敕管粮内外官员并巡仓御史严加禁约，务遵旧制而收，仍令旗军行概斛下余米尽还本军，违者罪之，庶使军困稍苏而粮获早完"③，建议得到了朝廷的批准。成化十二年（1476）提督通州等仓监察御史徐镛上书言："京通二仓收粮事例有每石两平，明加八升者。有每石一尖一平者，然期间斛尖及撼下余米通约六升，平斛上留二指亦有二升，大约暗合八升之数。然法令不一，军斗得以高下，其乎无赂则加多或过一斗，有赂则减少不及五升，今欲得明加八升为便，户部以为此事屡经奏行，乞立定例永为遵守，命继今收粮每石别加八升，听纳户刮铁行概。"④

除规定纳粮加耗比例外，成化十三年（1477）户科都给事中张海又上书称"漕运官军以到京馈送为由，多方科敛，请行所司禁约，京通二仓收粮官吏不许留难需索，仍行总督官禁管运官科敛及行巡河、巡仓御史内外纠察，违者罪之"⑤。弘治十三年（1500）漕运都御史张敷华上书陈漕弊，称"今以轻赍扣除于官，是则正粮四百万石之外复收其耗粮也，岂制法之意乎，后又添设参将一员驻扎通州，专一验封。参将王佐乃定脚价，搜刮仓中使用，如太监则有茶果钱，如经历、仓攒每石一厘则谓之厘儿钱，及至吏书、门官、斗级之类莫不定之以数，每年造报花销而遂以为

---

① 《明宣宗实录》卷100，宣德八年三月甲戌条，上海书店1982年影印本。
② 《明英宗实录》卷2，宣德十年二月辛酉条，上海书店1982年影印本。
③ 《明宪宗实录》卷112，成化九年春正月丙辰条，上海书店1982年影印本。
④ 《明宪宗实录》卷159，成化十二年十一月甲子条，上海书店1982年影印本。
⑤ 《明宪宗实录》卷172，成化十三年辛卯条，上海书店1982年影印本。

例矣。先年仓中使用初无定数，每因人之狡懦而高下增减，之司使用之人又有虚数以欺众者，屡致争诘……太监茶果又添火耗，催茶果者又有班儿钱，其经历、仓攒往年各卫得以所带本地货物高价与之，而今皆纹银，且以此为应得，又于数外求之，为厚薄低昂矣……后又革去参将，只巡仓御史会同通判、坐粮员外验封，查得凡仓中一应无名之费，俱不准开销，扣除愈多，粮米多不能上纳，运军苦逼之甚，势不可行，故仓有挂欠之米，库有羡余之银"①，该奏疏详细说明了明代漕弊、仓弊发展演变的过程，但并没有提出相应的解决办法与措施，所以也不可能解决漕运中的痼疾。

正德十六年（1521）户部巡视京仓御史陆翱疏称"总督京仓等官牧养牛羊鹿豕鸡鹅等畜，千百为群，借言岁贡实乃率兽食人，上方玉食何藉于此，宜悉从停革。其二每仓除经历仓官外，有攒典五六人，月粮人一石，军斗六七十人，月粮人八斗，每岁通计支粮六百余石，而所守不过千石，宜将各仓余粮一一查明，挨年坐放尽绝，攒典送部，军斗发回该卫，以后如有仍前故留剩余，迁延日月者，罪之"②，正德时不但宦官疯狂干预仓政，从中谋取私利，而且仓储胥吏、军丁人浮于世，靡费了大量国家官粮，从而导致明代中后期京通仓积蓄能力的不断削弱。嘉靖元年（1522）巡仓御史刘寓生上言："天下卫所运粮四百万石常额。外加耗，有曰太监茶果者，每石三厘九毫，计用银一万五千六百两。有曰经历司，曰该年仓官，曰门官门吏，曰各年仓官，曰新旧军斗者，俱每石各一厘，共计用银一万六千两。有曰会钱者，上粮之时有曰小荡儿银者，俱每石一分，共计用银八万两。又有曰救斛白银者，每石五厘，计用银二万两。率一岁四百万米分外用银一十四万余两，军民膏血安得不困竭也，乞痛革宿弊，以苏漕运困苦"③，这样运军、漕户除每年长途运粮京通饱受奔波之苦外，还经常受到仓储胥吏的勒索，为弥补损失，运军只好压榨地方州县，州县再强行浮收于百姓，从而导致漕弊、仓弊在不同区域、不同部门、不同群体之间的蔓延与深化，如嘉靖三十三年（1554）浙江总运军"奸顽恣肆，任意延缓，盗粮侵料，弊端百出，不能悉举，且连年挂欠京通仓粮，每至二三万石，挪用推省羡余等银，亦不下二、三万两，追补虽

---

① （民国）张寿镛：《四明丛书》之《玩鹿亭稿》卷5，民国二十九年（1940）刊本。
② 《明武宗实录》卷3，正德十六年六月壬午条，上海书店1982年影印本。
③ 《明世宗实录》卷12，嘉靖元年三月丁卯条，上海书店1982年影印本。

严，拖欠如故，年复一年，通关未获，比之别总积弊尤甚"①，漕运各种势力的集体腐化从整体上加剧了明代中后期的粮食危机与国防危机。

万历四年（1576）吏科右给事中李盛春条议五事，其中之一为"京通各仓收粮除尖耗外，有罚装捧指等弊，给羡有运官及衙蠹通同侵索，指称花费，或因旧欠扣留等弊，宜悉与豁涤"②。万历十五年（1587）神宗诏工部官，"京通二仓廒座工科用银数多，不无虚冒靡费，以后务照编定字号及将经手员役严行查考，如有不久损坏及各项情弊，该管侍郎同科道官指名参奏重治"③。天启三年（1623）御史杨建烈上疏称仓储人员"有垂涎古董玩器遇庙市之日令歇家挟资相随耽视货物兑换而归，而以仓米取偿者；有征逐子母间月借米与歇甲抗车各役及派粮完日领到轻赍脚价而任意扣除取具收数倍得元宝之美者；有规避陈米湿烂枭贩价轻，阴遣歇家至管粮厅营派新仓紊乱廒口常规者；有巧借当役名色而别取歇家常规百不补一者。有枭米不敷又枭豆亦用红筹为记者；有仓口空廒不预为修茸而毁伤各薪木至今修缮之日工部赔累称苦者；有剥削穷军每月支粮一石仅足八斗，实以之自润之地又纵令抗夫挖去二三升，袋中仍有剩米敢怒不敢言者……凡各仓监督皆额主事，遇缺注选，三载考成奏准，然后升转……成法变而为一年，人人视国廪为福地……官数易则奸胥巧滑之丛弊易生，而仓米已干没数倍矣，迎新送旧之骚扰日益而仓米耗磨数倍矣……漕挽之粟三十钟而致一，乃今泥沙用之，岂能堪者"④，这样从仓监督到胥吏、基层劳役人员互相勾结，层层剥蚀，人人以京通仓为鱼肉，窃取国家粮储，欺瞒舞弊之法也推陈出新，即使国家多次进行整顿，但多属治标不治本之法，不能从根本上杜绝产生腐败的源头。

明代其他仓储人员对京通仓的损害虽不如宦官，但是因其人员数量众多、侵盗手段多种多样，所以从总体上讲，这些群体侵蚀国家漕粮的数目并不小，特别是明代中后期，随着法久废弛，国家往往不能采取有力措施进行整顿，仓储弊端愈演愈烈，已经成为了影响国家政治、经济、军事正常运转的重要因素，其弊可谓既巨且远。

---

① （明）郑晓：《郑端简公奏议》卷 3《淮阳类》，明隆庆五年（1571）项氏万卷堂刻本。
② 《明神宗实录》卷 51，万历四年六月乙丑条，上海书店 1982 年影印本。
③ 《明神宗实录》卷 184，万历十五年三月壬子条，上海书店 1982 年影印本。
④ （明）沈国元：《两朝从信录》卷 21，明崇祯刻本。

第二节　清代京通仓弊端

清代漕仓之弊与明代相比，既具有很大的相似性，也有自己的特点。首先，清代虽有宦官权力极大时期，但多集中于王朝末尾，其权力也并没有涉及仓储、钞关、盐茶等经济领域，其地位始终受到最高统治者的控制，而明代宦官祸乱仓储，并且受到皇帝的长时间支持，危害相当深远。其次，由于明初漕仓属于军管阶段，律法废弛，漏洞颇多，所以弊端重重，而清代取消了军管，由花户、仓书、攒典等基层人员直接管理，所以这类人员不断扩展自己的势力，逐渐将国家仓储视为贪污腐败的利薮。最后，清代京通仓弊远超明代，侵盗、火灾、米石腐烂、克扣事件层出不穷，仓粮损失往往达数万，乃至数十万石，尤其是道光后，仓储大案频年爆发，加上国家整顿力度不够，所以弊端日益蔓延，祸害日益巨大，从而导致仓储日渐虚耗，国家日益衰落。

一　清代京通仓花户对仓储的危害

清代仓场管理实行双轨制，无论仓场侍郎，还是坐粮厅、仓监督都由满汉两人担任，二者彼此合作，互相牵制，共同维护仓场秩序的正常运转。即便如此，由于清代京通仓基层劳役人员数量非常庞大，花户、车户、船户、攒典、仓书往往利用手中掌握的权力进行勾结，欺蒙与拉拢仓监督，不断侵盗国家漕粮，甚至公然向领粮兵丁与官员收取钱财，私放黑档米、将官米私卖于米铺等。在这些违法人员中，其中花户虽不属于国家仓场的正式人员，其薪水也非常微薄，但因其势力盘根错节，形成了类似于帮会性质的组织，逐渐将京通仓纳入了自己的势力范围，甚至仓监督、攒典、仓书都受其挟制，听其号令，任其舞弊，对国家漕运与仓储产生了极大的危害。

（一）清代京通仓花户的侵盗形式

清代京通仓花户属国家仓储系统中的下层群体，他们主要从宛平、大兴、通州、密云等京县百姓中招募，招募标准为家庭殷实、人品端良、世代土著等几个条件，为防止花户群体在仓储中形成积惯势力与盘踞把持，中央政府还规定花户每五年一轮换，役满重新从京县中选拔。这些限制性条件的制定对于清初京通花户的违法乱纪行为起到了一定的约束作用，保障了仓粮的收支与仓场秩序的稳定。但随着清代吏治的腐败及国家仓政的日益混乱，到乾隆时，京通仓花户与胥吏、地棍、仓监督的勾结逐渐密切，在仓储中盗骗仓粮、分肥营私、欺蒙舞弊的不法行为也逐渐多样化与复杂化，动辄盗骗国家仓粮数百石到十数万石，成为国家大蠹。面对日益严重的京通仓弊，清政府虽采取了一系列措施予以整顿，但因漕运的没落与吏治的腐朽，直到清末，京通仓花户对仓储的危害没有得到丝毫改变。

顺治、康熙、雍正三朝关于花户祸乱仓储的史料较为少见，这与当时国家律法的严苛有很大的关系。迄至乾隆朝，京通仓花户巧于弄法，"各仓花户有头役，有散役，额设虽有定数，而其实多寡不同，散役人等无非著名花户所援引，非其戚党，即其友朋，总属通同一气"①，不同花户之间加紧了勾结，从而使京通仓弊开始逐渐严峻化。据史料载，咸丰、同治年间"各仓花户，挪移掩饰，亏短偷漏，迨至放米之时，搀和沙土、克减斛斗，更有地方土棍，依附花户，名曰吃仓，种种弊端，尤难枚举"②。面对如此严重的仓储弊端，仓监督并非不知，而是在收取贿赂后"俱不能实力整顿仓务，甚或通同舞弊，致花户等执法营私，益无忌惮"③，从而使仓法律条成为具文。

清代京通十七仓有着严格的看守制度，内有满汉监督二人，查仓御史一员巡视仓储，外有"官兵调拨，令其日夜巡查，以防偷窃米石，遗失火烛等弊"④，并且每当仓粮出纳时"该监督等将仓内外闲杂人等概行禁止，不准入仓，如有搅乱仓务及身后把持之人由该监督查拿惩办"⑤，对于盗窃漕粮的花户、胥吏人等"粮数至一百石以上者拟绞监候，其一百石以下即照盗仓库钱粮一百两以下例办理"⑥。仓储管理与律法虽然严密，但必须有正直无私的官员执行与监督，"监督得人则全仓可以望治，如不得人则诸务逐渐废弛"⑦，一旦法久废弛，其威慑作用也必将大打折扣，法的制约与惩治效果也就会消失殆尽。

---

① （清）福趾：《户部漕运全书》卷 52《京通粮储·京通各差》，清光绪刻本。

② 《清文宗实录》卷 12，咸丰十一年十二月庚申条，中华书局 2008 年影印本。

③ （清）福趾：《户部漕运全书》卷 52《京通粮储·京通各差》，清光绪刻本。

④ 中国第一历史档案馆：《宫中朱批奏折》，档号：1109—017，山西道监察御史吴祖昌《奏陈京通各仓监督在该厅住宿稽查偷米折》，嘉庆九年六月二十九日。

⑤ （清）福趾：《户部漕运全书》卷 51《京通粮储·仓场职掌》，清光绪刻本。

⑥ 上海商务印书馆编译所编纂：《大清新法令》，商务印书馆 2010 年版，第 250 页。

⑦ （清）葛仕浚：《清经世文编》卷 37《户政十四·仓场》，清光绪石印本。

（二）乾、嘉时花户对京通仓粮储的危害

乾隆元年（1736）京城北新仓发生花户、吏役侵盗案，高宗皇帝谕令内阁"向来仓场弊窦甚多，我皇考加意整理，诸弊始得肃清，今北新仓吏役辄敢偷盗米石，目无法纪，甚属可恶，该监督玉福、管之采俱著革职，交与刑部，并案内有名人犯严审定拟俱奏，该侍郎总理仓场事务，漫无约束，甚属不合，著交部察议具奏"①，乾隆皇帝甫一登基，京仓就发生了仓粮失窃案，这表明仓弊此时已经发展到了相当严重的地步，而高宗对花户与吏役的严惩，甚至连监督及仓场侍郎均受牵连，则体现了其整顿仓储的意志与决心。乾隆十八年（1753）巡视京通仓给事中伊龄阿在太平仓察看，在冬字廒搜出钱文十二千，经值日花户何祥供认开廒放粮时向正白旗佐领收取钱文十九千"每打出一个佐领的米，花户头儿要我钱二百文，每一个佐领还有给骁骑校饭钱三百文，给本仓书办钱二百文，每一廒满汉监督家人各给钱五百文，以上各项钱文俱是花户头儿耿文武收去替我开发，下剩的钱算是我合挖笆的，抬斛的分用"②。在该案中，花户与仓中书办、巡视兵丁、杂役、仓监督家人通同舞弊分肥，置国家律法于不顾，而领粮兵丁为获取好米，又不得不贿赂花户人等，甘受欺诈与科索，正所谓京通仓花户"视旗丁为佃客，人所共知"③，而京通仓则是其谋取利益的土壤。

乾隆四十二年（1777）本裕仓开放旗丁甲米，花户李祥等"在海淀地方向陈文连碓房取钱，被提督衙门拿获，该监督等漫无察觉，交部议处，仓场侍郎一并交部查议"④，清代花户盗取漕粮或米票后，一般均会将其卖给与其勾结的粮店或米铺，然后将所得钱财与仓内蠹虫瓜分，形成共同取利的链条与牢不可破的铜墙铁壁。乾隆四十四年（1779）富新仓花户李老与土棍杨老"等于关放甲米之时，胆敢以放给好米为词，向各领催等吓诈，多索钱文，每米一石于例给四十文之外，多索钱至一百六七十文，情节甚属可恶。至民人杨老等即于仓门放账盘剥，自朝至暮，获利

① 中国第一历史档案馆：《乾隆朝上谕档》，档号：（1）—252，乾隆元年三月二十日。

② 中国第一历史档案馆：《军机处录副奏折》，档号：03—0747—012，巡视京通仓漕给事中伊龄阿《奏参花户何祥放米勒钱文请治罪案》，乾隆十八年三月初八日。

③ （清）包世臣：《中衢一勺》卷3下《海运十宜》，清光绪安吴四种本。

④ （清）福趾：《户部漕运全书》卷61《京通粮储》，清光绪刻本。

加一，亦属不法，均应从重惩治"①。像这样小小的花户与土棍竟敢胆大妄为地向八旗将领索取钱财，私自放账取利，是因为他们与仓内监督官员有密切的联系，通过分赃而得到权贵的庇护，从而使仓储弊端日甚一日，屡禁不止。该案引起了高宗皇帝的高度重视，除命严讯各犯，查明缘由外，杨老与李老及相关勾连人员"均属目无法纪，俱应从重发往乌鲁木齐，给种地兵丁为奴，先行枷号四个月，游示各仓，惩一儆百，满日发遣"②。乾隆一朝，在国家严酷律法的惩治与威慑下，京通仓弊虽不断发生，但总体上没有发生较大的仓案，京通仓储也维持着相对丰盈的状态，其赈济灾荒、平抑粮价、保障供给的功能也达到了清代社会的顶峰。

嘉庆朝是清代京通仓弊端日益严重化的一个转折点，这一时期不但发生了数次惊天巨案，而且仓储内部的腐败与黑暗也日甚一日，各取利阶层不但加紧了彼此之间的勾结，而且损耗仓粮数目与涉案官员人数均已超过前代。嘉庆七年（1802）浙江道监察御史秦维岳奏称："现在直隶米价之贵，其故不在直隶收成之少，而在各仓花户需索之多，缘官员、兵丁应领食指较少而使用乏资，兼恐赴仓领米难定美恶，是以多将米票转售米铺，虽属违禁而暗自通融，其衰益亦总在民间。但铺家买的米票，必领好米方能获利，势不能不嘱托仓中花户，花户以米价腾贵为居奇，索费自必过多，米铺亦必将所用使费俱摊入米价内售卖。"③ 秦维岳将京城米价昂贵的原因全归于花户苛索，自然有偏颇之处，因为京师粮价主要由外商贩京米数与京通仓粮流入市场的米数共同决定，花户对抬高粮价有一定的作用，但并不起主导作用，不过从这一奏折可以看出，京通仓花户私卖米票、暗放黑档米的现象已经非常严重。嘉庆十四年（1809）通州大运西仓花户高添凤与仓中甲头、攒典、仓书沆瀣一气，并在其弟番役高二的保护下，把持仓储，弄虚作假。"据该犯等逐层供吐，始而多出斛面，少收斛面。既而乘运送土米出仓之时夹带好米，以致将王贝勒、贝子等俸票重支冒领，加以钓扇偷窃，甚至私出黑档，蒙混盗卖出米尤多，作弊尤大，而监督等亦复通同舞弊，得贿分肥，明目张胆，毫无顾忌，近日甫将白米

　　① 《清高宗实录》卷1089，乾隆四十四年八月己巳条，中华书局2008年影印本。
　　② 同上。
　　③ 中国第一历史档案馆：《军机处录副奏折》，档号：03—1841—033，浙江道监察御史秦维岳《奏为京城各仓花户需索过多致米价上涨事》，嘉庆七年八月二十九日。

各廒派员盘验，尚未查竣，已亏短至十数万石之多，殊可骇异"①，其中"西仓地字廒短少白米七百余石，中仓法字廒短少白米四百余石，此外廒座尚多……约计一廒或短百余石，数百石及千余石不等，米色亦多不纯……西仓存贮白米五十二廒，只抽查十三廒，已短米八千五百余石，中仓存贮白米二十六廒，只抽查五廒，已短米一千一百余石"②。高添凤通州仓侵盗案几乎涉及所有监仓官员与杂役人员，侵盗漕米竟达十多万石，其数目之巨，在清代极为罕见，从表面看该案是花户高添凤勾结仓中人员肆意作弊，侵盗国家粮米，实质是清代中期以来仓储积弊的延续与爆发。高添凤一案仅过了两年，嘉庆十六年（1811）六月，又再次发生了万安仓花户方世德把持仓务案，当年万安仓监督出缺，理应调补一员，但当仓场总督命裕丰仓监督万克星额、禄米仓监督海章阿前往万安署理监督时，两人均百般推脱，甚至宁愿告病开缺也不赴任，经仓场衙门调查"始知花户方世德有方老虎的绰号，把持仓务，所以人人害怕，都不肯去"③，以堂堂六品户部官员竟然畏花户如狮虎，这也充分说明了京通仓花户的势力盘根错节，已经将整个仓储纳入自己的彀中，而朝廷任命的管理者反而形同傀儡与木偶，任由不肖花户控制与摆布，已毫无威信可言。

清代京通仓弊由乾隆朝的偶发到嘉庆朝的爆发，说明这一弊端与国家政治、经济及法制的变迁相联系，在重法、重惩、重治的环境下，仓弊发生的概率与危害性都会较小，一旦法制废弛，加之统治者没有给予足够的重视，那么违法现象就会层见叠出，呈不可遏制的趋势。京通仓花户之所以胆大妄为，违法干禁，盗骗国家粮储而毫无顾忌，除了腐朽官员的庇护与笼罩外，还与法的懈怠不无关系，当国家法律成为一纸具文而毫无威慑力之时，那么各种违法、犯法，甚至以法谋私的现象就会大量出现。

（三）清中后期花户之弊的泛滥

嘉庆后，道光、咸丰、同治、光绪诸帝虽意识到京通仓弊日益严重，也惩治了一批犯案的官员与花户，但由于漕运的日益没落及吏治的不断腐化，京通仓巨案仍然不断涌现，呈现惩之不完、罚之不尽的趋势。清中晚期的京通仓案与前朝相比，具有以下几个特点。（1）延续了乾隆、嘉庆

---

① （清）刘锦藻：《清续文献统考》卷76《国用考》，民国影十通本。

② 同上。

③ 中国第一历史档案馆：《军机处录副奏折》，盒号857，册号2，第6条，嘉庆十六年六月二十三日。

二朝仓案的特点，主要为仓中花户、胥吏、书办与官员相互勾结，偷盗仓米、私卖米票、苛索旗丁。（2）发案率之高，损耗仓粮数目之巨，均超前代，清前代京通仓案虽有偶发，但大案与巨案不多，而中后期仓案年年频发，甚至一年发生数次，并且经常出现亏损数万石、十数万石的大案。（3）清中后期漕运衰败，粮储不足，运河运力降低，而商贩米石及海运、铁路等近代化运输方式在京通仓粮输送中的作用不断增强。

道光二年（1822）兴平仓已任满期限花户刘瑞改名复充，"因希图指借公事，开销官钱，辄进仓帮同身后办事，随将官钱侵蚀，情节实为可恶。嗣后著仓场侍郎督同各监督等，随时认真稽查，役满者即照例饬令退役，毋许逗留，倘仍视为具文，任令蠹役日久把持，别经发觉，或被人控告，定将该侍郎等一并惩处不贷"①。退役花户仍可进仓把持仓务，其原因在于巨大利益的诱惑，由于其在仓经营多年，与官员及其他杂役相互勾通交接，因此即使退役仍然可以背后影射或改名复充，将京通仓视为其谋利的鱼肉。道光二十三年（1843）江南道监察御史田润奏称："臣闻向来米粮入仓之后，搀和抵窃，无弊不作，常出于竟想之所不及，推原其故，总缘花户在仓盘踞年久，外人不便应役，所有近仓一带无业之徒素沾花户之余润，无不受其指使。退役之后接充者，多半即其子侄亲友，而该役仍在身后影射办事，通同把持，表里一气，监督之忠厚者多为所愚，其贪婪者更为所买，此其所以明目张胆，作奸犯科，未有人敢过问者"②，因此请求此后花户不再由本仓监督招募，而是改由"顺天府转饬大（大兴）、宛（宛平）两县出示招募，查明实系家道殷实之土著民人加结申送顺天府验看后移送各仓当差，毋庸再取地方官印结，即以至仓之日为始，满限五年退役，俟一二年后将各仓额缺全数补足，按名分派廒座，专其责成，似此变通办理于慎重遴选之中有互相牵制之义，即有一二不肖之辈，亦不从影射把持，弊源可以永除，仓务自有起色，不似从前以一气之人办一家之事，得以为所欲为，毫无顾忌矣"③。田润所奏确实符合当时京通仓的现状，而且其提出的解决办法也具有一定的合理性，但是这种只是注重花户的诠选，而不能严厉整顿吏治的措施，只能属治标不治本之法，不可能

---

① 《清宣宗实录》卷39，道光二年八月戊戌条，中华书局2008年影印本。

② 中国第一历史档案馆：《军机处录副奏折》，档号：03—3376—033，江南道监察御史田润《奏为酌拟京仓招募花户章程事》，道光二十三年六月初三日。

③ 同上。

从根本杜绝京通仓弊的源头。

道光二十六年（1846）御史谢启昆又上书奏："窃维仓廒舞弊久干例禁，臣风闻京城裕丰仓花户崔安，及已革花户现在身后办事之王宏升、陈瑞，并挪移廒座，压陈放新。之孟七又开设太和米局，积囤米石，之仓书任四、任五等均系著名勾串舞弊之人，若不严拿惩办，于仓储大有关系，而旗民人等受害不浅"①，像这种仓储积弊案在道光一朝不胜枚举，京通仓花户舞弊之法更是推陈出新，绵延不绝，其窃取国家仓粮也逐渐由鼠偷雀耗到鲸吞虎噬，从暗度陈仓到明目张胆，已成难以治愈的痼疾。

咸丰五年（1855）黄河铜瓦厢决口，运河山东段被冲决，漕路不畅，京通仓储匮乏，清政府不得不采取各种措施采买粮米，但即便在这种情况下，京通仓花户仍然没有停止对国家仓粮的损害，而是变本加厉，使早已千疮百孔的京通仓更加山穷水尽。咸丰八年（1858）十二月"旧太仓开放正蓝旗满洲甲米，查看廒内米石霉变不堪食用，经该都统等赴仓查验，所阅盛字廒内米色浥烂，竟至二万余石之多，显系花户使水舞弊，实堪痛恨，旧太仓花户王瑞著即拿解刑部，严行审讯，所有霉变米石，责成花户等照数赔偿，监督锡纯、高铎于该仓米石潮湿，并不督饬花户认真挑晾，亦难辞咎，均著摘去顶戴，一并先行交部议处"②。花户之所以将粮米使水，是因为用水后粮食发涨，增加重量，可以将多余干洁粮米盗出仓外，然后卖给粮铺取利，而京城百官与驻防兵丁却不得不食用霉烂之米。咸丰九年（1859）御史征麟奏："近来京仓窃米之案，层见叠出……北新仓有积年著名土棍，勾串该仓官人，夜间开廒，预备偷挖米石，外间更有官人作为向导，百余人各持器械入仓，任意窃取，似此积滑棍徒，目无法纪，于仓储大有关系。"③京通仓防守森严，有满洲披甲守卫，本来外间闲杂人员不可能入内，但在仓中花户、胥吏的蒙蔽下，利益人员相互勾结，偷盗仓米，甚至上百土棍公然入仓抢劫，似入无人之境，这也充分说明了此时京通仓守卫已形同虚设，成为一帮盗贼与腐吏的天下。

---

① 中国第一历史档案馆：《军机处录副奏折》，档号：03—3376—078，江南道监察御史谢启昆《奏为仓花户开设米局收买米票囤积米石请敕拿审办事》，道光二十六年十一月二十八日。

② 中国第一历史档案馆：《咸丰同治两朝上谕档》，广西师范大学出版社1998年版，第561页。

③ 《清文宗实录》卷285，咸丰九年六月庚子条，中华书局2008年影印本。

　　同治元年（1862）太平仓花户唐大私挖粮窖藏米，"在仓内更房，挖出砖砌米窖形迹，其雨字等廒存米均计三千余石，和字等廒亦有存米，严讯唐大，仅供土米一千三百余石，正款余剩米七八百石"①。同年十一月，通州大运中仓又发粮米霉变案，"中仓米数，共应存四万三千余石……现存米数，大有亏缺情形，且米色参差不齐，霉变掺杂，均所不免"②，经查共亏损达 2 万 5000 石之多。同治二年（1863）大运西仓再发亏短粮米 1 万 3800 余石的大案，穆宗皇帝极为震怒，命"所有该仓花甲头役李英、范继先、张平汰、王锦汶等，均著交刑部严行审讯，按律惩办，毋得稍有宽纵"③。这样，仅同治前两年京通仓连发三大巨案，亏损仓粮近四万石，数目极为惊人，这种大案的出现实为仓储弊端积累恶化的结果，国家整顿无力，监督官员对仓弊也置若罔闻，从而加剧了京通仓走向衰落的步伐。

　　光绪朝虽为清代末期，但京通仓花户损害仓储，盗骗漕粮的现象有增无减，其对国家政治与经济造成的不利影响也更为深远。光绪三年（1877）通政使司参议嵩溥奏花户勾结仓外匪徒盗窃官米，"北新仓花户铁算盘张德顺，左永发、谢永成，书吏郭廷泉勾结匪徒弥利坚、张二等麇聚在仓，共有四五十人，窃米拆廒，任意作践"④，仓内与仓外奸徒相互串联，组成盗窃官粮多达四五十人的团伙，其势力非常庞大，其对京通仓的损害之巨也可想而知。光绪五年（1879）德宗谕内阁"京通各仓关系天庚正供，岂容颗粒亏短，乃近来该花户等辄敢盘踞把持，乘机侵盗，实属不成事体，嗣后著仓场侍郎实力稽查，倘再有前项情弊，即行从严惩办，至招募仓书、花户，务当查照章令，该州县取具邻右，切实保送，遇有案犯，一并根究治罪，以重仓储"⑤。光绪帝此话虽说的冠冕堂皇，甚至以连坐之法约束花户口的犯罪行为，但在当时"河弊、漕弊陈陈相因，一漏卮，一蠹薮"的严峻形势下，只能属不切实际的官话与空话，不可能从根本上祛除已病入膏肓的仓弊。光绪七年（1881）稽查甲米御史顺龄奏："臣等风闻各仓花户每多营私舞弊，各旗章京领米日期均有匪徒身

---

① 《清穆宗实录》卷 30，同治元年六月丙辰条，中华书局 2008 年影印本。
② 《清穆宗实录》卷 48，同治元年十一月壬子条，中华书局 2008 年影印本。
③ 《清穆宗实录》卷 71，同治二年六月庚子条，中华书局 2008 年影印本。
④ 《清德宗实录》卷 58，光绪三年九月辛未条，中华书局 2008 年影印本。
⑤ 中国第一历史档案馆：《光绪朝上谕档》，《谕内阁京通各仓花户侵盗仓谷著严办侵谷花户并查照章令招募花户》，档号：1356（3）—149，光绪五年六月十九日。

后代领，把持仓务，以致领放迟延，弊端百出。"① 光绪十年（1884）朝阳门内城根一带土棍唐荫亭、唐二、唐顺城、唐瑞、唐五等"勾结兴平、太平仓花户杨钰即杨保山、马春山即马会子、宋鸣歧即宋文凤等互相勾通，在兴平、太平二仓把持扰乱，每遇开仓放米时，任意阻滞留难，剥削渔利分肥，领米者不得实惠，甘受其害，种种弊端，难以枚举"②，此处的唐家五兄弟号称"唐家五虎"是京仓附近有名的土棍，他们与花户相勾结，勒索领粮旗丁，谋取私利，而仓中花户之所以还有别名与绰号，是其隐瞒身份，躲避上官检查的一种手段。光绪十六年（1890）禄米仓亏短粮米达 15 万 5000 石之多，经户部官员调查及皇帝谕令"总由花户、仓匪因缘为奸，监督各员漫不加察，以致积成巨亏……所有拿获之花户郭启泰及全才、张六即张世和等，著刑部严行审讯，究出亏短之确情，按律惩办，该监督户部主事容恩、都察院都事孟守箴职司典守，于仓储亏短毫无知觉，实属形同聋聩，且恐有徇私侵蚀等弊，均著先行交部议处，撤去监督之任，听候传质"③。此次京仓亏短粮米超过 15 万石，并非一朝一夕造成的，而是仓监督与巡仓御史故意放纵的结果，监仓官员并非不知花户违法乱纪，而是在收取贿赂后，明目张胆的为其劣行提供庇护，这样官员与花户均从仓储之中受益，而为其不法行为买单的却是国家与黎民百姓。甚至到了庚子之变时，顺天府尹筹办慈禧打算西逃的车辆，"因思京通十七仓，花户约数十家，夙为仓蠹，彼等气魄甚大，每户以少数计，约有大车数十辆或百辆，若假以词色，令其急公奉上，仍从宽给价，彼既享优价之利，而又得报效之名，宁非所愿"④，逃亡仍然希借京通仓花户之力，也可见此种势力的庞大与财力的雄厚。

光绪朝京通仓弊的滥觞是前朝积累延续的结果，在发展演化的过程中形成牢不可破的壁垒，正如当时大臣所奏"仓场衙门向称弊端数，侵欺耗蚀，百孔千创，天庾虚竭，几至不可究诘……然于花户仓匪之案，若再

---

① 中国第一历史档案馆：《军机处录副奏片》，档号：03—6673—047，稽查甲米御史顺龄《奏为各仓花户营私舞弊把持仓务请饬查明究办事》，光绪七年八月十九日。

② 中国第一历史档案馆：《军机处录副奏折》，档号：03—6674—035，江南道监察御史寿庆《奏请饬拿仓匪唐荫亭并花户杨保山等事》，光绪十年九月二十九日。

③ 中国第一历史档案馆：《光绪朝上谕档》，档号：1411（1）—1，《谕内阁禄米仓亏短著刑部严审拿获之花户步军统领等严拿在逃花户仓监督等交部议处》，光绪十六年九月初八日。

④ （清）陈夔龙：《梦蕉亭杂记》卷1，上海古籍出版社 1983 年影印本。

不从重处治，则涓涓细流不已，将成江河，京通各仓必至侵盗一空"①，其语虽说明了当时京通仓储的现状，也意识到了法律惩治的重要性，却没有从根源上找到仓弊产生与严重化的原因，那就是该如何正确处理法治与人治的关系，在人治的社会却不能贯彻法的严肃性与威严性，在行使法的过程中又存在情大于法的现象，这种歪曲与畸形的情法关系，必然会引发各种腐败现象的产生，更进一步说，这也是导致清代衰亡的重要原因。

清代北京、通州十七仓作为京城粮食储备的重要基础与来源，对保障京畿地区的政治、社会稳定及灾荒赈济、粮价平衡具有重要的意义，为了维系这一专制统治的根基，清代中央政府不但十分重视京通仓储的行政建设与制度建设，而且对漕法与仓法的制定、修改、执行也不遗余力，充分体现了"天庾正供"在国家中的重要地位。清代前期，京通仓虽有弊端，但康熙、雍正、乾隆三帝非常关注吏治的整顿，且监仓官员严格执行仓法条例，所以花户与胥吏等仓中的下层群体并不能掀起狂风巨浪，只能从事一些规模较小、隐蔽性较强的非法行为，并不能对京通仓造成大的损害，同时这一时期与仓储有较大关系的漕运、河道、税粮也能够正常运转，在各种有利因素的配合下，才出现了清代前期京通仓丰盈、国库充裕、经济繁荣的大好局面。乾隆后，由于承平日久与统治者的好大喜功，京通仓粮平粜与放赈规模庞大，加之此时京通仓花户的徇私舞弊行为日益泛滥，各渔利阶层相互勾结，视京通仓为获取利益的"聚宝盆"，人人都觊觎钻营，仓储粮食也逐渐匮乏。特别是清末，京通仓花户竟敢明目张胆的侵盗国家官粮，甚至收买监仓官员，将其变成自己获利的保护伞与工具，进而在与国家的博弈中取得了优势，而大案与巨案的屡禁不止及层见叠出，则充分体现了国家对京通仓控制的削弱与社会统治秩序的失衡。

二　清代地棍与仓匪对仓储的危害

清代京通仓作为专制王朝最大的官仓，其看守、收支、出纳、奖惩都有着严格的程序。早在康熙四十四年（1705）朝廷就规定"拦路戳袋、挖仓越墙、进仓偷米等盗拿获，至数满三百两者，将为首之犯即行处斩，从者拟斩监候，秋后处决。不及三百两者，将为首之犯拟斩监候，秋后处

---

① 中国第一历史档案馆：《军机处录副奏片》，档号：03—6677—55，《奏为特参丰益仓监督等执法舞弊请暂时解任候审并花户刘敬三加等治罪事》，光绪二十一年二月十九日。

决，为从者在仓门首枷号三个月，放日，旗人鞭一百，民人责四十板，俱刺字发黑龙江宁古塔等处给新披甲之人为奴"①，其处罚可谓相当严厉。但是清中后期随着仓律的废弛与监仓官员的腐败，不但花户这一仓储内部群体侵蚀漕粮的现象非常严重，而且仓储外部的地棍、匪徒也纷纷将京通仓视为渔利的场所，他们除了与仓储胥吏及花户相互勾结，通同盗窃仓粮外，甚至有时公然武装抢劫漕粮、殴伤官兵、拒捕抗法，完全将国家仓法、仓律视为无物。当然这种现象的出现除了与法久废弛有很大的关系外，更是清代中后期国家矛盾尖锐、吏治败坏、国库空虚所引起的对基层社会控制力日益削弱的具体表现。

土棍与仓匪属于北京或通州地方社会近仓的无业人员，他们一般均没有固定的产业，整日游手好闲，善于钻营，其中既有失业的手工业者、外地入京流民、本地土著无产者，也有打家劫舍的土匪与强盗，是一组织成员复杂的群体，他们依附仓储为生，与仓储内部的胥吏既有斗争，也有勾结，既会暗中盗窃漕粮，也会武装抢劫，从法律上讲这属于明目张胆的违法行为，是专制国家明确打击的对象，但又因其与仓储胥吏或明或暗的关系，从而使其在清代仓弊中的角色又格外突出。

清初顺治、康熙、雍正三朝仓弊发生的频率较低，所以近仓土棍与闲杂人员对京通仓的危害不是很大，延续至清中后期，特别是咸丰、同治、光绪三朝漕运走向衰落，社会闲散人员增多，仓匪、土棍祸乱仓储的现象日加严重，成为除花户之外威胁国家漕粮的又一重要群体。咸丰元年（1851）文宗皇帝谕令内阁"各仓开放米石之先，向有匪徒找向该仓花户，索要钱文，名曰沾光钱，该花户定期于放米后，或在庙宇，或在茶房、酒肆散给钱文，为数甚多……匪徒任意讹索与仓储大有关系，必应严拿究治……至该花户等因舞弊而受人挟制亦当查明送部究办，毋得含混"②，正是因为花户存在舞弊现象，所以才会甘心接受仓匪的讹诈，进而与其勾结共同侵盗国家官粮，这种不同食利群体之间的合作，比单一群体的侵盗更为严重。咸丰二年（1852）五月，皇帝又谕"据称京畿地方，棍徒叠出，或私贩小钱，希图牟利，或遇各仓放米，聚集多人拦阻车辆，勒索钱文，著步军统领衙门、顺天府、五城按照该御史单开姓名、住址严

---

① （清）杨锡绂：《漕运则例纂》卷20《京通粮储·偷盗仓粮》，清乾隆刻本。
② 《清文宗实录》卷47，咸丰元年十一月庚申条，中华书局2008年影印本。

拿务获，奏交刑部究办"①，直接拦截官粮的运输，并且明目张胆的勒索钱财，可见京城土棍的势力已经发展到了相当严重的地步，这也就难怪连最高统治者都极为震怒了。咸丰九年（1859）六月御史征麟奏"北新仓有积年著名土棍，勾串该仓官人夜间开廒，预备偷挖米石，外间更有官人作为向导，百余人各持器械入仓，任意窃取"②，像这样目无法纪，类似于武装团伙抢劫国家官仓之粮的现象在清中后期比较常见，这种不畏法，不惧法，甚至公然犯法的做法一方面与国家律法的废弛有很大的关系，同时也凸显了专制统治者对基层社会控制力的削弱。

光绪一朝，不但整个社会处于急剧变革的时期，而且仓储大案频繁发生，屡次整顿而毫无效果，漕弊、仓弊已经处于治无可治、理无可理、惩之不尽、救之无法的地步。光绪三年（1877）九月有大臣奏"据称有贼匪于太平仓附近城上抛砖，不时进仓窃米，经花户等追捕，该犯胆敢施放洋枪，复掷城砖致碎仓廒瓦片，并出言恐吓"③，在此案中，匪徒不但入仓盗窃，竟然敢武力拘捕，并且放枪恐吓，其视国家仓法为无物的态度昭然若揭，同时这也反映了此时仓储看守的废弛。面对如此严重的案件，光绪帝也异常愤怒，谕令"仓廒重地，该匪徒竟敢明目张胆，肆行滋扰，实属目无法纪，著步军统领衙门、顺天府、五城按照单开各犯，一体严密查拿，交部严行惩治，一警凶顽"④。仅仅过去一个月，同年十月又发生了南新仓棍徒韩二顺、韩二生、高扬声把持仓务，盗窃仓粮案。十二月再谕军机大臣等"南新等仓积弊甚多，风闻棍徒宝松亭、马子龙……勾串宗室等联络一起，结党逞凶，把持廒口，私卖米票，请饬拿办等语。仓庾重地，岂容匪棍肆行，亟应迅速缉捕……并著仓场侍郎随时稽查，遇有匪徒包揽分肥情事，即行从严惩办"⑤，这种延续不断，持续发生的仓案，一方面说明光绪朝漕弊、仓弊已经病入膏肓，另一方面也体现了当时吏治腐败已经普遍化，成为一种常态与难以治愈的痼疾。

光绪四年（1878）捉拿仓储匪徒的官兵"动辄百余人，借端抢劫财

---

① 《清文宗实录》卷61，咸丰二年五月丙辰条，中华书局2008年影印本。
② 《清文宗实录》卷285，咸丰九年六月庚子条，中华书局2008年影印本。
③ 《清德宗实录》卷56，光绪三年八月己酉条，中华书局2008年影印本。
④ 同上。
⑤ 《清德宗实录》卷64，光绪三年十二月丁未条，中华书局2008年影印本。

物，往往误拿良民，并有私自拷问情事"①，这种蛇鼠一窝，匪兵一家的状况对清代仓政的弊坏是一种雪上加霜，所以德宗皇帝也非常吃惊，令"匪徒搅扰仓务，自应严办，惟必须访查明确方可搜拿，岂容借端滋扰，嗣后步军统领衙门务当严饬，派出弁兵慎密查拿，不准有妄拿良民及借端骚扰情事"②。同年十一月，仓场侍郎桂清、毕道远又奏"各仓向有匪人偷盗米石，近闻该匪徒等每于夜间聚集数十人，白布缠头，各带顺刀至各仓附近游弋窥伺，即遇兵役巡逻而情势凶悍，毫无忌惮，并闻该匪徒等或越城而过，事后仍越城而逃"③，仓储防范如此松懈，匪徒进仓盗米似人无人之境，实为官废兵疲的结果。光绪十六年（1890）给事中金寿松奏"禄米等仓有匪徒马春山等偷放黑档，盗窃仓米，并有正白旗乌什哈佐领下人金才等把持勾结，通同舞弊，请饬彻查拿"，皇帝回复"署步军统领衙门、顺天府、五城御史按照原奏所指各犯，逐名查拿，务获究办，至所称该犯等历年盗米不下二十余万石，前经给事中洪良品纠举，仅报查出亏短八九千石，未能彻究等语，著令仓场衙门再行认真确查，据实覆奏，毋稍含混"④。像这样的仓弊案，在光绪一朝不胜枚举，甚至一年发生数案，一仓发生数案，发展到了查之不绝，禁之无穷的程度，这种现象的出现，一方面是清代中前期仓弊在光绪朝的积累与爆发，同时也是中国传统社会末期专制制度最为黑暗与混乱的体现。

清末民初各种仓内与仓外依赖侵盗国家漕粮为生的群体更加猖狂，他们被称为"吃仓"，也叫做"仓老鼠"或"仓匪"，"一役身后往往百数十人，鼠雀之耗可知矣……自各部裁书吏、银行代金库，南漕绝迹，科举既停，此辈皆失所"⑤。清代仓匪萌芽于清中期，发展于咸丰、同治两朝，在清末光绪时其势力达到鼎盛，这种情况的出现是与清代社会与仓储秩序的变革密不可分的。首先，由于康熙、雍正、乾隆三位君主的苦心经营，社会出现太平盛世局面，普通民众的生活保持着相对的自足，保甲制度与严刑峻法约束了社会闲散人员的出现与流动，尤其是贵为天子之地的北京、通州更是专制政府关注的重点，因此清中期前仓匪的势力并不是很

---

① 《清德宗实录》卷 74，光绪四年五月乙丑条，中华书局 2008 年影印本。
② 同上。
③ 《清德宗实录》卷 81，光绪四年十一月丙午条，中华书局 2008 年影印本。
④ 《清德宗实录》卷 282，光绪十六年闰二月癸丑条，中华书局 2008 年影印本。
⑤ （民国）夏仁虎：《旧京琐记》，北京古籍出版社 1986 年版，第 41 页。

大。其次，清代中前期国家仓储丰盈，无论是京通仓，还是地方上的常平仓、社仓、义仓都能够较好的发挥灾荒时期的社会赈济作用，加上此时官场保持着相对的清明，京通二仓受外部势力的干扰较小。最后，道光后随着漕运的衰败与各种矛盾的尖锐化，不但国家律法的约束性大为减弱，而且京通二仓粮食匮乏，看守制度日渐松弛，各种食利阶层争相侵盗官粮，此时京通仓附近的闲散人员纷纷渗入仓储，与胥吏、花户分享利益，逐渐成为了侵蚀国家漕粮的重要力量。

三　其他势力对京通仓的破坏

除仓匪与花户外，仓监督不忠于职守，利用职权贪赃枉法以及仓书、攒典等胥吏盗窃仓粮，车户、船户偷漏洒带也是导致国家漕粮损失的重要原因，正是由于不同团体的勾结与集体腐化，才使清代漕运中的弊端积重难返，即使屡加整顿而毫无效果。

首先，仓场侍郎与仓监督作为户部派出的管理京通仓储的行政官员，其职责是维持仓储的日常运转，纠正仓弊，严肃仓纪，其作用非常重要，但随着清代官场的日渐腐败，担任仓监督的官员多属无能之人，他们不但不能详细了解仓场的日常运作情况，而且无力纠正各种积弊，甚至因利益的诱惑亲自参与到腐败案件中，从而使仓弊愈深，危害愈大。早在康熙七年（1668）贵州道御史田六善巡视京通仓储时就上言："臣思京通二仓之弊，头绪纷纭，牢不可破，及至败露，近者已历数载，远者已历数十载，其中经营各官贤愚不同，经承各役存亡不一，虽有明断之才，亦鲜搜求之术，今当彻底清查之际，宜立明白易晓之规。臣闻各仓廒座官役任意开放，及至水落石出，牵混难明……臣闻旗甲所欠米石，发坐粮厅追比，及至追完，有左翼之米行文归右翼者，有欠右翼之米行文归左翼者……夫盗米于夹带有限，盗米于空文者无穷，若令各归本翼，则上下吏书何至隐射为奸"[①]，可见此时监仓官员的管理就已经相当混乱。康熙二十年（1681）谕户部"京通仓粮食历来缺额，其监督官员交盘时，有贿与银两者，亦有杂以灰土者，放米时有与旗下官员银两抵完者，其贫人所得米粮缺少。此等情弊，朕悉知之，如尽行究察，从前经管各官有一得免者乎，其饬所

---

　　①　（清）田六善：《清京仓积弊疏》，载《清经世文编》卷40《户政十五·仓储下》，清光绪十二年（1886）思补楼重校本。

司，严革诸弊"①，面对仓场诸弊，康熙帝采取了宽容的态度，并没有追究历届官员的责任，这虽然体现了圣祖的宽宏大量，但也为仓弊的蔓延与深化埋下了隐患。

雍正五年（1727）谕内阁"昨朕特遣大臣等前往查看京通各处仓厫，屋瓦渗漏，墙壁损坏者，十居八九。所贮米石渐至潮湿霉烂，夫以如珠如玉之米粮而视为泥沙弃掷，忍心害理，莫此为甚，若不严行稽查，无以儆怠忽而清弊端"②，京通仓本有仓场侍郎、满洲都统、巡仓御史、仓监督联合督查，竟然发生仓厫坍塌无人修理，米粮腐烂毫不知情这样的弊窦，监仓人员的疏忽懈怠可想而知。嘉庆二十四年（1819）御史余本敦参奏裕丰仓监督玩忽职守，上谕曰："各仓监督不兼本衙内差使，原令其专心在彼稽查，时加防范，犹恐花户等乘间舞弊，若启闭时俱不亲身到仓，辄将封条交花户等自行封贴，实属旷职，善麟、鲁成名部议降四级调用尚不足以示惩，俱著即行革职。"③ 道光六年（1826）谕令"上年豫省碾运京仓粟米，经申启贤在北仓督同坐粮厅安志验收，据奏米色均系干洁，本年复以米质霉变，系安志朦混验收入奏。当交穆彰阿等核实估计，兹据查明米色俱不足七成，申启贤身任仓场侍郎，收米是其专责，乃于此等受湿米石，并未查出，所司何事，申启贤著先行开缺，来京听候部议，并著将去岁何以具奏米色干洁，今年因何霉变许多之处明白回奏"④，像这种因为侍郎或监督疏忽而导致仓米变色、霉烂、潮湿的现象在清代不胜枚举，这其中固然有监仓官员验收时的疏忽之责，但入仓后基层劳役人员对仓米的懒散经理与盗窃，也是导致仓米严重损坏的重要原因，而这些具体细致的事务并非仓场侍郎所能面面俱到的。光绪元年（1875）谕令"禄米仓监督依、榕于应放兵米节节耽延，并将仓储米石任意暴露等语，依凌阿、韩榕著暂行解任，即著切查明，如有前项弊端，即行从严参办，并著遴委明干之员前往署理，以重职守"⑤。

其次，商人、胥役、车户、船户、领粮旗官也纷纷从京通仓储中谋取利益。清代小说《施公案》里曾讲"先前仓厫官吏并车船人役，相沿种

① 《清圣祖实录》卷96，康熙二十年七月丙寅条，中华书局2008年影印本。
② 《清世宗实录》卷58，雍正五年六月癸巳条，中华书局2008年影印本。
③ 《清仁宗实录》卷358，嘉庆二十四年五月壬午条，中华书局2008年影印本。
④ 《清宣宗实录》卷99，道光六年六月庚申条，中华书局2008年影印本。
⑤ 《清德宗实录》卷14，光绪元年七月辛酉条，中华书局2008年影印本。

种弊陋，不一而足。说是虽有正直无私的，又皆怕招嫌怨，互相隐瞒，不肯出首。那等奸滑仓吏，往往与皇亲国戚，各府豪杰勾连，于中蔽混，每逢到了二八月放各旗的米石，便生出许多鬼弊……说是历来廒中之米，都该出陈入新，他们生心先暗通奸商，将上等的好米侵挪抵盗，又暗中与各旗承领串合一气，捏造虚报，欺蒙冒领，乘机走出仓外卖与米铺，分价各饱私囊。到了亏欠米数，复生奸计掩盖，不是用红朽的支应，便是用搀和沙土的搪塞"①，可见种种弊端多如牛毛。雍正元年（1723）仓场总督陈守创参奏商人刘康时包揽京通十一仓工程私领银两一案，"刘康时前后领出银五万余两，而将新建等三仓不行上紧修造，止以未领四千两工价为词……殊属可恶，理应将刘康时即行治罪……且新建富新二仓工程尚未告竣，应着从前带领刘康时领银之杨声、高辉及同行批准认状之哲尔金押令刘康时作速完工，今仓场总督并原督催各官不时查察，如限内工程不完或草率完工，即行题参，将刘康时从重治罪"②。道光二十六年（1846）有大臣奏"京仓米色之坏，皆缘粮艘货多米少，舵工水手节节偷漏，抵通后发水涨湿，补其亏欠，以致米色受伤，不堪久贮，于仓储大有关系"③，接到奏报后，宣宗命坐粮厅官员严加防范，认真核实米石质量，如有弊窦严拿惩办。咸丰二年（1852）因京仓胥役田泳德、郁五私造小斛，谋取私利，定"田泳德著发往新疆，遇赦不赦，郁五发极边烟瘴充军，遇赦不赦，凡仓场花户、杂役人等有犯案充发折，均不准遇赦释回，嗣后刑部办理此等案件，务须加倍从重，若稍涉宽厚，恐尔部堂司各官不能当此重咎也"④，加重对仓储犯案人员的刑罚，显然是为了起到震慑的作用，以减少此后类似案件的发生。咸丰九年（1859）三月京仓窃米案频发，其中裕丰仓甚至发生了盗贼拒伤官兵之事，七月旧太仓书吏李锡祺冒名充役，"买粟卖米，搀沙减斛，任意把持，迨经传讯，该仓监督倒坐日期，令其告退，情弊显然"⑤，朝廷命将其拿交刑部治罪。十二月"北新仓空廒内有多人在内安锅造饭，经御史往查，并无住班监督，仅有官役一名，仓廒重地，岂容听夫役等在内举火，该仓监督并不在仓住班，实属有旷职

① （清）《施公案》第 59 回，清道光四年（1824）刊本。
② 张书才主编：《雍正朝汉文朱批奏折汇编》，江苏古籍出版社 1989 年版，第 605 页。
③ 《清宣宗实录》卷 437，道光二十六年十二月乙卯条，中华书局 2008 年影印本。
④ 《清文宗实录》卷 52，咸丰二年正月丙子条，中华书局 2008 年影印本。
⑤ 《清文宗实录》卷 289，咸丰九年七月壬辰条，中华书局 2008 年影印本。

守，著仓场侍郎查明旷班之监督交部议处，以示惩儆"①。

咸丰十年（1860）仓场总督宝鋆、廉兆纶奏船户盗粮案，皇帝谕内阁"天津剥船户胡淀沅胆敢偷窃漕粮，移装刘晌船内，虽据刘宋氏供称刘晌并未在船，难保无伙窃情弊，船户张兴舟、李发于严定新章之始竟敢偷米至二三十石之多，先期逃匿，尤属藐法，胡淀沅著交刑部严讯，即照新章治罪，在逃之船户刘晌、张兴舟、李发著直隶总督饬属严拿务获"②。咸丰十一年（1861）御史钟佩贤奏请严查仓蠹衙蠹，以清弊源，称"在京各部院衙门书吏乃古府史胥徒之属，自当奉公守法，以备录用。近来该书吏等舞弊营私，无所不至，索诈未遂则刻意苛求，贿属已行则曲为比附，甚至私买缺底，盘踞把持，外省官员之升降，款项之报销，以及委解官物，请领文批，无不需索，各省视为固然，名为打点部费，实堪痛恨。至各仓花户，挪移掩饰，亏短偷漏，迨至放米之时克减斛斗，更有地方土棍依附花户，名曰吃仓，种种弊端，尤难枚举"③。同治元年（1862）御史孟传金称领粮八旗、绿营"长官抑勒，书吏把持，旗绿各营承办之人每逢放米，各兵皆折给钱文，将米票悉归商人关领，勾串分肥。其有各营将弁欲使兵丁自行关领，率多搀杂霉烂，各兵丁等于米商间有债负，任令把持，种种弊端，殊堪痛恨"④，营伍将领与商人一起勾结勒索兵丁，而兵丁在管理与经济上又受制于官与商，从而导致国家漕粮不但在收支方面出现了混乱，而且其作用也大打折扣，不能真正惠及普通兵丁与百姓。

清代京通仓弊的严重化是从乾隆中后期开始的，当时京通十七仓粮米日积月累，粮米损坏严重，"京仓米既朽坏，京官领米不能挑剔，只付与米铺打折扣而已。而兵米则不然，每次发兵米时，八旗都统必派员先看仓，此仓米色不对，则换彼仓，若此仓个个不要，则仓监督必当查办。于是请托行贿，百弊丛生，计无所出，只有亏之于米而已，亏之愈甚，竟至有放火自焚者，谓米之潮湿能生火也。仓弊愈甚而讹诈仓官者愈多，仓监督形同傀儡，而从中了事者则皆仓书也。总之领米者不能得好米，八旗官吏及参仓弊之被动御史，与夫仓官仓书，皆得钱也。忆癸巳仓亏案发，奉旨查办，口说官话而从中黑幕，何曾是因公？米数固当查点，然数百仓廒

① 《清文宗实录》卷302，咸丰九年十二月甲辰条，中华书局2008年影印本。
② 《清文宗实录》卷315，咸丰十年夏四月乙丑朔，中华书局2008年影印本。
③ 《清穆宗实录》卷12，咸丰十一年十二月庚申条，中华书局2008年影印本。
④ 《清穆宗实录》卷45，同治元年十月庚辰条，中华书局2008年影印本。

何能遍查？只饰其名曰抽查而已。惟到仓时，看其廒座外隙地一律铺席，与缎匹库楼意同，席上粒米狼戾，结成饼团，几与粪土无异，任人践踏而过，暴殄天物"①。京通仓米如此浪费，所以当光绪末年仓场侍郎桂春整顿京通仓积弊，"京官俸米皆可食，一时颂之"②，这真是对当时漕运与仓场的极大讽刺。而当时包括仓储官员在内的各类管理者"及到任时，钱粮则必假手于户书，漕米则必假手于粮书，仓谷采买、军需等项则必假手于仓书，听其率意滥取，加倍浮收，上下交通，除本分利"③，仓储主管者成了木偶与傀儡，任由不肖胥吏摆布与控制。

《清史稿》亦载"承平日久，漕弊日滋。东南办漕之民苦于运弁旗丁，肌髓已尽，控告无门，而运弁旗丁亦有所迫而然，如漕船到通，仓院、粮厅、户部云南司等处投文，每船需费十金，由保家包送，保家另索三金，又有走部代之聚敛。至于过坝则有委员旧规，伍长常例，上斛下荡等费，每船又须十余金。交仓则有仓官常例并收粮衙署官办、书吏种种需索，又费数十金，此抵通之苦也。逮漕船过淮又有积歇摊派，吏书陋规，投文过堂种种费用，总计每帮漕船须费五六百金或千金不等，此过淮之苦也。从前运道深通，督漕诸臣只求重运如期抵通，一切不加苛察，各丁于开运时多带南物至通售卖，借博微利。乾隆五十年后黄河屡经开灌，运道日淤，漕臣虑船重难行，严禁运丁多带货物，于是各丁谋生之计绌矣。运道既浅，反增添夫拨浅之费，每过紧要闸坝，牵挽动须数百人，道路既长限期，复迫丁力之弊，实由于此。虽经督抚大吏悉心调剂，无如积弊已深，迄未能收实效也"④，这一史料不但说明了清中后期涉及漕运的所有官员集体腐败，均利用手中所掌握的权力牟取私利，而且随着弊端的日益加深，很多贪污受贿、徇私枉法的行为反而成为常规，不但不会受到惩治，反而为专制政府所默许。

清代京通仓弊之所以延续上百年，直到漕运断绝才得以减轻，除了与吏治的日益腐朽有莫大的关系外，还与专制政府恃漕为命的国策密不可分，清人震钧曾言："皇皇帝都，倘不有此数百万之存储，万分之一道涂

---

①　何德刚：《春明梦录》卷下，上海古籍出版社1983年影印本。

②　张泷杰、杨俊明：《清代野史》第4辑，巴蜀书社1987年版，第307页。

③　（清）姚元之：《竹叶亭杂记》卷2，清光绪十九年（1893）姚虞卿刻本。

④　（民国）赵尔巽：《清史稿》卷122《食货三·漕运》，吉林人民出版社1995年版，第2452—2453页。

有粳，南米不以时至，北方杂粮决不敷用，是安坐而待困也。是以仓储之法自三代至今未有之改，圣明帝王非不灼见其弊，然所以因仍不变，盖所虑者远矣。"[1] 除保障京城供给外，漕运废止对社会稳定也会产生很大影响，尽管清人曾言："河之患在国计，漕之患在民生。国家岁出数百万帑金以治河，官民岁出数百万帮费以办漕，河患即有时息，帮费终无时免"[2]，但清末停漕后，"南漕改折或海运，纤夫游民数十万无可仰食"[3]，甚至义和团运动时，连顺天府属州县穷民"失车船店脚之利，而受铁路之害者，遂蜂起而应之，约四万余人，无不红巾黄裹"[4]，所以清代漕弊、仓弊绵延不绝的原因是受各种因素影响的结果，而想要彻底进行整顿则必须从制度方面进行调整，绝非小修小补就能改变。

第三节　小结

一项制度的制定、发展、完善是不断变化的过程，期间会为满足现实需求而做出调整，但"法久弊生"，随着制度制定者与管理者的懈怠，不但制度本身成为具文，约束违法者的威力大打折扣，而且很多的不法行为纷纷利用制度的漏洞去违法与犯法，而统治者又不得不填补制度的漏洞，于是就出现了这样一种奇怪的现象，法制尚为完善，新的违法行为已经出现，再去填补，又出现新的漏洞，这种恶性循环出现的根源并非因为"法"自身的问题，而是由于执法之人不能完全依靠"法"为依据，不能公平、公正、合理的去惩治违法现象，而明清京通仓与水次仓弊端的历史演变就体现了这样一种怪象。

如果说明初京通仓军管时期弊端的出现是因为制度尚不严密而导致的话，那么宦官监督京通仓与水次仓之害则是人为导致的。正是因为对户部官员的不信任，加上急于清除仓场积弊，所以宣德皇帝置宦官监仓，希望凭借其与皇权之间亲密关系直接控制仓储，牢牢的掌控粮储大权。但是事与愿违，宦官势力渗透入仓储后，由于其文化程度较低，不熟悉仓场运作的相关程序，加之这种缺乏约束的权力刺激了其贪污腐败的野心，于是他

---

① （清）震钧：《天咫偶闻》卷 3《东城》，台北文海出版社 1968 年版，第 208 页。

② （清）魏源：《魏源集》，中华书局 2009 年版，第 405—406 页。

③ （清）张曜：《山东军兴纪略》卷 17，清关旭刊本。

④ 翦伯赞：《义和团》第 1 册，上海人民出版社 1957 年版，第 347 页。

们不但干涉户部日常仓储权力的行使，而且勒索纳粮军民、扰乱郡县、腐化堕落，祸乱仓储长达百年之久。在百年间，尽管不少贤能官员纷纷上书请求撤销宦官监仓，但一直未被皇帝所允许，这是因为宦官是最高统治者控制国家各重要部门的代言人，是其攫取利益的执行者与监督者，是其掣肘朝廷官员，弱化国家正常行政权力的平衡者，是皇权的工具与傀儡。与宦官监仓之弊相比，尽管明代仓储胥吏也是危害国家粮政的重要因素，但是各谋利阶层的勾结尚不严重，加之中央政府能够及时地予以惩治与整顿，所以其危害性在表面上不是十分突出。清代的京通仓弊端更主要的是花户、土棍、仓书、攒典等基层胥吏与劳役人员的危害，这些群体虽然在仓储中的地位极为低下，既没有品级，薪俸更是微薄，但是作为人员数量最多，直接接触仓粮守卫、出纳、晾晒的基层服务者，他们为了利益而彼此勾结与博弈，有时他们欺瞒与拉拢仓监督，向其行贿，明目张胆地盗取仓粮、私放黑档、勒索领粮官军、挪移米石、出新压陈，有时又与仓外的土棍、匪徒、米铺相联系，里应外合，共同食利于国家仓庾。这些人员经年累月的损害粮储，组成侵盗京通仓的大网，耗费无数之漕粮，亏空无尽之天庾，成为导致京通仓衰败的重要原因。尽管面对种种仓储弊端，清政府采取了众多的措施进行整顿，而且严惩了一批仓储大案与要案的犯罪人员，但是由于当时国家漕运从根源上已经弊端重重，处于病入膏肓的状态，所以这些无关紧要的修修补补，不可能使仓弊得到根本的好转，也不可能挽救日趋衰落的传统漕运。

纵观明清两朝京通仓与水次仓的发展脉络可以看出，仓储弊端既存在着共性，也有各自的特色。（1）明清两朝仓弊均为前期较少，中后期泛滥。这是因为初期各项仓储法规能够得到较好的执行，相关的违法行为也得到了惩治，法的威慑作用起到了应有的效果。而中后期法久废弛，加上执法者自身都处于违法的状态，于是各项弊端疯狂蔓延与泛滥，成无法治愈的状态。（2）明清两朝京通仓的基层管理者与劳役人员均对仓储产生了一定的危害，但是清代的危害程度远超明代。（3）明清两代的仓弊存在着一定的继承性与延续性，这既是专制制度自身发展过程中所产生的无法克服的缺陷，同时也是王朝中后期官场腐朽、制度败坏、弊端百出的历史性循环与恶果。

第 七 章

明清时期的京通仓与水次仓火灾

明清两朝倚漕为命，所以对京通等漕运仓储的守卫与防护异常重视，中央政府不但制定了详细而严密的律法以促使监仓人员忠于职守，而且粮仓内外都有铺军、兵丁、花户、小甲守护，以防火灾与盗窃事件的发生。可是即便仓储运作有章可循，数百年间京通仓依然发生了不计其数的火灾，损毁漕粮动辄上万石。在明清京通仓火灾中，既有因自然与意外因素而引起的，也有仓储内部人员为掩盖弊端而故意纵火，尽管朝廷对疏忽与故意进行区分对待，但是在火灾案发生后，却很难对其进行明确的定性，很多夹杂在京通仓火灾中的仓弊因被掩盖而不了了之。

第一节　明清仓储火灾律法及演变

明代仓储火灾案律法的制定有一个逐渐变化与发展的过程，而清代则是继承与完善。这种易代后而仓律变化不大的现象，一方面说明了明清京通等漕仓在管理方式与运作程序上存在着很大的相似性，另一方面也体现了专制社会律法存在着延续性，经常会出现后代律法借鉴前代律法的状况。同时仓律变迁最剧烈的时候，往往也是仓储火灾案最频繁的时期，这时为了明确火灾行为人的责任，尽快追偿损毁漕粮，防止以后类似事件的发生，国家会不断提高仓法的惩罚力度，并且分类会越来越细，与仓储现实的关系愈加密切。

明代仓律规定"凡仓库及积聚财物，主守之人安置不如法者，晒晾不以时，致有损坏者，计所损坏之物，坐赃论。着落均赔还官"[1]，如果

---

[1]　（明）雷梦麟：《读律琐言》卷7《户律》，法律出版社 2000 年版，第 180 页。

突然遇到"雨水冲激，失火延烧，盗贼劫夺，事出不测而有损失者，委官保勘覆实，显迹明白，免罪，不赔。其监临主守若将侵欺、借贷、挪移之数，乘其水火盗贼，虚捏文案，及扣换交单籍册，申报瞒官者，并计赃，以监守自盗论。同僚知而不举者与同罪；不知者，不坐"①，对那些因疏忽而导致仓库内失火者"杖八十，徒二年，比照被盗事例，均赔"②，"若放火故烧官民房屋及公廨仓库系官积聚之物者皆斩"③，由此可见明律对于仓储火灾案的区分十分详细，仓储管理者责任的大小要完全与火灾是否意外相关联，这种具体问题具体分析的律法条例，一方面减轻了意外事故责任人的赔偿压力，另一方面加大对借火灾而侵瞒舞弊者的惩罚，对于肃清仓弊具有一定的效果。成化十年（1474）定当年意外损失官物以十分为率，减免三分"各处仓场，先年有司失火延烧粮草等项，经该官攒斗库人等已经问发追赔未完者，悉免追赔，若故烧者不在此例"④。嘉靖十五年（1536）又令"各处仓场先年失火延烧粮草等项，经该官攒斗库人等问发追赔者悉皆宥免"⑤。明代仓律总体上呈现比较人性化的特点，对于多年难以追赔的火烧漕粮实行减免的政策，这既是明政府的无奈之举，也是其施加恩惠，显示朝廷恩典的具体体现。

清代对仓储火灾的防备与救护更加重视，甚至对具体人员在火灾中的不同职责都作出了规定。顺治初年，"定八旗火班八处，每处满洲、蒙古、汉军三旗轮流，都统或副都统一人，参领以下官十人，兵八十名值宿，遇失火，都统等即领一半官兵往救，其余官兵仍留该班处备用"⑥，八旗火班类似于现在的消防队，其主要功能就是保护都城与京通仓储的安危，防备火灾造成重大损失。康熙九年（1670）议准"武职各官所管地方失火延烧文卷、仓廒者，专汛罚俸一年，如将钱粮文卷擅藏私家以致焚毁者，将该员降一级调用"⑦。康熙三十年（1691）再定"城外失火步军统领即率属官开门往救，两翼步军翼尉亲督官军在门防守，次日报部存

---

① （明）雷梦麟：《读律琐言》卷7《户律》，法律出版社2000年版，第180页。
② 同上。
③ （明）申时行：《明会典》卷170《刑部十二·杂犯》，明万历内府刻本。
④ （明）《皇明诏令》卷16《宁宗纯皇帝下》，明刻增修本。
⑤ （明）孔贞运：《皇明诏制》卷8，明崇祯七年（1634）刻本。
⑥ （清）《大清会典则例》卷108《兵部·武选清吏司·守卫》，清文渊阁四库全书本。
⑦ （清）《大清会典则例》卷118《兵部·职方清吏司·公式三》，清文渊阁四库全书本。

案"①。雍正八年（1730）对各旗救火任务进行了分配，"失火在东南城，令正黄、镶白二旗；西南城，令镶黄、镶红二旗；东北城，令镶黄、正白二旗；西北城，令正黄、正红二旗，各率官兵往救，禁城之内，每翼令二旗救护，步军营见每处失火，即报知相近旗分"②，这种就近救火，按旗问责的制度较顺治初有明显的进步，对于及时有效的扑灭京城火灾作用明显。乾隆六年（1741）复定八旗火班制度，设立救火点八处，"每处满洲、蒙古、汉军旗更番轮值，以都统或副都统一人，参领以下官八人，领催八人，骁骑七十二人，如遇旗界及接壤之地有不戒于火者，都统等即领值班官军之半往救，其余官兵仍留该班处备用"③。

关于仓储火灾的具体处理措施，清代仓律多沿袭明代。《大清律例》载"若于库藏及仓廒内燃火者，虽不失火，杖八十……若放火故烧官民房屋及公廨仓库系官积聚之物者，不论首从皆斩"④。对于监收仓粮财物者，"凡仓库及积聚财物主守之人安置不如法，晒晾不以时致有损坏者，计所损坏之物价坐赃论，罪止杖一百，徒三年"⑤。清末光绪年间又对律法进行了变革，制定了新律，其中仓法条也有了某些变化，将故意放火烧毁仓库者斩首的刑罚改为绞刑，⑥ 将在仓廒内燃火者杖八十改为杖八等罚，⑦ 清末仓火处罚律较清初有逐渐弱化的趋势，这既是适应仓储现实变化而做出的修改，同时也与清末近代化西方刑律对中国的影响有很大的关系。

通过比较可以看出，明代仓法重视惩治效果，清代仓法则会根据现实的变化进行调整，明清仓储火灾案的处理既存在一脉相承之处，又在某些方面存在着很大的差异。从总体来看，清代在火灾的预防与救助方面更加成熟，不但设立官军负责京城不同位置的火灾情况，而且巡视、报告、抢护制度相辅相成，彼此衔接，不但提高了救火的效率与专业性，而且对于降低火灾损失，保障京城安定也具有重要的意义。

---

① （清）《大清会典则例》卷108《兵部·武选清吏司·守卫》，清文渊阁四库全书本。

② （清）《雍正八旗通志》卷33《兵制二·禁卫一》，清文渊阁四库全书本。

③ （清）《清文献通考》卷180《兵考二·禁卫兵》，清文渊阁四库全书本。

④ （清）三泰：《大清律例》卷34《刑律杂犯》，清文渊阁四库全书本。

⑤ （清）沈家本：《大清现行新律例》之《刑律案语仓库下》，清宣统元年（1909）排印本。

⑥ （清）沈家本：《大清现行新律例》之《刑律案语杂犯》，清宣统元年（1909）排印本。

⑦ 同上。

第二节　明代的京通仓与水次仓火灾

明代京通仓等漕仓火灾主要发生于宣德、正统、万历、崇祯几朝，其他时期则少见记载，这与明初仓储制度尚不完善与明末趋向混乱有很大的关系。早在洪武元年（1368）朱元璋刚在南京即位，当年六月就因民居发生火灾延烧京城永济仓，①　四年（1371）"京师大军仓火"②，两次火灾虽有记录，但并无仓粮的具体损失情况。宣德二年（1427）天津卫仓发生火灾，"焚兵粮数十万石，事闻遣御史廉视。还言主典者多盗用，故纵火以自盖耳，追逮几八百人，不胜鞫治，皆诬服，应死者百余人，余坐徒流"③，这次火灾在明清仓火案中属规模最大的一次，烧毁仓粮数十万石，因火灾而连累受刑者数百人，判死者百人。但该案仅过去四年，宣德六年（1431）天津仓再次失火，"毁粮七万一千余石"④，其数目也十分巨大。明初京仓与水次仓之所以屡次发生火灾，是因为当时诸仓由卫所代管，体制不全，运作无规，卫所管粮军丁侵盗现象非常严重，借火灾消除罪证就成为他们经常采取的方式。

正统时是明代京通仓火灾案爆发最为频繁的时期，这一阶段不但京仓与通仓火灾俱发，而且经常出现一年发生数灾，一仓发生数灾的现象，这是由于这一时期仓储正处于卫所向户部管理过渡的阶段，在管理方式、监督体制、事故处理等方面存在很多漏洞与不完善的地方，所以导致了火灾案的频发。正统十年（1445）正月，"忠义后卫仓火，毁米数多，执管粮内外官户部左侍郎李暹等下狱，令内官阮志、户部左侍郎姜涛等代理其事"⑤，同月"忠义前卫仓火，户部请罪典守者，上特宥之"⑥。面对京仓屡次发生火灾的情况，英宗"遣户部尚书王佐祭火龙之神，户部左侍郎姜涛祭太岁之神"⑦，希望借神灵的护佑减少或消除火灾事故的发生。但

---

① （明）陈舜仁：《万历应天府志》卷 3《郡纪下》，明万历刻增修本。

② 江苏省地方志编纂委员会：《江苏省通志稿·大事志》，江苏古籍出版社 1991 年版，第 339 页。

③ 《明宣宗实录》卷 26，宣德二年三月壬子条，上海书店 1982 年影印本。

④ （明）谈迁：《国榷》卷 21，中华书局 1958 年版，第 1419 页。

⑤ 《明英宗实录》卷 125，正统十年春正月甲申条，上海书店 1982 年影印本。

⑥ 同上。

⑦ 同上。

祈祷与祭祀显然没有起到应有的效果，正统十年（1445）五月，"羽林前、忠义后卫仓火，毁粮一千九十五石，户部请治典守者追赔，上曰此殆非人力所能止，俱宥罪免赔"①，七月"通州义勇右卫仓火，焚毁米谷一万八千五百四十石有奇，提督仓场户部右侍郎焦宏自陈罪，俱请罪典守者，上悉宥之"②。仅正统十年一年间，京通仓就发生火灾四次，烧毁漕粮数万石，这种现象在中国历史上仓储火灾案中比较少见，虽然史料中没有对火灾发生的原因作出解释，但其中肯定有非自然因素引起的火灾，存在着仓场内部的舞弊与侵盗。

正统十一年（1446）七月，"京都太仓、大宁中卫仓火，六科给事中、十三道监察御史共劾提督侍郎张睿等罪，上命宥之，所焚粮米亦免偿"③，十三年（1448）"忠义前卫仓火，毁米近千石，户部奏侍郎张睿不用心巡视，宜治罪。上以火发非人力所为，置不问"④。通过上面英宗皇帝对火灾案的处置措施来看，火灾发生后，虽然诸多大臣要求予以惩治，但英宗总是宽容自己的宠臣，不但不惩罚，而且损失的漕粮也不予以追赔，这种过于宽大的政策，不但损耗了国家粮食库存，而且在客观上纵容了管仓官员的懈怠与侥幸心理，从而使火灾案屡禁不止。正统后关于京通仓火灾记载的资料较少，但这并不代表其后没有发生火灾，可能为漏记或不甚重视的结果。

明中后期随着国家漕运的衰败与京通仓弊端的日益深化，仓储火灾案又频繁发生。成化十四年（1478）"太仓米麦积蓄岁久，蒸湮自焚至百余石"⑤。万历七年（1579）监督临清仓户部主事林乔楠因疏忽大意，导致临清仓失火，烧毁米粮数多，被降职二级。⑥ 万历十六年（1588）通州大运仓火，⑦ 万历三十五年（1607）通州西仓火，⑧ 这两次火灾均发生于通州仓，是因为国家历来重视京仓而轻视通仓，所以在管理运作与日常巡查方面疏忽大意，漏洞百出，从而为火灾案的爆发埋下了隐患。崇祯二年

---

① 《明英宗实录》卷129，正统十年五月甲申条，上海书店1982年影印本。
② 《明英宗实录》卷131，正统十年秋七月癸巳条，上海书店1982年影印本。
③ 《明英宗实录》卷143，正统十一年秋七月甲戌条，上海书店1982年影印本。
④ 《明英宗实录》卷163，正统十三年二月丁巳条，上海书店1982年影印本。
⑤ （明）万斯同：《明史》卷39《五行二·火》，清抄本。
⑥ 《明神宗实录》卷92，万历七年十月己丑条，上海书店1982年影印本。
⑦ （明）万斯同：《明史》卷39《五行二·火》，清抄本。
⑧ （明）谈迁：《国榷》卷80，中华书局1958年版，第4971页。

（1629）监督北新、大军仓员外郎郑抱素"本月二十五日夜三更时分正在北新仓前三官庙内磨算转运援兵、城守军丁粮数，方毕职，即步行查点巡风员役，忽见自北而南火如流星，坠入北新仓内，其相继者又一二，犹有飞越仓南入于民家者，职急率同仓官李世瑁、王大顺，铺军头苏科等启仓入内，缉当获火箭一支，上有委官造箭姓名五人并年月字号，非系奸细"①，当时后金正围攻北京城，明廷对京仓的防范非常重视，火箭入仓事件发生后，即"该仓攒役以分派运米之故，人数既少，委难周防，相应比照旧太等仓例，行令兵部，速拨巡军若干名，昼夜协巡警备，非常一切缉防事宜，所当倍加悉饬，务保无虞者也"②。崇祯五年（1632）六月西新仓主事杨行恕称："本月十六日辰时，闻报北新草场起火，该职督率三仓七卫官攒、歇脚、抗车、甲斗、铺军并雇募人夫董应科等共六百余名救护，草一万五千余束，现堆放十七小垛在仓，理合呈报"③，后查"该仓额草三十万束，内未完草八万余束，实在草二十余万束，分为二垛安置，其被火一垛约有一十万束，除救出一万八千余束，余草照例分别买补赔偿"④，相关责任人西新仓草厂大使程惟明、攒典赵三才、商人刘礼等均受到了严厉的惩罚。

　　总之，明代京通仓场火灾案主要集中于明初与明末，高峰期出现在正统年间，这些阶段正是仓储制度处于变革或衰落的时期，火灾事故的频发正是其具体的体现。尽管在整个明代，仓储火灾发生的概率远远低于侵盗与潮湿霉烂，但是由于火灾发生的不确定性，加之与其他因素的相互融合及渗透，往往一次火灾就损失漕粮数万石，乃至数十万石，从而使其成为明代仓粮损耗的重要原因之一。

第三节　清代的京通仓火灾

　　有清一代对京通仓火灾的记载较明代为细，这一时期不但记录了每次火灾损失仓粮的数量，而且对相关责任人的惩罚也有章可循。为保护漕粮，清政府在各仓挖掘水井数口，以作为防火之用，另外清代仓法异常严

---

① （明）毕自严：《度支奏议》之《堂稿》卷10，明崇祯刻本。
② 同上。
③ （明）毕自严：《度支奏议》之《广西司》卷4，明崇祯刻本。
④ 同上。

密，甚至具体到了仓储的某些细节，可见国家对京通二仓的关注达到了无微不至的程度。但即便如此，在防备森严，且有众多仓储官员与夫役巡视下的京通仓依然屡次发生火灾，导致漕粮损失、廒房被焚的事故不断出现，这其中的原因既有意外，也有仓中不法胥吏、花户、土棍相互勾结而制造的人为纵火，而国家在不同阶段对火灾责任人的惩罚则体现了仓法的演变与对基层社会的控制程度。

一　清前期的京通仓火灾

顺治、康熙、雍正三朝处于京通仓快速发展的阶段，在现存史料中尚无发现火灾的记录。直到乾隆六年（1741）京城富新仓失火，烧毁八廒，"亏折米石并重建仓廒之费，若监督等不能赔补，俱着仓场侍郎塞尔赫、吕耀曾赔补，嗣据户部将火毁米石估定成色，议准着落满汉监督共赔六分，攒典赔二分，花户赔二分，令于次年粮船抵通时收买各帮余米照数还仓，如有亏折及重建仓廒之费监督等不能赔补，即着仓场侍郎赔补建造"①。这种按照仓储内职位高低赔偿的惩罚措施具有相当大的合理性，首先仓监督作为户部正六品官员对整座仓储负有巡查与管理的责任，仓场遇火难咎其罪，而胥吏、花户作为仓中的下层群体，虽然负责具体的仓务操作，但因其薪水微薄，完全受命于仓监督，只能属连带罪责。当监督无法赔偿相关损失时，则由其上司——仓场的最高管理者仓场侍郎代赔，也属连坐性质的惩罚。仓粮被焚毁后，只要及时买补下年运通余粮填补，仓监督就可以减轻罪责，甚至可以免责，继续担任原来的职务。

乾隆五十年（1785）旧太仓信、地、正、满、顺、密六廒被焚，"除花户等交刑部严讯定拟，仓场侍郎及该监督交部议处外，其烧毁米豆著落赔补。密字廒原贮粳米一万一千三百八十九石九斗三升，内除递减米二百五十二石七斗一升，盘出好米一万五百二十五石，廒底米五十石，应赔烧毁并受伤米三百八十二石二斗，气头米一百八十石。顺字、满字二廒原贮豆一万九千八百二十九石一斗一升，盘出好豆七千八百石，应赔受伤烟串并烧毁共豆一万一千二十九石一斗一升"②，这次火灾损失米豆上万石，所以朝廷处罚也比较严厉，"照乾隆六年富新仓失火延烧米石赔补之例，

---

① （清）杨锡绂：《漕运则例纂》卷19《京通粮储·仓廒号房》，清乾隆刻本。
② （清）福趾：《户部漕运全书》卷54《京通粮储·修建仓廒》，清光绪刻本。

准其于本年漕粮到通余米豆内买余赔补，应赔银两照乾隆三十六年刑部衙署被焚赔修之例，令仓场赔四分，监督赔六分，分作二年交纳以清款项。倘该监督限内不能全数完缴，照乾隆六年之例，一并着落仓场按数赔补，其炙焦木植砖瓦据实估变充公"①。

乾隆时期的京仓火灾比较重视仓储官员的责任，其在仓粮赔偿中的比例也最大，而对于下层群体中的花户与胥吏，最高统治者多给予恩惠与体恤，尽量减轻他们在仓储事故中的负担与压力。这种现象的产生，除了与乾隆朝时仓储积弊尚不严重，花户、攒典、仓书收入微薄，赔偿能力有限外，还与这一时期京仓火灾发生的频率较低有关，在乾隆统治的 60 年间，京仓火灾次数乏陈可数，其相关的法令规定也尚不严密，所以皇帝能够按照自己的意志较为宽大地处理相关责任人员。

二　清中期的京通仓火灾

清朝自嘉庆朝始，逐渐出现了诸多难以解决的问题，如官场腐败、河工懈弛、漕弊日盛等，而京通仓火灾也呈爆发式增长的趋势，甚至经常出现一年数灾、一仓数灾等违反常理的现象，更为普遍的是仓场内部的胥吏、花户、仓书、攒典加快了相互勾结的步伐，不断侵盗仓粮、私放黑档、勒索运军、甚至联合仓外的土棍、米铺等，从仓储中谋取私利，通同分肥，有时为躲避上官检查将米石新旧混杂、以陈压新、私拆仓廒、挪移漕粮，完全视国家律法为无物。嘉庆五年（1800）裕丰仓吕字、往字、冬字三廒遭火焚毁，"经工部勘估，工料银七千七百六十一两一钱八分九厘，应以四六分赔。仓场侍郎及监督于养廉银内各扣三成，书攒、花户于茶果脚价内共扣四成"②，此时赔补银两分别从养廉与茶果脚价内提取，进一步减轻了仓储管理者的事故赔偿压力。

嘉庆十六年（1811）三月，裕丰仓再次发生火灾，仁宗皇帝谕内阁"仓廒重地，理宜加意防范，裕丰仓岁字等廒，现在正值开放俸米之时，计尚应存稄米、粳米三千余石，何以封锁严密，并未启门，遽报火起。是否前一日放米时，挖筲人夫遗火在内，抑或该仓米石本有亏短，花户等恐

① （清）福趾：《户部漕运全书》卷 54《京通粮储·修建仓廒》，清光绪刻本。
② （清）福趾：《户部漕运全书》卷 53《京通粮储·仓廒号房》，清光绪刻本。

其不敷支放，有意延烧，均未可定，著将该管廒花户等，交刑部审讯具奏"①，嘉庆帝怀疑仓廒内部存在弊端，并做出了多种推测，说明此时仓弊已经成为了令清政府非常困扰的难题。仅过一年，嘉庆十七年（1812）裕丰仓又发火灾，朝廷命"将仓场侍郎、查仓御史及监督一并交部议处，该花户等交刑部讯明，并无亏短延烧情弊，依仓库内失火律杖八十，徒二年，盘出好米另廒存贮，先行搭放。其揭除熏灼不堪食用米石除变抵外，照买余抵补之例赔补"②。嘉庆二十四年（1819）遇火，"被焚廒座行字廒盘出熏灼不堪支放米六百三十石，报字廒盘出熏灼不堪支放豆二百七十石，循照买余抵补之例按四六分赔。仓场侍郎及仓监督于养廉内各扣三成，书攒、花户于茶果脚价内共扣四成归款，其盘出好米、好豆先行搭放，熏灼米豆估变抵补，至赔修廒座照例四六分赔，坐扣解部"③。嘉庆年间，仅裕丰一仓就三次被火焚烧，可见当时仓储管理的懈怠程度，尽管经赔补后，仓粮损失降低，但是这种只重赔而不重罚的惩治措施，反而导致其后仓粮侵盗愈烈、火灾更频的恶性循环现象，从而严重破坏了京通仓储制度。

乾隆、嘉庆两朝的京仓火灾惩治与赔补制度在探索中逐渐走向成熟，从而为其后的案例提供了法律依据。相对于清代中后期京仓火灾的泛滥，这一时期仓储管理人员尚存戒备之心，无论是仓粮收支，还是日常的晾晒、修造、考核大多还能遵循朝廷制定的律法，京仓粮食的规模与数量也维持在平衡的状态，其政治供需、粮价调节、社会救济的功能得到了较大程度的发挥。

道光、咸丰两朝国内外矛盾严重激化，不但外有西方侵略者入侵，而且国内漕运衰败、运河淤塞、仓储匮乏。在这种严峻的形势下，统治者虽对京仓弊端进行了一系列整顿，但由于积弊已深，其效果也非常有限。特别是京仓花户公开作奸犯科，与仓中胥吏因缘为奸、相互勾结，动辄侵盗仓粮上万石，甚至十数万石，正如当时大臣所奏："米粮入仓之后，搀和抵窃，无弊不作，常出于竟想所不及，推原其故，总缘花户在仓盘踞年久，外人不便应役，所有近仓一带无业之徒素沾花户余润，无不受其指

---

① 《清仁宗实录》卷 241，嘉庆十六年闰三月丁亥条，中华书局 2008 年影印本。
② （清）福趾：《户部漕运全书》卷 52《京通粮储·仓廒号房》，清光绪刻本。
③ （清）福趾：《户部漕运全书》卷 53《京通粮储·仓廒号房》，清光绪刻本。

使，退役之后接充者，多半即系其子侄亲友，而该役仍在身后影射办事，通同把持，表里一气，监督之忠厚者多为所愚，其贪婪者更为所买，此其所以明目张胆，作奸犯科，未有人敢过问也。"① 随着不肖花户盗窃仓粮数目的加大，道光、咸丰两朝屡发仓储大案，火灾发生的次数也更为频繁，这时的火灾原因既有无意的引发，也有故意的纵放，存在着销毁罪证与隐瞒事实的目的和阴谋。

道光二年（1822）十二月，"本月二十七日夜崇文门外花儿市地方铺户不戒于火，致将京城仓场衙门延烧，当经步军统领衙门及巡城御史督同兵役扑救，旋被止熄，仓场侍郎和桂、张映汉未能先事预防，官厅各敕书并被烧毁，著交部分别察议"②。地方发生火灾，竟将京城仓场总督衙门延烧，甚至连皇帝的敕书都被烧毁，可见仓储官员的疏忽大意与防卫的松懈。该事件发生后，朝廷极为重视，"钦派大臣查勘应行补盖修理，所需工料、颜料等项援照兵部、户部衙署被火，修用钱粮在于堂司各官饭银养廉内分年扣归之案，先由部库支领兴修，在仓场、坐粮厅、大通桥、京通十五仓监督养廉内自道光四年春季起分作三年摊扣归款，解部交纳"③。道光五年（1825）太平仓雨字空廒与实储秫米之钧字、恩字两廒同时被火焚毁，"所有恩字、钧字二廒共存米二万二千七十五石九斗零，除盘出好米作正支放外，其起出熏灼不堪支放秫米五百五十六石零，照收买余米之例按成分赔。仓场侍郎分赔三成，监督分赔三成，花户系专管仓粮之人，应分赔三成，书攒只管文册与花户不同，应分赔一成"④。宣宗皇帝认为此案或有隐情，可能存在舞弊行为，"非寻常疏虞可比，且正当开放甲米之时，难保非米数短缺，借此弥缝，不可不彻底根究，所有太平仓管廒花户人等，著交刑部严行审讯，务得确情，毋任饰词狡展，冀图推卸"⑤，并命此后"每逢开仓，著仓场侍郎严饬各仓监督督同各花户，将领米挖筲人等逐细搜查，毋许携带烟火入仓"⑥。

① 中国第一历史档案馆：《道光朝军机处录副奏折》，档号：03—3376—033，道光二十三年六月初三日。
② 中国第一历史档案馆：《军机处上谕档》，盒号 922，册号 1，第 5 条，道光二年十二月二十九日。
③ （清）福趾：《户部漕运全书》卷 54《京通粮储·修建仓廒》，清光绪刻本。
④ （清）福趾：《户部漕运全书》卷 53《京通粮储·仓廒号房》，清光绪刻本。
⑤ 《清宣宗实录》卷 80，道光五年三月己亥条，中华书局 2008 年影印本。
⑥ （清）祝庆祺：《刑案汇览》卷 53《失火》，清道光棠樾慎思堂刻本。

　　道光十七年（1837）旧太仓失火，"其到仓之人仅书吏朱亦城，小甲吴瑞两名"①，仓场失火，不但仓监督不驻仓值班，甚至多达数十人的八旗披甲、花户、攒典、书办也置若罔闻，由此可知仓储管理者的毫不在意与漫不经心。道光二十六年（1846）三月稽查兴平仓山西道监察御史苏学健奏"本月二十四日甲刻，据兴平仓监督原由义来禀，该仓于本日末刻起火，臣当即驰往，查系延烧翔字、乃字、贤字、罔字等四廒，已经监督带同官役及地面官役扑救熄止，查翔字廒系放贮稜米一千二百余石，贤字廒原贮稜米一万二千六百余石，除本年正月内因修廒墙移贮宇字廒八千九百余石外，本廒仅贮三千七百余石，乃字、罔字系空廒，其贤字、翔字二廒烧毁米石若干，应由仓场侍郎迅即查明办理，相应请将该仓花户交部审讯，该仓监督原由义并请交部议处"②。道光朝屡次发生京仓火灾是与该时期吏治不整，仓弊、漕弊、河弊日益严峻化分不开的，发生火灾后，虽然朝廷命令严令调查，但调查之人多为仓场总督本人，总督与仓内监督、花户、胥吏声气相连，瞒报实情，故意减轻事故责任人的罪责，所以这种内部的调查不可能弄清案件的真相，只能导致仓储官员因循守旧、不思变通，而最后受损害的只能是国家粮储。

　　咸丰朝关于京仓火灾的记录较少，但是这并不能证明这一时期京仓弊端有所减轻，而是面对欧美列强的入侵、太平天国起义而无暇顾及，加之此时黄河改道、运河断流，漕粮大量改折，仓储积蓄日减，中央政府只好责令各地督抚购买商品粮以充实京仓。即便如此，咸丰九年（1859）储济仓仍然烧毁丰字廒一座，相连的言字、恩字两廒也被烧毁，文宗皇帝谕令内阁"该花户人等有无情弊，所供被烧廒座俱系空廒是否属实，均应彻底根究，花户陈志明著交刑部审讯，该监督等于仓储重地未能先事预防，非寻常疏忽可比，储济仓监督锡年、景祥均著交部议处，其已烧丰字等廒即著仓场侍郎责令该监督、花户等自行赔偿"③，这次失火与仓外窃贼盗米有很大的关系，据当时巡视东城御史毓通奏"本月初三日，储济

---

① 中国第一历史档案馆：《道光朝军机处录副奏折》，档号：03—3372—052，道光十七年十二月初七日。

② 中国第一历史档案馆：《道光朝军机处录副奏折》，档号：03—3376—066，道光二十六年三月二十二日。

③ 中国第一历史档案馆：《军机处上谕档》，盒号1211，册号1，第2条，咸丰九年十二月初五日。

仓失火，该城指挥等前往扑救，见有匪徒持械由仓内北墙越出，当将该犯卢宽成拿获，并将引荐该犯入仓之蒋五一并拿获"①，在该案中仓内劳役人员与仓外匪徒合伙盗米，在遇到官兵抓捕时又放火烧仓以作掩饰，实为胆大包天，目无法纪。除此之外，在清代京仓火灾中，历次案件上奏中最多的是空廒一词，是否真为空廒尚难确切查明，但实为仓场官员虚与委蛇，逃避责任的一种表现，如果为空廒，不但刑罚较轻，而且不会进行追赔，仓场官员与劳役人员均可继续从仓中取利，其中的弊端便再也难以揭发。

道光、咸丰两朝作为清代的中后期，各项弊端已病入膏肓，成无法治愈的痼疾，朝廷虽屡次整顿，但仓弊就如同封建肌体身上的毒瘤，割之复生，弃之又来。正如当时大臣所奏："近来吏役往往于役满后改名复充，甚至暗中盘踞，任意舞弊"②，"各仓监督俱不能实力整顿仓务，其或通同舞弊，致花户等执法营私，益无忌惮，屡次惩办，尚不悛改"③。用这样一班贪官污吏防备京仓火灾，让他们实力调查火灾的原因与损失，是不可能得到案情真相的，而统治者希望通过惩罚与赔补来改变积重难返的现状，而不能从体制上寻找深层次的原因，也只能属于痴心妄想与异想天开。

三　清末的京通仓火灾

清末同治、光绪时不但有"同光中兴"的美名，而且近代化的海运、铁路运输在国家粮食储备中的作用越来越大，这时依靠运河的传统漕运已基本断绝，京仓供需基本完全依赖于海运与铁路，而且以前那种在各地有漕州县征收本色钱粮的做法也都基本改变，就是由国家收取漕折银两后在产粮地或市场上购买商品粮，这对延续上千年的运河漕运是一个巨大的冲击。相对于交通方式上的进步，京仓弊端却由于日积月累，已成根深蒂固之势。虽然此时京仓积蓄与清初相比十不剩一，但发生火灾的次数与频率却远超前代，火灾发生后，中央政府依然只做官样文章，不作任何彻底的整顿与调查，任仓储弊端蔓延与恶化。

---

① 《清文宗实录》卷303，咸丰九年十二月丁未条，中华书局2008年影印本。
② （清）福趾：《户部漕运全书》卷52《京通粮储·京通各差》，清光绪刻本。
③ 同上。

同治九年（1870）旧太仓失火，上谕"据该花户所供，十一月二十九日酉亥封闭仓门后，戌刻忽见火起，不知火所由来等语，恐尚有不实不尽，花户李国栋著交刑部严讯，有无别项情弊，即行照例惩办"①。封闭仓门后发生火灾，要么为遗留火种在仓中而监督与花户毫无知觉，要么前去偷窃仓米的盗贼故意烧毁仓廒，消灭犯罪的证据，无论哪种可能，都是因为监仓官员的疏忽大意而导致的，所以清代京仓火灾与其说是偶然发生，倒不如说是由于管理者的失职所引起。光绪四年（1878）北新仓失火，御史常庆奏："本月十六日北新仓空廒不戒于火，当经该监督等督饬官役将该处比连之空廒及木植先行拆卸，立时扑灭，该监督疏于防范，咎无可辞。所有北新仓是日值宿之署汉监督韩榕，未值宿之满监督琦玮著交部分别议处。"② 光绪十七年（1891）四月太平仓廒座被火焚毁，御史王会英奏称："本月十一日夜间，太平仓玉字廒突然火起，延烧盈字廒，当即扑灭，业将花户交坊看管，请饬惩办，并监督应否交部议处，请旨办理"，收到奏报后，德宗谕令内阁"现当整顿仓务之际，太平仓突然火起，焚烧廒座，其中显有情弊，亟应彻底根究，以期水落石出，该仓花户人等，即著交刑部严行审讯，务得确情，按律惩办，监督明煜、杜庭璞著先交部分别议处"③。京仓整顿却发生火灾，经审讯仓中官役，"据称是夜四更时候玉字廒以南城上有人窥伺，意在盗米，赶往捕拿之际，忽见放空之玉字廒后火起，当即折回，适风猛火烈，以致延烧，仅将毗连之盈字廒内米石竭力抢出"④。按仓中官役的解释，要么仓中胥吏与仓外盗米者相互勾结，在巡查人员发现城墙上的盗贼后故意纵火掩护，以使其逃脱。要么为仓中人员为推脱责任，编出这样的理由，将失火的原因归于莫须有的盗贼。难怪御史王会英在收到火灾奏报后称："臣闻之不胜骇异，当即赴仓查验，余米甫经扑灭，被焚多寡尚难悬揣查，仓储重地，例应监督轮班值宿，十一日监督明煜是否确系住仓，况前日曾有拿获盗米人犯等情，应

---

① 中国第一历史档案馆：《军机处上谕档》，盒号1306，册号2，第2条，同治九年十二月初一日。

② 中国第一历史档案馆：《军机处上谕档》，盒号1354，册号2，第4条，光绪四年十月十九日。

③ 中国第一历史档案馆：《军机处上谕档》，盒号1412，册号4，第5条，光绪十七年四月十四日。

④ （清）朱寿朋：《光绪朝东华录》，中华书局1958年版，第59页。

如何督同花户等加意严防，以免贻误，何以十一日夜间又有人在城上窥伺"①，该案中层层的疑点与迷惑之处，不但巡仓御史不得其解，就连皇帝也明确指出要彻查清楚，可见其中必有隐情。

太平仓案发生半年后，光绪十七年（1891）十一月，旧太仓又再次发生火灾，烧毁吕字空廒，皇帝谕令内阁"海运仓不戒于火，延烧廒座，其中有无别项情弊，亟应彻底根究，所有该仓花户人等著交刑部严行审讯，务得确情，按律惩办，监督孙汝璋、宗韶疏于防范，著交刑部分别议处"②。京仓一年之内连发两次火灾，虽屡加惩治与调查而无结果，这种现象的出现，不但说明了光绪朝仓储管理的无序，而且也体现了仓场内部的重重黑幕，即使是最高统治者对此也无能为力。光绪十九年（1893）北新仓被火，烧毁光字廒，除将监督、花户送刑部审讯外，"其中有无别项情弊，亟应彻底根究"③。光绪三十一年（1905）内阁奉上谕"北新仓不戒于火，请分别议处一折，据称本月十八日夜间北新仓突报失火，烧毁现储白粮之丽字等三廒，赶即扑灭等语。该仓监督等疏于防范，咎无可辞，扎钦布、朴奎著交部议处，其值班夫役人等有无别项情弊，著刑部严行究办"④。通过以上几条史料可以看出，光绪朝京仓火灾爆发次数之多，发生频率之高，都属清代最严重的时期，火灾案后，最高统治者貌似极为重视，不但惩治仓监督与花户，而且要求调查火灾的原因，但是几乎完全雷同的语言，则显示了其只是流于书面形式，而没有丝毫整顿仓弊的决心与勇气，这从该时期如此高频率的火灾案中就可以得到证实。

总之，清代中央政府视京仓为"天庾正供"，一直将其与国家命脉紧密联系在一起，无论是仓储的行政建制、维护修缮、粮食收支、功能发挥无不殚精竭虑、精心规划与布置，但百密一疏，在清朝近300年的历史中，仍然发生了不计其数的仓储火灾与仓粮巨案，这些损害国家粮食储备的事件，都具备一定的延续性与特点，那就是清初国家整饬吏治、关注民生、国库充裕，京仓发生火灾与腐败案件的频率较低，而清代中后期，随

---

① （清）朱寿朋：《光绪朝东华录》，中华书局1958年版，第59—60页。

② 中国第一历史档案馆：《军机处上谕档》，盒号1414，册号3，第2条，光绪十七年十一月十九日。

③ 中国第一历史档案馆：《光绪朝上谕档》，档号：1419—37，光绪十九年五月初四日。

④ 中国第一历史档案馆：《军机处上谕档》，盒号1493，册号3，第1条，光绪三十一年九月二十日。

着国内外矛盾的尖锐化，京仓管理日渐废弛，火灾事故与侵盗案层出叠现，呈现查之不完、理之不尽的趋势，面对这样的恶果，统治者只是因循守旧、不思变通，不能从根源上整顿仓政，在对违法者做一些表面性惩罚的同时又故意放纵与迁就，从而导致火灾案与仓案日益泛滥。

第四节　小结

明清时期的京通仓与水次仓火灾，是导致仓粮损失的重要因素，与侵盗、霉变、潮湿等损耗方式不同，明清时期的绝大多数火灾多为偶发与突变性事件，虽可以预防，却不可以预测，因此其发生并不具有明显的规律性与循环期。为强化仓储人员忠于职守，减少因火灾而造成仓粮损失，明清两朝统治者制定了详细的仓储火灾处置律令，其中特别强调无意与故意之间的区别，如果是因不可预见因素所导致的火灾，相关人员的罪责较轻，如果是因疏于防守，或者人为故意纵火，那么就可能面临赔补与刑罚。但是在复杂的火灾环境中，想要对火灾原因作出精确的调查与清晰的认识，却并非一件容易的事情，于是清代中后期频繁火灾的背后其实隐藏着仓储利益群体的舞弊行为，是一种以火灾来掩盖违法行径的手段与幌子，从更深的层面来讲，火灾并非完全是偶发性的事故，而是人为导致的舞弊行为。

明代京通仓火灾集中发生于正统、万历、崇祯年间，当时不但火灾爆发频率高，而且烧毁仓粮数量大，对国家仓政产生了极大的危害。之所以出现这样的情况，是由以下原因造成的：（1）正统年间是京通仓储制度逐渐完善的时期，当时正处于由军管向户部管辖的转变阶段，因此在管理上存在着诸多的漏洞，不但看守松懈，而且各部门之间权责不分，彼此推诿，从而造成火灾案频发。（2）万历执政接近50年，在经过了初期的张居正改革后，京通仓粮增加到上千万石，但随着中后期的平叛、援朝等战争的进行，仓粮消耗殆尽，管理也逐渐失序，在数十年间也发生了多次火灾。（3）崇祯年间，国家内忧外患不断，京城经常受到后金与农民军的围攻，周边战事不断，因意外而造成的仓储火灾也经常发生，加上此时京城内外人心惶惶，对于仓储的重视程度不够，火灾经常发生也就不足为奇了。清代火灾主要发生于乾隆后，其中又以嘉庆、道光、光绪朝最为严重，当时京通仓火灾发生频率极高，甚至经常一年数灾，一仓数灾，烧毁仓粮往往达成千上万石，其累积数目非常惊人，另外越往清代中后期，仓储火灾案中的人为因素就更加明显，仓中胥吏、花户人等与仓外匪徒勾结作案，放火毁灭证据的案例呈现上升的趋势，而这些弊端的出现是与懈怠的仓政管理分不开的。

综合来看，明清京通仓火灾有如下几个特点。首先，明代前期京通仓火灾就有过爆发的阶段，而清代则主要集中于后期。其次，明代火灾多由于意外因素而导致的，而清代情况较为复杂，其中既有意外，也有人为故意而导致的。再次，在发生频率上，清代火灾案远高于明代，这是因为清代史料记载的较为详细，并且火灾发生的原因也相当复杂，其中有多种非自然因素掺杂其中。最后，火灾案件发生后，明清两朝政府的态度也有很大的区别，明正统年间最高统治者对火灾责任人多持宽免的态度，从而助长了火灾案的频发，而清代虽处置相当严厉，却重视赔偿而不加强制度建设，因此也没有杜绝仓储火灾的多发，两种不同的态度却产生了同样的结果，其根源即在于明清两朝的仓储制度建设不能与仓储现实相结合，所以才产生了诸多的弊病。

第 八 章

明清基层社会的小型漕仓
及闹漕、哄仓之争

　　明清时期漕粮一般先由基层社会民众运往附近水次仓交兑，然后方由运军驾船输往大型水次仓或京通二仓。地方社会的小型漕仓所在地，往往靠近与京杭运河相连的河湾或港汊，这样不但便于漕粮的运载与装卸，而且也有利于漕船直接进入运河航道，减少漕粮输送途中的损耗，从而使漕运的各项功能能够及时有效的发挥。明清小型漕仓主要分布于运河沿岸的河南、山东、江苏、浙江以及长江流域的安徽、江西、湖南、湖北等省，即均位于中国最大的自然河流与人工河道沿线。这些分散于基层社会州县，甚至乡镇的漕仓虽然在规模与管理程度上无法与大型水次仓及京通仓相齐并论，但却往往是区域社会的商业码头与物流中心，在这里每逢征漕季节不但有四里八乡的民众前来纳粮，而且也是棉花、粮食、水果、布匹等土特产交易的重要地点，对于满足普通百姓的日常供需具有重要的作用。

　　明清初期，由于国家对各有漕省份纳粮比例作出了详细的规定，并且征粮官员尚能遵守相关的律法与制度，所以即使征粮数额较大，普通民众也基本能够按时完粮。明清中后期，尤其是清代乾隆后，州县胥吏、地方缙绅、刁劣监生、无赖地棍纷纷参与到地方社会漕粮征兑中去，他们不但相互勾结，压榨百姓，而且彼此之间也充满了矛盾与斗争，从而使清代中后期纳漕民众的负担急剧扩大。关于当时的现状，乾隆帝曾言："浙江省近年办理漕粮，上下视为利薮，劣衿地棍乘机挟制，包揽把持竟成规例，甚至纠众抗拿，喧闹公堂。地方官或以素染贪行，甘心隐忍，或以人数众多，难以查拿，讳匿不报，以致酿成痼弊"①，此处高宗虽说的是浙江省

----

① 《清高宗实录》卷 1172，乾隆四十八年正月戊戌条，中华书局 2008 年影印本。

征漕情况，实际在当时有漕八省均是如此，当时民众与官府、官府与劣绅及监生、民众与劣绅及监生的矛盾普遍尖锐化，达到了水火不容，难以调和的程度，而这种冲突一旦得不到及时化解，往往发展成闹漕、抗粮、哄仓等令专制政府十分头疼的问题。

明清时期地方社会的闹漕、哄仓斗争具有以下几个特点。第一，闹漕斗争在多数情况下是因为普通民众受到压榨而引起的反抗，因此具有正义性，是百姓反抗剥削的一种手段，其具体表现形式为哄闹或打砸漕仓、拒交漕粮、越级控诉，甚至演化成武装起义等暴力运动。但是与大规模的农民革命不同，闹漕不但参与的人数相对较少，而且不以推翻腐朽的专制王朝为目的，仅仅是为了改变被严重压迫的现状，希望地方官府与最高统治者能够减轻其压力与负担，因此无论在规模，还是反抗力度上都无法与革命相比，另外即使由闹漕发展到武装反抗的事例也并非全部是为了推倒专制统治者，而是希望借此引起中央与地方政府的注意，进而能够对其进行减压与安抚。第二，明末与清初民众的闹漕主要是一种自发抵制官府浮收的活动，主要为纳漕户与地方官府之间的对立，其他势力基本不会参与，而清中后期，缙绅、地棍、监生纷纷加入到闹漕斗争中，甚至经常成为闹漕群众的领袖或带头人，这种现象的出现一方面说明了官府对地方社会管理的失控及各阶层能够团结起来争取自身利益的最大化，另一方面这也并非表明缙绅、监生、地棍是贫苦百姓的真正利益的代表，而是这些群体希望借助广大民众的力量，在与官府的斗争中获得优势，进而攫取更大的利益，因此这些特权阶层在立场方面是摇摆不定的，他们有时联合官府压榨百姓，有时又会帮助百姓反对官府，其态度完全根据利益的大小而变化。第三，明清时期，尤其是清代中后期的闹漕斗争绝不仅仅是纳漕民众与专制政府之间的对立，而是在社会处于混乱时期各种势力干预漕粮征收、交兑等环节与政府分享漕利的过程，正是因为普通民众社会地位低下，在与官府的对抗中处于劣势，所以拥有一定地位、威望、学识的缙绅与监生渗入其中，在表面上成了维护百姓利益的代言人。但是各阶层的团结也并非仅仅依靠谈判等和平方式就会让官府妥协与让步，当利益博弈失衡之时，往往就会发展成带有一定暴力性质的闹漕斗争，而地方官府的处理态度又决定着闹漕的性质、规模、程度，如果能够较好的安抚民众，那么闹漕就不会向更远、更深的方向发展，反之则可能演变成暴动与农民起义，而这正是令封建政府最为棘手的。

漕运在中国延续了数千年，有着悠久的历史，发展到明清时期已经是弊端重重，尽管明清初期专制政府制定的漕法与漕规在一定程度上抑制了漕弊的爆发，但到清代中后期已是漏洞百出，全面走向崩溃，而闹漕、哄仓即是其中的一种最直接的体现。这种表现不但反映了当时社会各阶层的矛盾与冲突，同时也体现了中国漕运制度正日趋走向衰落与灭亡。

第一节　明清时期小型漕仓的分布

明清时期的小型漕仓主要分布于有漕省份的县级行政单位，但是在一些比较有名的城镇，如张秋、南阳、阿城、七级、魏家湾等也有分布，甚至因其交通位置的优越性，规模会超过一般的县。从某种意义上讲，某个州县漕仓分布的密度与数量也反映了本地的农业发展情况、漕粮比例、交通区位以及商业布局。下面就对运河区域的山东、江苏、浙江等几个有漕省份的漕仓分布进行简单的介绍与说明。

一　山东境内的小型漕仓

山东是江南漕粮入京的必经之路，其境内的闸河占全部京杭运河长度的近一半，德州、临清、聊城、济宁是全国著名的漕运码头与商业基地，南旺分水、四女寺减河、蜀山等水柜、泰沂诸泉、林立之闸座都是京杭大运河重要的水利工程，正是因为山东是明清时期的漕运咽喉，是国家漕粮征兑、运输、存储的重要省份，所以小型漕仓的分布也较为密集，显示了漕运对山东区域社会的重要影响。

张秋镇是明清时期山东运河流域的重要城镇，与颜神镇、景芝镇并称"山东三大镇"，此地不但是明代北河郎中的驻地，号称漕运之咽喉，而且商业极为发达，"夹河而聚，枕寿张、阳谷之境，三邑之民居之，五方之商贾辐辏，并列肆河上，大略如临清而小"①，其中比较兴盛的商业有粮食、牲口、竹器、绸布、铁器等，这里面最发达的为粮食市，每年不但"河南开封、南阳之粟由考城、仪封经此（五里河）可

---

① （清）顾炎武：《肇域志》卷19，清抄本。

输张秋"①，而且附近数州县的漕粮都运往张秋水次仓发兑，从而导致每到漕运季张秋本地都会有大量民众与商人在此从事粮食贸易。据顾炎武《天下郡国利病书》载张秋漕仓，"凡傍近邑，岁额转漕京师者则输之安平（张秋）水次以发兑，每岁冬有部使者监临之，仓凡十有四，其在镇者九，曰曹州水次仓、曹县水次仓、定陶水次仓、郓城水次仓、寿张水次仓、范县水次仓、濮州水次仓、朝城水次仓、观城水次仓"②，明代张秋漕仓不但有户部派遣的属员监督漕粮收兑，而且涉及东昌府、兖州府、曹州府的诸多州县，其收粮规模非常庞大。另《小重山房诗词全集》诗张秋："一次征粮七县连，飞刍千百渡头船。吟装不碍牛腰重，先办猩红坐客毡"③，同样形象的描述了清代张秋漕运繁忙的盛况。关于张秋漕仓收纳各县税粮的数目，《张秋志》中也有详细的记载，为将其清晰的表示出来，特列表 8—1 如下（附带七级漕仓）。

表 8—1　　　　　　　　　张秋漕仓收纳附近州县漕粮数目④

下辖水次仓	正米（石）	耗米（石）	总计（石）
曹州	4000	1000	5000
曹县	3500	875	4375
定陶	1100	275	1375
郓城	1700	435	2135
寿张	1100	275	1375
范县	2200	550（外加盘剥米 66）	2816
濮州	6600	1570	8170
朝城	5600	1400	7000
观城	1500	370	1870
张秋漕仓收粮总数	正米：27300	耗米：6816	总数：34116

----

① （清）孙葆田：《宣统山东通志》卷 31《疆域志第三·山川》，台北华文书局 1969 年版，第 1303 页。

② （清）顾炎武：《天下郡国利病书》之《山东上》，清稿本。

③ （清）张祥河：《小重山房诗词全集》之《诗舲诗外》卷 3，清道光刻光绪增修本。

④ （清）林芃修：《康熙张秋志》卷 2《仓厂》，清康熙九年（1670）刻本。

表8—2　　　　　　　　　　附七级漕仓收粮数目

下辖水次仓	正米（石）	耗米（石）	总计（石）
东阿	4500	1125	5625
阳谷	4500	1125	5625
平阴	1100	275	1375
肥城	4122	947	5069
莘县	4341	983	5324
七级漕仓收粮总数	正米：18563	耗米：4455	总数：23018

表8—1中，张秋漕仓收粮总数为34116石，表8—2七级漕仓收粮总数为23018石，其中濮州、朝城二州县的漕粮数均在7000石以上，在14州县中数量最高，这是因为濮州在明代有"金濮银范"之称，农业较为发达，土地亩产量较高，所以在山东诸州县中的赋税也是比较高的。而平阴、定陶、寿张不但地域狭小，而且土地盐碱化比较严重，粮食亩产量较低，所以粮税负担较小。另外兖州府、东昌府、曹州府、济南府许多有漕州县之所以将水次仓设立于张秋与七级，是因为二地位于京杭大运河主航道附近，有众多的支流与各州县相连接，不但便于粮食的运输与装卸，而且对于减轻各州县民众的运粮压力也具有重要的意义，是综合考虑水域环境与社会环境的结果。

魏家湾是明清鲁西重要的漕运码头，每年漕运季节商贾辐辏，樯橹云接，境内有盐店、药行、布行、杂货行近百家，并有山西商人在此建有"山西会馆"，以作为联络乡情，沟通商业之用。同时由于魏家湾位于聊城与临清之间，地理位置至为重要，所以清平、高唐、夏津三县税粮均集中于魏家湾水次仓，俗称"三大厫"，有仓房上百间，储粮十分丰富。据《高唐州志》载康熙年间谈镕任高唐知州，由于此时魏家湾水次仓年久坍塌，民众输粮艰难，谈镕为减轻民力，在魏家湾重建水次仓，从而使民众输粮效率大为提高。① 此外，堂邑县水次兑军仓在梁家乡西岸，成化三年（1467）知县马忠建。博平县水次兑军仓在梭堤堡，茌平县水次兑军仓在府城西河东岸，万历十二年（1584）知县王国弼建，夹室东西各一楹，厫东南各五楹，另有一漕仓在郡城外河东，隆庆五年（1571）知县葛承

---

① 李伯平：《高唐名人传略》，齐鲁书社2002年版，第84页。

嗣建，万历十二年（1584）知县王国弼增建，清顺治元年（1644）知县王书一重建。① 而莘县水次兑军仓在城西北 70 里小滩镇，明成化年间创建，弘治十六年（1503）知县朱锦重修厅堂与厫房约三十余间，后移到七级镇，崇祯五年（1632）知县孙愈贤重修，清初因年久失修仅存根基，康熙九年（1670）知县刘维祯捐资重建，新仓厫房十间。② 冠县水次仓在城西二十五里卫河岸边；馆陶县水次仓在城西五里；恩县水次仓在四女树；夏津水次仓在卫河东南岸，"去县治四十里。成化二十二年知县张恕建，嘉靖十六年重修。大门三间，内官厅五间，为官交兑之处，东西厫各九间，南厫六间，岁收粟米以兑军焉"③。邱县水次仓在城东四十里卫河岸；济宁水次兑军漕仓在城东南关外，厫 7 座，23 间，嘉祥县漕仓在长沟水次，有厫房 14 间。金乡县水次仓，"在谷亭镇北三里，成化十六年知县张会重修，正德九年主簿王鼎移置谷亭镇北一里，共房三十间"④。除山东各县临河水次外，甚至连江苏沛县、丰县的漕粮都运往山东夏镇水次仓收贮，可见运河的连接作用对于漕粮的收兑非常重要，甚至不同省份的漕粮都可以实现相互的流通与输送。

总之，明清时期山东运河沿线的小型水次兑漕仓主要分布于张秋、七级、魏家湾、夏镇等地，同时在各有漕州县的临河便利之处也有漕仓分布。之所以漕仓主要集中于运河沿线，是因为这些地区交通便利，水陆发达，经济与商贸繁荣，所以便于漕粮的运输与购买。除此之外，仓储所在地还往往是区域政治中心，往往有户部、州县下辖的官员在此驻扎，所以方便了仓储的管理与运转。

二　南直隶境内的小型漕仓

江南地区小型漕仓的分布密度要超过北方，这是因为江南不但漕粮数额较大，是整个专制国家漕运存在的主体，而且江南水网密布，河道纵横，有着设立漕仓的天然条件。江南漕仓的大规模兴建是在明宣德年间，当时因"诸处税粮俱里胥、粮长就私家征索，堆敛无艺"，于是江南巡抚

---

① （清）嵩山、谢香开：《嘉庆东昌府志》卷 10《食货三·仓储》，清嘉庆十三年（1808）刻本。

② 王嘉猷：《民国莘县志》，台湾成文出版社 1977 年版，第 97 页。

③ （明）易时中：《嘉靖夏津县志》卷 3《惠政志》，明嘉靖刻本。

④ （明）于慎行：《万历兖州府志》卷 22《古迹志》，明万历刻本。

周忱为减轻民众负担，"乃于附城水次设仓，总征并蓄而时出之，令民径自送纳，较之往昔省减二分之一"①。当时地方州县官将本地水次仓廒根据本地人口数目、税粮额数、土地面积编成字号，"自一号起至几十、几百号止，不书粮长名字，照常征收在仓。粮船将至水次，上台即颁钤印循环号簿一样两本，分送各州县，凡系粮船一到，即照依到岸日期注明在簿，先到者为一号，次者二号三号亦编定字号数，更严限日期，凡粮船到水次者几日之内即要兑满开行，州县官悉依限期急急兑米，先自第一号仓起，不必尽廒皆兑，凡仓中有米百石则先兑三四十石，挨次以至第二号，第三号，因而复始，随兑随满，随满随开，不兑不开者簿上有名，上台按册而知，可以令箭提究"②，这种水次兑粮方式始于江南，很快在有漕省份传播开来，在明清数百年间一直沿用。

　　南直隶包括江苏、浙江、安徽三省的部分地区，在国家漕运中的地位最为重要，三省小型漕仓的数量在有漕省份中也最多。如松江府"在江南省城东南，领县四，曰华亭、曰娄县、曰上海、曰青浦，运粮共二十三万二千九百五十石，两县水次仓在府城西门外，诸县未详"③，其中上海县"水次仓场二所，南仓场在县治南二里，唐行仓场在唐行镇，俱宣德八年巡抚侍郎周忱设法于水次置仓，总收税粮，拨运以便于民"④。据《上海掌故辞典》载南仓占地约百余步，嘉靖二十九年（1550）上海知县对漕仓进行了重修，新仓共房屋12所，里面有公署与土地祠，当时"合县之税皆输于此处，漕船集泊，就仓给发，颇为方便"⑤，崇祯末年知县章茂音再次修葺，仓储周围盖建围墙，筑修重楼，形成小规模的仓城。清顺治十年（1653）因海寇入侵将漕仓迁移至上海城内，共有数百间房宇，清中后期小刀会起义时毁于战火，咸丰、同治两朝重加整修，曾一度恢复漕粮收纳功能，但清末因漕粮改收折色，廒房逐渐坍塌。同属松江府的华亭县水次仓"在西郊跨塘桥之内，秀州塘之南，土旷水深，以便漕船停泊交运也，其初不过环以水垣，内列仓宇公廨，以便积贮官可暂息而已。崇祯之初，谷城

　　①　（明）张衮：《嘉靖江阴县志》卷5《食货记·田赋》，明嘉靖刻本。

　　②　（清）陆世仪：《桴亭先生诗文集》卷5《文集》，清光绪二十五年（1899）唐受祺刻本。

　　③　（清）傅泽洪：《行水金鉴》卷154《运河水》，清文渊阁四库全书本。其中文中两县水次指华亭与上海，而娄县与青浦是在嘉靖年间从华亭、上海二县中分离出来的。

　　④　（明）唐锦：《弘治上海志》卷5《建设志》，明弘治刻本。

　　⑤　薛理勇：《上海掌故辞典》，上海辞书出版社1999年版，第82页。

方禹修先生来守吾郡，虑其地近泖滨，盗贼出没不时，冬春贮米，防御难周，乃与缙绅、士大夫谋筑城以卫之，爰即其地，浚濠启土，环筑甃砖，建四门以通出入，分街道以便往来，引水贯城，架梁度水，监临督护，廨宇森列，虽斗大一城，人烟辐辏，居然有金汤之势"①，《云间志略》也载万历时章允儒任华亭县令，"邑之西有水次仓，环堵如城郭，例贮漕粟百万待运卒领兑，属者倾圮日久，役人散漫而贮之他庾，公特发帑新之，建廒临沟不下几百楹，三月而工竣，军民两便"②，从两则史料中可以看出华亭县水次仓规模较大，并多次进行整修，具有仓城结构，十分坚固。

苏州府新阳县水次仓"旧在丽泽门外，即明巡抚侍郎周忱所建玉峰仓旧址，嘉靖间移仓入城，其地为演武场。国朝顺治初仍于东南濒河处设，仍名水次仓，廒十五间。雍正三年析属新阳县，乾隆十九年知县程光瑄移建于仓北二里留晖门外，别建白粮仓三十余间，以旧仓基并入演武场，咸丰十年毁，同治七年新阳县知县冯渭重建，共廒四十间"③，据《冯渭重修新阳县水次仓碑记》载新仓始建于同治六年（1867）十二月，完工于同治七年（1868）四月，"仍其名曰水次仓，门堂内署得二十有九间，仓廒左右凡四十间，四面缭垣一百有二十丈，其栋宇之结构，墙垣之周密，牖户阶砌之缀饰者皆为久远计也"④。另一苏州府属县元和县，"漕仓在长洲县仓后，旧有青邱、席墟、苏巷三仓，国朝雍正四年即长洲县东仓分置，乾隆十年长洲知县冯景曾以获溪仓与席墟互换，知县张曰谟改建苏巷仓于获溪仓基，名曰丰乐，咸丰十年尽毁于兵，同治六年即旧仓基重建"⑤。

东山县漕仓在洞庭东山陈家塘，"廒一十四间，国朝乾隆十一年巡抚陈大受题准东西两山钱粮归太湖厅征收，十二年东山绅士捐建，同知高廷献记"⑥。相较于新阳、元和县、东山县，长洲县的漕仓历史沿革较为复杂，经历了诸多的变化，长洲县漕仓"在娄门内东城下，旧有青邱、席墟、获溪、苏港、济农五仓，明宣德间巡抚侍郎周忱移东西南北四仓

---

① （清）叶梦珠：《阅世编》卷3《建设》，中华书局2007年版，第73页。

② （明）何三畏：《云间志略》卷6《华亭令鲁斋章公传》，明天启刻本。

③ （清）冯桂芬：《同治苏州府志》卷23《公署三·仓廒》，清光绪九年（1883）刻本。
注：新阳县是雍正四年从昆山县析出，其水次仓即昆山县的旧玉峰仓。

④ 同上。

⑤ 同上。

⑥ 同上。

（东仓在葑门外王墓村，西仓在阊门外九都，南仓在葑门外二十五都，北仓在娄门外二十四都）总设于此。东仓青邱廒四连四十八间，席墟廒四连五十四间，荻港廒四连四十八间，苏巷廒五连六十间，济农廒四连五十四间。又浒溪仓在阊门内名西仓，以本县各都在西境者，特设此仓以便收纳，廒五连，七十九间。济农岁贮官钞平籴及劝皆储备，以待赈恤者，后更名预备，与诸仓等，而忱之法废。嘉靖初东西仓圮，十五年知县贺府增广修葺，国朝初仍设济农仓于预备仓中，廒二连十二间，余悉如旧制"①。吴县和丰仓"在胥门内百花洲，东西四面环河，周围一百五十亩，廒屋三十六连，共四百三十二间，明宣德间巡抚工部侍郎周忱建，弘治十六年厅事及廒屋三连火，知县孙磐重建，嘉靖、万历、天启三朝迭有修葺，崇祯十三年门堂并圮，知县牛若麟重修。国朝顺治十八年知县张叙增建官廒十间，为收兑之所。乾隆二十五年知县何玉涛即孤老院重建，移孤老院于旧仓基，咸丰十年圮，同治间重修"②。太仓州"便民仓即水次仓，在大西门外，旧在南门外，即海运仓基，明弘治十一年西门兴福寺灾，知州李端即其地改建。嘉靖十八年灾，知州万敏重建，大门、仪门各一间，官厅、东西厢房、后堂共十间，中后廒三连十二间，东西廒各七连共廒房八十间"③。另安徽凤台县"县东南九十里浍河岸有水次仓，兑粮运于此"④，南陵县"水次仓在县东北丁家渡，正统间知府袁旭建，与宣城水阳仓制同"⑤，水次仓有夫役二人，每名月银二两。

与山东等北方区域的基层社会漕仓相比，江南漕仓具有以下几个特点。首先，江南漕仓多建于明宣德年间，由巡抚侍郎周忱所立，正如《姑苏志》所说："创置水次仓场，每岁算定各户秋粮夏税，加耗则例填注，由贴而分给之，俾户自持帖赴仓输注，不涉里胥，又别立粮头与粮长同收互察"⑥，目的是减少纳漕过程中的弊端，以减轻民众的压力。其次，江南漕仓一般在规模上都大于北方，仓廒经常达数百间，存粮数万乃至数十万石。在漕仓的沿革与建设方面南方方志记载的内容要丰富于北方，这

①　（清）冯桂芬：《同治苏州府志》卷23《公署三·仓廒》，清光绪九年（1883）刻本。

②　同上。

③　（清）王昶：《嘉庆直隶太仓州志》卷4《营建上·仓储》，清嘉庆七年（1802）刻本。

④　（清）何绍基：《光绪重修安徽通志》卷41《关津三》，清光绪四年（1878）刻本。

⑤　（明）李默：《嘉靖宁国府志》卷4《次舍纪》，明嘉靖刻本。

⑥　（明）王鏊：《正德姑苏志》卷42《宦迹六》，清文渊阁四库全书本。

与明清时期南方文化发达，注重修志的传统是有一定关系的。最后，明清江南漕仓多毁于咸丰年间而重建于同治年间，除少部分是毁于水火之害及年久塌圮外，多数都是因太平天国运动而毁于战乱之中，而同治重建后很多漕仓的性质也发生了改变，由以前的漕粮收兑转变为地方社会灾荒赈济的预备仓，与国家漕运的关系逐渐疏远，这与清末漕运的衰败和税粮改折是分不开的。

三　其他有漕省份的小型漕仓

除运河流域基层社会漕仓外，长江流域的湖南、湖北、江西三省所包括的州县也有漕仓的分布。这三省虽然在漕粮数量上少于南直隶，但是却超过山东与河南，另外两湖与江西濒临长江，而长江又与运河相连，所以三省地方社会同样有着发展漕运仓储的有利环境。据《名山藏》载"漕之兑运也，自宣德始也，乃立水次焉。凡水次，江南于淮、瓜，已又于九江，已又令淮、瓜运军过江就兑，湖广于长沙、汉口，已又于蕲州、汉口、城陵矶三处，江西于吴城，已又于进贤，河南仍小滩"①，其中淮安、瓜洲、九江、长沙、汉口、城陵矶、吴城是省一级的水次仓，主要收纳一省或者数省漕粮，而这些漕粮即来自于地方州县的小型漕仓。

明清时期湖北的政治中心武昌，"府城西北皆大江，西南有金沙洲，陈公套水次仓在焉"②，陈公套水次仓临长江，交通便利，是武昌府下辖的兴国州、江夏、武昌、嘉鱼、蒲圻、贤宁、崇阳、通城、大冶、通山等州县32232石漕粮的交兑地。万历时湖南巴陵进士姜幼蒙曾上言，"请于青泥湾水次置仓廒，免湖南岁兑武昌、蕲州漕费，乡里便之"③。湖南衡山县"积留仓在县后，储本县官吏月俸，水次仓在县东北近江，储本县六乡秋粮"④，衡山县水次仓收贮南漕二运之米，崇祯年间毁。常宁县"水次仓又叫便民仓，在柏坊驿旁，专储漕米"⑤。临湘县漕仓又称便民仓，"县西北旧县东……即存留兑运仓，凡二十舍，成化初都御史吴琛迁

---

①（明）何乔远：《名山藏》卷50《漕运记》，明崇祯刻本。

②（清）傅泽洪：《行水金鉴》卷154《运河水》，清文渊阁四库全书本。

③（清）曾国荃：《光绪湖南通志》卷178《人物志十一·明六》，清光绪十一年（1885）刻本。

④（明）刘熙：《弘治衡山县志》卷3《仓廒》，明弘治元年（1488）刻本。

⑤（清）玉山：《同治常宁县志》卷5《赋税·积储》，清同治九年（1870）刻本。

此"①。平江县因地势偏僻，位于群山之中，"凡厥贡赋必浮于汨罗而达于洞庭焉，顾经流积石，多所靡便。成化初县得请于治之下流西南百二十里曰兰绍坪建便民仓，以利转运"②。湖南湘潭县漕粮为一省之冠，"旧建水次仓十八廒，在东门内，乾隆中罗宏漳重修，以后遂坏，岁收漕米寄贮常平仓中"③。

　　清代漕运实行船帮制，不同帮船到各自州县水次仓取粮，然后运往京通二仓，其中饶州所兑运清江、铅山、贵溪、上高、丰城、庐陵、南丰等江西十四州县漕粮；九江卫前帮兑运泰和、万安、鄱阳、高安、靖安、新建、清江七县水次漕粮；湖北二帮兑运江夏、汉阳、当阳、荆门、武昌、通山、沔阳、蕲水、天门、江陵、罗田、潜江、大冶十三州县水次漕粮；湖南头帮兑运湘阴、醴陵、宁乡、茶陵、湘乡、常宁、华容、澧州、安福、长沙十州县水次漕粮。④　明清漕粮交兑制度存在着一脉相承之处，明代"凡水次交兑，宣德七年令官军运粮各于附近府州县水次，江南民运粮淮安、瓜洲二处交兑，河南所属民运粮至大名府小滩兑与遮洋船官军领运，山东粮于济宁交兑。正统九年令江南漕粮于长江水次交兑，成化七年令瓜淮水次兑运官军下年俱过江就各处水次兑运"⑤。明代漕运先支运，后兑运，最后长运，民众交粮由淮安、瓜洲、济宁等大型漕运码头转移到较为近便的地方州县小型漕仓，这种转变不但减轻了民众的长途奔波之苦，使他们有更加充足的时间从事农业生产，而且对于国家专业运军队伍的建立与漕运制度的形成都有重要的意义。清代继承明长运制度，民众依然纳粮于地方水次，"凡水次交兑，每年漕粮经征州县限十月开仓，十二月完兑，官收官兑，军民两不相见，止令监兑官与运官公平交兑，兑完一船立即开行"⑥，此法在于减少民众纳粮时勒索之苦，降低漕运官军与收粮胥吏违法犯罪的几率，在实行初期效果明显，但随着漕运体制的败坏，科索与加耗成为常例，漕弊日甚一日，成为有漕州县百姓的巨大负担。

---

　　①　（明）钟崇文：《隆庆岳州府志》卷10《建置考》，明隆庆刻本。
　　②　同上。
　　③　（清）王恺运：《光绪湘潭县志》卷2《建置第二》，清光绪十五年（1889）刻本。《康熙湘潭志》则载"城东门内，水次仓四十六区，每都一区，清初为十八区，每都设斗米受米官，稽米之美恶，完之迟讯"。
　　④　（清）福趾：《户部漕运全书》卷10《兑运事例·水次派兑》，清光绪刻本。
　　⑤　（清）傅泽洪：《行水金鉴》卷175《漕运》，清文渊阁四库全书本。
　　⑥　（清）嵇曾筠：《雍正浙江通志》卷82《漕运下》，清文渊阁四库全书本。

第二节　明清时期基层社会的漕弊

　　明清时期的漕弊主要集中在两个方面，一方面是京通仓等国家大型官仓运作过程中所产生的诸种腐败与弊窦，其受害者是国家与政府，受益者是仓储胥吏、不肖官员、京城仓匪等。另一方面是地方百姓与运军所遭受的科索与压榨，二者之中因纳粮百姓社会地位最低，所以漕弊的最终承受者由其负担，他们遭受的苦难也最大。

　　明清基层社会的漕弊存在着一脉相承之处，也有各自的特点。明初实行支运法时，由于尚未建立完整的运粮队伍，百姓需要自行运粮到边远水次仓纳粮，这样不但耽误了正常的农业生产，而且还会时常受到粮长与水次仓收粮官员的迫害，其弊端非常之大。明中后期随着兑运法与长运法的实行，在很长的一段时间内，百姓由于脱离了与运军、官员的直接联系，通过在正粮之外交纳一定比例的耗米给运粮官军，从而减轻了从前的运粮之苦。但是国家漕运制度的完善并不能保障整个王朝的漕运一劳永逸，明嘉靖后，随着吏治的腐败与各项矛盾的尖锐化，各种漕弊在基层社会逐渐泛滥起来，突出表现在运军与地方官员疯狂剥削百姓，而运粮过程中的闸、坝、仓等部门官员又不断压榨运军，从而导致不同阶层、不同群体之间为漕利而展开博弈与冲突，而所有的利益均来自于对基层百姓漕粮的浮收、多收、加耗。

　　清代在漕运制度上继承明代，所以基层社会的各种弊端在清初就是隐性存在的，只不过因顺治、康熙、雍正三朝极力整顿漕弊与仓弊，所以其破坏性尚不严重。延续至道光时，各种漕弊如雨后春笋般纷纷出现，当时基层民众到漕仓纳粮，"各仓俱有官亲及幕友长随，收漕而外恣为逸乐，或食鸦片烟，狎优聚赌，群饮酣歌，无所不至。其世家大族之粮，无不尽先收兑，而贫户完纳则故意驳斥，屡次不收，毕待额数已敷，概令折价，每石折银四五两不等，就苏松现有市价而论，每米一石约值制钱二千，每银一两约易制钱一千三百，今每石折银四五两，是直以三石之米价完一石之漕粮"①，收粮官员亲友、幕僚之所以跟随到漕仓，是为了博取利益，而种种漕规与陋弊完全以压榨百姓为目的，使普通纳漕户的负担比国家规

---

　　① 《清宣宗实录》卷146，道光八年十一月己酉条，中华书局 2008 年影印本。

定的税收多一倍甚至数倍，远远超过了其承受能力，这些漕弊不但加剧了清代中后期各种矛盾的激化，而且也使清代漕运制度逐渐走向衰败。

一　明代基层社会的漕弊

"漕之法，水运则有江河风涛之险，陆运则有飞挽负驮之劳。其动众，不盈万不足以致利。国家历代役民，求其不病民者寡"①，漕运是一项繁重与复杂的工程，涉及国家的诸多部门，在明朝初期这项事务主要由普通百姓承担，因此对基层社会的压力非常严重。洪武、永乐初期民运粮京师与水次诸仓，"民不堪命，逋负死亡者多矣"②。永乐八年（1410）敕户部"运粮民夫死者人与钞十锭，复其家一年。冻伤手足，亦复一年"③，可见民运是一项相当危险与艰难的事务。当时民运虽有粮长负责粮食的押运与护送，但是"官之百需，多取于（粮）长，（粮）长又安能不多取于民"④，所以洪熙元年（1425）广西布政使周干在巡视苏、常、嘉、湖等府后上言："臣窃见苏州等处人民多有逃亡者，询之耆老，皆云由官府弊政困民及粮长、弓兵害民所致"⑤，明末思想家黄宗羲亦说："江南之民命竭于输挽，太府之金钱糜于河道，皆都燕之为害也。"⑥

宣德七年（1432）因"苏州田赋素重，其力耕者皆贫民，每岁输纳，粮长、里胥率厚取之，不免贷于富家，富家又数倍取利，而农益贫"⑦，于是决定在当地置济农仓以缓民力。景泰五年（1454）户部奏称"河南等府，洛阳等县送纳秋粮于临清交兑，因陆路难运，将布绢与彼籴粮，米价踊贵，被官军揞勒，多收加耗，除既纳之外未完二万二千四百二十余石，愿于京仓上纳，俯从民便"⑧，河南民众不但需要长途奔波到山东纳粮，而且受运军勒索与压榨，其处境十分悲惨，同年湖广按察司言"粮长收粮，民受其害，请将各属正副粮长尽行革去，税粮里甲催征"⑨，得

---

① （明）杨宏、谢纯：《漕运通志》卷4《漕卒表》，方志出版社2006年版，第75页。
② （明）陆容：《菽园杂记》卷5，中华书局1985年版，第54页。
③ 《明太宗实录》卷101，永乐八年二月乙丑条，上海书店1982年影印本。
④ （明）王鏊：《震泽集》卷36《书》，清文渊阁四库全书本。
⑤ 《明宣宗实录》卷6，洪熙元年闰七月癸丑条，上海书店1982年影印本。
⑥ （清）黄宗羲：《明夷待访录》之《建都》，清指海本。
⑦ 《明宣宗实录》卷94，宣德七年八月庚戌条，上海书店1982年影印本。
⑧ 《明英宗实录》卷241，景泰五年五月丙寅条，上海书店1982年影印本。
⑨ 《明英宗实录》卷241，景泰五年五月甲戌条，上海书店1982年影印本。

到了朝廷的批准。景泰六年（1455）淮安巡抚王竑又奏"江北直隶扬州
等府县粮长往往科害小民，乞准湖广例尽数革罢，粮草令官吏、里甲催
办"①，粮长这一设立于洪武时期的催粮与运粮制度，曾在一定时期对国
家漕运的运行起到了很大的影响，不过延续至景泰时已弊端百出，成为危
害地方百姓的重要因素。同年户部尚书李敏奏称"浙江等处各卫所运粮
官军往因边警存留在京操备，该运粮米暂令民代运，今民运六年，负累艰
难，乞放官军仍回漕运，以苏民困"②，经过户部商讨，决定放回官军
5000 人与民众一起运粮。

　　明代基层百姓作为漕粮的交纳者不但在初期要承受运粮之苦，而且在
中后期还经常被运军所压榨。明代运军队伍形成于宣德时期，逐渐成为了
一支与边防军相区别的准军事化组织，在明代数百年间尽管存在运军参与
军事事务的时期，但在多数时间里运军的主要任务是运粮。运军虽然来自
于军队，但是其薪水主要由各地有漕州县提供，分为行月粮，月粮为运军
固定俸禄，而行粮则根据运军输粮远近发给，类似于一种补贴，除此之
外，明政府为增加运军收入，允许他们随船携带一定数量的土宜在沿河码
头售卖，这部分土宜不用缴纳货物税，完全由运军自身支配。明中后期随
着漕运制度的衰败，运军在运粮途中经常遭受沿途闸、坝、仓储官吏的科
索，为了增加收入，运军将这种经济剥削又转嫁到地方州县与纳漕户身
上，他们不但拒收干洁漕粮，而且勒索钱财，甚至殴伤人命，与土匪无
异。如崇祯九年（1636）十二月，仪真卫运官张其信与常熟县商定每兑
粮 100 石，正兑米加耗 3 石，改兑米加耗 4 石，上下相安，军民悦服，但
在第二年正月县令等监放仪真、扬州、高邮三卫兑米时，"被卫官张其
信、扬州卫运官洪国祚、高邮卫运官贺邦泰等恃军强党盛，贪横无已，故
意加勒，每米十石外加淋尖四个，铜钱四百文，因见众心犹豫，授意旗军
各执械棍公然群拥上堂，衙役褚相等护卫，恣肆遍捉毒殴，公正、金逢嘉
等身受重伤垂死，轿伞执事悉成齑粉，众军飞拥，卫官呐喊，一路掳掠居
民货物及行人衣帽，势如摧枯拉朽，一时满城若狂，民皆罢市……奴酋起
于仓廪，流寇遍于城市也"③。同年苏松常镇督粮道佥事赖万耀奏"昆山

---

① 《明英宗实录》卷 251，景泰六年三月丙辰条，上海书店 1982 年影印本。
② 《明英宗实录》卷 252，景泰六年夏四月己卯条，上海书店 1982 年影印本。
③ （明）张国维：《抚吴疏草》之《参运官疏》，明崇祯刻本。

县申称本县额派漕辽正耗粮米一十六万二千八百余石，俱经征完干洁好米贮仓，奉派高邮、六安、苏州、邳州、滁州、镇江等卫官旗兑运，旧年十二月十二等日公同现在各卫官旗校斛开兑，依旧例每百石加赠四石一斗，军民咸服，比有高邮卫运官贾三俊先兑粮长凌霄粮米一百石，除议单赠米四石一斗外，又加尖一十九个，使用钱二千文，抑勒万端……民并皆隐忍，岂意各卫官旗不问米色比昔干洁，止图加耗，斯民愈弱则需索愈多，每百必欲加尖四十八个，使用五千五百文，自兑凌霄之外，掯不交兑。至正月初七日卑职临仓催请各卫运官赴仓领兑，讵料各弁恣溪雄逞，预期歃血纠集各船骁旗纲司，高邮卫董二，六安卫周二等数百余凶各执檀棍、铁尺、长斧倏涌入仓场，筹棒一响，杀声震地，耆粮惊散，赶入官厅，先将吏书、门皂执械乱打，致伤徐德等九名头头头颅、胸肋等处，垂毙……各军又肆逞勇，横抢仓前及沿城内外一带钱铺、店货，掳掠殆尽，戕伤人民甚众，势胜流寇"①。明末运军的强横与野蛮除与漕运制度的废弛有关外，还与当时日益严峻的内外矛盾密不可分，在外有后金进攻，内有李自成、张献忠起义的夹击下，此时的明王朝忙于自保，早已失去了对运军的限制与约束，从而导致其对民间社会的危害更加严重。

二　清代基层社会的漕弊

清代地方社会的漕弊包括种种陋规，如漕余为地方征漕州县官员的额外收入，水脚为向兑粮旗军与水手支付的补贴，漕口是地方土棍与不肖监生勒索的费用，漕馆为有漕州县向上司的贿赂，这种种使用与花销全部来自普通的纳漕百姓，其负担之重可想而知。顺治八年（1651）世祖谕户部与吏部"朕临御以来，深悉运粮之苦，交兑之处收粮官吏勒掯需索，满其欲壑方准交纳，若稍不遂，必多方延挨，刁难日久，以致河水冻阻，船不能行，耽误运期"②。康熙十三年（1674）江苏巡抚慕天颜曾上书称江苏"无一官曾经征足，无一县可以全完，无一岁偶能及额"③，这种现象的出现除了因吴中粮赋奇高外，还由于各种漕弊的盛行，大户豪绅拒不纳粮，导致漕额不能足征。康熙五十六年（1717）江西省莲花县东南部

---

① （明）张国维：《抚吴疏草》之《参运官疏》，明崇祯刻本。
② 《清世祖实录》卷54，顺治八年闰二月丙辰条，中华书局2008年影印本。
③ （清）陈其元：《庸闲斋笔记》卷6，清同治十三年（1874）刻本。

的升坊镇建漕仓以便民输粮，因当地征漕官吏勒索百姓，所用收粮之斗大
于常制，所以被乡民怨称"升坊"，才有了这一镇名。乾隆年间"江右漕
粮杂费之苦，较正项而倍甚，开仓有派，修仓有派，余米有派，耗米有
派。每年征米或委县佐，或差本官，仆役经承俱有常例，名曰漕费"①，
沉重的纳粮负担使民间社会有语称"兑漕之苦，不在正赋之难完，而在
杂费之名多"②，杂费之多竟然超过正赋，而多收之费并非上纳国库，而
是被征漕官员与胥吏瓜分。

　　道光时期，清代基层社会的漕弊达到顶峰。魏源曾说："呜呼！国家
转漕七省，二百载来，帮费日重，银价日昂，本色、折色日浮以困，于是
把持之生监与侵渔之书役交相为难，各执一词，弱肉强食，如阛无端。及
其痡溃，俱伤两败，虽有善者亦末如何，而或代受其祸。"③ 两江总督陶
澍作为数省的封疆大吏同样对江南漕弊深有感触，"漕政首禁浮收，而浮
收之原由于旗丁之索加帮费，旗丁之索费又由于沿途公用及通仓胥役、催
儧员弁索费于旗丁，故历届兑漕州县有协济之款，积久视为应得，更思逐
渐加增，以倡率停兑为挟制之端亦哨勒通关为刁难之具，水手出入淮境不
虎而鼠，首尾帖然。及到江南则玩易官府，欺凌民船，霸道横行，莫敢正
视，旗丁之爪牙也。卫官在淮奉法惟谨，不率则漕督褫其章服而扑之，及
到江南挑米色，促兑期，互为狼狈，又旗丁之羽翼也。此辈既托辞多索于
州县，州县亦必借口浮取于小民，加五加三，风筛耗蠹，书差保腺削无
艺，此在民之害也……其病民蠹官大为漕害者，则相沿之陋规是已，或田
无一亩，包漕至数十百石，或米无升合，索费至数十百金，人数多者三四
百名，陋规竟至二三万两"④，漕粮征收本为地方官员应尽职责，但是在
实际征粮过程中，水手、旗军、胥吏、州县相互欺诈与科索，彼此勾结与
妥协，不断从漕运中获取利益，而百姓却不得不为其不法行为埋单，需要
交纳超过正粮之外的诸多加耗与浮收。正是因为诸多人员的渔利，才导致
"朝廷岁漕江南四百万石，而江南则岁出一千四百万石，四百万石未必尽

---

① （清）《乾隆朝漕运全书》卷 12《征纳兑运·历年成例》，清乾隆刻本。
② 同上。
③ （清）魏源：《古微堂集》卷 4《外集·湖北崇阳县知县师君墓志铭》，清宣统元年
（1909）国学扶轮社铅印本。魏源曾有诗曰："旗丁若鹭鸶，仓胥若渔夫。得渔苏松江，吐鱼潞
河铺。若非改海漕，安得轻釜庾"，以喻漕运中的种种弊端。
④ （清）黄钧宰：《金壶七墨》卷 1《漕弊》，清同治十二年（1873）刻本。

归朝廷，而一千万石常供官旗及诸色蠹恶之口腹"①。

清代咸丰年间著名史学家徐鼒针对当时的种种漕弊，曾言："官不足于俸，私变漕粮为勒折费。不足以批解，名火耗为加封，江以南石米折银至五六两，江以北石米折银亦四五两，弱者倾产以输赋，强者聚众以抗官……尝见州县开仓收米，民囊米仓外坐卧守之，米入仓则欣欣有喜色，官吏唱筹稽册故延宕，惟恐米之来，不数日亟闭仓，勒民输银，民囊米归，举家愁叹，催租吏至其家持串怒吼，输银倍其米价之二三"②，这一段话将地方征漕官员与胥吏如狼似虎的残暴形象刻画的栩栩如生，而百姓唯恐交赋之不及的胆小懦弱也反映了当时漕赋的沉重，体现了基层社会群体纳漕如纳命的悲惨。同治时浙江巡抚马新贻针对当时江浙地区的漕弊亦言："州县办漕用款名目纷繁，内有缙绅、大户正赋之外颗粒不加，甚至有把持包揽等事，势不能不取盈于乡曲之小户，以为挹彼注兹之谋，其中本折并收，或以米加耗，或以钱合米，大小户长短不等，最重之户正漕一石竟有完米至一石七斗以上者，此完漕浮收之所自来也"③，大户与缙绅由于在地方社会中地位较高，与州县官员甚至朝中官员有着密切的关系，所以交纳漕粮不会受到科索，而普通百姓无权无势，则成为征漕官吏鱼肉的对象。关于清代地方漕弊的根源，冯桂芬总结为"夫漕务之受弊，大端在丁胥，其次在官，又其次乃在绅衿，此可为知者道"④，冯桂芬的言论固然说出了清代基层社会漕弊的现状，但是其根源并非胥吏、官员、缙绅这些表层现象，而是腐朽专制制度产生的种种痼疾已难以治愈。

清末同治、光绪年间虽有"同光中兴"的美名，在政治、经济、文化领域进行了一系列的改革，但基层社会的漕弊却没有丝毫的改变，甚至有变本加厉的趋势。光绪十年（1884）翰林院侍读王邦玺奏："一，利于钱漕之速完者，官也。利于钱漕之多欠者，差也。一县之中，承催钱漕之差，名目甚多，有总头，有总总头，有都差，有图差，有保差，有帮办之差，有垫办之差，有比较上堂代受枷责之假差，如此等众皆指望百姓积欠丁漕以养身者也。图保差下乡催征，辄先饱索贿赂，名曰包儿钱。包儿到

---

① （清）陆世仪：《桴亭先生诗文集》卷5《文集》，清光绪二十五年（1899）唐受祺刻陆桴亭先生遗书本。
② （清）葛士浚：《清经世文续编》卷24《户政一·理财上》，清光绪石印本。
③ （民国）李楁：《民国杭州府志》卷61《赋税四》，民国十一年（1922）本。
④ （清）冯桂芬：《显志堂志稿》卷9《均赋说劝绅》，清光绪二年（1876）冯氏校邻庐刻本。

手，公项即可央缓。其有豪富骤贫之户积欠较多，则总头亲来催取，华服乘轿，随从多人，勒索包儿动至数十千，而公项亦仍可央缓，迨卯限已满完纳不旺，堂上官照例比较，则以钱雇债无赖之人上堂领扑或枷以警众，而总头、图头等差无恙焉。一，开征之初，书差辄择中上家产能自完纳之花户代为裁串完粮，然后持票向本户加倍勒还入己，名曰代票，其稍贫之户无费可噬则不肯代也。地方官明知其为民害而利其垫解亦不之禁其弊。一，书吏征收钱粮必先索房费而后开票，如此一图之房费未即交清，各甲花户有持钱完粮者概不收纳。一，绅衿恃符抗欠不过自占便宜，且愿他人及早完纳，借以抵塞卯限，其无故挺身为一村包抗者，尚无其事。惟有一种刁横武断鱼肉乡里之人交结衙蠹，包揽丁漕，每向愚懦花户骗钱入己，不为完纳而差役仍向本户追索者，真侵赋害民之滑徒，然非与胥吏通同作弊欺压诓弄其势不能行，地方官每为所蒙蔽，未能详察而严究也。"① 王邦玺所谈到的种种恃漕取利之人，这些人数量众多，欺蒙舞弊手段也多种多样，地方官或为其愚弄，或明知其弊而不加禁止，从而成为征漕胥吏的保护伞，助长了基层社会漕弊的盛行。

清代漕运弊端重重，也引起了社会上一些有识之士的反思，他们不但上书清政府希望有所变革，而且在自己的著述中也提出了很多对策。如魏源就认为"因海用海，因商用商，因舟用舟"②，并且认为废河运，实行海运"利国、利民、利官、利商，盖河运有剥浅费、过闸费、过淮费、屯官费、催儹费、仓胥费，故上既出百余万漕项以治其公，下复出百余万帮费以治其私，兹则不由内地，不经层饱，故运米百六十余万而费止百四十万金，用公则私可大裁，用私则公可全省"③。尽管海运有种种优势，但是道光朝海运派与河运派之间的斗争仍然相当激烈，甚至连支持海运的户部尚书英和也言"治道久则穷，穷则必变。河道既阻，重运中停，河漕不能兼顾，惟有暂停河运以治河，雇募海船以利运，虽一时之权宜，实目前之急务"④，只是把海运当成暂时替代河运的权宜之计，正是因为统

---

① （清）葛士浚：《清经世文续编》卷 32《户政九·赋役下》，清光绪石印本。

② （清）梁章钜：《退庵随笔》卷 8《政事三》，清道光十六年（1836）刻本。

③ （清）魏源：《古微堂集》卷 4《外集·道光丙戌海运记》，清宣统元年（1909）国学扶轮社铅印本。

④ （民国）赵尔巽：《清史稿》卷 122《志九十七·食货三》，吉林人民出版社 1995 年版，第 2461 页。

治阶层的因循守旧，不思变通，漕粮运输依然不能彻底进行变通，基层社会漕弊也就没有得到改变。光绪十四年（1888）张之洞请求开芦汉铁路，但苦于无款可用，康有为提出"宜用漕运之便，十八站大路之地，先通南北之气，道近而费省。宜先筑清江浦铁路，即以折漕为之，去漕仓之官役，岁得千数万，可为筑路之资"①，以漕费补铁路建设，在当时国库空虚的时候确实是一种筹集资金的捷径，但是贪官横行加上民贫国弱，漕费所省资金多被统治者所挥霍，加上对外战争失败的赔款，对内镇压农民起义的军费，真正用到铁路建设上的少之又少。同时近代交通方式的推广不但需要雄厚经济实力的投入，更需要安稳的国内与国际环境，需要先进政治制度的支撑，而这在风云变幻、跌宕起伏的清末社会是做不到的。

三　明清漕弊之比较与漕运的变革

明清两朝恃漕运为命脉，达到了"一日不可无漕"的程度，其本质是北方农业经济发达程度不如南方，地处北方的都城需要南方漕粮的供给。明人曾言："国家奠鼎幽燕，京都百亿万口抱空腹以待饱于江淮灌输之粟。一日不得则饥，三日不得则不知其所为命。是东南者，天下之敖仓，而东南之灌输，西北所寄命焉……国家之紧关命脉，全在转运。"②为了保障每年数百万漕粮顺利抵达京师，明清两朝统治者可谓费尽心思，每年需要耗费大量的人力、物力、财力用于河道与漕运建设，但同时"漕为天下之大政，又为官吏之利薮，贪吏之诛求良民，奸民之挟制贪吏，始而交征，继必交恶，关系政体者甚巨"③，随着官员的整体腐化，基层百姓的纳漕压力越来越大，而运军、水手、胥吏的贪念却永无底止，从而使漕运日衰，民众日困，国家日危。

明清漕弊相比，清代地方社会的严重情况要远远超过明代，这是由三个方面的原因造成的。首先，清代虽为满人建立的专制王朝，但是在漕运制度上与明代相差不大，所以继承了明朝末年漕运的种种弊端。其次，清代漕运的参与者要多于明代，在运输力量上明代多数时间里仅为运军，而清代既包括旗军，也包括水手，所以政府约束这些人员的力量较为薄弱。

---

① （清）康有为：《我史》，中国人民大学出版社 2011 年版，第 33 页。
② （明）王在晋：《通漕类编》之《序》，明万历甲寅年刻本。
③ （清）贺长龄：《清经世文编》卷 46《户政二十一·漕运上》，清光绪十二年（1886）思补楼重校本。

在地方社会征漕方面，明代百姓直接将漕粮缴纳到州县水次，然后由运军取粮运往京通，百姓与运军、征漕官员的直接联系不多，而清代监生、缙绅、地棍也纷纷参与到漕运过程中，从而导致矛盾更多、弊端更大、处理更难。最后，明代虽为中国专制社会的末期，但始终保持着比较完整的政治体系，与汉、唐、宋等朝区别不大，而清代不但经历了初期的康乾盛世，而且在道光朝后始终面对国内与国外的矛盾，西方资本主义在军事、制度、技术、商业方面都对当时的中国社会产生了很大的冲击，而在古代与近代，落后与发达，引进与抵制的博弈过程中，中国基层社会的漕运弊端也愈发严重。

正是由于漕运弊端的恶化，对国家与民间社会造成了巨大的危害，所以明清两朝很多有识之士提出了变革的方法。明代中期因运河淤塞曾试行海运，当时大臣丘浚极力支持，他认为"海舟一载千石，可当河舟三，用卒大减。河漕视陆运费省什三，海运视陆省什七，虽有漂溺患，然省牵卒之劳、驳浅之费、挨次之守，利害亦相当。宜访素知海道者，讲求勘视"①，明政府为此还曾在山东半岛开胶莱运河，但最终因顽固派的反对与海运技术的不成熟而失败。清末光绪年间传统运河漕运走向衰落已是历史的必然，不仅当时基层社会漕弊已积重难返，而且河道环境与政治环境也不允许继续实行河运。所以当仓场侍郎桂清、毕道远打算恢复河运时，南洋通商大臣沈葆桢反驳说："河运决不能复。运河旋浚旋淤，运方定章，河忽改道，河流不时迁徙，漕路亦随为转移。而借黄济运，为害尤烈。前淤未尽，下届之运已连樯接尾而至，高下悬殊，势难飞渡。于是百计逆水之性，强令就我范围，致前修之款皆空，本届之淤复积。设令因济运而夺溜，北趋则畿辅受其害，南趋则淮、徐受其害，亿万生灵，将有其鱼之叹，又不仅徒糜巨帑无裨漕运已也。"② 其后清政府曾一度实行河海兼运，但河运的规模已经不大，其后随着铁路的兴起，河漕便逐渐走向消亡。

总之，明清两代的漕弊从整体上呈现由小到大、由弱到强、由参与者寡到众的趋势，不同群体之间因利益的差异既有博弈，也有合作，但均将

---

① （清）张廷玉：《明史》卷86《志六十二·河渠志四》，岳麓书社1996年版，第1245页。
② （民国）赵尔巽：《清史稿》卷122《食货三·漕运》，吉林人民出版社1995年版，第2465页。

漕运视为渔利的场所。从明代中后期的运军勒索纳漕民众到清代官员、胥吏、地棍、缙绅、监生纷纷加入对漕利的争夺，这种变化不但体现了中国漕运制度发展到专制社会末期已是弊端重重，同时也是中央政府对社会控制急剧衰减的一种表现。尽管面对种种弊端，国家与贤能官员也进行了整顿与改革，但终因只是在制度上修修补补，无法进行彻底的变革，所以运行数千年的传统漕运也在清末最终灭亡。

第三节　清代基层社会的闹漕与哄仓之争

明代几乎没有地方社会闹漕斗争资料的记载，而清代则集中于道光与同治两朝，这是因为当时漕弊已经发展到了极其严重的地步，民间社会积聚的各种矛盾在内忧外患中趋向爆发，而闹漕与哄仓斗争即是这种矛盾最直接的体现。

一　清代运河区域的闹漕运动

清代运河流域的有漕省份主要包括山东、河南、浙江、江苏、安徽诸省，其中以江苏、浙江两省交纳漕粮数量最多，百姓所受到的压迫也最重，因此闹漕事件也最为频繁。乾隆四十八年（1783）谕令"昨据福崧奏到，浙省嘉兴府属之桐乡县有聚众闹漕之事，并称历年以来因循酿成积弊，上年该县即有聚众喧漕之事，案犯仅拟枷杖完结，其知县另案参革颟顸了事，故奸民罔知惩创，复蹈故辄"①，发生闹漕案，皇帝往往不查究案件的起因与过程，进行疏导与调和，只是武断的惩罚知县与定性闹漕民众为奸民，故无法从根本上防止基层社会类似事件的发生。同年七月江苏巡抚闵鹗元奏"访查上年收漕时，青浦县知县杨卓于该县生监倪溶等揽收花户漕米，勾通漕书梅锦章等包纳上仓，烹分余利，一任朋比作奸，毫无觉察，恐有受其把持别情"，收到奏章后，高宗回复"劣衿把持公事，串通蠹书，包漕渔利，最为地方之害，浙省久有此弊，以致闹漕滋事，酿成大案。该县与嘉兴接壤，相习成风，自应查拿究办，严加惩创"②，结果青浦知县杨卓被革职拿问，而闵鹗元予以嘉奖。从高宗的态度可以看

---

① 《清高宗实录》卷1174，乾隆四十八年二月甲子条，中华书局2008年影印本。
② 《清高宗实录》卷1184，乾隆四十八年秋七月癸卯条，中华书局2008年影印本。

出，他对民间社会的闹漕案是极为仇视的，并且意识到各不法阶层勾结对百姓的危害，但是这种一味注重惩治的措施，虽然在一定程度上平息了闹漕案中的冲突与矛盾，起到了相当大的震慑作用，却不能找到产生闹漕案的原因，所以不会解决不同阶层的利益勾结与斗争。

嘉庆十年（1805）浙江省吴江县发生监生王元九闹漕案，王元九勾结知县王廷瑄，并有附和生监三百多人勒索纳漕百姓，共计银数万两。此案发生后，仁宗皇帝谕内阁"生监皆读书人，今以一案而罪犯责处者至三百余名之多，阅之殊不惬意。但该生监身列胶痒不守卧碑，辄敢恃符寻衅，挟制官长，吵闹漕仓，强索规费，此真无赖棍徒之所为，岂复尚成士类，朕闻各省劣衿往往出入公门，干与非分。以收漕一节，持地方官之短长，而江苏为尤甚。各该州县或平日与之交结，遂其取求，欲壑既盈即遇不肖官吏，实有罔利营私之事亦复袒庇不言，徒使乡里小民暗遭胶削，设稍不遂意则遇事辄生枝节，每届开征时，揑交丑米，借端滋事，动即以浮收漕粮列名上控，其实家无儋石，无非包揽交收视为利薮，此等恶习大坏名教，今吴江一县分得漕规生监已有三百余人，其余郡县可想而知"①，作为四民之首的读书人竟然带头闹漕，并且与地方劣绅相勾结勒索百姓，其参与人数甚至达到数百人，这种现象的出现一方面说明了此时分享漕利之人已经蔓延到社会的各阶层，同时也体现了儒家的"修身，齐家，治国，平天下"的政治理想对读书人已经没有那么大的吸引力，利益与金钱已经成为当时社会各阶层追求的目标，即使是读书人也不例外。嘉庆十五年（1810）山东平原知县甄士林因民欠漕米未完，害怕耽误漕船开行，于是加收斛面抵补，从而引起纳漕户张树桂的不满，酿成闹漕事件。案件发生后，县令甄士林被发配新疆，"案内张树桂因病身故，亦验无因伤致死等情，但究系浮收酿命，其咎甚重"②，民众张树桂因抗拒县令浮收而被责身亡，县令却仅仅被发配了事，这种官官相护的现状，不但造成了地方民众的不满，损害了政府的威望，而且致使其他州县的官员与胥吏更加明目张胆地浮收，进一步恶化了当时的漕运局面。

道光年间漕弊急剧恶化，从而导致官与民之间的矛盾迅速上升，闹漕案也层出不穷。当时的大学士曹振镛曾奏，"漕运之制，日久弊生，州县

---

① 《清仁宗实录》卷144，嘉庆十年五月己酉条，中华书局2008年影印本。
② 《清仁宗实录》卷224，嘉庆十五年春正月丁丑条，中华书局2008年影印本。

则任意征求，旗丁则借端勒索，民间受累日甚，因而挟制州县，州县既有浮收之弊，遂不能不受勒于旗丁，旗丁既有需索州县之事，则沿途各衙门奸胥蠹役亦不免勒索旗丁"①，陶澍亦言"江苏漕额最重，一州县之地广袤不及百里而漕米则有三五万、七八万至十余万不等，小民终岁勤劳完漕而外，所余米无几，以故持升斗赴仓者，一遇风筛折耗已不胜其苦，加以使费倍觉繁难，而蠹书、漕总复多朘削，近来生齿日增，食用日贵，尤属支持不易，此所以完纳难……溯查数年以来无岁不有告漕之案，自百起至二三百起不等"②。

道光元年（1821）宣宗皇帝甫一登基，浙江嘉定县就发生了王荣芳闹漕案，事件的起因是太仓州官吏在征兑漕粮时擅自使用违制大斛勒索百姓，当地土豪王荣芳与杨宝林纠集百姓 20 多人准备哄闹漕仓，"该州知州闻知，令漕书王步亭说合，分给土棍每人银五十两，王荣芳等允从后复又纠结二百九十余人结盟，取名八卦青龙党，约会闹漕"③，该案州县官员违规收粮，在事情败露时又贿赂闹仓之人，可见当时征漕中的黑幕非常之多。道光帝在收到奏报后，一面要求严查浮收之官员，一面命两江总督魏元煜亲自查勘有无民间秘密结党，力图将事态尽可能的最小化。道光五年（1825）浙江学政朱士彦奏称"浙江杭嘉湖三府近来钱粮逋欠甚多，俱系生监上控有案，包漕闹漕，抗不完纳，地方官不能催征，加以讼户名目与讼师、讼棍无异，该生等恬不为怪，与士习大有关系，不可不严行惩办"④，清代生监闹漕固然是因为利益的诱使，但是作为基层社会知识分子的代表，生监人员起着联系百姓与官府的作用，宣宗皇帝自然也明白这一点，所以他除命浙江巡抚程含章与学政朱士彦严加整顿外，并没有对生监人员进行惩罚，其笼络知识分子的意图十分明显。

道光六年（1826）浙江仁和县十六都再次发生闹漕案，该案是因为当地百姓沈培政、徐寿高不满地方官员征漕勒索，于是打算京控，结果被当地官府关押，徐凤山等 300 余人闻知后"于该县开仓收漕时，不遵示期，预聚多人，蜂拥入仓，拆毁棚厂，捆殴书役"，甚至连前往安抚的官员也被闹漕群众囚禁，前去镇压的杭协副将及官兵也被打伤，宣宗听到奏

① 李文治、江太新：《清代漕运》，中华书局 1995 年版，第 290—291 页。

② （清）陶澍：《陶文毅公全集》卷 7《奏疏》，清道光刻本。

③ 《清宣宗实录》卷 18，道光元年五月己巳条，中华书局 2008 年影印本。

④ 《清宣宗实录》卷 91，道光五年十一月庚戌条，中华书局 2008 年影印本。

报后极为愤怒，谕令"实属目无法纪，可恶已极，非地方官日久因循玩纵，何至有积惯闹漕玩区名目，此等匪徒，憨不畏法，若不从严惩办，何以儆刁风而肃漕政"①。从表面看本案是闹漕群众要求释放民间代理人，实质为官与民长期矛盾积累的恶果，一遇闹漕案件，地方官府往往想到的或是息事宁人或是武力镇压，这种和稀泥或暴力执法的态度不但不能缓和矛盾，反而会进一步激发民众的怒火，从而使矛盾更为扩大化。第二年，有大臣禀告称"此案肇衅于仁和县漕书蒋姓已革复充，县令徐云笈受其蒙蔽，乡民负米上仓，漕书勒折每石制钱四千七百余文，复加至四千八九百文，每米一石只准作四五斗，乡民完米竟须二石有余始作一石，因此口角哄闹"②，虽然事件的起因是由于漕书的浮收，但案件最后却是徐凤山被判斩立决，其他相关人员都受到牵连，官员勒索而百姓遭殃，这种黑白不分，过度袒护贪官污吏的做法不但不能为百姓伸张正义，反而在一定程度支持了各种漕弊的泛滥。

道光二十四年（1844）山东曹州府朝城县，"东南乡郭家庄申来玉等鸣钟号召五百余人入署喧闹，扬言凡有呈报被水之处概不纳粮，胁坤（知县董坤）面允而罢，出城焚掠户书赵凤翔庐舍，殴伤赵金邦等，坤捕获乱民张衫待鞫，来玉等聚众千余围城索之，城几陷，释衫而罢，乡民尚有运米入城纳粮者皆为截夺，坤上言台司，乃褫职罢任，而申来玉郭家庄一百余村钱漕并缓矣"③，在闹漕斗争中只有群众团结起来与官府共同对抗，才能取得抗争的胜利，正是由于百姓们聚众攻城，才迫使清王朝罢免了县令并免除水灾漕粮。在认识到了团结的力量后，道光二十七年（1847）朝城县民众又聚集上万人"围署殴官，知县刘树棠为长杆所击，不敢禀白台司"④，其后道光三十年，咸丰元年、二年皆有民众聚集入城闹漕。咸丰三年（1853）朝城县乡民韩存柱等聚众闹漕"先于上月十八九日盛雨三日，乡间间有积潦，纷纷诣县报灾，知县任腾蛟赴乡履勘，八月十二日回县，存柱与孙际美等约北乡小函丈十一村庄数百人突然入城入署，抛砖掷堉，丁役皆伤，腾蛟亲出抚谕，不听，为砖石所中，当时传呼

---

① 《清宣宗实录》卷112，道光六年十二月丙寅条，中华书局2008年影印本。
② 《清宣宗实录》卷113，道光七年正月丁亥条，中华书局2008年影印本。
③ （清）张曜：《山东军兴纪略》卷22上《团匪一》，清光绪刻本。
④ 同上。

闭城，始各散窜，获存柱、际美等二十五人，分别斩遣"①，这一次闹漕规模只有数百人，处罚却相当残酷，为首之人或被斩首，或被流放，与前几次比较温和的安抚措施完全相反。这是因为朝城县年年闹漕，岁岁抗官的现状已令清政府非常头疼，当安抚不起作用时就采用杀一儆百的惩罚措施以稳定地方社会，另外太平军与捻军此时在山东已有结合的趋势，如果再团结地方民众的势力，必然会对山东社会秩序产生巨大的冲击，这显然为专制统治者所不容。但刑罚并没有起到好的效果，咸丰四年（1854）朝城县人李潮燕又聚众起事，率数百人冒充太平军攻破县城，杀死县令任腾蛟，并且焚毁县衙、释放囚犯、攻击周边州县，东阿、阳谷、巨野民众纷纷响应，掀起了轰轰烈烈的农民运动高潮。

同治二年（1863）山东莘县再发漕案，东昌太守秦际隆为息事宁人，派人说和"致该匪无忌，聚众连陷冠县、馆陶，秦际隆带勇往捕，行至沙镇，讹传警信，该府弃冠脱鞾，潜匿田间草深处所，勇丁星散，该府遁回郡城，任贼骚扰堂邑、莘县，焚掠东昌，不敢出府城一步"②，堂堂太守竟然向闹漕群众求和，并且被打的狼狈而逃，由此可见地方官员的无能。其后山东地区，"十五六年间，群盗蔓延，骸骨相枕藉，牧令震恐窜伏，视民之生死不与己事，其刚心义胆为民立命者百不闻一"③。

道光、咸丰、同治三朝山东的闹漕斗争之所以如此剧烈是有着深刻的原因的。首先，道光、咸丰时山东旱涝无常，运河漕运不但掠夺了山东的农业灌溉水源，而且百姓纳漕时会遭受沉重的剥削，所以山东地区民众的反抗异常激烈。其次，山东民众性格刚烈，受梁山好汉起义的影响较为深远，并且常常会组织各种团体、教派与官府斗争，所以在遭受压迫时能够团结一致。最后，"民间苦于苛敛，因而聚众闹漕，其围城罢市者始得上闻，余则立毙杖下或长系囹圄耳"④，只有大规模的闹漕事件才能上达天听，才能让统治者罢免贪腐官员，进而减轻本地民众的负担，这也实为百姓的无奈之举。

咸丰六年（1856）御史钱以同奏称"江苏省苏松等属州县每遇豁缓之年，书吏辄向业户索取钱文，始为填注荒歉，名为卖荒。出钱者虽丰收

① （清）张曜：《山东军兴纪略》卷22上《团匪一》，清光绪刻本。
② 《清穆宗实录》卷71，同治二年六月丁酉条，中华书局2008年影印本。
③ （清）王权：《笠云山房文集》，兰州大学出版社1990年版，第146页。
④ （清）张佩纶：《涧于集》卷1《奏议》，台北文海出版社1983年版，第158页。

亦得缓征，不出钱者虽荒歉亦不获查办，甚至不肖州县通同分肥，以致开征时有抗欠闹漕等事，玩法殃民，实堪痛恨"①。咸丰七年（1857）胡林翼亦奏"粮道有漕规，本管道府有漕规，丞卒尹尉各官俱有漕规，院署有房费，司署有房费，粮道署及本管道府署书吏各有房费，此冗费之在上者也。又有刁绅劣监包揽完纳，其零取于小户者重，其整交于官仓者微，民谓之曰蝗虫，更有挟州县浮勒之短，分州县浮勒之肥，一有不遂相率告漕，甚或聚众哄仓，名虽为民请命，实则为己求财也，官谓之蝗虫费，种种蠹弊盈千累百，无不于州县取之"②，从这段资料可以看出民众既受当地官府的浮收之费，还被劣绅、地棍所勒索，而闹漕与哄仓既有民众的自发斗争，也是棍徒们获取利益的一种手段。

清代运河流域的闹漕案主要发生在江苏、浙江、山东三省，这是因为江苏、浙江两省为清代漕粮的主要征兑区，民众受到的压迫也最为沉重，"东南漕弊莫甚于江、浙，然实自卫所启之。旗丁空运，预索帮蚨；官未开仓，先筹垫款；胥侩因缘，串单抵押。卖丝粜谷，剜肉补疮，一也。本为重赋之邦，益以苛政之猛，浮加勒折，民不堪命。有田贱卖，无产谋生，二也。蠹绅包揽，希冀分肥，控官挟吏，闹堂闹仓，巨室犯科，大狱斯起，三也"③。当然江南闹漕案的频繁发生除与官府与劣绅的剥削有很大关系外，还因为"乾隆、嘉庆年间家给人足，曾经历办全漕。道光癸未、辛卯以后，两次大水，民间元气大伤，赋重之处，未能全漕起运，遂岁报灾歉，豁免频仍"④，正是由于水患与战乱等天灾人祸的影响，也使江南地区承担全漕的能力减弱。山东虽然交纳的漕粮不多，但是因农业生产水平较低，纳粮能力有限，特别是咸丰后黄河北徙，山东频年遭受旱涝之灾，再加上太平军北伐、捻军起义、义和团等运动的影响，广大民众整日挣扎在死亡线上，更无法按时足额交纳漕粮，为维持生存，发生闹漕运动也就不足为奇了。

清代闹漕案中普通民众是主体，而领导者却往往是生监或地棍。生监参与闹漕，是因为读书人掌握知识，能够为不懂文化的百姓起到代言的作用，同时在利益的驱使下通过闹漕与官府对立，达到获取钱财的目的，这

---

① （清）福趾：《户部漕运全书》卷6《漕粮额征·豁缓升除》，清光绪刻本。

② （清）胡林翼：《胡文忠公遗集》卷23，清同治六年（1867）刻本。

③ （清）夏燮：《中西纪事》卷23《管蠡一得》，岳麓书社1988年版，第291页。

④ （清）左宗棠：《左宗棠全集》，岳麓书社2009年版，第494页。

样既可以在百姓中树立威望，又可以从官府中获取利益，实为一举两得。而地棍多为流氓无产者，多来自于失业的农民或手工业人员，"间有闹漕之案多系地棍、刁徒借词敛钱肥己，百姓或愚而为其所胁"①。《显堂志稿》亦认为"向来闹漕毁仓之案，多不在勒折长价之乡户，而转在完米短价之乡户。此等恃强之民，全年万不能照旧征收也。是绅衿非所畏，可畏者此辈，此辈首肯，无不首肯矣"②，可见地棍与不法漕户成为清政府非常头痛的一个问题。最后清代州县正官对漕运的危害不大，而胥吏则是祸乱基层社会征漕秩序的罪魁祸首，"涉漕务一切皆丁胥主之，领银唯命，截串唯命，捉某户，褫某衿唯命，忽拥之坐堂皇，忽驱之诉长吏，皆唯命，非所谓我为政者乎，丛怨于绅衿，肆虐于平民，小而讦讼，大而闹漕，身败名裂官实当之"③。

二　长江流域有漕省份的闹漕斗争

目前的闹漕案研究成果主要集中在长江流域的湖北、湖南、江西三省，如匡光文闹漕、钟九闹漕等。与运河流域的闹漕案不同，长江流域民间社会的闹漕案往往比较复杂，其中掺杂了诸多的利益冲突与博弈，甚至闹漕案经常会演变成武装起义。清代江西、湖北、湖南三省漕粮交纳数额不及南直隶，但是总体上呈现逐渐增加的趋势，特别是清代中后期两湖与江西遭受战乱的影响比较严重，这些地区的民众经常因灾荒与战乱而窜入山林，成为与清政府敌对的力量。天灾、兵荒加上征漕官员的压榨，使两湖与江西民众掀起了轰轰烈烈的闹漕斗争，并且这一斗争在中国历史上产生了重大而深远的影响。

道光二年（1822）湖南醴陵发生匡光文闹漕案。清代漕案中，地方官员为减轻浮收与压榨百姓的罪责，往往把闹漕民众说成是十恶不赦的地棍，这种现象一方面说明了当时基层社会官与民之间的对立十分严重，另一方面也是地方官为了撇清罪责，保住自己的前程。所以匡光文一案上报后，宣宗谕令"湖南醴陵县生监杨清枚等为积年包户，揽纳漕粮，其在逃之匡光文等因包揽不遂，辄行挟制官吏，阻遏花户上米，复敢诈传诏

---

① （清）吴文熔：《吴文节公遗集》卷11《奏议》，清咸丰七年（1857）吴养原刻本。
② （清）冯桂芬：《校邠庐抗议》，中州古籍出版社1998年版，第229—230页。
③ （清）冯桂芬：《显堂志稿》卷9《均赋说劝官》，清光绪二年（1876）冯氏校邠庐刻本。

旨，骗敛讼费，经县差拿，又复藐法抗拒，情节实为可恶，必应严加惩
罚，以儆刁风，著该抚左辅按名沿拿，固不可累及无辜，断不可使奸党漏
网，务须侦捕速获，提同案内人证彻底根究，从重定拟具奏"①，在宣宗
皇帝谕令中，匡光文不但聚众闹漕，甚至假传圣旨，挟制官吏，抗拒国
法，俨然成了十恶不赦的狂徒与罪犯。但实际情况并非如此，事件起因于
县令过度浮收漕粮，引起肖正芳与程亮书等人的京控及闹漕，朝廷虽有圣
旨命地方官员重审这一案件，但湖南官员官官相护，不给普通民众生路，
在这种情况下，匡光文愤而入京诉讼，但朝廷依然发回地方重审，丧心病
狂的湖南官员将匡光文视为眼中钉，肉中刺，欲除之而后快，于是判决匡
光文死刑。其后匡光文家属及其表弟甘启琇上控于都察院，最后引起道光
帝的重视。道光帝命湖广总督李鸿宾严查此案"如果匡光文并无聚众拒
捕及诈传诏旨情事，自应据实平反，将承审各员参处，倘原审并无屈抑，
甘启琇辄干架词耸听，或另有主使别情，此等刁风断不可长，即加重定
拟，以儆刁顽"②，经过总督李鸿宾层层调查，排除各种阻力，方查明匡
光文并无闹漕与假传圣旨之事，实为地方利益集团的构陷与捏造。就在朝
廷命令释放被关押在监狱中的匡光文时，湖南官员却心怀怨恨，抢先一步
杀死匡光文，造成了一起冤案。从这一案例中可以看出，清代地方政府担
负着调节基层社会民众矛盾的重任，当地方官能够秉公执法，造福百姓
时，地方社会中的闹漕斗争往往就会很快平息，反之则起到了推波助澜的
作用，加剧了官与民之间的对立，使地方社会陷入动荡。

道光中期后，国家面对内忧外患，基层社会阶级矛盾进一步尖锐，当
时百姓不但要摊派清政府在与西方侵略者战败中的赔款，而且受到的漕运
勒索更加严重。道光十九年（1839）到二十一（1841）年间，湖北崇阳
人钟人杰从地方闹漕发展到武装起义，对清政府产生了极大的震动。道光
十九年（1839）钟人杰因不满地方官员征漕过度浮收，曾带领当地群众
捣毁粮仓，令县令作出了一定程度的妥协。但后来由于地方讼师的挑唆以
及不同阶层利益分配的不均，使钟人杰决定发动武装起义。道光二十一年
（1841）钟人杰率领四里八乡数万群众攻破崇阳县城，杀死县令师长治，
并设立元帅、将军等职务，初步建立起了农民军武装，为扩大力量，增强

---

① 《清宣宗实录》卷 28，道光二年春正月庚午条，中华书局 2008 年影印本。
② 《清宣宗实录》卷 42，道光二年冬十月丁未条，中华书局 2008 年影印本。

民众基础，他们提出了"破通城，有钱粮；破通山，有硝磺；破蒲圻，有战场；破咸宁，下武昌，下到武昌做国王"的口号，对下一步的战略目标做了规划，随着起义军势力的强盛，接着他们占领了通城，与清军在通山展开激战。钟人杰起义被道光帝获悉后，清廷极为震惊，除命湖广总督调集周边数省军队进行围剿外，还收买义军中的奸细从内部进行破坏，结果起义坚持不到两个月而失败，钟人杰等人被俘死于京城。钟人杰起义是清代闹漕斗争中为数很少的能发展到武装斗争的案例，这与当时的国际、国内局势是分不开的。第一，清政府当时忙于抵御外侮，对国内基层社会的控制力逐渐削弱，加上此时八旗军队战斗力急剧下降，因此闹漕民众才有积聚力量，发动起义的基础与条件。第二，清代基层社会漕弊发展到道光时期已经积重难返，很难再有有效的整顿与调控措施，当百姓通过各种手段却无法摆脱生存的压力时，暴力与武装起义就成为其中最无奈的手段。第三，湖北崇阳位于万山之中，地势险要，与外界隔绝，这里清政府的统治力量比较薄弱，钟人杰等人利用地方宗族的势力很快聚集了一批力量，从而为发动起义奠定了基础。

道光二十年（1840）江西新喻县生员胡思泮、欧阳廉、张亨等人鼓动地方民众对抗官府，拒纳漕粮，宣宗谕令"俱著褫衣顶，教谕王运恒，训导刘筠均著勒令休致，所控各案，仍著饬令该地方官讯办"①。道光二十三年（1843），"江西安仁县棍徒高嫩汝等，胆敢于该县开仓收漕时倚众滋扰，该府营前往拿办，辄掷石拒伤官员、兵役，实属目无法纪，现在拒捕之犯虽经陆续报获，该县漕粮亦已照数完纳，惟案关重大，必应严行惩办，著该抚亲提犯证彻究确情，按律惩治"②，经过江西巡抚的调查，高嫩汝率领二十多人哄闹漕仓"县役曾兴、王贵同在仓防守，兵丁桂喜上前喊拿，高嫩汝喝令捆殴，吴和良等即取仓内木担殴伤曾兴、王贵、桂喜偏右等处，并用梭绳将曾兴、王贵两手捆缚，同桂喜一并关禁仓廒"③，在了解了事情的详细经过后，高嫩汝等人因拒纳漕粮，殴伤官役等罪名被实行杖刑与流三千里，其惩罚可谓相当严厉。

道光朝后的闹漕事件记载较少，但也并非没有。如光绪三年（1877）

---

① 《清宣宗实录》卷330，道光二十年春正月壬寅条，中华书局2008年影印本。
② （清）吴文熔：《吴文节公遗集》卷11《奏议》，清咸丰七年（1857）吴养原刻本。
③ 同上。

"以纠众闹漕，革江西知县杜林职，并逮问"①。但是相对于道光朝来说，其后类似案件的发生大量减少是确切无疑的。闹漕案之所以在道光朝出现爆发与恶化的局势同样也有着深刻的历史与现实根源。首先，道光朝时国内外矛盾重重，不但宗教起义与边疆危机层出不穷，而且西方侵略者也觊觎中国巨大的市场，时刻准备发动侵略战争。面对这内外交困的局势，专制统治者忙于应付各种危机与矛盾，对基层社会的控制与管理逐渐失序，而闹漕作为普通民众争取合法权益的手段，其不断出现正是当时民众诉求的一种形式。其次，道光朝时，吏治腐败、贪官横行，官与民之间的对抗十分严重，不断地苛索与压榨，使普通民众挣扎于死亡线上，为了谋求生存，闹漕也就成为基层百姓最常用的手段。最后，乾隆、嘉庆两朝潜在的利益冲突，延续到道光朝时已经到了不可调和的地步，加之地方缙绅、生监集团力量的不断扩大，以往那种单纯靠高压政策的措施已难以奏效，而各利益集团的勾结，又加重了普通民众的负担，从而使闹漕案接二连三地发生。

　　清代基层社会的闹漕事件绝不单纯是官与民之间的矛盾与对立，而是地方各种势力干预漕粮征收，与政府博弈与分享利益的过程。缙绅与生监在地方社会拥有一定的威望，有着联系与组织人群的能力，而广大的纳漕群众由于不熟悉朝廷的相关章程与律法，往往在与官府的博弈中处于弱势的地位，所以也希望有人能够代表自己的利益，减少在漕粮交纳中受到的压榨与勒索。但是官与学、官与绅、官与民之间也并非单靠和平的方式就能够取得利益的平衡与冲突的平息，当利益博弈出现失衡的时候，就往往产生闹漕事件。在闹漕案发生后，官府的态度又决定着事件的发展趋势、规模、程度与影响力，在这种情况下，如果官府能够减轻民众的负担，重新分配利益，那么闹漕案并不会发展到抢粮、京控、诉讼等比较严重的后果。但是如果处理不当，动辄使用兵力对其进行镇压与围剿，那么民众反抗的激烈程度就会越发增加，参与人群的逆反心理就会更加强烈。事件一旦影响力扩大，被最高统治者知晓，那么卷入其中的人员就越发庞大了，而这种影响显然对地方官的考核与升迁是不利的。所以清代的闹漕案件实际是官、学、民之间，政府与基层社会之间，不同利益团体之间博弈与协调的过程，同时也是国家对社会控制力强弱的具体体现。

---

　　① 《清德宗实录》卷51，光绪三年五月甲子条，中华书局2008年影印本。

漕运在中国延续数千年，是历代专制国家统治的基础，至道光朝时已是漏洞百出、弊端不断，成为贪污腐败的渊薮，而闹漕只是漕弊中的一个环节，这一环节不仅反映了当时社会各阶层的矛盾与冲突，同时也是中国漕运制度走向没落，趋于灭亡的表现。而民众的反抗与专制政府强势的压制，不但使各种矛盾得不到有效调解，反而呈现逐渐激化与恶劣的局面，将更多的人群驱赶到国家的对立面，进一步加深了清政府的统治危机。

结　语

　　明清时期的运河漕运仓储是维系专制国家政治、经济、军事运作的物质基础，在风云变幻、跌宕起伏的 500 余年间一直发挥着重要作用，在仓储设置、管理、运作、功能发挥方面中央政府都投入了巨大的人力、物力、财力，其关注程度可谓事无巨细。其中，在漕粮的收兑方面有基层社会的小型兑军仓，在寄囤与转运方面有运河大型水次仓，在最终存储方面有京通仓，这些大小不一、规模不等、管理各异的漕运仓储无不依赖于京杭大运河的漕粮转运功能，正是在运河的串联下，不同类型的漕仓才构成了完整的运河漕运仓储系统。而运河除了维系专制政府的政治统治外，还带动了沿运城市经济与商业的发展，加快了祖国南北的文化交流与民族融合，对国家，对社会，对未来都产生了巨大而深远的影响。

一

　　明清两代的漕运仓储分为三种类型，即基层社会小型兑粮仓、水次仓、京通仓，其中小型兑粮仓分布于运河与长江沿线的有漕省份，几乎每一州、每一县，甚至每一镇都有设置，其数量最多，主要服务于乡村百姓纳粮之需，由基层社会级别较低的官员代管。而大型运河水次仓分布于京杭运河沿线的重要城市，如天津、德州、临清、徐州、淮安、凤阳、江宁等地，这些漕仓不但存粮数目达数万至数百万石，而且由中央派遣户部官员或省府州官员管理，有着较高的政治与经济地位。明清中央政府之所以在这些沿运重镇设立水次仓，主要有以下几个方面的原因。首先，天津、德州、临清等城市是重要的军事重镇、商贸都市、漕运枢纽，是每年江南漕粮北运的必经之地，在此设仓不但可以暂时存储漕粮，而且也有利于运军的休息、船只的修造、漕政官员的监督等。其次，这些城市往往通过运河连接数省，地理位置优越，交通便利，在此存粮不但可以赈济附近区域的灾荒，而且对于维护区域市场粮价稳定，加强与周边省份的商业与粮食流通也具有重要的意义。最后，水次仓所在城市往往是因漕而兴起，与运河及国家漕运有着千丝万缕的联系，同时不同城市之间完全以水道相连，使江南漕粮能够顺利、便捷的抵达京城，因此在这些地区设立水次仓也是漕运发展的必然。而京通仓作为全国数省漕粮的最终存储场所，其国家官仓的性质最为明显，京通二仓在明清时期又被称为"天子之仓"，主要服务于皇室、百官俸禄、京城粮食市场稳定与灾荒赈济，甚至边军与战时供给都需依靠京通二仓的支撑，作为天下漕粮总库，其本质是以天下之力来满足与保障京城与国家统治。

　　尽管从表面看，州县小型水次兑军仓、大型水次仓、京通仓都有着不同的建置模式、管理者、功能与作用，但他们却有着共同的特点，即都为国家漕仓，都依赖于运河，都服务于国家的政治、经济、军事需求。（1）三者存储的漕粮均来自于地方州县征解的民间赋税，其中小型漕仓是起点，水次仓是中介，京通仓是归宿。（2）三者通过京杭大运河联系起来，分别属于国家漕运中的不同组成部分，都必须利用水路运输粮食，其作为漕运仓储的性质非常明显。（3）三种漕仓都位于地方社会中比较占优势的地理与经济环境中，都相对其他区域有着明显的区位与商业优势，如基层漕仓中的张秋、魏家湾、七级镇都是附近数县的经济中心，而天津、临清、淮安、北京、通州更是在全国有着重要影响力的大都市。

　　总之，明清时期的各类漕仓是彼此联系与协同共存的，缺少了其中的任何一种，都会威胁国家漕运的正常运转。漕的最初定义只是水运，发展到明清则涵盖了漕粮、漕船、漕军、漕官、漕河、漕仓等诸多的方面，甚至每一方面还可以进行更为细致的划分。如果从整个漕运系统来看，漕仓只是其中的重要组成部分，但是缺少了这一环节，整个漕运系统就会陷入瘫痪，就会导致政治、经济、军事运作的失衡，从而不利于社会稳定与专制国家的集权统治。

二

　　明清时期的漕运仓储影响到社会的方方面面，不过从严格意义上来讲，其政治与军事功能也是从经济方面延伸而来。因为税粮的征收、运输、平抑粮价、灾荒赈济本身就是一种带有浓厚经济色彩的政治行为，而漕粮交兑过程中的收购、买卖其经济意义则更加明显。

明清小型漕仓的经济功能体现在促进区域粮食市场的活跃与粮食种类的丰富上。明清乡村虽有集市作为作为民众日常交易的场所，基层百姓可以将自己日常生产的粮食、布匹、棉花拿到集市上进行销售，同时还可以从集市上买回日常需要的杂货，但因集市设置地点的不同，很多民众需要长途奔波，这样就耽误了日常的农业生产，不利于乡村贸易的扩大与农产品的商业化。而基层社会的漕仓则往往承担起了集市、庙会、节场等公共空间的职能。因为其设立必须满足三个条件。首先，必须地理位置优越，交通便利，周围有河流分布，这样才便于粮船的航行与商业物品的流通，如张秋、七级、魏家湾就是典型的例子。其次，漕仓与周边所有的村庄距离适中，利于百姓交纳漕粮，同时漕仓所在地必须有一定的经济与商业基础，这样可以在纳漕季节提供足够的粮食交易与买卖，起着类似集市与庙会的功能，其实这种情况在明清时期运河城镇是较为常见的。最后，与大型水次仓、京通仓相比，基层社会漕仓存粮数目有限，管理人员级别较低，但是其与普通百姓的联系却最为密切，在促进乡村经济交流，活跃区域社会粮食市场方面具有天然的优势。

天津、临清、德州、徐州、淮安等大型水次仓的经济作用则更为显著。这些在全国有着较高经济与商业地位的城市最初因漕运与仓储而兴起，在运河的串联与沟通下，将全国各地的人流、物流、商品流吸引到此，进而活跃了本地市场，加强了与其他区域市场的联系，最终实现了城市政治与经济地位的双重提高。除此之外，明代中前期这些水次仓存粮数十万石到上百万石，不但供应京城与边军，而且对于本省与周边省份的灾荒赈济起着重要的作用，大量的粮食通过运河输往受灾区域，不但及时挽救了大量灾民的性命，而且对于稳定地方粮食市场与社会秩序也具有重要的意义。明代中后期与清代由于漕运实行长运法，水次仓存粮数目大减，尽管其赈济功能依然存在，但是在救灾范围与放粮数量上是无法与明代中前期相齐并论的。

明清京通仓作为全国最大的漕运总库，其主要功能是服务于京城及通州、密云、昌平、大兴、天津等顺天府地区。为保持京城粮食市场的稳定，明清政府不但派出专门人员每月对京城粮价进行统计，而且一旦发生大的灾荒或京城粮价暴涨暴落时，就会采取以下措施进行调控。（1）大力鼓励外地商人贩粮入京，并且采取诸如减少税收，增加补贴等方法以刺激京城粮食市场的丰盈。（2）严厉打击京城囤积居奇的粮食商人，勒令他们平价或者减价售粮。（3）低价或者平价粜卖京通仓粮，其数目随灾荒规模与市场粮价而调整，这样不但可以防止粮价出现大的波动，而且对于丰富市场粮食种类、增加粮食数量也有很大的作用。（4）提前发放驻京官员与军人的俸粮，以加快市场上粮食的流通，这一点在清代尤为明显。（5）清代中后期，京通仓粮与市场的联系更为密切，当时因战乱与河道淤塞，于是从广东、四川、两湖，甚至台湾购买米石来填充京通二仓，紧急时刻还交由商人代购。这样原先政治色彩非常浓厚的传统漕运逐渐有了一定的经济内涵，特别是清末同治、光绪时期，随着轮船与铁路的兴起，现代化的交通方式加快了商业与物流业的发展，正如时人成本璞所说："今宜急修芦汉铁路，一路之铁轨以便转输，而令东南诸省悉以折成实银上库，遣员于产米之区购之，以轮船载至津门，则漕、仓督以下一切冗员、蠹役、杂费、陋规悉行撤去，每岁省费又当于数十百万计，而小民得以去奇派抑勒之累。"① 这时京通仓粮"漕"的意义已大为减弱，运河频年淤塞，其运粮功能也不能与前代相比，这既是中国漕弊发展到极端所必须作出的调整，同时也是近代化以来中国专制王朝被动卷入世界市场所产生的结果。

总之，在灾荒赈济与市场粮价平衡方面，京通仓所涉及的人群最广，放粮规模最大，对市场的影响也最为重要，这是因为京通二仓作为天子之仓其存粮数量最多，管理最严，并且能够就近观察京城粮价与灾民人数的变化，所以在动支仓粮方面非常迅捷与及时。而水次仓虽赈济范围较广，但因存粮数量的不稳定，加上需要地方层层上报中央审批，因此在时效性上不如京通二仓，至于地方社会的小型漕仓基本为国家税粮，州县官员无权动用，所以基本不存在灾荒赈济的作用。

三

明清时期的河弊、漕弊、仓弊以及基层社会的闹漕、哄仓、抢粮运动，实质为国家对民间控制力日益削弱，漕运日趋衰落的表现。

明代永乐年间开运河、创运军、置漕仓，设立了比较完善的漕运制

---

① （清）成本璞：《九经今义》卷11《周礼》，清末长沙刻本。

度，其后历代诸帝不断进行修改与完善，从而使中国漕运体系在明清时期达到了顶峰。在明宣德、正统、成化及清顺治、康熙、雍正时期，尽管因漕运制度的不健全而存在着一些弊端，但当时这些弊端尚未发展为心腹之患，这突出表现在中央政府能够制定出合理的应对措施来限制漕弊的蔓延与扩展，同时这一时期基层社会的阶级矛盾尚不尖锐，普通民众纳粮负担不甚严重，所以民间社会的反抗斗争较为罕见，即便是以重赋著称的江南地区，其地方社会也保持着一种相对稳定的状态。当然这种情况的出现除了与开明君主的个人能力有很大的关系外，更是国家体制严密、吏治清明、农业发展、社会稳定等多种综合性因素的结果。

明代中后期，尤其是嘉靖后，随着大规模灾荒的发生，各种社会矛盾急剧爆发，民间社会的反抗活动也日趋激烈。正德年间爆发了刘六、刘七起义，他们主要活动在京杭大运河流域，不但抢劫漕粮、焚烧漕船，而且杀害运军，对明代漕运造成了巨大的破坏。其后，万历年间因专制政府横征暴敛，先后在临清与苏州爆发了以王朝佐与葛贤为领袖的民变，天启、崇祯时国家内忧外患不断，漕运也受到沉重打击，山东李青山等农民军也纷纷截漕，攻打临清、张秋、济宁等运河城市，使风雨飘摇的明政权雪上加霜。尽管明代中后期社会出现了种种问题，但当时的漕弊与仓弊主要体现在运军对纳粮百姓的压迫以及京通仓宦官、胥吏的盗窃上，民间社会的闹漕斗争尚未见于史料，这说明当时民众承担漕运的压力还不是很大，压迫主要在"三饷加派"等附加税方面。清初注意减轻民众负担，且雍正帝极力整顿京通仓弊，所以在王朝初期漕弊的危害性还不是很明显，延续至道光朝，随着河政、漕政、仓政的整体腐败，京通仓成为贪官污吏牟利的场所，当时不但胥吏、地棍、花户纷纷加入其中，而且仓监督也形同傀儡，任由仓储蠹虫所蒙蔽与欺瞒，同时国家仓法如同具文，朝廷虽屡有整顿却效了了，已经成为了难以治愈的痼疾。

与京通仓弊泛滥相对应的是民间社会的闹漕、哄仓、抗粮运动日益高涨，这其中既有民众自发组织的抗拒官府浮收的事件，也有地方缙绅、生监、土棍为了博取更多利益而采取的京讼与抗粮，基层社会的不同群体在闹漕方面既存在着利益的一致性，又存在着矛盾与冲突，所以在合作中也经常有博弈。而国家、社会、民众三者对漕运的态度此时也发生了很大的变化。从国家方面来看，由于运河的淤塞与漕运的衰败，漕粮大量改收银两，因此从理论上讲民间社会的闹漕斗争应该减少，但是因地方官员为博取利益，往往多收粮银，不断压迫与勒索民众，闹漕之案非但没有停息，反而变本加厉。从社会角度讲当时太平天国、捻军起义、义和团运动风起云涌，加上外敌入侵与灾荒不断，民间社会经济遭受沉重打击，广大有漕州县的民众自保尚且不能，何况还要承担沉重的赋税，为了谋生存而闹漕也就不足为奇了。最后从个人方面来说，衣食住行乃是生存的第一要务，在当时急剧动荡的社会环境中，民众只有团结起来进行斗争，才能让官府妥协，才能减轻自身的压力，改善生存的环境，而这一切都是与当时的社会现实密不可分的。

参考文献

一　档案类

[1] 中国第一历史档案馆：《宫中朱批奏折》，《乾隆朝上谕档》《军机处录副奏折》。

[2] 中国第一历史档案馆：《清代档案史料丛编》，中华书局 1990 年版。

[3] 中国第一历史档案馆：《中国明朝档案总汇》，广西师范大学出版社 2001 年版。

[4] 中国第一历史档案馆：《雍正清理钱粮亏空案史料》（上、下），载《历史档案》1990 年第 3、4 期。

[5] 中国第一历史档案馆：《乾隆朝上谕档》，广西师范大学出版社 2008 年版。

[6] 中国第一历史档案馆：《嘉庆道光两朝上谕档》，广西师范大学出版社 2000 年版。

[7] 中国第一历史档案馆：《咸丰同治两朝上谕档》，广西师范大学出版社 1998 年版。

[8] 中国第一历史档案馆：《光绪朝上谕档》，广西师范大学出版社 2008 年版。

[9] 中国第一历史档案馆：《光绪朝朱批奏折》，中华书局 2005 年版。

[10] 中国第一历史档案馆：《道光朝北京粮仓吏役舞弊史料》（上、下），载《历史档案》1994 年第 2、3 期。

[11] 中国第一历史档案馆：《嘉庆十四年通州粮仓吏胥舞弊案》，载《历史档案》1990 年第 1 期。

[12] 中国第一历史档案馆：《道光年间海运漕粮史料》（上、下），载《历史档案》1995 年第 2、3 期。

[13] 中国第一历史档案馆：《道光五年议行漕粮海运事宜史料》（上、

下），载《历史档案》1988 年第 3、4 期。

[14] 中国第一历史档案馆：《光绪元年的海运漕粮》，载《历史档案》
1983 年第 3 期。

二　正史、政书、典志、纪事本末

[1]（明）张廷玉：《明史》，岳麓书社 1996 年版。

[2]（民国）赵尔巽：《清史稿》，吉林人民出版社 1995 年版。

[3]（清）王圻：《续文献通考》，浙江古籍出版社 2000 年版。

[4]（明）王世贞：《明朝通纪会纂》，清初刻本。

[5]（清）毕沅：《续资治通鉴》，北京线装书局 2009 年版。

[6]《清通典》，清文渊阁四库全书本。

[7]《清通志》，清文渊阁四库全书本。

[8]《清文献通考》，清文渊阁四库全书本。

[9]（清）嵇璜：《续文献通考》，文渊阁四库全书本。

[10]（清）嵇璜：《续通典》，文渊阁四库全书本。

[11]（清）夏燮：《明通鉴》，清同治刻本。

[12]（清）徐乾学：《资治通鉴后编》，清文渊阁四库全书本。

[13]（清）朱奇龄：《续文献通考补》，清抄本。

[14]（明）陈邦瞻：《元史纪事本末》，明末刻本。

[15]（明）冯琦：《宋史纪事本末》，明万历刻本。

[16]（清）谷应泰：《明史纪事本末》，清文渊阁四库全书本。

[17]（清）谷应泰：《明史纪事本末补遗》，清光绪长恩阁抄本。

[18]（民国）黄鸿寿：《清史纪事本末》，民国三年（1914）石印本。

三　实录、经世文编、名臣奏议

[1]《明实录》，上海书店 1982 年影印本。

[2]《清实录》，中华书局 1985 年版。

[3]（明）陈子龙：《皇明经世文编》，中华书局 1962 年版。

[4]（清）贺长龄、魏源：《皇朝经世文编》，岳麓书社 2004 年版。

[5]（清）盛康：《皇朝经世文续编》，台北文海出版社 1972 年版。

[6]（明）李起元：《计部奏疏》，明刻本。

[7]（明）万表：《皇明经济文录》，明嘉靖刻本。

[8]（明）唐鹤征：《皇明辅世编》，明崇祯十五年（1642）陈睿谟刻本。

[9]（明）孙旬：《皇明疏钞》，明万历自刻本。

[10]（明）毕自严：《度支奏议》，明崇祯刻本。

[11]（明）毕自严：《饷抚疏草》，明天启刻本。

[12]（明）黄训：《名臣经济录》，文渊阁四库全书本。

[13]（明）贾三近：《皇明两朝疏抄》，明万历刻本。

[14]（明）焦竑：《国朝献征录》，台北学生书局 1965 年版。

[15]（明）焦竑：《熙朝名臣实录》，明末刻本。

[16]（明）孔贞运：《皇明诏制》，上海古籍出版社 1995 年版。

[17]（明）雷礼：《国朝列卿记》，明万历间刊本。

[18]（明）雷礼：《皇明大政纪》，北京大学出版社 1993 年版。

[19]（明）钱福：《钱太史鹤滩稿》，明万历三十六年（1608）沈思梅居刻本。

[20]（明）申时行：《明会典》，明万历内府刻本。

[21]（明）施沛：《南京都察院志》，齐鲁书社 2001 年版。

[22]（明）张学颜：《万历会计录》，北京图书馆出版社 2000 年版。

[23]《明臣奏议》，清武英殿聚珍版从书本。

[24]（清）孙嘉淦：《孙文定公奏疏》，清敦和堂刻本。

四　漕政书与河政书

[1]《大元仓库记》，台北广文书局 1961 年版。

[2]（明）杨宏、谢纯：《漕运通志》，方志出版社 2006 年版。

[3]（明）王琼：《漕河图志》，水利电力出版社 1990 年版。

[4]（明）万恭：《治水筌蹄》，水利电力出版社 1985 年版。

[5]（明）刘侗：《帝京景物略》，北京古籍出版社 1980 年版。

[6]（明）潘季驯：《河防一览》，清文渊阁四库全书本。

[7]（明）袁黄：《皇都水利》，明万历刻本。

[8]（明）王在晋：《通漕类编》，台北学生书局 1970 年版。

[9]（明）吴仲：《通惠河志》，中国书店 1992 年版。

[10]（明）王以旗：《漕河奏议》，浙江范懋柱家天一阁藏本。

[11]（明）邵宝：《漕政举要录》，浙江范懋柱家天一阁藏本。

[12]（明）谢肇淛：《北河纪》，台湾商务印书馆 1986 年版。

[13]（明）黄承玄:《河漕备考》,北京图书馆出版社,2000 年版。

[14]（明）刘斯洁:《太仓考》,北京图书馆 1999 年版。

[15]（明）周之翰:《通粮厅志》,台北学生书局 1969 年版。

[16]《漕运议单》,北京图书馆影印本 1993 年。

[17]（清）福趾:《钦定户部漕运全书》,海南出版社 2000 年版。

[18]（清）杨锡绂:《漕运则例纂》,江苏广陵刻印社 1990 年版。

五　明清及民国地方志

[1]（明）杨行中:《通州志略》,中国书店 2007 年版。

[2]（清）高建勋:《光绪通州志》,清光绪九年（1883）刻本。

[3]（清）高天凤:《乾隆通州志》,清乾隆四十八年（1783）刻本。

[4]（清）黄成章:《通州新志》,清雍正间（1723—1735）刻本。

[5]（清）唐悦馨:《通州直隶州志》,清光绪元年（1875）刻本。

[6]（明）林云程、沈明臣:《万历通州志》,上海古籍书店 1963 年版。

[7]（清）张之洞:《光绪顺天府志》,北京古籍出版社 1987 年版。

[8]（清）朱奎扬:《天津县志》,1928 年影印本。

[9]（清）吴惠元:《续天津县志》,清同治九年（1870）刻本。

[10]（清）程凤文:《天津府志》,清乾隆四年（1739）刻本。

[11]（清）沈家本:《重修天津府志》,江苏广陵古籍刻印社 1989 年版。

[12]（清）王道亨:《乾隆济宁直隶州志》,清乾隆五十年（1785）刻本。

[13]（清）徐宗干:《道光济宁直隶州志》,清咸丰九年（1859）刻本。

[14]（清）林芃修:《康熙张秋志》,清康熙九年（1670）抄本。

[15]（清）张度:《乾隆临清直隶州志》,清乾隆五十年（1785）刻本。

[16]（民国）徐子尚:《民国临清县志》,民国二十三年（1934）铅印本。

[17]（清）于睿明:《康熙临清州志》,清康熙十二年（1673）刻本。

[18]（民国）周竹生:《续修东阿县志》,民国二十三年（1934）铅印本。

[19]（清）李贤书:道光《东阿县志》,清道光九年（1829）刻本。

[20]（清）刘沛先:《康熙东阿县志》,清康熙五十四年（1715）刻本。

[21]（清）吴世熊:《同治徐州府志》,清同治十三年（1874）刻本。

[22]（清）徐杰:《乾隆徐州府志》,清乾隆七年（1742）刻本。

[23]（清）余志明:《顺治徐州志》,清顺治十一年（1654）刻本。

［24］（明）姚应龙：《万历徐州志》，天津古籍出版社 1989 年版。

［25］（清）孙云锦：《光绪淮安府志》，清光绪十年（1884）刻本。

［26］（清）卫哲治：《咸丰淮安府志》，清咸丰二年（1852）刻本。

［27］（清）于万培：《光绪凤阳府志》，清光绪十三年（1887）刻本。

［28］（清）魏家骅：《光绪凤阳府志》，清光绪三十四年（1908）木活本。

［29］（明）袁文新：《凤阳新书》，明天启元年（1621）刻本。

［30］（清）吕燕昭：《新修江宁府志》，清嘉庆十六年（1811）刻本。

［31］（清）蒋启勋：《续纂江宁府志》清光绪七年（1881）刻本。

［32］（清）薛柱斗：《天津卫志》，清（1644—1911）抄本。

［33］（清）石小川：《天津指南》，清宣统三年（1911）铅印本。

［34］（民国）杨士骧：《民国山东通志》，民国四年到七年（1915—
1918）铅印本。

［35］（清）岳浚：《乾隆山东通志》，清乾隆元年（1736）刻本。

［36］（清）赵祥星：《康熙山东通志》，清康熙四十一年（1702）刻本。

［37］（清）尹继善：《乾隆江南通志》，清乾隆元年（1736）刻本。

［38］（清）王新命：《康熙江南通志》，清康熙二十三年（1684）刻本。

［39］（清）冯煦：《宣统江苏通志》，清宣统间（1909—1911）稿本。

［40］（清）穆彰阿：《嘉庆大清一统志》，四部丛刊续编影旧抄本。

［41］江苏省地方志编纂委员会：《江苏省通志稿》，江苏古籍出版社
1991 年版。

六　文人笔记与文集

［1］（明）陈全之：《蓬窗日录》，上海书店 2009 年版。

［2］（明）陈仁锡：《无梦园初集》，上海古籍出版社 1995 年版。

［3］（明）陈炜：《吴中金石新编》，台湾商务印书馆 1986 年版。

［4］（明）陈循：《芳洲文集》，上海古籍出版社 1995 年版。

［5］（明）程敏政：《皇墩集》，清文渊阁四库全书本。

［6］（明）邓元锡：《皇明书》，明万历刻本。

［7］（明）李贽：《续藏书》，中华书局 1974 年版。

［8］（明）王士贞：《弇山堂别集》，中华书局 1985 年版。

［9］（明）罗洪先：《念庵文集》，台湾商务印书馆 1974 年版。

［10］（明）彭韶：《彭惠安集》，文渊阁四库全书本。

［11］（明）杨士聪：《玉堂荟记》，民国吴兴嘉业堂刻本。

［12］（明）谢肇淛：《五杂俎》，上海书店 2009 年版。

［13］（明）王鏊：《王文恪公笔记》，中国广播电视出版社 1996 年版。

［14］（明）沈德符：《万历野获编》，中华书局 1959 年版。

［15］（明）徐祯卿：《谈艺录》，古今图书局 1914 年版。

［16］（明）陆容：《菽园杂记》，中华书局 2007 年版。

［17］（清）黄宗羲：《明夷待访录》，中华书局 2011 年版。

［18］（清）姚远之：《竹叶亭杂记》，中华书局 1982 年版。

［19］（清）陈其元：《庸闲斋笔记》，中华书局 1989 年版。

［20］（清）赵慎畛：《榆巢杂识》，中华书局 2001 年版。

［21］（清）叶梦珠：《阅世编》，中华书局 2007 年版。

［22］（清）纪昀：《阅微堂笔记》，珠海出版社 2008 年版。

［23］（清）王士禛：《香祖笔记》，上海古籍出版社 1982 年版。

［24］（清）震钧：《天咫偶闻》，北京古籍出版社 1982 年版。

［25］（清）陈夔龙：《梦蕉亭杂记》，上海古籍出版社 1983 年版。

［26］（民国）夏仁虎：《旧京琐记》，台北纯文学出版社 1970 年版。

［27］（明）张萱：《西园闻见录》，台北华文书局股份有限公司 1968 年版。

［28］（明）郑晓：《端简郑公文集》，明万历二十八年（1600）郑心材刻本。

［29］（清）顾炎武：《天下郡国利病书》，上海科学技术文献出版社 2002 年版。

［30］（清）顾祖禹：《读史方舆纪要》，上海书店 1998 年版。

［31］（清）王庆云：《石渠余纪》，北京古籍出版社 1985 年版。

［32］（清）徐崧：《百城烟水》，清康熙二十九年（1690）刻本。

［33］（清）许鸣磐：《方舆考证》，清济宁潘氏华鉴阁本。

七　现代人著作

［1］包遵彭、李定一：《中国近代史论丛——社会经济》，南京正中书局 1958 年版。

［2］傅崇兰：《中国运河城市发展史》，四川人民出版社 1985 年版。

［3］吴家兴：《扬州古港史》，人民交通出版社 1988 年版。

［4］罗澍伟：《近代天津城市史》，中国社会科学出版社 1993 年版。

［5］李文治、江太新：《清代漕运》，中华书局 1995 年版。

［6］彭云鹤：《明清漕运史》，首都师范大学出版社 1995 年版。

［7］临清《金瓶梅》学会编：《临清与金瓶梅》，山东省聊城地区出版局 1996 年版。

［8］鲍彦邦：《明代漕运研究》，暨南大学出版社 1996 年版。

［9］李治亭：《中国漕运史》，台北文津出版社 1997 年版。

［10］尹钧科：《北京历史自然灾害研究》，中国环境科学出版社 1997 年版。

［11］许檀：《明清时期山东商品经济的发展》，中国社会科学出版社 1998 年版。

［12］薛理勇：《上海掌故辞典》，上海辞书出版社 1999 年版。

［13］陈峰：《漕运与古代社会》，陕西人民教育出版社 2000 年版。

［14］邓建新：《钟九闹漕：变化社会中的政治文化叙事》，北京师范大学出版社 2010 年版。

［15］张仲礼：《中国绅士的收入》，上海社会科学院出版社 2001 年版。

［16］邱春林：《钟九闹漕》，中国文联出版社 2001 年版。

［17］于德源：《北京漕运与仓场》，同心出版社 2004 年版。

［18］［美］黄仁宇：《明代的漕运》，新星出版社 2005 年版。

［19］倪玉平：《清代漕粮海运与社会变迁》，上海书店出版社 2005 年版。

［20］陈桦、刘宗志：《救灾与济贫：中国封建时代的社会救助活动（1750—1911）》，中国人民大学出版社 2005 年版。

［21］王云：《明清山东运河区域社会变迁》，人民出版社 2006 年版。

［22］王云、李泉：《山东运河文化研究》，齐鲁书社 2006 年版。

［23］韩嘉谷：《天津古史寻绎》，天津古籍出版社 2006 年版。

［24］贾珺：《建筑史》，清华大学出版社 2006 年版。

［25］徐乃昌：《南陵县志》，黄山书社 2007 年版。

［26］吴琦：《漕运·群体·社会——明清史论集》，湖北人民出版社 2007 年版。

［27］中国社会科学院历史研究所、北京民俗博物馆：《漕运文化研究》，学苑出版社 2007 年版。

［28］王春瑜、杜婉言：《明朝宦官：王春瑜精选集》，陕西人民出版社

2007 年版。

[29] 淮安市政协文史委、淮海晚报社:《淮安运河文化长廊》,黑龙江人
民出版社 2007 年版。

八　学术期刊与学位论文

[1] 王永谦:《清代乾隆中、晚期的潞河漕运——〈潞河督运图卷〉的初
步研究》,《中国历史文物》1983 年第 1 期。

[2] 林纯业:《明代漕运与天津商业城市的兴起》,《天津社会科学》
1984 年第 5 期。

[3] 许檀:《明清时期的临清商业》,《中国经济史研究》1986 年第 2 期。

[4] 曹国庆:《试述清代漕运的兴衰》,《历史教学》1987 年第 7 期。

[5] 毛佩琦:《明代临清钩沉》,《北京大学学报》(哲学社会科学版)
1988 年第 5 期。

[6] 刘桂林:《雍亲王通州查仓》,《紫禁城》1990 年第 1 期。

[7] 吕小鲜:《嘉庆十四年通州粮仓吏胥舞弊案》,《历史档案》1990 年
第 1 期。

[8] 江太新、李文治:《论清代中叶漕政的败坏》,《中国经济史研究》
1992 年第 4 期。

[9] 于德源:《清代的京、通二仓》,《中国农史》1996 年第 1 期。

[10] 康沛竹:《清代仓储制度的衰败与饥荒》,《社会科学阵线》1996 年
第 3 期。

[11] 陈日光:《水陆要埠通州码头》,《北京工商》1996 年第 12 期。

[12] 吴忠起:《我国古代的粮食仓库》,《中国储运》1996 年第 1 期。

[13] 嵇建琴:《中国古代漕运思想的演变》,《中国经济史研究》1999 年
第 3 期。

[14] 陈佐立:《明代粮仓研究》,福建师范大学硕士论文,2002 年。

[15] 高寿仙:《明代京通二仓述论》,《中国史研究》2003 年第 1 期。

[16] 张小也:《健讼之人与地方公共事务——以清代漕讼为中心》,《清
史研究》2004 年第 2 期。

[17] 梁科:《明代京通仓储制度研究》,北京大学硕士论文,2005 年。

[18] 尹钧科:《从大运河漕运与北京的关系看淮安城的历史地位》,《学
海》2007 年第 2 期。

［19］刘宗志：《清代北京的仓储》，《中国减灾》2008 年第 5 期。

［20］张强：《漕运与淮安》，《东南大学学报》（哲学社会科学版）2008 年第 4 期。

［21］吴琦、肖丽红：《漕控与清代社会秩序——以匡光文控漕为中心的考察》，《华中师范大学学报》（人文社会科学版）2009 年第 3 期。

［22］李俊丽：《天津漕运研究（1368—1840）》，南开大学博士论文，2009 年。

［23］朱小平：《清代的漕运与仓场》，载《海内与海外》2009 年第 3 期。

［24］肖丽红：《从官诬闹漕案看清代地方官漕政理念与地方社会治理——以陆名扬闹漕为中心的考察》，载《安徽史学》2010 年第 5 期。

［25］张春红：《明清临清水次仓探析》，载《现代交际》2010 年第 2 期。

后　记

　　本书是笔者在南开大学博士毕业论文基础上修改而成。从 2003 年到 2013 年，十年的大学生活成为我人生中最值得回忆的时光。以后的路还很长，需要去做的事情也很多，时间的长河会带走很多东西，但大浪淘沙，南开的三年求学生活永远让我珍惜与怀念。

　　首先我要感谢我的恩师许檀教授与王云教授，从聊城大学到南开大学，两位老师不但教给了我历史学学习的方法与技巧，而且在生活上对我非常关心，在日常的言传身教中让我明白了许多做人的道理，因此我非常感激两位恩师，在此表示谢意，祝老师身体健康，工作顺利！我一定不辜负老师们对我的期望，认认真真做事，踏踏实实做人，扎实学习，不断提高自己的学术水平。

　　在聊城大学的七年，在南开大学的三年，我得到了两校老师悉心的指导与帮助，他们那种敬业博学、爱生重教、勤奋务实的精神永远值得我学习。感谢南炳文老师在我毕业时为我书写推荐信，感谢常建华老师对我学业的指导，感谢聊大的李泉教授、李德楠老师、吴欣老师、丁延峰老师及历史文化学院的诸位师长对我学业上的帮助与生活上的关心，没有他们的悉心爱护，就不会有我学术上的点点进步与提高。在此祝各位老师工作顺利，家庭幸福！

　　同时，我要感谢我的师兄、师弟、师妹们，在日常生活中，我们是一个团结的集体；在学习上，我们相互提高与进步；在学术上，我们彼此讨论与分享。尤其是毕业之际，师兄吴志远，师妹徐枫、朱琳、刘宗凡，师弟刘俊、张林峰为我的毕业论文答辩准备了很多。另外我还要感谢我的舍友刘宇，跟他一个宿舍两年，他为人正直、诚恳、热情，对我生活与学习多有帮助，因此我祝师兄、师弟、师妹、舍友工作顺利，学习进步，天天开心。

　　最后，我要感谢我最爱的父母。我出身农村，干过农活，深切知道父母的艰难与不易，夏天时在田地里汗如雨下，冬天时出去打工，整年劳顿，一日无休，为家庭、为我付出了太多。十年大学，校园里的生活是美好的，而父母由于劳累，皱纹却早已爬上了额头，如今已参加工作的我，衷心地希望父母能够好好地休息一下，能够健健康康的生活，这也是作为儿子最大的心愿！

郑民德

2014 年 12 月